AF415452

Juan Ortiz García

Expiación

C. Expiación, Juan Ortiz García
C. Ediciones del Palmar

Primera edición: Paradiso editores, agosto 2012
Segunda edición: Ediciones del Palmar, julio 2019

ISBN: 978-9978-23-061-9

Ediciones del Palmar: juanortizjuan@yahoo.com
Twitter: @juanortizgarci

Mi agradecimiento a:

Teresa García Velasco, Adriana Díaz Arízaga, Raúl Andrade Gándara, Eduardo Arízaga Cuesta y María Donoso Vallejo, por sus inestimables observaciones a los manuscritos.

A:
Juan Borja Lizarzaburu
Luis Felipe Borja Pérez
Mercedes Borja Mata
Manuel García Ortiz
Inés Velasco Borja
Jorge Ortiz Escobar, y
Teresa García Velasco

"Si un pueblo es oprimido, maltratado, estragado por el ahínco destructor de un malvado fuerte, levántese ese pueblo y dígale: Llegó tu día, vas a morir malvado. Hay conjuraciones santas: el que al frente de una vasta porción de ciudadanos se lanza hacia el tirano apellidando libertad, y le mata con su mano a medio día y en la plaza pública, no es asesino; será conspirador en buena hora; pero gran conspirador, benefactor de la especie humana, […] bueno y glorioso personaje".

Juan Montalvo

1

El teniente Salazar detuvo el trote de su caballo y, muy cauteloso, se dirigió hacia el atrio de la iglesia de San Blas. Los comerciantes invadían las calles adyacentes con mil objetos y productos. Serranos, costeños y amazónicos, con sus diferentes dialectos y atavíos, conformaban un enjambre multicolor y polifónico. Ya cerca del atrio, aunque escondido detrás de otros curiosos, confirmó su sospecha: Gabriel García Moreno, rodeado de una muchedumbre, arengaba contra el general José María Urbina, presidente de la República, "El Colón de la infamia, que en el mundo del vicio y la perfidia ha descubierto regiones antes desconocidas...". Angustiado, constató una vez más la pasión irreductible con que expresaba sus ideas, "Han creído que la Providencia eterna, que en un día de ira permitió que la embriaguez tuviera un culto y la prostitución altares...". Pero lo que terminó por avivar el antiguo temor que García Moreno le provocaba, fue observar otra vez el brillo de su mirada, la del felino que contempla sonriente a su presa antes de lanzar su primer zarpazo. Salazar recordaba aquella madrugada oscura en que lo había conocido, tres años atrás, cuando junto con 12 hombres bajo el mando del general Tomás Wright se había levantado en armas contra el presidente Roca. Corría el mes de diciembre de 1847. La ciudad de Guayaquil dormía arrullada por el apacible discurrir de las aguas turbias del río Guayas; antes de rayar el alba, las fuerzas rebeldes, de las que formaba parte, se encaminaron hasta el Regimiento Mayor, sorprendieron a los guardias, dominaron a la tropa, se apoderaron del recinto y emitieron una proclama a favor del general Flores. En cuanto el joven gobernador, Gabriel García Moreno, fue informado de la revuelta, acudió con un escuadrón y dos cañones hasta el regimiento tomado por los revoltosos a quienes conminó a rendirse bajo amenaza de que, si no lo hacían de inmediato, descargaría todo el peso de sus armas. El general Wright, irlandés de las huestes de Bolívar, y sus compinches, entre ellos Salazar, se burlaron de los ímpetus del mozalbete, sin duda inexperto en contener golpes de Estado, por lo que abrieron fuego en busca de hacerlo correr perseguido por la incontenible flojedad de su vientre. Grande fue su sorpresa, sin embargo, cuando los tiros de sus fusiles fueron rebatidos con un par de cañonazos que destrozaron la pared de la bodega donde se habían parapetado y que desmoronaron sus ánimos golpistas, al punto de hacerlos salir con las manos en alto.

Salazar recordaba el ánimo resuelto del joven gobernador que por aquellos días cumpliría 26 años, y que no había dudado un solo segundo en reventarlos a cañonazos y así desarmar la conspiración que horneaba el general Wright junto a un grupo de oficiales del Ejército ecuatoriano. García Moreno había demostrado, además, que si tenía el poder lo ejercería a plenitud contra quien osara atentar contra el Gobierno al que se debía.

Tras propinarles una durísima reprimenda, en la que no faltaron insultos y amenazas, despachó a unos a México, a otros a Galápagos y a otros al Perú. Gran satisfacción le produjo al joven gobernador de Guayaquil el fulminante triunfo alcanzado, "Tengo el honor de participar […] el completo restablecimiento de la tranquilidad pública en esta provincia, amenazada en días anteriores por la ambición criminal de un traidor y de los que se atreven a envilecerse, favoreciendo sus pérfidos y sangrientos designios…". Salazar fue expatriado hacia la tierra de los incas, "Cargando sobre sí por su conducta inicua, la ignominia que producen las manchas del crimen". A varios de los rebeldes expulsados, García Moreno les otorgó "El sueldo de un mes para subsistir en país extranjero", y les proporcionó "gratuitamente su pasaje en los buques…".

2

Al presidente García Moreno lo conocí una tarde de relámpagos y truenos que, junto a torrentes de lluvia y granizo que se precipitaban del cielo, parecían ser un presagio de los acontecimientos fatales que sobrevendrían después. A pesar de haber transcurrido muchos años de todo aquello, recuerdo lo sucedido con absoluta claridad, pues hay cosas que no se deben ni se pueden olvidar. Yo había pasado toda la mañana en la talabartería, pues ayudaba a Faustino, mi marido, a lustrar unas sillas de montar que debía entregar en Ibarra. Nuestro taller quedaba en la calle de San Buena Ventura, la que corre por el sur de la iglesia de San Francisco hacia arriba, hasta el "Mirador de los Pobres", en las verdes faldas del volcán Pichincha. Cuando cerca del medio día las monturas quedaron listas, nos fuimos a casa a recoger las demás cosas para su viaje. Una vez cargadas las mulas con todos los aparejos y ya con las primeras gotas de lluvia que anunciaban tempestad, Faustino partió luego de dejarme, como siempre lo hacía, un beso en mis labios junto con sus tiernas palabras: Merceditas, ya regreso, espero que me extrañes mucho. Tras su partida me quedé sentada bajo el magnolio de nuestro jardín mientras percibía la apacible fragancia de sus flores. ¡Adoro la flor de la magnolia, tan grande, tan blanca, tan deliciosa! Solía quedarme horas enteras a la sombra del más bello árbol que ha dado la creación, a simplemente estar conmigo y pensar en mis asuntos, en mi hijo, en mi marido, en las siempre apremiantes necesidades económicas, en fin, en las cosas de la vida. Estaba descalza, como suelo estar en mi casa, pues me gusta sentir bajo mis pies la tibieza de la tierra y acariciarla, jugar con ella, hacer montoncitos y surcos, atraparla entre mis dedos para luego soltarla y otra vez agarrarla; y en eso me hallaba cuando, de repente, el estrépito de un trueno furibundo me hizo rebotar del susto y me recordó que debía retornar al taller.

No pude evitar que en el trayecto hasta la tienda el aguacero me empapara; llegué toda mojada; no tenía una sola parte de mi cuerpo, ninguna, que no estuviese bañada por la lluvia. Me quité los zapatos y me saqué toda la ropa; la escurrí una y otra vez con todas mis fuerzas, pero como todavía estaba muy mojada para ponérmela otra vez, tan solo me vestí con mi blanco mandil de trabajo. Sentía frío. Escuchaba el granizo rebotar contra los vidrios de las ventanas y a los truenos rugir su bravura. Temblaba; mis pies estaban morados, mis manos heladas; pensé en hacerme una infusión de hierbas para abrigarme, cuando escuché a mis espaldas la puerta que se abría y alguien que decía: Buenas tardes, vengo a buscar al capitán Rayo. Regresé a ver y ¡era el presidente García Moreno! En cuanto lo vi tuve el impulso de santiguarme, pero logré contenerme. Mucha gente tenía, como yo, la costumbre de hacer la señal de la cruz cuando lo veía y, por cierto, lo hacíamos a sus espaldas con cuidado de ser observados. Entró, se sacó el sombrero empapado y lo colgó en una percha. Me miraba sin decir nada. Estaba parado frente a mí, reclinado hacia atrás, con los brazos cruzados sobre su pecho. Yo no podía mirarlo a sus ojos, pues sentía…, sentía que con su mirada me acariciaba, que con sus ojos tocaba mi cuerpo todavía húmedo y tembloroso. Me sentí incómoda porque su mirada ansiosa y descarada agredía mi pudor, pero también me sentí contenta porque me daba cuenta de que le gustaba. Decir esto me resulta difícil. No es fácil reconocer los sentimientos, sobre todo cuando son tan diferentes y contrapuestos. Pero lo revelo sin remilgos: más allá de la inicial molestia que me causó su mirada tan insolente, me sentí halagada de que se fijara en mí. Muchos hombres me miran con deseo, lo sé. Pero es diferente gustarle al guardia de la esquina que al presidente de la República.

Se quedó un buen rato en el taller. Miraba y preguntaba por todo: que cómo me llamaba, Mercedes Carpio, le dije; que cuál era mi relación con el capitán Faustino Rayo, que yo era su esposa; que cuando regresaba mi marido, que al día siguiente; que de dónde era, que de Latacunga; que si yo también era talabartera, que era aprendiz y ayudante de mi esposo. Y así, mientras respondía a sus preguntas, sentía que me acariciaba con su mirada, que me observaba de la manera que un hombre lo hace con una mujer que le gusta y no tiene el más mínimo reparo en expresárselo. Perturbada y molesta, crucé mis brazos sobre mis pechos con la intención de cubrirlos de su insistente mirada. No es que yo sea melindrosa o demasiado vergonzosa; no es que yo sea rehén de convenciones religiosas o morales, hasta el punto de ser ridículamente santurrona, pero…, tengo pudor. Siento vergüenza, si alguien me mira de esa manera. Sé, por instinto de mujer, y también por la educación recibida, que debo esconder y disimular algunos relieves de mi cuerpo para no producir deseos lascivos, para no tentar al diablo; pero también sé que al ocultar los pechos y las nalgas, las piernas y las pantorrillas, las caderas y las sonrisas, ocurre que en lugar de desganar a los hombres, se les despierta con más brío el monstruo entumecido, y se lanzan a descubrir con fieras ansias las formas femeninas que el atavío pretende disimular. Yo creo que si anduviésemos por las calles como Dios nos trajo al mundo, más que inflamar los deseos de los hombres, en algunos casos los ahogaríamos.

Como el presidente ya no encontraba mucho más que decirme y como yo no quería decirle nada más, se produjo un silencio incómodo. Un poco alelado, decidió despedirse, pero lo hizo sin dejar de crucificarme con sus ojos un solo instante. Cuando por fin se fue yo todavía temblaba. Me quedé con una sensación de amenaza, con un miedo desdibujado pero hondo, como cuando cruje una puerta a media noche y después ya no se puede dormir.

3

Mi hermano Juan Elías y yo asistíamos a las reuniones del grupo que tramaba acabar con la dictadura, porque nuestro padre, Juan Borja, había sido asesinado por el tirano en forma injusta y cruel. Buscábamos venganza; pretendíamos reparar el enorme daño y tormento que el tirano había causado a nuestra vida, a nuestra madre y hermanos. También pensábamos, como el resto de conjurados, que era nuestro deber evitar que el país continuara bajo sus zarpas.

Salíamos con mi hermano por las noches sin decirle a nuestra madre adonde íbamos. No podíamos decirle la verdad… era imposible. Sin embargo, recuerdo que con frecuencia me decía:

—Luis Felipe, cuídate, presiento que andas en algo peligroso. Me bastó con la muerte de tu padre, no podría resistir si algo le pasara a alguno de mis hijos. ¡Luis Felipe, —insistía mi madre casi con lágrimas en los ojos— cuida también a Juan Elías, él es menor que tú y, ya lo conoces, es impulsivo y temerario!

Nos congregábamos en el cuarto de Roberto Andrade o en el de Abelardo Moncayo. Allí nos sentíamos a buen recaudo, lejos del aparato opresor del Gobierno. Si nos encontraban seríamos fusilados de inmediato, sin fórmula de juicio, como tantos otros que habían sido exterminados por conspirar contra García Moreno. Conversábamos rodeados de tazas de café y del humo gris azulenco que desprendían los cigarrillos liados a mano. La escasa luz de unas velas que iluminaban la estancia descubría nuestro nervioso entusiasmo.

—Hoy —se escuchaba la voz apacible de Abelardo Moncayo— he traído un texto de Juan Montalvo para compartirlo con ustedes: "El derecho a conspirar contra la tiranía es de los más respetables para los hombres libres…". Moncayo tenía 28 años. Había sido sacerdote jesuita y también, profesor de latín, filosofía y literatura. Estudioso, sagaz, reflexivo, rebelde, Moncayo creía en la justicia del hombre, ya no en la de Dios. Creía en la democracia; detestaba la tiranía. Luego de una brevísima pausa, prosiguió con la lectura del texto de Montalvo que se refería al tiempo del Gobierno de García Moreno: "Quince años de un nefando despotismo, de unas presidencias ganadas con puñal en mano…".

Moncayo admiraba al escritor Juan Montalvo, que en esos días se encontraba exiliado por razones políticas en Ipiales, Colombia, y que, no obstante su forzosa lejanía, seguía los pasos de García Moreno, a quien criticaba sin tregua desde su primer mandato. Algunos ecuatorianos —en realidad éramos muy pocos— que teníamos el privilegio de acceder a los impresos, seguíamos con entusiasmo los brillantes escritos de Montalvo. (En esa época apenas existían publicaciones eventuales —ni diarias ni periódicas— donde la gente se informaba del cotidiano acontecer. De tarde en tarde aparecía algún escrito en hoja volante, libelo o folletín, que daba cuenta de los sucesos ocurridos e incluía opiniones políticas. Sin embargo de la escasez de medios informativos impresos, la gente se enteraba de las cosas que ocurrían a través de la conversación y el comentario. Por cierto que este sistema de comunicación hacía que los sucesos adquiriesen nuevos elementos e ingredientes cada vez que eran repetidos, de modo que el hecho concreto que había ocurrido tenía tantas versiones cuantos habían sido sus narradores). Moncayo era un hombre culto e inteligente, reflexivo y mesurado. Su rostro colorado iba a tono con su pelo y barba zanahorias. Uno de sus más cercanos amigos era el sacerdote Federico González Suárez, quien luego de unos años llegaría a ser arzobispo de Quito.

—Concuerdo con Montalvo: conspirar contra la tiranía es un derecho —comentó Polanco, mientras con una cucharita mecía una y mil veces el azúcar de su taza de café—. Y no sólo es un derecho, sino el fundamental, pues la vida es el primer derecho del hombre del cual derivan los demás. La tiranía atenta contra la vida y contra la libertad. La muerte del tirano —agregó en tono grave— evitaría el crimen de cientos de seres humanos.

Manuel Polanco tenía 41 años; era el mayor de los cuatro cabecillas de la conjura. Tenía un rostro bello, armónico, de finas facciones, parecía un ángel sin alas. Abogado, aunque antes había sido sacerdote, entró y salió pronto del convento jesuita pues su espíritu libérrimo primó sobre el religioso. Era inteligente y astuto. Le gustaba el poder. Sabía lo que quería y cómo lograrlo. Era un hombre ilustrado y sagaz que tenía muchos amigos en los más selectos círculos sociales, no sólo en Quito sino en todo el país. Fue procurador de la viuda del expresidente Flores. —Durante los últimos años —agregó Polanco— se han producido en Quito, en Guayaquil, en Cuenca, en Manabí, en Riobamba, muchos intentos de deponer a García Moreno, muchas tentativas de matarlo, sobre todo a partir de 1869 en que usurpó el poder para gobernar por segunda ocasión. Que tantos otros lo hubiesen intentado tantas veces es prueba de que nosotros no somos los únicos que pensamos en el deber de borrarlo del mapa. Las conspiraciones fallidas nos dan la razón y justifican nuestro propósito; tramar su muerte es atender y cumplir con la voluntad del pueblo.

—No es solo nuestra convicción personal lo que nos mueve al tiranicidio —expresó Moncayo mientras acariciaba su barba colorada—, sino la certeza de actuar con "conciencia recta, cierta y probable", fundamentada en la convicción colectiva, mas no en el odio, no en el fanatismo, no en el egoísmo o la ambición que empañarían el acto si así fuese. Queremos hacerlo con la certeza de que escuchamos la voz del pueblo, eso le daría moralidad y legitimidad a nuestro intento. Al hacerlo bajo esas motivaciones y persuadidos de ellas, el tirano se deslegitimaría como el regidor de los destinos del país. Sin apoyo popular cualquier Gobierno no representa sino la mísera y egoísta voluntad de quien ejerce el mando.

Moncayo y Polanco habían sido destacados sacerdotes jesuitas; habían recibido una extensa y profunda preparación filosófica y teológica, como es habitual en la orden fundada por Ignacio de Loyola. Más que dos muchachos enardecidos y entusiasmados por la conjura que urdíamos en esos momentos, eran dos ignacianos redimidos que expresaban sus ideas en forma docta y, por cierto, contraria a las enseñanzas católicas.

—En el siglo XVI vivió en España el jesuita Juan de Mariana —continuó Polanco—. Este clérigo extraordinario era discípulo de San Francisco de Borja, uno de los ilustres ancestros de los hermanos Luis Felipe y Juan Elías Borja, nuestros amigos aquí presentes —Polanco hizo una pausa para conectar su mirada con la nuestra, mientras escuchábamos con la afanosa atención del buen alumno. Al padre Mariana —prosiguió Polanco— le sorprendió la muerte mientras escribía, nada más y nada menos, que 30 tomos de la Historia de España, desde la antigüedad hasta los Reyes Católicos. ¡30 volúmenes! Este ilustre jesuita, hipercrítico del poder, escribió en 1599 su *De rege et regis institutuione*, en el que justifica el tiranicidio, al narrar y comentar la historia del asesinato de Enrique

III de Francia por obra de la mano y del puñal del fraile dominico Jacques Clement. El hecho es que, una vez muerto el rey galo, sus guardias apresaron y mataron al cura Clement quien, ya muerto, fue llevado a la plaza principal donde fue descuartizado y quemado para gloria y vindicta de la monarquía, y para escarmiento popular. Pero vuelvo al jesuita Juan de Mariana: su libro en que hacía la apología del magnicidio fue decomisado y quemado, a la usanza de la Santa Inquisición. Voy a leer lo que expresaba Juan de Mariana en su libro quemado, pues para pesar de quienes censuran la libertad de opinión, siempre quedan huellas del libre pensamiento: "El tirano es una bestia feroz, que gobierna a sangre y fuego, que desgarra la Patria y que llega a convertirse en un verdadero enemigo público. No hay duda respecto a la legitimidad del derecho a asesinarlo, derecho que pertenece a cualquier ciudadano, sin que deba preceder a su ejercicio deliberación alguna por parte de los demás".

—Santo Tomás —prorrumpió Andrade—, muchos siglos antes que Mariana, en el siglo XIII, justificaba el hecho de deponer al tirano, mas no a través de su muerte; menos aún por manos del pueblo. Justo estos días estudiamos su *Suma Teológica* en la Universidad, y por eso puedo citar con precisión sus ideas.

Roberto Andrade tenía 25 años y era estudiante de Derecho. Su abuelo había sido comandante de Bolívar; llevaba esa gloriosa historia en sus venas. Era valeroso, decidido y perspicaz. Perseveraba sin descanso para lograr sus propósitos. Creía en la justicia y en la libertad. Creía en el pasado, pero también en el futuro. Radical sin medias tintas, siempre estuvo lejos de la Iglesia católica. Sus palabras brotaban desde el fondo de su corazón enardecido por el rechazo al gobierno autoritario y opresivo de García Moreno. Era alto y de tez blanca, sus manos eran enormes, casi tan grandes como sus convicciones.

—Santo Tomás de Aquino—continuó Andrade— decía que "En caso de que la tiranía llegue a excesos intolerables, han creído algunos que es deber de los hombres fuertes matar al tirano..., mas esto no concuerda con la doctrina apostólica, pues San Pedro nos enseña que es necesario estar reverentemente sometidos, tanto a los señores buenos y moderados, como a los rigurosos". Santo Tomás —agregó Andrade mientras gesticulaba con sus enormes manazas y levantaba la voz— decía que "Es una gracia sobrellevar las tristezas sufriendo injustamente" y esto último, mis queridos amigos, esto de que es una gracia dar la otra mejilla, esto de que debemos estar reverentemente sometidos y dejarnos pisotear, ¡más que humildad es una soberana idiotez! Esto de que el sufrimiento es el camino hacia el cielo, y que todo buen cristiano debe transitar henchido de fe y con los ojos entornados hacia el Creador, ha sido durante siglos la estúpida cantaleta con la que la Iglesia católica ha multiplicado, no los peces y los panes, sino la opresión y la miseria. Pues, calma muchachos, déjenme terminar, ¡esto de ser manso y sosegado no es indicio de bondad, sino de raquitismo de carácter o cobardía de espíritu!

Las palabras de Andrade remecieron los cimientos de algunos de los asistentes y fortalecieron los de otros: unos replicaron en voz alta; otros aplaudieron y gritaron ¡Andrade presidente, Andrade presidente!; otros pidieron a Polanco y a Moncayo encauzar la discusión hacia el tema que nos había convocado…, en fin, el lugar donde estábamos reunidos parecía una caldera a todo fuego.

—Permítanme continuar, señores; seamos democráticos, no seamos inquisidores, permítaseme exponer libremente mi pensamiento, ¡hostias!, no hagáis justamente lo que hace el tirano, amordazar las conciencias —prosiguió Andrade un tanto irónico, hablaba con acento ibérico, todavía frecuente en algunas voces cultas—. A todos quienes han ofendido mis palabras pido disculpas y aconsejo: id a confesaros y rezad tres Avemarías… Y ahora escuchad: Santo Tomás en su *Suma Teológica* decía que era muy peligroso para la sociedad, que cualquiera pudiese atentar contra la vida del gobernante, aunque fuese un tirano, por lo que juzgaba como más razonable proceder contra la crueldad de los opresores "por fuero de la autoridad pública". Decía que si al derecho del pueblo le pertenece darse un regidor, el mismo pueblo puede deponerlo si aquél abusare del poder concedido. Y agregaba el Santo Tomasito, que no sería una infidelidad destituir al tirano y no guardar el pacto con él contraído, si el tirano no se hubiese comportado fielmente en el gobierno del pueblo, tal como exige su deber. Pero Santo Tomás, buen discípulo de Aristóteles, se olvidó de que, cuando el tirano lo es de verdad, esto es, el momento en que acapara para sí todos los poderes del Estado, como es el caso de nuestro gobernante, no existe esa autoridad pública que pueda deponerlo —continuó de pie y en alta voz—, ¡de allí que le corresponde al pueblo, a nosotros, tomar las armas y sacarlo del trono! ¡He dicho!

Polanco y Moncayo llamaron a la calma, pues muchos de nosotros sentíamos otra vez inflamado nuestro espíritu por las palabras de Andrade. Luego de unos minutos y muchos cigarrillos encendidos, continuó la charla en medio de la humareda.

—Nuestro querido amigo Andrade ha puesto leña al fuego —continuó el "Colorado" Moncayo—, y eso ha servido para enardecer aún más nuestros corazones y ratificar nuestros justos propósitos. Del santo de Aquino, sin embargo, se me va a permitir decir algo más. No en vano fui cura, fui jesuita y fui profesor de Teología. El santo teólogo miraba la vida política, en el siglo XIII, con los ojos de su época, no podía ser de otra manera, esto es, con los ojos del feudalismo monárquico. Pero además, Santo Tomás era un profundo conocedor del Antiguo Testamento, y sobre sus páginas, sagradas y divinas, sustentaba sus ideas. Afirmaba que al tirano que se lo juzgara como "indigno de conversión", se lo podía "quitar de en medio o reducirlo al ínfimo estado". Decía Tomás que fue el Señor quien "viendo la aflicción de su pueblo en Egipto y oyendo su clamor, sumergió en el mar al faraón tirano con todo su ejército", como se refiere en *Éxodo* 14, 28. Fue el mismo Dios quien transformó a Nabucodonosor en "semejanza de bestia" toda vez que, en su soberbia, no solamente lo arrojó del trono, sino de la comunidad de los hombres, según *Daniel*, 4, 30. Por lo que queda claro que el Santo, con la *Biblia* en sus manos, comprende que el tirano indigno pueda ser "quitado de en medio" o "sumergido en el mar", esto es, aunque nos suene duro, y sin falsos retruécanos, que se justifica que el tirano pueda ser a-se-si-na-do.

Un enorme y pesado silencio, diríase más bien una roca, se materializó en medio de todos los presentes. Las palabras de

Andrade, y luego las de Moncayo, evidenciaban que estábamos allí reunidos con el fin de acabar con la vida de un hombre. No era juego de niños; no se trataba de simples palabras que se las lleva el viento. Se tramaba el tiranicidio, la muerte de García Moreno, del presidente de la República. El silencio que imperó unos segundos fue agrietado por el pertinaz ladrido de un perro que parecía, por el eco de su voz, que estuviese encerrado en un largo y cerrado zaguán, tal vez en la misma casa donde estábamos reunidos esa noche.

—Coincido con mi amigo Andrade —irrumpió ahora Cornejo—, en que es indigno vivir sometidos reverentemente, como dóciles corderos que, felices, balan y aceptan el palo de su furibundo pastor. Manuel Cornejo, tenía 26 años, era hijo y nieto de ilustres liberales. Idealista, simpático y ocurrente, también era un ferviente católico, aunque más que a Dios, idolatraba a su madre dos veces viuda. Cornejo creía en la libertad. Confiaba en los demás porque él era confiable y sincero.

—Pobres ovejas sumisas, esclavas del miedo que impone el malvado —continuó Cornejo, cuyos ojos negrísimos brillaban al tiempo que miraban fijamente a sus amigos—, porque el terror que ha impuesto García Moreno es su arma de dominación política y de control de la población. Cuando el pueblo vive espantado, en medio de ciertos y falsos escenarios de temor ciudadano, como es nuestro caso, no se atreve a conspirar contra el dictador que, de esa forma, conserva gozoso su mando. El perverso y narcisista Calígula, que se creía y vestía como si fuera Júpiter, decía: "Que me odien con la condición de que me teman". Claro, así, con el miedo impuesto como mecanismo de control se mantuvo, hasta que, tras una serie de conspiraciones, fue cosido a puñaladas, no sólo por ser tirano, sino por demente, irascible, caprichoso y lujurioso, parecido a uno que todos conocemos…

—Está claro que estudio Derecho –interrumpió Andrade-; está claro que todavía no me he graduado de abogado y que todavía no he estudiado Teología, como el "Colorado" Moncayo o como el "Querubín" Polanco —gesticulaba con sus enormes manos—. No sabía que Santo Tomás fundamenta su justificación al tiranicidio en la mismísima palabra de Dios. Gracias, "Colorado"; me alegró mucho que me hubieses sacado de mi ignorancia; yo creía que Tomás era un cobarde pusilánime, pero confieso que ahora lo admiro, como también admiro a Juan de Mariana, de quien no tenía la menor noticia.

–¡Viva Santo Tomás! —dijo alguno.

–¡Viva el cura Mariana y Mariana de Jesús! —dijo algún otro.

–¡Abajo los Calígulas! —se escuchó decir.

–¡Abajo los borregos maricones y reverentemente sometidos! —concluyó Cornejo en medio de las risas.

4

El teniente Salazar permanecía en el atrio de la iglesia de San Blas mientras observaba a quien, años atrás, a punta de cañonazos, lo había apresado y desterrado al Perú, donde padeció interminables días de desolación y miseria. En medio de las arenas desérticas de Paita, lejos de su patria y de su gente, las porfiadas olas del mar avivaban hora tras hora la desventura de hallarse en suelo extraño impedido de regresar a su país. El viento marino exacerbaba con su infatigable soplido la despiadada sensación de abatimiento en que se hallaba. Mientras contemplaba a las tortugas enterrar sus óvulos con la instintiva esperanza de perennizar su especie, sentía que la congoja corroía su alma al extremo de preferir la muerte a esa existencia sin sentido. En esos días sombríos de insoportable pesar, en aquellas angustiosas noches de insomnio, se talló en su alma, poco a poco y de forma inexorable, un sólido y bien perfilado rencor hacia el causante de su desventura. El amargo tormento que le producía el destierro, las interminables horas de pena acrecentadas por el reclamo inclemente de sus tripas vacías, cincelaron milímetro a milímetro el resentimiento y la aversión. No había noche que entre sueños no dejase de brotar la escuálida figura del joven gobernador que, trabuco en mano, lo impelía a embarcarse y surcar el Pacífico en castigo a sus andanzas revolucionarias. No había día ni noche en que el desánimo dejase de ahogarlo; no hallaba consuelo ni despierto ni dormido. Juró vengarse. García Moreno, pensaba enardecido, deberá pagar por tantas horas eternas de tristeza y penuria, de soledad y desesperación.

Oculto entre la gente amontonada en la explanada de la iglesia de San Blas, sentía que García Moreno todavía lo intimidaba, y que esa incomodísima sensación de estar a punto de mojarse los pantalones lo indignaba y enfurecía hasta el delirio. Sabía que, cuando a la inquina y al miedo se junta el enojo, se genera un veneno letal: el profundo deseo de cobrar venganza, de aniquilar al sujeto causante de ese vergonzoso sentimiento. Con esos monstruos en su cabeza y con esa pócima que le constreñía el estómago, clavó las espuelas en su cabalgadura, se abrió paso entre la gente y continuó su marcha hacia el regimiento.

Años atrás, tras inacabables meses de largo y atroz desarraigo, Salazar había regresado finalmente al Ecuador, auxiliado por su familia. En forma encubierta y gracias a los amigos del general Flores —al fin y al cabo por él había padecido tanto suplicio—, se reintegró a las filas del Ejército. Para no despertar al tigre, logró ser destinado al destacamento de Bodegas, en la Costa ecuatoriana, lejos de la capital y sobre todo, muy lejos de los ojos y oídos de García Moreno, quien, por esos días, había dejado ya la Gobernación de Guayaquil para asumir el cargo de senador de la República. Poco a poco y sin hacer mucho ruido, durante el tiempo que debía permanecer invisible, Salazar se empeñaría en recuperar el tiempo perdido y apuntalar su desvencijada plataforma en el Ejército. Residió un poco más de dos años en Bodegas, un apacible caserío recostado a orillas del río Babahoyo. Dedicaba el tiempo a sus tareas militares y, en sus momentos libres, que eran muchos, a tomar unos tragos de Mallorca con sus compañeros de armas. En ese pueblo pequeño, húmedo y caluroso, mantuvo unos amores constantes y desbocados que produjeron el fruto muchas veces frecuente, aunque no siempre deseado. La madre del hijo, una bella joven de grandes ojos y dadivosas curvas, lo bautizó con el nombre de Francisco, y con su apellido, Sánchez. Acordaron que el chico no llevase el apellido Salazar, pues esa situación afectaría al prestigio personal y a la carrera militar de su progenitor. A cambio de guardar el secreto de su paternidad, él protegería al retoño de manera responsable aunque soterrada.

Ya de regreso en Quito, brotaba una y otra vez en su memoria la imagen de García Moreno. La fuerza de su carácter, evidente desde sus primeros actos como gobernador de Guayaquil, la había sentido todo ese tiempo como una amenaza a su propia vida. Debía cuidarse. Pensaba que un hombre con esos bríos y poder político sojuzgaría a todo aquel que constituyese un obstáculo para el pleno despliegue de su voluntad. Sabía, ya lo había experimentado en carne propia, que ante el peligro cabían tres opciones: huir, pelear o rendirse. Salazar optó por replegarse y refugiarse, por huir del peligro y mantenerse escondido. Tengo miedo de ese tipo, pensaba, pero no por ello soy cobarde; cobarde sería si no enfrentase el pánico, si no intentase superarlo. Como la presa que intuye que el cazador va ansioso tras sus huellas, Salazar decidió refugiarse en su madriguera para guarecerse del peligro y, una vez allí, mantener abierta una pequeña rendija para olfatearlo. La manera de protegerme, pensaba, es conocerlo; tendré que vigilarlo con suma cautela, sin levantar sospechas, con disimulo. Tras meditar en la forma más idónea de espiarlo, resolvió reclutar a tres hombres de confianza que serían sus espías, sus sabuesos que, bien entrenados y advertidos de ser leales so pena de ser pasados por las armas en caso de delatarlo, indagarían sobre la vida de su enemigo. Caviló en quiénes podrían ayudarlo en su propósito; pronto resolvió que dos cabos del Ejército y un amanuense del Ministerio de Guerra serían los adecuados. Los tres le debían a él los empleos que tenían, los tres sabían que, con mover un dedo, él podría no sólo echarlos del trabajo, sino quitarles la vida. Esa misma tarde habló con cada uno de ellos y les encomendó realizar su tarea con todo sigilo y discreción; en caso contrario, él mismo se encargaría de matarlos.

Comenzó a escarbar en su vida. Ansiaba conocer qué había hecho García Moreno en el pasado, cuáles habían sido las circunstancias que moldearon su naturaleza y definido su carácter. Sus tres sabuesos emprendieron la tarea. De manera metódica y ordenada recogería los hallazgos en un cuaderno de tapas rojas que guardaría con mucho sigilo. Pocos días después de iniciada la pesquisa, apuntó sus primeros descubrimientos: *Nació en Guayaquil, en 1821, de padre español y madre criolla.*

La información obtenida lo llevó a pensar que García Moreno había nacido en medio de la conmoción que se vivió durante la veintena de años que demandó el proceso de la Independencia ecuatoriana y americana de la monarquía española, pues luego de las insurrecciones quiteñas de 1809 y 1810, Guayaquil proclamó su emancipación en octubre de 1820, y el Ecuador nació como república escindida de la Gran Colombia, en 1830. El pequeño Gabriel había sentido el cambio, la ruptura, el nuevo orden social, económico y político que surgía, y había escuchado los relatos de las guerras independentistas lideradas por Bolívar, y muchas de ellas forjadas por Sucre. También de niño había palpado en su hogar el temor y la incertidumbre que origina toda alteración de lo habitual, a la vez que habría sentido en algún pliegue de su alma la admiración que producen los grandes hechos de los grandes hombres. ¿Qué huellas le habrían dejado esos sucesos? ¿Qué pensamientos habrían cruzado por su mente?

Días después de recibir los primeros datos, uno de sus sabuesos le llevó nueva información, que la registró en su cuaderno del siguiente modo: *Su padre estuvo entre quienes declararon la Independencia de Guayaquil.* Le llamó la atención el hecho de que don Gabriel García Gómez, padre de García Moreno, hubiese firmado el Acta de Independencia de Guayaquil, pues era justamente de su natal España, de su tierra a la que lo anudaban no sólo sus ancestros, sino sus medios de subsistencia, de la cual se rebelaba y emancipaba. Frente a sus ojos tenía una copia manuscrita del Acta original que se conservaba en el Ayuntamiento del puerto; en ella constaba el nombre y la firma de don Gabriel García Gómez junto a la de José Joaquín de Olmedo, jefe político de la provincia, y la de muchos otros personajes de aquella gesta. Por esos días de octubre de 1820, don Gabriel era uno de los dos alcaldes del puerto y, como tal, estuvo al lado de los criollos, e inclusive aportó con 650 pesos, que era buen dinero, para la manutención del nuevo ejército. Años más tarde, también contribuyó con algunos pesos a las huestes de

Bolívar. Sin embargo, su situación económica se deterioró por la crisis que afectó al Ecuador y a América por las guerras de la Independencia, y por el dominio de Napoleón en Europa, que perjudicó al comercio americano con España y el Viejo Mundo. Don Gabriel, que hasta entonces había sido un próspero comerciante, dejó de llevar el pan de cada día a su casa. ¿Cómo habrá afectado esta situación al pequeño Gabriel?, se preguntaba Salazar, en tanto comenzaba a vislumbrar las primitivas tormentas que lo habían golpeado en su infancia.

Poco después, uno de sus informantes dio cuenta de los primeros años del infante Gabriel en su casa en Guayaquil, donde vivía junto a sus padres y hermanos, y donde en días despejados pasaba horas enteras en la absorta contemplación de las nieves del Chimborazo, desde una pequeña ventana ubicada en la parte trasera de su casa. Su infancia, feliz y despreocupada, había sido quebrada de un día para otro con el advenimiento de la pobreza y las múltiples desventuras que sobrevinieron tras la pérdida de los negocios de su padre. Donde hubo riqueza, reinó después la miseria junto con la tristeza, las enfermedades, la inseguridad, la consternación, la impotencia, la ira, la frustración y todas las demás plagas que la acompañan. No sólo que el niño vivió en un ambiente de pena y adversidad, sino que, por falta de unas pocas monedas, no pudo ir a la escuela a aprender catecismo, latín y gramática, y a ejercitarse en la diaria aventura que implica conocer a otros niños de su edad. La falta de pares con quienes compararse y sentirse uno de ellos, había ocasionado en el pequeño la incapacidad de relacionarse con el prójimo, y la convicción de ser un bicho único y diferente, un espécimen rarísimo.

5

Pasé mal aquella tarde. No podía quitar de mi mente sus ojos negros, brillantes y curiosos, que tan sólo al recordarlos me amedrentaban. Conocerlo me había dejado una impresión tan vívida y tan fuerte, que podía sentirla y palparla como si fuera el chichón que queda después de un golpe en la cabeza. La tempestad crecía; los rayos quebraban el cielo; el estruendo de los truenos aumentaba. No paraba de llover, como no paraba tampoco mi desasosiego. Mientras oscurecía, salí del taller apenas vestida con mi mandil blanco y caminé apresurada bajo la lluvia que, obstinada, mojó otra vez mi cuerpo. En cuanto llegué a mi casa me vestí con ropa de dormir, suave y abrigada, pues todavía tenía frío y temblaba. Avivé las brasas de la estufa y puse a hervir agua para prepararme una infusión de hierba luisa con canela. El calor del brasero me confortaba. Debía esperar hasta la noche para recoger a mi hijo —todavía no esperaba al segundo— que pasaba el día con mi madre; en ese momento sólo quería descansar y abrigarme.

Mientras escuchaba caer la lluvia recordaba que conocí a Faustino una mañana a la salida de la iglesia de La Merced. Al terminar la misa y en cuanto di un paso fuera del templo, lo vi; me buscaba con sus ojos verdes, pequeños, intensos, ojos de gato al acecho. Su insistente mirada, cargada de brillo y alegría, y su dulce sonrisa dibujada en sus labios ocultos por su grueso bigote, me hicieron dar cuenta de su ternura. Pronto sentí que él era el hombre; lo supe el siguiente domingo, allí mismo, a la salida de misa, en cuanto se encontraron nuestros ojos y sostuvimos unos instantes las miradas. Faustino me había visto. Me había descubierto. Y yo a él. Una mujer puede darse cuenta de que ha encontrado al hombre de su vida. Es como encender una vela en un desván que ha estado a oscuras varios años, y descubrir de repente un objeto olvidado. Al mirarnos a los ojos, sentí su mirada sincera, fresca y dulce aunque decidida. Eso me dio tranquilidad y seguridad, cosas que para una mujer son muy importantes, porque nos dan mucha confianza. Nos hicimos amigos; comenzó a visitarme día tras día; conversábamos y reíamos mucho. Pronto permití que mis sentimientos volaran libres, y pronto también me entregué completamente, sin guardar nada para mí, sin mezquindades ni temores. A los pocos meses de conocernos nos casamos. Amé a Faustino con toda mi alma y él también me amó. Nuestra relación era un tanto extraña, pues era rudo, pero también tierno. Era un soldado aguerrido; podía matar con saña y violencia, pero también podía abrazarme y llenarme de besos. En él convivían el ángel y el demonio, la luz y la oscuridad. Sin embargo, aunque la mayor parte del tiempo prevalecía en él lo bueno, lo sano y lo cariñoso, el mismo instante en que era lastimado en su amor propio o en su dignidad, emergía, furioso, el diablo con la espada afilada a herir hasta matar en defensa de su yo herido. Entonces era temible. Porque, además, tenía una fuerza salvaje. De joven había matado a varios hombres en defensa de su padre. Lo contaba sin ninguna discreción, como si nada; decía que había matado a tres o cuatro a machetazo limpio, porque tenía que defender la honra de su padre. No soportaba ni perdonaba la traición, era lo peor que podía ocurrirle. Decía que el presidente lo había traicionado al despojarle de su trabajo en el Oriente. Recuerdo que el presidente, en esa ocasión, había dicho que tomó esa drástica medida "Extirpando la especulación y exacciones violentas a que estaban sujetos los pobres moradores de ese territorio por algunos despiadados y crueles traficantes". Entonces empobrecimos. Su trabajo en las selvas del Napo era nuestro principal sustento antes de instalar la talabartería. Desde entonces aborreció al presidente y juró vengarse.

Me hallaba en esos recuerdos y no cesaba de llover, cuando escuché golpear a mi puerta, tres golpes fuertes y secos. Me quedé paralizada; contuve el aliento para concentrar todos mis sentidos en lo que ocurría. Pensé en no abrir, algo me dijo que no lo hiciera. Ya era de noche y yo estaba en ropas de cama. Esperé en silencio, temblaba de miedo, no podía ser Faustino, hubiese entrado con su llave, además se quedaría en Ibarra al menos tres noches o más; nunca se sabía cuando regresaba. Tampoco podía ser mi madre, que traía a mi hijo a casa, pues esa noche se quedaría con ella. ¿Quién será? me pregunté. Escuché otra vez los golpes en la puerta, ahora más fuertes, más urgentes. Exhalé el aire contenido en mis pulmones, caminé descalza como estaba hacia la puerta y pregunté ¿quién es? Enseguida escuché ¡Vengo a buscar al capitán Rayo, por favor déjeme pasar! Era su voz, inconfundible, era su tono imperativo, era, por supuesto, el presidente. Abrí invadida de pavor. Entró y cerró la puerta tras de sí. Venía cubierto con un sombrero y un largo poncho que se sacó con apuro y los puso sobre una silla. Enseguida pude ver, aterrada, que sus ojos echaban fuego. Me dijo que lo disculpara por llegar de improviso, que necesitaba encargarme de urgencia unas monturas, y hablaba y hablaba mientras yo sentía que el pánico comenzaba a vencerme. No podía dominar mi estremecimiento; sentía la fuerza de su mirada, sentía que yo era infinitamente más débil que él. Tenía tanto miedo que estaba sorda y paralizada. De pronto me di cuenta de que estaba muy cerca de mí; había traspasado esa distancia íntima que separa a una persona de otra. Sentía que estaba en serio peligro, cualquier cosa podía ocurrir. Y así fue. Me tomó de la cintura, me acercó hacia su cuerpo, me besó en los labios y luego en la boca. Traté de resistirme pero no pude, me besó otra vez, profundamente. Enseguida me llevó hasta mi lecho donde me despojó de mis ropas. Ya desnuda, me miró toda, de arriba abajo; después se echó a mi lado y comenzó a acariciar mis senos y a besarlos. Tras ello, sin más preámbulo, palabra o caricia, me penetró con premura y violencia, una y varias veces, hasta que pronto, muy pronto, calmó su furor y se recostó a mi lado, exhausto. Yo no sabía qué hacer, estaba devastada, no sabía si levantarme o quedarme en la cama, no sabía si hablarle o quedarme callada; entonces se acurrucó sobre mi regazo y me dijo, abrázame fuerte, abrázame como si me estuviera muriendo. Y lo abracé; y se quedó recostado en mi pecho, en silencio. Yo estaba completamente desconcertada ¿Qué estaba haciendo? Desnuda en mi cama, abrazaba a un hombre que apenas conocía, que de improviso había llegado a mi casa y me había tomado como si fuera suya desde siempre. Mi brazo reposaba en alguna parte de su espalda, y mi mano palpaba esa piel extraña y desconocida, lejana y ajena, como una tierra inexplorada a la que se llega con la boca entreabierta, con asombro, con curiosidad y con temeroso respeto. Entregado en mis brazos como un pobre niño que busca refugio en el primer cobertizo que encuentra para pasar la noche y al día siguiente retornar al abismo, lo escuchaba respirar agitado; parecía estar muy nervioso o, tal vez, muy desamparado. Yo no me movía para no molestarlo, pero me sentía muy incómoda con alguien completamente desconocido enrollado entre mis brazos.

De repente se levantó, se arregló los pantalones que ni siquiera se los había sacado del todo, se pasó las dos manos por su cabeza, se peinó los cuatro pelos canos que tenía, y sin dejar de mirarme a los ojos me dijo, Mercedes Carpio, eres la mujer más hermosa que he tenido en mi vida. Enseguida se puso el poncho, se puso el sombrero, abrió la puerta y se fue.

Todavía estaba sorprendida y con mi cuerpo tibio cuando lo vi desaparecer. Nunca nadie me había tomado de esa manera; nunca nadie me había arrollado y vencido sin casi oponer resistencia, sin decir ni una sola palabra, como si yo no fuera yo, como si mi cuerpo no fuera mío. Cuando me tomó de la cintura y buscó mis labios, y cuando luego me besó y me desnudó, me daba plena cuenta de lo que sucedía y, sin embargo no hacía nada para evitarlo; simplemente aquello ocurría y yo estaba ahí, fuera de mí, como un simple espectador de algo que pasa allá lejos y no le incumbe. Con mi actitud pasiva, con mi falta de resistencia, con mi sobreentendida aceptación había consentido que me tomara como lo hizo. ¿Había querido que suceda? La verdad es que sí. Lo había querido cuando antes, en su primera visita, permití que me mirara, se inflamara su deseo y acariciara con sus ojos. Y lo había querido cuando luego, por la noche, permití que se acercara y me tomara entre sus brazos hasta juntar mi cuerpo contra el suyo. Al principio, el momento en que golpeó la puerta y entró a mi casa sentí miedo, pero ahora me pregunto, ¿lo que sentí ante esa visita —inesperada, aunque, en secreto, anhelada— era terror o emoción? Tal vez las dos cosas que, juntas, forjan la sublime sensación de caminar al borde del abismo.

A veces buscamos una excusa para hacer lo que hacemos, pretendemos así echar la culpa a terceros o a las circunstancias. No siempre tenemos el valor de aceptar con franqueza nuestros instintos o nuestros pensamientos más recónditos. Desde el momento en que entró por primera vez al taller, después de que la lluvia había mojado mi cuerpo y él adivinaba y saboreaba mis formas con sus ojos temerarios, desde ese momento y durante toda la tarde hasta la noche en que llegó, mi exaltación fue en aumento hasta el instante en que me rendí en sus brazos y vertió en mis entrañas su simiente. Toda la tarde estuve nerviosa porque lo esperaba callada, sin decírmelo, sin querer reconocerlo. Cuando finalmente escuché golpear la puerta, alguien dentro de mí dijo es él, y alguien dentro de mí preguntó quién será. Aquella noche yo fui, y ahora lo soy todavía, aquellas dos personas: la una que anhela y la otra que se reprime. La una que sueña y la otra que despierta. La una que vibra y la otra que se contiene. La una que es mujer, y la otra que es esposa.

6

Salazar repartía su vida entre la milicia y el fisgoneo. En la obsesión de espiar a García Moreno se le iba la vida. Lo hacía por el miedo que le tenía, su sola evocación lo atemorizaba; lo hacía también porque lo odiaba y quería vengarse del daño que años atrás le había causado cuando fue expatriado al Perú donde sufrió, según él, el más grande y cruel tormento que alma humana pudiese padecer sobre la faz de la tierra.

Espoleaba a sus informantes, los urgía por más datos. Día tras día esperaba el momento de ver a alguno de sus espías llegar con nuevas noticias. Mientras tanto, crecía en forma lenta y constante la semilla de su venganza. La certeza que tenía del inexorable desarrollo de su encono le producía una satisfacción a la vez morbosa y expectante. Una nublada tarde de octubre uno de sus sabuesos le llevó noticias sobre los primeros años del pequeño García Moreno en Quito: había cursado sus estudios en el consistorio San Fernando, colegio fundado por curas dominicos que años antes había sido transformado por el presidente Rocafuerte de establecimiento católico a laico. Pocos días después Salazar continuó con sus apuntes, producto de las diligentes indagaciones de sus lebreles: *Quiso ser cura e incluso recibió las órdenes menores, pero colgó la sotana días antes de su ordenación definitiva.*

Trató de entender las razones que impulsaron al joven García Moreno a tomar los hábitos y seguir la vida religiosa en las huestes de la Iglesia católica. Supo que por parte de su familia materna, los

Moreno, había algunos prelados muy destacados situados en las altas esferas eclesiásticas, tanto en España cuanto en el Perú, y en algún país centro- americano. Conocía del boato, la comodidad, la seguridad y la estabilidad económica inherentes a la vida religiosa y que García Moreno, carente de todo ello, obtendría al incorporarse a la Iglesia. Consideró que tal vez el joven anhelaba caminar por el sendero de Cristo; pensó que quizás quería seguir la ruta beatífica de sus antepasados por línea materna.

Como en aquellos días en que realizaba la pesquisa ya tenía algunos indicios de la naturaleza de su enemigo, Salazar concluyó que la idea que lo había inducido a García Moreno a vincularse a la Iglesia no había sido su fe religiosa, sino la posibilidad de tener poder e influencia en la vida nacional, pues si pertenecía al clero podría hacerlo camuflado bajo la aureola de santidad que, en forma milagrosa, emana de los hábitos. La Iglesia católica participaba en la vida política y económica de Ecuador, pues era propietaria de abundante riqueza originada desde la época de la colonia en la posesión de grandes extensiones de tierra. En sus enormes y numerosas haciendas miles de indios esclavos trabajaban y entregaban su vida a cambio de escasas monedas que luego la Iglesia las recuperaba con el cuento de los diezmos y las indulgencias. El "concertaje" era el método de mantener el sistema de explotación de los indios.

Del modo más sigiloso y secreto, a través de sus fieles soplones, el teniente Salazar había obtenido valiosa información que revelaba algunos rasgos del temperamento de García Moreno, que confirmaban, muy a su pesar, las razones que tenía para alimentar el dragón que crecía en su interior. Fruto de esas investigaciones fueron los nuevos datos que obtuvo y que escribió en su cuaderno de cubiertas rojas —que escondía en el lugar más oscuro, al fondo de la caballeriza, en el entretecho–: *Pretendió ennoviarse con Juanita Jijón, cuñada del entonces presidente Flores, pero mi general lo rechazó y lo sacó a empellones de su casa. Se sumió en una profunda depresión por el repudio que sufrió. Se rapó la cabeza y las cejas y deambulaba por Quito como monje budista en trance místico. Detestaba a Flores; inclusive tramó*

García Moreno había manifestado sus intenciones de asesinar al presidente Flores, lo había hecho en forma taxativa, y en varias ocasiones, ante un grupo de amigos y compañeros de la Universidad, todos opositores al entonces presidente. Quería matarlo por la afrenta recibida cuando fue echado de su casa. García Moreno había propuesto la idea del crimen y exhortado a sus colegas a seguirlo; ante la falta de apoyo, indignado, corrió en busca de su cuchillo. Ya con el puñal oculto bajo su leva, en medio del frío y la lluvia de la noche, se dirigió a la casa de "La Peluda" —la mulata caribeña curvilínea amante del presidente Juan José Flores— pues supo que con ella estaba en reconfortante y envidiable faena amatoria. Una vez llegado al portón de su casa, esperó con sigilo a que Flores saliera. Luego de acechar por cerca de dos horas, fue avistado en actitud sospechosa por un celador que hacía ronda por el barrio; ante las miradas suspicaces del centinela, se dio cuenta de que había levantado la perdiz, por lo que desistió de la idea y decidió caminar bajo la lluvia de vuelta a casa. Furioso, frustrado y mojado, repartía patadas a todos los perros que se cruzaban por su camino.

Salazar estaba convencido de que García Moreno quiso acabar con la vida del presidente Flores, porque el dolor que habría sentido al ser repudiado debió de ser tan profundo y desgarrador, y por ello tan intolerable, que sólo sería posible aliviarlo con una acción que causara al agresor igual o más grande congoja.

Pocos días después de esta noticia, la mañana en que sus informantes le comunicaron que García Moreno quería asesinar a Flores con su puñal, Salazar sintió un hondo estremecimiento. Sabía que quien asesina con un arma blanca cumple un profundo e ineludible, un íntimo, impúdico e insano deseo de sentir milímetro a milímetro, la forma única, maravillosa, obscena, en que penetra el cuchillo en el cuerpo de la víctima: tensa al principio, al clavar la punta y toparse con la piel que resiste, y deliciosamente suave enseguida, cuando la piel se desgarra, el puñal penetra y la sangre tibia brota inconteniblemente, como en el instante en que se degüella a un borrego. Una cosa, pensaba, es matar con un fusil al enemigo, a la distancia, y ver su sangre derramada en lontananza, y otra muy distinta es acercarse, clavarle el puñal y sentir cómo la daga penetra y destroza las entrañas del enemigo, y su sangre espesa y palpitante te embarra la mano. Sabía que se requiere estar dominado por un aborrecimiento y rencor profundos, a más de mucha sangre fría, para verse urgido a matar de esa manera.

La idea de vengarse de Flores carcomía las entrañas de García Moreno. Su pasión —su temperamento irrefrenable— le exigía cometer una acción que aliviase, que calmase su dolor: quería arrancarle la vida. Y no en defensa propia, pensaba Salazar, no en defensa de un tercero inocente, no por razones justificadas —en aquellas ocasiones en que matar a alguien se justifica—, sino porque su carácter le impelía a hacerlo sin poder resistirse a ese mandato. Además, a García Moreno le importaban un carajo las consecuencias, inclusive, que fuese atrapado como autor del asesinato y lo fusilaran ipso facto. Su sentimiento de ultraje lo había enceguecido; su dolor clamaba por venganza. No era capaz de dilucidar, ni le importaba, si sus deseos de vindicta eran buenos o malos; simplemente juzgaba que eran una reacción proporcional al agravio recibido, y por ello, pensaba que la venganza era apropiada y con ella se haría justicia.

Al cabo de unos días, luego de la visita de uno de sus sabuesos que le llevó nueva información, Salazar retomó su cuaderno rojo y escribió: *Se graduó de abogado. En la Universidad se destacó por su inteligencia y su gran memoria, pero también por su mal carácter, violento y acre.* García Moreno había sobresalido por ser un brillante estudiante y porque, además, tenía una memoria portentosa. Conocía a profundidad la obra de Andrés Bello, a quien citaba con frecuencia. Guardaba en su notable cabeza todo lo que había estudiado. Le bastaban un par de lecturas atentas para entender y fijar en su memoria lo leído. Y no sólo eso: conservaba también en su mente la lista de más de un centenar de compañeros de clase. Muchas veces, en aquellas ocasiones en que el profesor olvidaba el registro, repetía como lora superdotada los nombres de los alumnos, sin olvidarse de ninguno.

Uno de los sabuesos fue, días más tarde, con la información de que García Moreno era muy arrogante y presumido de su talento, y por ello había tenido algunos incidentes con sus profesores. Discutía con ellos y cuestionaba sus asertos; si bien por un lado eran admirables sus conocimientos y su capacidad de análisis, por otro lado resultaba un sujeto insoportable. Tuvo algunas rencillas con sus compañeros; a más de uno insultó de mentecato, y a varios tildó de ignorantes. Protagonizó un escándalo en un acto público en la Universidad que casi le cuesta su expulsión. No era simpático; tampoco querido por sus compañeros y profesores. Culminados sus estudios de Derecho, hizo sus prácticas previas a su grado de abogado, que lo obtuvo en forma brillante. Salazar no consiguió más información sobre sus años en la Universidad, pero le quedaron en claro algunos elementos: su aguda inteligencia, su gran memoria y su apasionado, violento, indócil e insoportable carácter. Cuando, años después, logró la amistad de García Moreno, era consciente de que para conseguirla había tomado muy en cuenta toda la información que sobre los rasgos de su personalidad había obtenido en forma metódica y sigilosa.

Pasaron algunos días sin que sus sabuesos le llevasen información alguna, hasta que luego de varias semanas escribió en su cuaderno: *Conspiró contra Flores que fue derrocado tras la revolución del 6 de marzo*. En aquella época había mucho descontento popular por la nueva Constitución impuesta por el presidente Flores, a la que el pueblo denominó "Carta de Esclavitud". La flamante Ley pretendía perennizar al general Flores en el poder y negaba la ciudadanía a quienes no tuvieren rentas elevadas o propiedades valiosas. A esa situación, de por sí irritante, se sumó la disposición de aportar con tres pesos, impuesta a todo ciudadano entre los 23 y 55 años, con excepción de indios y esclavos. El pueblo de la Sierra rechazó la pretendida medida, y al grito de "mueran los tres pesos" salió a las calles a protestar. Flores pretendió aplacar a la oposición con el fuego de artillería que, con el apoyo de sus más cercanos generales, los también venezolanos Febres Cordero y Otamendi, arrojó contra el pueblo. Incluso, recordaba Salazar, él mismo participó en alguno de esos episodios, y como parte del Ejército oficial, echó bala a la gente que, de manera enfebrecida, condenaba la medida. En esos precisos días, mientras el pueblo era masacrado por la fuerza del Ejército, el presidente Flores, escudado tras las bayonetas, visitaba a su amante caribeña, en tanto un joven rencoroso lo esperaba con el cuchillo en la mano para asesinarlo…

Un par de años después de estos incidentes, el 6 de marzo de 1845, el pueblo de Guayaquil se sublevó contra el venezolano Flores, desconoció su autoridad y alentó la conformación de un Gobierno provisorio que sería conformado por Olmedo, Roca y Noboa. (Olmedo había cantado a Flores: "Rey de los Andes / la ardua frente inclina / que pasa el vencedor…"). El general Flores, parapetado en su hacienda "La Elvira", cerca de Bodegas, y con el apoyo de los generales Otamendi y Wright —el mismo general Wright que años atrás había sido deportado junto con Salazar— logró repeler varios ataques militares comandados por los generales Elizalde, Illingworth y Ayarza —el negro Ayarza de los ejércitos del Libertador, que luego por orden del entonces triunviro García Moreno recibió una tanda de azotes que ocasionaron su muerte—. Pese a la resistencia de Flores, otros pueblos del interior apoyaron la revuelta guayaquileña y sitiaron e incomunicaron al general venezolano quien, tres meses después, capituló y salió del país junto con sus objetos, familia y mulata curvilínea.

Causó un grande impacto en el Ecuador la caída de Flores y su destierro, pues él representaba al caudillo militar que había luchado junto a Bolívar por la Independencia, que había sido el primer presidente de la naciente República del Ecuador, y que había dominado el escenario político del país durante quince años. Uno de los informantes, a quien en forma expresa el teniente Salazar encargó que averiguara qué hacía García Moreno durante aquellos días de la revolución que tumbó al general Flores, le informó que un grupo de jóvenes en armas, opuestos al flamante triunviro Roca, entre los cuales se encontraba García Moreno, habían sido confinados a la "provincia de Flores" —luego llamada Loja—, donde permaneció exiliado algunos meses. Se refieren a esos mismos días las notas siguientes escritas por el teniente Salazar en su cuaderno de solapas rojas: *Luego de la revolución de marzo, Roca es nombrado presidente. García Moreno combate a Roca en su periódico denominado El Zurriago.* Además de los acres comentarios contra el presidente Roca —a quien García Moreno le decía "El Cuervo del Arrayán"—, le llamó la atención que hubiese bautizado a su primer periódico con el nombre de *El Zurriago*, ya que tan singular denominación recordaba al elemento de castigo más denigrante que pudiera la mente del hombre concebir.

"No nos importa que se crea infamante el nombre de nuestro periódico, por representar un brutal instrumento de castigo. En efecto, infama a los malhechores condenados a sufrirle, pero no a los que le emplean para enfrentar a los prosélitos del crimen; del mismo modo que infama el patíbulo afrentoso al que expía en él sus delitos, sin dañar al juez que condenó justiciero al delincuente". Por aquellos días, una de las formas más efectivas de participar en la vida política consistía en publicar un libelo que expresara tal o cual pensamiento a favor o en contra del Gobierno. Esos pasquines periódicos eran financiados por el propio interesado y, en algunos casos, también por sus adeptos, y eran distribuidos como hojas volantes en las esquinas de las calles, a la salida de misa o del mercado. Mientras sostenía el primer número del periódico en sus manos, Salazar leyó con voz temblorosa: "Nos hemos propuesto levantar *El Zurriago*, con el objeto principal de castigar a tanto falso patriota, a tanto liberal perverso, a tanto diputado sin honor, a tanto empleado sinvergüenza, a tanto pretendiente charlatán, y a tanto pícaro embustero". García Moreno, pensaba Salazar, debió conocer el efecto ignominioso del látigo, tal vez por haber experimentado en nalga propia el monstruoso poder de los cueros anudados.

El tercer número de *El Zurriago* contenía una frase escrita por García Moreno, que, pensó Salazar, reflejaba claramente su espíritu patibulario y tal vez su sueño más preciado. El Teniente la copió en su cuaderno: "Desearíamos que nuestra pluma fuese la espada del ángel exterminador, para borrar nombres indignos de hallarse en el libro de la vida". Las palabras de García Moreno confirmaban la sospecha que tenía Salazar de que era un sujeto de cuidado. "La inmoralidad no reside en la pena sino en el crimen y el malvado que lo perpetra; ahora bien, *EL ZURRIAGO* es la pena". Salazar se preguntaba si acaso esa era la figura, la imagen pública que García Moreno quería proyectar durante aquellos años, en los días en que se iniciaba en su carrera pública. ¿Castigar al prójimo era tan encomiable como para escoger al zurriago como un emblema? ¿Tal vez quería ser la re encarnación del arcángel Miguel que con su espada flamígera expulsó a Satanás del reino de Dios? ¿Se veía como el severo custodio, como el implacable castigador?

García Moreno se descubría, desde sus primeros años de juventud, como una especie de juez supremo, dispuesto a desenvainar la espada para imponer arbitrariamente su moral, y para enviar al cielo o al infierno, conforme a su particular escala de valores, a quien juzgara digno o indigno de "Hallarse en el libro de la vida". Los hechos que Salazar conoció de su juventud, gracias al buen trabajo de su red de espionaje, lo llevaron también a meditar que García Moreno, apoyado en su talento, en su ambición y en su férrea voluntad, pero asimismo, arrastrado por siniestras corrientes que brotaban de su naturaleza, caminaba con paso firme hacia su inexorable destino: una vida política intensa a la par que azarosa. "El valor es omnipotente cuando del honor recibe sus bríos, de la justicia su espada y su ímpetu del patriotismo."

7

Dos días después, como se había acordado, nos volvimos a reunir. A las ocho de la noche, la habitación de Andrade estaba repleta. Junto a los cuatro cabecillas estábamos algunos partidarios de la conjura, entre ellos Portilla, Bermeo, Cornejo, Cevallos, dos de los Montalvo, sobrinos del escritor Juan Montalvo, mi hermano Juan Elías y otros tantos. Una vez que todos tuvimos nuestra taza de café o té y, sólo algunos, un cigarrillo en las manos, tomó la palabra Andrade:

—No hay tiranía que no quiera perpetuarse, García Moreno quiere quedarse de por vida en el poder. Si fuera un auténtico demócrata, como lo fue Rocafuerte, ¡ya se hubiera ido a su casa!

Andrade lucía ojeroso. Una barba de varios días oscurecía su semblante. Sus ojos brillaban con la fuerza de su espíritu. En el tono de su voz y en el centelleo de sus ojos se percibía resolución y coraje, pasión y fortaleza. Cuando hablaba lo hacía con todo el ardor y la decisión que llevaba en sus entrañas.

—Igual fue el caso de Flores —comentó Cornejo—, fue el dueño del país durante quince años, desde la fundación de la República en 1830, hasta la revolución de marzo de 1845 que lo sacó del mando.

Dos características resaltaban en la fisonomía de Cornejo: sus negrísimos ojos fulgurantes y su abundante pelo que, siempre despeinado, siempre alborotado, era la más clara manifestación de su alma desbordante.

—El tirano —continuó Polanco— admira e imita a Rocafuerte sólo en su antimilitarismo; combate la influencia que tienen los militares desde la época de Flores. El tirano contrarresta el peso de las botas al apoyar el ejercicio de su administración en el clero y en unos pocos ciudadanos.

Ex cura y abogado, el "Querubín" Polanco miraba todo a través del Derecho. Vivía del ejercicio de su profesión; era un abogado destacado y muy solicitado por los hombres ricos de Quito. A su agraciado rostro y a su elegante estampa sumaba el poder de su palabra persuasiva y convincente de jurisconsulto de cepa. En su mirada inquieta podía vislumbrarse que ocultaba más de lo que mostraba. Era muy cuidadoso con lo que decía y más todavía con lo que callaba. Polanco sabía, como buen abogado, cuáles eran las exigencias que para ser ciudadano determinaba la Constitución de 1869, hecha por García Moreno, la denominada Carta Negra: "Ser católico"; "Saber leer y escribir"; "Ser casado o mayor de 21 años". Y para ser presidente, vicepresidente, ministro de Estado, o senador, la Carta Magna requería: "Ser ecuatoriano por nacimiento en ejercicio de la ciudadanía; ser mayor de 35 años; tener una propiedad valor libre de cuatro mil pesos, o una renta anual de quinientos pesos, proveniente de alguna profesión o industria útil".

—El tirano —prosiguió el "Colorado" Moncayo en tono que recordaba que era profesor— sustenta su accionar político y su norte doctrinario en los dogmas de la Iglesia católica. Gobierna con el apoyo de los jesuitas y de una miríada de frailes y monjas italianos y españoles que inundan no sólo los conventos, sino también la vida nacional...

Moncayo, el barba roja, exjesuita, teólogo y también abogado, a diferencia de Polanco que miraba la vida con el prisma de las leyes, lo hacía a través de la moral. Sin embargo, la hondura de sus juicios y la sagacidad de sus palabras lo alejaban de la Teología y lo acercaban a la Filosofía, ciencia que conocía y estudiaba con deleite. Todo él era un libro abierto; su mirada directa y franca reflejaba el sosiego de su espíritu.

Polanco, Moncayo y algún otro de los abogados que estábamos allí, recordábamos que la anterior Constitución de 1861 afirmaba que "La Religión de la República es la Católica [...] con exclusión de cualquier otra [...]". Sin embargo, la de 1869, la vigente al momento en que ocurrían los sucesos que relato, también decía que "La Religión de la República es la Católica [...] con exclusión de cualquier otra", y agregaba: "... Y, se conservará siempre con los derechos y prerrogativas de que debe gozar según la ley de Dios y las disposiciones canónicas...". García Moreno había elaborado una Constitución que le permitiese gobernar con el apoyo de un poderoso aliado: la Iglesia católica. Además, para no tener freno en su estilo de gobierno teocrático y represivo, había reformado el Código Penal de forma tal que ahora establecía, en su artículo 61, "La tentativa para abolir o variar en el Ecuador la Religión Católica [...] será castigada con pena de muerte..."

—Las leyes despóticas que impuso el tirano —continuó Moncayo mientras se pasaba la mano por sus barbas zanahorias— contradicen el "amor al prójimo" del Nuevo Testamento, aunque paradójicamente son compatibles con el Antiguo Testamento, que consagra la pena de muerte.

—Termina de sacarte la sotana, "Colorado", —le soltó con sorna Andrade a Moncayo— y volvamos a nuestro héroe. Su implacable dominio, desde 1860 hasta hoy, ya son quince años, se ha caracterizado por el miedo y la represión como métodos para dominar e imponer la moral católica. En la Constitución de 1861 quedó abolida la pena de muerte por delitos políticos. En la de 1869, por el contrario, se excluye ese artículo y se agrega otro por el cual, declarado el estado de sitio corresponde al Gobierno "Disponer se juzgue militarmente como en campaña, y con las penas militares, a los autores, cómplices y auxiliadores de los crímenes de invasión exterior o conmoción interior, aun cuando haya cesado el estado de sitio…".

—El ejercicio autoritario del gobierno —interrumpió Moncayo— niega al pueblo sometido la facultad de auto determinarse, de regir y decidir sobre su propia vida, porque el único afán del tirano, en su perversidad, es subyugar a los demás, constreñirlos a hacer su voluntad y castigar con mayor o menor crueldad para mantenerse y defender el sistema. El tirano sólo entiende lo que es el deber y la obediencia y, por el contrario, niega al ser humano, lo combate y aniquila. El dictador esclaviza al pueblo, considera que la bondad y el virtuosismo son lo mismo que el silencioso acatamiento y la dócil sumisión. Para sostenerse en el poder instaura el miedo a la autoridad y el culto al semidiós que encarna como gobernante.

Moncayo repetía muchas de las lecciones aprendidas de la historia y del pensamiento de Aristóteles y Platón sobre la República, y también de Maquiavelo sobre el manejo astuto y perverso del poder. Nosotros escuchábamos la charla mientras renovábamos nuestra voluntad para combatir y acabar con la tiranía de García Moreno.

—En forma paralela —continuó Moncayo—, implanta la delación entre vecinos, el espionaje entre hermanos, la censura de cualquier opinión que lo cuestione o critique, la mordaza para evitar contradictores; en definitiva, reprime para sojuzgar al pueblo y permanecer en el poder el máximo tiempo posible. Mantiene a los ecuatorianos en constante contemplación del espectáculo delirante en que torna el despliegue de su furor y que sirve como engaño, como luces artificiales apostadas a la entrada del infierno para distraer a la plebe de sus cadenas y de la sangre de sus hermanos derramada en su entorno.

Mientras removía el azúcar de su taza de café y alejaba de su rostro un candelabro que humeaba en demasía, Polanco, el más "viejo" del grupo, tomó la palabra:

—Un Gobierno que se mantiene por el abuso del poder y el ejercicio arbitrario de la autoridad se apoya en cuatro patas, como las de esta mesa: primero, la represión; segundo, el miedo que surge de ella; tercero, la esperanza que siembra a cada paso, y cuarto, las lisonjas de sus lameculos, con perdón de los presentes. García Moreno obtiene la victoria con esa receta, pero su permanencia en el poder es temporal, no puede ser duradera, pues ha desangrado a su pueblo, lo ha vuelto esclavo y cómplice de la tiranía. Con esa fórmula infalible, el tirano cava su propia tumba, pues día tras día aumenta el número de opositores y de enemigos resentidos a muerte, que lo quieren asesinar con sus propias manos y enterrarlo. Pero en cuanto los pueblos se liberan de su yugo desean mantener viva la memoria de los abusos padecidos a lo largo de los años, para que la gente libre y valerosa, *urbi et orbi*, no permita la opresión y se revele una y mil veces de estos demonios.

Se escucharon algunos aplausos y hasta un ¡Polanco, presidente!, proferido con sarcasmo por el siempre bromista Cornejo. Minutos más tarde nos retiramos todos a nuestros hogares.

La conjura iba en marcha. Nuestra decisión de acabar con el tirano se fortalecía con el recuento constante de los actos perversos cometidos en su régimen. Si los olvidábamos un instante, nuestra voluntad desfallecía. Debíamos acabar con su vida antes de que asumiera nuevamente el mando, lo cual ocurriría en escasos tres meses, en agosto de 1875. Yo sentía miedo, pero callaba. Recordaba las palabras de mi madre: ¡Luis Felipe, cuídate, presiento que andas en algo peligroso. Ya me bastó con la muerte de tu padre, no podría resistir si le pasara algo a alguno de mis hijos! Observaba a mi hermano Juan Elías, tan firme en sus convicciones, tan decidido a seguir adelante con el plan, que su fuerza disipaba por momentos mis temores. Pensaba que todos debíamos estar aterrados, pues nos enfrentábamos a un ser implacable que, al menor soplo sobre la conjura, nos pasaría por las armas. Pero evitábamos mencionar esa palabra y al no pronunciarla, nos dábamos fuerza unos a otros.

8

En cuanto se fue me quedé destrozada. Me sentí repugnante y miserable, endeble y traicionera; quería vomitarme a mí misma, quería extirpar de mi naturaleza todo lo asqueroso que tenía por dentro, toda la inmundicia de mi alma que había guiado mi conducta. Estaba muy arrepentida de lo que había hecho; la enorme culpa mordía y carcomía sin tregua mi conciencia, como una piedra de molino que muele y muele el grano hasta que sale la harina.

No pensé que hacía algo malo, simplemente lo hice sin pensarlo. Ocurrió. Dejé que ocurra. Lo permití. Aquella noche, una vez que todo había pasado y mientras lavaba todo mi cuerpo con abundante agua caliente, me di cuenta de que yo era una persona distinta de la que creía y pregonaba ser, pues al momento de la verdad, cuando mis principios se enfrentaron a la tentación, resulté ser otra muy diferente, resulté ser una mujer débil que se entregó a un hombre con la "excusa" de que su ímpetu y voluntad le resultaron insuperables, por lo que no tuvo la fortaleza de rechazarlo. Aquella noche constaté, con dolor y pena de mí, que yo no era aquella buena y fiel esposa dedicada a su hogar, a su marido y a sus hijos, sino que dentro de mí habitaban dos personas a la vez: la una, mientras bordaba un tapete, me decía estuvo mal lo que hiciste, y la otra, mientras se pintaba los labios, me decía estuvo bien lo que hiciste. Escuchaba a la una recriminarme: tu acto pecaminoso evidenció que eras tan débil de carácter que podías ceder ante los apremios galantes de un hombre que no era tu legítimo marido. También escuchaba a la otra decirme: tu acción libre y valerosa demostró que eres tan resuelta de carácter que podías complacer tus instintos naturales y vencer la moralina y las convenciones sociales. ¡Bravo! ¡Fuiste infiel a tu marido pero muy leal a ti misma!

Algunas veces, en el transcurso de mis ya largos años, he observado dentro de mí la guerra sin tregua que libra mi naturaleza contra las normas morales y religiosas. Muchas veces he tenido que contener mis impulsos y vencerlos, para evitar que me salga el diablo y termine por hacer alguna tontería. La gente, mi madre, mis hijos, quieren verme como una monjita buena que reza, canta y borda todo el día, y no quieren ver a la mujer que quiere ser auténtica, a pesar de todas las restricciones. Esa noche, luego de aquello que permití que sucediera, resultó que mi porción santa, sin duda más fuerte que la otra, me hizo sentir perversa y con culpa, por haberme entregado a otro hombre. Era cierto, estaba casada y le debía fidelidad a mi marido; además, Faustino me quería y confiaba en mí.

Pronto volvió a visitarme; lo hacía con frecuencia, siempre de noche; siempre llegaba disfrazado de paisano y, por supuesto, cuando Faustino no estaba. Yo ansiaba verlo, pero al mismo tiempo me moría de miedo con sólo pensar que volvería a estar a su lado. ¿Cómo entender ese doble sentimiento que por un lado me hacía anhelarlo y por otro rechazarlo? Siempre era igual: llegaba de improviso —yo ya reconocía el golpetear apurado y nervioso de sus nudillos contra mi puerta—; entraba agitado, se sentaba en el único sillón viejo y desvencijado que tenía; le ofrecía una taza de café que tomaba feliz porque le encantaba; hablaba de su vida, me contaba lo que hacía y lo que pensaba, y luego, sin más preámbulos ni palabras cariñosas ni caricias de por medio, me llevaba directo a la cama. No le gustaba que yo me desvistiese; insistía en hacerlo él, y lo hacía como todo, al apuro, enardecido, y arrojaba mi ropa por los aires. Una vez desnuda, se paraba unos instantes a contemplarme, y luego de mirarme de arriba abajo con sus labios entreabiertos, acariciaba y besaba mis pechos al tiempo que se bajaba los calzones, y, en menos de lo que canta un gallo, hacía lo suyo y quedaba satisfecho. Entonces, exhausto, se acostaba a mi lado con su cabeza apoyada entre mi hombro y mi pecho, —ese era el jergón preferido donde permitía que el sueño lo venciera por instantes— y así pasábamos un buen rato, entre que conversábamos y dormitábamos.

Hablaba conmigo sin esperar que yo dijera alguna cosa, sino que simplemente lo escuchara. Seguramente sentía la necesidad de hablar y lo hacía cada noche que me visitaba. Y eso me gustaba, me decía que a mí sí podía contarme sus asuntos más íntimos porque yo no lo juzgaba. El presidente no toleraba las críticas de personas que lo enjuiciaban y condenaban antes siquiera de conocer o entender las razones y motivos que tenía para hacer lo que hacía. Yo escuchaba lo que me contaba en completo silencio y sin emitir juicio alguno; simplemente oía y trataba de comprender. Debe ser por eso que me contó muchas cosas que yo aprendí feliz y que recuerdo sin querer olvidarlas, como quien guarda en su memoria los colores resplandecientes del arco iris y no quiere olvidarlos jamás. El presidente decía que sólo resulta engañado quien se confía, y agregaba que no existe traición si antes no existió plena confianza en quien, a la postre, le clavaría el puñal por la espalda. Él no confiaba en nadie, decía que lo habían traicionado muchas veces como para volver a caer una vez más. El presidente aseguraba que el poder, la riqueza y la lujuria eran los grandes y únicos resortes que movían a los hombres, y que por ellos el ser humano no sólo era capaz de traicionar su dignidad, sus principios o lo que fuere lo más preciado, sino que inclusive podía llegar a matar una y mil veces. Cuando decía estas cosas yo sentía que metía el dedo en mi llaga, pues me sentía muy, pero muy culpable de lo que por entonces hacía. Me consolaba al pensar que no había traicionado a Faustino ni por poder, ni por dinero ni por lujuria, sino simplemente porque la primera vez no pude controlar mis instintos reprimidos y ocultos en el sótano de mi alma, y después, en las otras ocasiones, porque pensaba que al hacerlo con el presidente alcanzaba de alguna manera el lugar donde él estaba: un sitio mucho más bello que el mío, no abajo, donde yo he vivido siempre, en la pobreza, en la necesidad, en la angustia por conseguir el pan de cada día, sino en un lugar distinto y mejor del que yo siempre he vivido y pertenecido.

Una noche me hizo una confesión que me conmovió hasta las lágrimas. Echados en la cama, en completa oscuridad, enrollados uno en el otro, rompió el silencio en que nos hallábamos ya largo rato y me dijo que con frecuencia se sentía el hombre más solo del universo porque nadie compartía su particular modo de hacer y entender las cosas. Me dijo que desde siempre se sintió distinto, muy diferente de todos los demás; que desde que era niño había visto la vida de una manera diversa de como lo hacía la mayoría de la gente, y que allí radicaba su soledad, que no era más que saberse impar, único, sin posibilidad de verse parecido a los otros, peor aún, sin posibilidad de ser comprendido por los otros. Hablaba con el corazón; sus palabras brotaban, ya no de su cabeza brillante sino de su alma atormentada. Decía que sentirse diferente hizo que prefiriese aislarse de los suyos y del mundo, y que su voluntaria reclusión había acentuado su sentimiento de soledad. Además, confesó, lo incomodaba la compañía de otras personas, pues, aunque resulta difícil de creer, me dijo que era un poco tímido. Yo escuchaba perpleja; nunca pude imaginar que un hombre con esa fuerza, con esa voluntad inquebrantable, podía ser en el fondo un ser solitario y retraído. La noche estaba muy oscura y fría. Engarzado entre mi cuerpo, mientras recorría con sus manos mis pechos, hablaba con una voz muy grave; tal vez sentía que las palabras dichas en las sombras quedarían para siempre en la penumbra. Decía que la gente lo aburría, que no encontraba nada en común con los otros, que prefería estar solo, inmerso en sus asuntos, en sus lecturas, en sus pensamientos; decía que los otros hablaban de temas que le resultaban muy lejanos y por los cuales no tenía ningún interés.

Yo sentía que el presidente podía abrir su corazón y contarme aquellas cosas que a nadie más contaba. A veces pienso que nuestra intimidad era una puerta abierta para entrar en esos territorios normalmente vedados a una amistad común y cualquiera. Otra noche, con una taza de chocolate caliente entre sus manos, me dijo que para conversar se requería igualdad intelectual y simetría de intereses, y que él —en eso era muy soberbio— no encontraba pares para el diálogo. Que prefería dialogar con sus libros, pues sentía que le era imposible comunicarse de modo que sus pensamientos fuesen entendidos a cabalidad. Decía que esa imposibilidad de comunicarse con la gente era más grave que simplemente permanecer en silencio, pues implicaba no tener nada que decirse, y la confirmación de que un profundo abismo lo separaba de las personas.

Ya han pasado muchos años de su muerte y muchos también de aquellos días; sin embargo, evoco una y otra vez sus palabras como una mágica rutina que impedirá que el olvido las borre para siempre. Decía que fue un niño, un joven y un adulto solitario. Rarísima vez concurría a reuniones sociales; aborrecía los banquetes, las fiestas y los compromisos oficiales. Las veces que iba lo hacía por obligación, y al poco rato se escapaba de modo furtivo, en silencio, sin despedirse de nadie. Muchas personas lo juzgaban como arrogante por la distancia que tomaba de la gente, cosa que hacía para que los otros no traspasaran su interior, su intimidad, que defendía a dentelladas. Guardaba dentro de sí, con aldaba y tres candados, muchos recuerdos de su niñez y de su adolescencia, que yo creo que le resultaba doloroso recordar. Decía que desde niño tuvo que aprender a estar solo, pues sus hermanos, todos mayores, lo veían como a un chiquillo diferente y retraído, y no lo incluían en sus juegos. Su soledad y aislamiento se acrecentaban, porque la situación económica de sus padres era mala y no podía ir a la escuela. Ni en la casa ni en ninguna parte tenía a su alcance niños de su edad con quienes jugar, pelear, hacer travesuras; con quienes soñar, reír, compararse, o simplemente sentirse como alguien común y corriente. Mucho tiempo de su niñez pasó solo. Dedicaba el día completo a la lectura; a veces leía para su hermana Rosario, su hermana ciega, con quien se sentía bien porque, me decía, ella no lo podía observar, y al no ser visto no era vigilado ni controlado, y entonces podía hacer las cosas a su antojo. Rosario no me molestaba para nada, me decía; su compañía era ideal, pues al no verme no me juzgaba, no podía reprenderme con su mirada y siempre tenía su misma expresión mansa e impasible, como lejana.

De las pocas cosas que me contó de su niñez y, sobre todo, de las muchas que calló, puedo deducir que ni con su padre ni con su madre se sentía bien acompañado. Su padre, don Gabriel García Gómez, era un hombre inteligente y extrovertido, aunque bastante hosco. En sus últimos años pasaba largas horas sentado en el balcón de la casa. Mientras contemplaba el río y el vuelo apacible de las aves, evocaba su lejano pueblo donde había nacido —Villaverde, en Castilla la Vieja— al otro lado del mar, en España. Recordaba su infancia en Cádiz, sus largos y tediosos años en que trabajó como uno de los escribanos del Rey Carlos IV, hasta que un día decidió buscar mejor suerte en América, por lo que viajó hasta Lima, antes de instalarse en Guayaquil, allá por el año de 1794. Don Gabriel había hecho buenos negocios con la importación de mercaderías traídas de España; tenía una buena situación económica cuando se casó con la joven Mercedes Moreno que apenas tenía 17 años. Pronto llegaron los hijos, uno detrás de otro. El presidente me decía que su madre, doña Mercedes Moreno, era muy exigente, no perdonaba la menor falta a ninguno de sus retoños, ni a su marido ni a nadie. Imagino a doña Mercedes castigar de manera implacable a sus hijos, darles dolorosos azotes con su látigo. Nunca me dijo el presidente que su madre lo flagelara, ni tampoco a sus hermanos; por su orgullo e introversión, jamás me hubiera contado algo así, aunque recuerdo que una vez mencionó el zurriago de su madre, y agregó, al que todos temíamos…;   por eso creo que si doña Mercedes tenía un látigo, debió usarlo no para espantar al gato de la alacena, sino para educar a sus hijos. Al presidente le resultaba muy normal el castigo con los cueros anudados; debió de ser algo muy habitual en su vida. Sin duda conoció en carne propia su eficacia y poder de persuasión. De su madre me dio a entender que era muy dura, muy fría y muy distante; algo mencionó alguna vez de que en su infancia no había recibido de ella un solo beso, una caricia o un abrazo, por eso creo que buscaba en mí la ternura que no tuvo y por eso me decía entre susurros: abrázame Merceditas, abrázame fuerte, como si me estuviera muriendo. Era muy conmovedor escuchar su súplica de abrazo; yo lloraba de la pena al sentir la necesidad de cariño que tenía. Me lo imaginaba de niño, flaco, con sus grandes ojos tristes, solitario en un rincón de su casa, acongojado de no recibir el abrazo y la sonrisa que buscaba en su madre. Cuando yacíamos juntos, me pedía que lo dejara besar mis senos; me lo decía con el tono de súplica de un niño que se muere de hambre y sólo quiere beber la leche materna. Le gustaba prenderse de mis pechos como si todavía fuese un bebé y así se quedaba, sin soltar la teta hasta dormirse, igual que mis hijos. Mientras dormía, la expresión de su rostro era amable, aunque triste; parecía la de un niño desvalido y menesteroso, muy diferente del gesto rudo y severo que tenía en la vigilia. Al verlo dormir con ese semblante inocente, me daba cierta ternura; entonces le rascaba su cabeza calva, su cabeza cana, su bella cabeza de prócer.

Me decía con frecuencia que sentía algo dentro de sí que lo impelía y urgía a hacer todo en ese mismo instante, al contrario de la gente a su alrededor, que, afirmaba, hacía las cosas como si el tiempo fuese eterno, como si diese lo mismo hacerlas hoy o después de un año. La construcción de los caminos le acarreaba los más atroces dolores de cabeza. En aquellas ocasiones en que iba a comprobar el adelanto de los trabajos y no veía ningún progreso, se ponía hecho un demonio; y, claro, recrudecía su antigua afección hepática. Porque aparte de haber contraído fiebre amarilla en Guayaquil cuando era niño, sufría del hígado; todas las semanas tomaba una infusión de cascarilla para las tercianas, y de agua de achicoria para el hígado. Y las veces en que le dolía mucho, tomaba sus propios orines. Sí, sus propias agüitas. Decía que el primer chorrito de la mañana es el mejor para curarse de todo… Alguna vez quiso que yo intentara, con mis propios orines, claro, pero en cuanto olí ese aroma inconfundible, rancio y amargo, me dio un asco terrible y no pude. Sí, de verdad, el presidente no podía esperar un minuto para nada, todo lo quería ya, ese mismo momento, y si alguien se demoraba en hacer las cosas, lo mandaba para el mismísimo infierno. Me contó que cuando estuvo en Imbabura y dirigía el rescate de los sobrevivientes del terremoto, se sintió muy contento de hacer todo lo necesario ese mismo momento, sin que nada ni nadie se lo impidiese, porque tenía plenas facultades para hacer y deshacer según su propio criterio, sin leyes, sin Congreso, sin impedimento alguno. En cuanto había llegado a

Ibarra canceló al gobernador de la provincia por imbécil, por negligente, así me dijo.

Detestaba el paso lento, lentísimo de los serranos; decía que caminan como si no quisieran llegar nunca a ningún lado, con una modorra desesperante. Me decía que al ver a la gente caminar con ese aire de desgano y de pena, de dolor de estómago y cansancio, era tal su furia que le daba ganas de sacar su látigo para despabilarlos a fuetazos. Él, por el contrario, caminaba como si el diablo lo siguiera, apuradísimo, aunque a veces, en mitad de su trayecto, se paraba de improviso y miraba hacia el piso, como si buscara un objeto perdido en media calle. Era una persona diferente en muchas cosas: no le interesaba comer, decía que perdía el tiempo mientras comía. No disfrutaba de la comida ni se deleitaba con el sabor de algo bien preparado; comía cualquier cosa y rápido; una taza de chocolate, café con leche, un medio pan con dulce, arroz de cebada, un poco de carne magra con arroz, harina de cebada, la "mashca" como la llamamos en Latacunga; queso tierno con miel de abeja, y casi nada más. Tampoco dormía nada, le bastaba con cuatro horas de descanso, aunque muchas veces dormía vestido, sin siquiera sacarse los zapatos; decía que no se desvestía para no perder tiempo en vestirse al día siguiente. No malgastaba un minuto de su vida; sabía que el tiempo se escapa y pierde de modo insalvable, como el trigo, de un costal agujereado. Siempre apurado, nunca se lo habrá visto contemplar un amanecer, menos aún, el romper de las olas una detrás de otra contra la arena. Todo eso para él era una pérdida de tiempo. Detestaba la vida contemplativa, decía que en todo momento hay que hacer algo útil. "Dios no hace milagros a favor de la ociosidad indolente. Actividad, energía, y energía y actividad necesitamos; y no esa calma insufrible, hija, en concepto del vulgo, del miedo, de la incapacidad o de la indolencia". Siempre estaba enardecido, nervioso. Nunca estaba en paz. Siempre atento, despierto, intranquilo. Todo lo miraba, todo lo escrutaba, todo preguntaba y todo quería saberlo. ¡Y todo lo sabía! Siempre tuvo un grupo de hombres bien entrenados e incondicionales que le contaban lo que hacía todo el mundo, y no sólo le chismorreaban sobre las conspiraciones en su contra y demás intríngulis de la vida política, sino que también le narraban sobre la vida íntima de todos, de sus ministros, de sus gobernadores, de los militares. Quería saber con quién se acostaba fulana, con quién fornicaba zutano, a quién perseguía perencejo, para, una vez descubiertos, arrear a latigazos hasta el corral a las ovejas descarriadas, porque tenía una verdadera obsesión con eso de moralizar al país, cosa que todo el tiempo repetía. Combatía los pecados ajenos, pero no reparaba en los propios, cosa que, por cierto, a todos nos sucede. Al enterarse de que alguien por ahí estaba en uno esos actos inmorales, como los llamaba, salía de inmediato en su búsqueda, junto con mi marido. Era muy divertido ver, a media noche, al presidente y a Faustino perseguir de casa en casa a las parejas amancebadas, curas muchos de ellos, o salir a rastrear los lupanares clandestinos para sacar en calzoncillos y encarcelar a los pecadores. Los dos salían disfrazados de indios, con poncho y sombrero; el uno flaco y espigado, el otro pequeño y macizo. En esas desaforadas batidas nocturnas atrapaban a gente de toda condición: generales, ministros, jueces, jóvenes, viejas y, por supuesto, ¡curas por montones, curas depravados y borrachos!, que fornicaban y bebían más que soldado en francachela. "Anoche una patrulla tuvo que emplear la fuerza para contener una partida de frailes ebrios y disolutos de Santo Domingo, cosa que sucede con frecuencia". El presidente y mi marido salían juntos porque se tenían mutua confianza, eran buenos amigos; por eso, el mismo día en que Faustino se enteró de lo que el presidente tenía conmigo, lo mató a machetazos.

9

De tarde en tarde recibía el teniente Salazar noticias de su hijo Francisco Sánchez que crecía en la población de Bodegas en compañía de su madre, de quien Salazar evocaba, a menudo, sus deliciosos y abultados atributos. La había querido; se decía que tal vez había sido el primer amor de su vida. No hubiera pensado ni deseado que se embaraczara, pero nunca tomó precauciones para evitarlo: el ardor que le despertaba acariciar su piel, palpar sus cálidas formas, percibir su dulce aroma, sentir su tersura, lo hacían perder la cabeza sin poder controlarse. Tal es el poder de la pasión, más vigorosa que el carácter, más recia que la voluntad, se decía. Salazar vivió con ella sus primeras aventuras amorosas forjadas al amparo de las sombras, aunque sentía remordimiento por el pecado cometido, que le impedía gozar en paz el paraíso de su cuerpo. Al recibir sus cartas —sus sobres llevaban impreso su nombre escrito con su bellísima caligrafía—, escarbaba en búsqueda de su recuerdo, olisqueaba en los aromas impregnados en las hojas de papel para percibir una pizca de su esencia cuya fragancia le recordaba a la flor del limonero.

En una de sus cartas, ella le contaba que había enseñado a su hijo a leer y a escribir, y que pronto lo instruiría en las cuatro operaciones matemáticas, pero que hasta ahí llegaban sus conocimientos, de modo que después sería mejor enviarlo a Guayaquil o a Quito, para que continuase sus estudios; o de una vez, como era su anhelo, se incorporase a la milicia. Si bien Salazar estaba de acuerdo en que su hijo, más temprano que tarde, debía viajar a la capital e integrarse al Ejército, se mostraba evasivo en definir ese tema, y contestaba sus cartas con unas pocas líneas ambiguas que enviaba junto con unos pesos para su manutención. ¿Temía acaso enfrentar su paternidad, que se haría palpable al ver a su hijo en el cuartel? El secreto, hasta ese momento bien guardado, de que Francisco Sánchez era su hijo ¿podría ser develado al vivir él en Quito? Si bien todo el mundo tiene hijos fuera del matrimonio, se decía, es conveniente proyectar hacia la sociedad una imagen de virtud. Fingir un poquito…

Mientras permanecía ocupado en avanzar en su carrera militar, no descuidaba de cumplir con su vital mandato: averiguar todo lo posible sobre García Moreno. Una tarde, a la hora del crepúsculo, concurrió hasta su puerta uno de sus informantes con un dato que le llamó la atención y que consignó en su cuaderno rojo: *A sus veinticuatro años se casó, mediante un poder legal, con Rosa Ascázubi, mujer no muy agraciada y de treinta y seis años de edad.* En un inicio, la noticia lo desconcertó, pues, aunque descartó enseguida la idea de que García Moreno podía haberse enamorado, no entendía por qué se había casado con una mujer bastante mayor que él y que, además, no era bonita, sino todo lo contrario. Rosa Ascázubi lo sobrepasaba con trece años de diferencia, pues por aquellos días el joven abogado apenas tenía veinticinco años de edad. Pronto Salazar cayó en cuenta de la verdadera razón de tan singular matrimonio: Rosa provenía de una familia con alcurnia, tenía una muy buena posición económica —haciendas, con indios y ganado incluidos— y estaba vinculada al pequeño grupo de terratenientes serranos que detentaban el poder político. Su hermano, Manuel Ascázubi, fue vicepresidente de la República en dos ocasiones, y luego fue también presidente de la República, aunque por pocos meses. Otro hermano, Roberto, fue ministro de Rocafuerte; luego, fue presidente del Congreso, y después fue ministro de García Moreno, de manera que inmediatamente concluyó que se había casado simplemente por conveniencia; pero ¿tendría un propósito ulterior? Pensaba que un hombre con esos arrestos, con esa fuerza y voluntad, con ese talento, con ese carácter apasionado, no podría anhelar un dulce y sencillo "pasar" entre los algodones perfumados de la vida burguesa, no podría repletarse de hijos, de aburridísimas tardes de domingo, de bucólicas estancias en las haciendas bajo al hedor de las boñigas de las vacas; no podría envejecer junto a su mujer y sus pústulas, darle agüitas de mejorana y hierba luisa para aplacar sus males y esconder sus hedores. No, aquel no era ese hombre. Con ese ímpetu, con ese veneno, con esa inteligencia, con esa ambición, no podía sino codiciar la cumbre. Y como ya había desistido de ser cura y, en consecuencia, no podía llegar a príncipe de la Iglesia, no le quedaba más que ambicionar ser el presidente de la República del Ecuador.

10

—¿Somos capaces de reconocer algo positivo en García Moreno?—, preguntó Cornejo mientras brotaban chispas de sus ojos— ¿Podemos admitir que ha impulsado las obras públicas y la educación? ¿Podemos negar que trajera de Francia el modelo de Instrucción Pública? ¿O que hubiese iniciado la construcción de la vía férrea, de varios caminos y de varios edificios, como el Observatorio Astronómico, la cárcel de Quito y otros? ¿Podemos reconocer que se han construido varias escuelas y colegios en varias ciudades del país, el Conservatorio de Música y la Escuela Politécnica? ¿Somos capaces de ser objetivos, compañeros?

Aunque realizadas con el mayor sigilo posible, nuestras reuniones continuaban, casi siempre, en el cuarto de la pensión donde vivía Andrade, pocas veces, en el de Moncayo. El tiempo corría y nuestro plazo para realizar el plan se aproximaba, pues transcurría el mes de mayo; y, muy pronto, el 10 agosto de 1875, el tirano asumiría su tercer período. Durante los días previos a definir el plan para acabar con la vida de García Moreno, conversábamos sobre sus desalmados años de gobierno, sobre los abusos de autoridad cometidos con el pretexto de moralizar al país. Sabíamos que todo tirano esgrime un enunciado que encarne una esperanza y que sirva como velo y justificativo de sus abusos, de su combate a aquellas libertades que pudiesen limitar el desempeño de su poder absoluto. Pienso que todo el cúmulo de argumentos que expresábamos en pro de nuestra causa pretendía evitar que habláramos de lo que en esos momentos sentíamos —¿miedo, terror, desconfianza, duda, remordimiento?— tal vez para no caer en titubeos, quizás para que no desmayaran nuestros propósitos.

—¡Sí, somos capaces de ser objetivos!, —expresó Andrade en alta voz—. Pongamos todas sus obras en un plato de la balanza y todos sus crímenes en el otro. ¡Mucho más pesan sus crímenes! ¡De largo! Y entre éstos, sobresale una de sus magnas obras: la gigantesca cárcel panóptica para reprimir, torturar y asesinar a quienes juzgue sus enemigos. En la báscula de la historia más pesan sus abusos, mi querido "Conejito" defensor del tiranuelo. Todas sus obras están teñidas de sangre; las carreteras y escuelitas no justifican de modo alguno los abusos de ningún tirano en ningún lugar del mundo.

—Estoy de acuerdo con Andrade —comentó enseguida Moncayo, siempre en su tono de amable y erudito maestro—. La teocracia delirante de García Moreno, su fanatismo clerical, lo ha llevado a cometer inenarrables abusos. Está convencido de que el pueblo del Ecuador necesita el látigo y el cadalso para obrar conforme a la moral que él considera la justa. ¡Su blasón es el orden, su enemigo, la libertad! Su fanatismo religioso alienta su genio y soberbia al extremo de no tolerar disidencias de ningún tono.

Moncayo reprochaba el doble discurso de García Moreno, que en una mano llevaba los Evangelios y en otra, el látigo punitivo. Su tono era ahora apasionado, no obstante haber moderado su discurso en los años de militancia en las filas de Loyola.

—Al enarbolar la divisa del orden y de la moral cristiana, el tirano ha pisoteado las leyes y los derechos del pueblo, y ha teñido de sangre el suelo patrio. El látigo, la cárcel, el destierro y el patíbulo han sido sus armas preferidas. Aparte de los cientos, tal vez miles de víctimas que dejaron las dos guerras inconsultas libradas con Colombia, García Moreno provocó decenas de muertos en su lucha por acceder al poder: en Quito, en Guayaquil, en Tumbuco, en Riobamba, en Calpi, en Mocha, en Yangui; en Sabún, en Babahoyo, en Montecristi.

Hizo una pausa, tomó un trago de café y continuó.

—No conforme con toda esa sangre derramada, mandó dar azotes a Ayarza y provocó así su muerte; envió al cadalso a Maldonado; metió en la cárcel a Juan Borja, padre de Luis Felipe y Juan Elías, nuestros amigos aquí presentes, y lo dejó morir de gangrena al no permitir que sean atendidas sus heridas. Expatrió, ¡mandó a morir!, ¡condenó a muerte!, a decenas, curas unos, opositores todos, al enviarlos a las selvas amazónicas. ¡Fusiló a veintinueve personas en Jambelí, inclusive a un adolescente, con la saña más desquiciada y monstruosa jamás vista! No contento con esa masacre, ajustició enseguida al argentino Viola y, meses más tarde, ejecutó a decenas de indios, y fusiló a su líder Fernando

Daquilema. ¡Por Dios, qué más argumentos quieren quienes lo defienden!

Por aquellos días yo tenía todavía muy fresco el recuerdo de Juan Borja, mi padre, asesinado por orden del tirano. Yo era tan sólo un muchacho cuando ocurrió su muerte. A esa edad es imposible entender, menos aún aceptar, que pasen esas cosas. Mientras mi padre estaba en la cárcel rezábamos con mi madre y mis hermanos todos los días, pedíamos a Dios que lo salvara, necesitábamos de él, lo amábamos. El asesinato de mi padre dejó en mí una herida que llevo en mi corazón y que siempre la llevaré en consideración a su memoria. No se debe olvidar, menos aún perdonar algo así, y si lo hiciera, sería una traición a mí, a mis ancestros, a mis hijos y a todos quienes lleven nuestra sangre.

—El tirano, el loco tirano —dijo Andrade enardecido, mientras movía con energía sus formidables manos— perdió en forma bochornosa las dos guerras injustificables que libró contra Colombia. Dejó nuestras tierras sembradas de cadáveres de soldados ecuatorianos. Pretendió aliarse con el Perú para desplazar a Franco y entronizarse; luego lo logró con el apoyo de Flores, su acérrimo enemigo. Intentó entregar el Ecuador a la Francia napoleónica, bajo la figura de protectorado. Procuró también que Francia estableciera una monarquía al congregar al Ecuador y al Perú bajo el nombre de "El Reino Unido de los Andes". Por fortuna, Francia rechazó las dos vergonzosas propuestas... Sometió el Estado a la Iglesia a través de celebrar un Concordato que, entre otras canonjías, le otorgaba a los curas nada menos que la educación. Desaparecieron todas las libertades políticas y fundamentalmente la libertad de prensa, de opinión, de disenso. Persiguió, encarceló y expatrió a decenas de personas que, como Montalvo, opinaban contra sus actos de gobierno.

—Sí —agregó Polanco—, el rechazo a su idea del protectorado por parte de los franceses consternó a García Moreno que, sin embargo, en un banquete en enero de 1863 causó estupor entre sus invitados al levantar su copa y brindar por Su Majestad el Emperador Napoleón III. García Moreno es un francófilo fanático..., no sería tan grave si no fuera porque, además, es un monárquico apasionado. Admira la monarquía; no concibe mejor sistema de gobierno, que el ejercido por los reyes absolutistas. Detesta la división de poderes propia de la República y la Democracia; no admite límites al poder del gobernante. Ante la imposibilidad de establecer un reinado en estas tierras, ha pugnado por un presidencialismo fuerte y concentrador de poderes. Baste con revisar la última Constitución hecha a la medida de su capricho autoritario y represivo ¡Es un tirano por principio y por naturaleza!

—Y de sus guerras insensatas —agregó Moncayo—, la de Cuaspud, el desastre de Cuaspud, fue el resultado de una mezcla bochornosa de ideas políticas y religiosas. Creyó, ciego, iluso, torpe, que los godos granadinos lo ayudarían; creyó en la eterna promesa colombiana de devolver Pasto al Ecuador; creyó que su ejército de desnutridos y desharrapados soldados inexpertos y desarmados podría ganar el combate… ¿Y cuál fue el resultado, además de la deshonrosa derrota? ¡La extenuación de las arcas nacionales y hasta los amargos temores de que los propios oficiales ecuatorianos lo habrían traicionado! Flores siempre quiso incorporar Pasto y Túquerres al Ecuador, y el pobre Flores se creyó siempre ese cuento que le echaban Obando y Mosquera para tenerlo de su lado…

—No olvidemos —agregó Andrade, en su tono siempre incisivo— que todavía perduran los mismos estigmas de la Colonia; el país es el mismo de antes, a pesar de tanta represión desperdigada en aras de moralizarlo y cristianizarlo. La transformación que ha codiciado realizar García Moreno, a punta de látigo y misas, procesiones de viernes santo y patíbulos, no ha sido alcanzada. Las ideas, la cultura y las conductas de sus élites, entiéndase de sus gobernantes y sus lameculos (como tan cultamente dice Polanco, con perdón de los presentes) han contribuido a mantener las injustas e infamantes estructuras sociales y económicas, al sustentarlas en la disfrazada esclavitud de indios y negros, con el cómplice andamiaje católico. A esa herencia nefasta se suma la escasa y dogmática educación, la reclusión en que vive el país respecto del mundo y la imperante anarquía, donde nadie acata la ley. ¡Todo esto no sólo que no lo ha cambiado el tirano, sino que lo quiere mantener!

—Recuerdo —dijo Polanco mientras miraba el cielo raso en busca de sus ideas— que en una reunión que mantuve hace unos meses con un viajante estadounidense a su paso por Quito, me confesó, al calor de cuatro copas de brandy, que no había encontrado un solo ecuatoriano que aceptara que siquiera uno de sus antepasados hubiese sido indio, negro o mestizo, pues todos pretendíamos —me incluyo— ocultar esos innegables ancestros por considerarlos un oprobio. Agregaba el gringo, observador agudo y objetivo, que las ínfulas nobiliarias de los quiteños nos impiden ensuciarnos las manos con el trabajo; que por ello cundía la holgazanería. Decía que más valor dábamos a la astucia que a la inteligencia, a la mentira que a la honradez, a las oraciones que a la lectura, al fandango que al estudio. Y el gringo no se refirió a nuestra inveterada rutina de emborracharnos, porque precisamente eso es lo que hacíamos con el brandy… Recordemos las coplas que todos recitamos en medio de la jarana: "Comadrita deme otra jora, que me quiero emborrachar, que bebiendo todo mejora cuando empieza a fermentar…".

—Lo que el gringo no mencionó —comentó el barbirrojo Moncayo—, posiblemente porque ya se emborrachó con el "Querubín" Polanco y se dedicaron a otros menesteres non santos, es lo que yo considero uno de los más nefastos tumores de nuestra idiosincrasia: la hipocresía, el fingimiento, la falsedad. La hipocresía campa desvergonzada, monda y lironda, en Quito y en la sierra andina ecuatoriana, aunque, por fortuna, en menor medida en el resto del país. Las miradas que juzgan, que condenan, que escarban son muy comunes en la gente de estas tierras. Siempre encontraremos, inclusive en medio del páramo, un par de ojos que fisgonean. En vez de dedicarse a lo suyo, la gente se consagra a escudriñar en la vida de los otros para tener tema de conversación con qué llenar su estupidez o el vacío de su existencia. Debe ser por debilidad de carácter, por encogimiento, por escapar de esas miradas escrutadoras, por huir de la oprobiosa censura de los demás, por lo que la gente no es lo que es, sino que aparenta ser lo que no es. El hipócrita finge la excelencia moral que no tiene y que sabe que debería tener. El pecador quiere que lo vean como santo, quiere imitar la virtud para su propio y único beneficio, para lograr las ventajas de parecer aquello que no es.

—Muchas veces el objeto de la ambición del falso humilde —retrucó Polanco— es lograr aquello que simula no codiciar. Detrás del cura se esconde el demonio, como detrás del cordero, el lobo. Cuídate de los santurrones y de las moscas muertas...

—Y cuidémonos del tirano disfrazado de benefactor —agregó Andrade, de modo tajante, mientras gesticulaba con inmenso brío—; cuidémonos del falso beato, del Tartufo criollo que so pretexto de imponer la moral cristiana, arrea a latigazos a sus enemigos antes de llevarlos a que se pudran en la cárcel o a que una descarga de fusiles les arranque la vida. Hizo una pausa, buscaba sus ideas en el cofre inagotable de su espíritu.

—Si queremos cambiar al país, debemos destronar, incluso diría guillotinar, a todos estos monárquicos, a toda esa caterva de curas medievales, con perdón del "Querubín" y el "Colorado", que nos gobiernan como si siguiéramos en la época de los Luises. Para mí, el gran responsable de que los ecuatorianos tengamos ese espíritu, cómo lo llamaría, de falsos nobles arruinados, de fingidos santurrones y de cobardes temerosos de la inquisición, es la Iglesia católica. ¿Por qué? Porque desde la Colonia, la religión sustentó la ideología de una sociedad jerárquica que justificaba y alentaba las desigualdades económicas, sociales y políticas y porque, además, el determinismo, impuesto como dogma católico, hacía que el hombre fuese sólo una vela al viento del destino, donde nada podía hacer para cambiar su lacerante realidad. "Que sea lo que Dios quiera" es la divisa del fracasado, del impotente, del débil que no lucha por una mejor suerte, que entrega su vida a los caprichos del viento. Para los católicos, con perdón del "Conejito" que va a misa a diario, la pobreza es un don divino, una bendición de Dios que los hombres deben aceptar y agradecer, pues esa actitud resignada, esa humildad y sumisión, esa impuesta bondad será compensada en el cielo. ¡Por Dios!, —agregó Andrade en tanto agitaba sus palmas— ¿a quién se le ocurrió semejante idiotez, que lo único que logra es mantener hordas de pobres que no quieren salir de la miseria?

La charla siguió unos minutos más y terminó en el mismísimo instante en que se apagó la última luz de la última vela que le quedaba a Andrade en su habitación. Como era usual en esos días, quedamos en reunirnos, en cualquier momento, en algún lugar que, por seguridad, sólo se definiría minutos antes.

Con las manos en los bolsillos, cabizbajos y en silencio, mi hermano Juan Elías y yo caminamos de regreso a nuestra casa en la plaza de Santo Domingo. Las palabras de nuestros amigos todavía retumbaban en nuestros oídos. Al llegar fuimos a despedirnos de nuestra madre que, como siempre, aguardaba la llegada de sus hijos. En su mirada y en su mutismo sentí el reproche que me hacía. Escuchaba su voz decirme: Luis Felipe, ¿qué haces?, en tus ojos que escapan a los míos puedo adivinar que algo tramas… Mi madre no sabía en lo que andábamos; de saberlo, hubiera hecho todo lo posible y lo imposible por protegernos, por evitar que pusiéramos en riesgo nuestras vidas. La muerte de cualquiera de los hermanos Borja habría significado también la suya. Sin embargo, mi madre sentía que algo urdíamos, nuestros nervios alterados nos delataban.

11

"Para poner el sello a una serie dilatada de insignes traiciones, Flores ha reunido una porción de bandidos españoles, acostumbrados por muchos años al pillaje y al desenfreno; y se prepara a restablecer en el Ecuador y en las repúblicas hermanas el afrentoso yugo de las hordas de Iberia", expresaba García Moreno en 1846, cuando Flores intentó restablecer la monarquía española de la mano de su amiga ibérica, la reina María Cristina de Borbón. El joven abogado combatía con todos los medios la pretendida reconquista, y manifestaba su oposición a través de sus artículos escritos en su nuevo periódico, *El Vengador*, en el que decía de Flores: "El Ecuador es un vasto teatro de su rapacidad, venganza y perfidia; astuto como la zorra y carnicero como el lobo, sabe adornarse con la mansedumbre del cordero". Más adelante agregaba: "Flores nació de una puta, siendo ella una puta, antes del parto, en el parto y después del parto". En su cuaderno rojo guardaba Salazar ese y este otro artículo escrito por García Moreno en *El Vengador*, y que decía así:

"¡El pueblo duerme y el tirano se acerca! ¡El pueblo duerme, y una expedición de forajidos viene a saciar la sed de crímenes y oro en el desgraciado y sangriento suelo de los Incas! ¡El pueblo duerme, y gavillas de viles traidores traman conspiraciones sobre conspiraciones, sin temer la cuchilla de la ley, manejada por manos corrompidas!... ¡Y el pueblo todo de la América duerme, cuando el asesino, el malvado Flores intenta condenarle a las odiosas cadenas del despotismo ibero!...". Y continuaba de este modo: "Contra la cruzada de bandoleros que con Flores viene, es más que suficiente el entusiasmo popular, la energía del Gobierno y la pericia y el valor de Elizalde y Ayarza, Calderón y otros muchos jefes distinguidos que en gloriosos combates han guiado a nuestras tropas denodadas por el camino de la victoria".

Del mismo número de *El Vengador*, copió en su cuaderno este párrafo: "¡Desaparezca la raza floreana devorada por el fuego que ella misma enciende; y húndase en el sepulcro, arrastrando consigo el aborrecimiento y execración de la Patria, y el desprecio y maldición de los siglos!".

García Moreno, al igual que gran parte de la población ecuatoriana y de toda América, rechazaba los planes de Flores de recuperar para España los territorios cuya independencia habían alcanzado sus próceres tras las gestas libertarias. Consideraba inaudito que luego de que el general Flores hubiese combatido junto a Bolívar y Sucre por la libertad de América, pretendiese ahora empuñar el sable contra la libertad de esos pueblos, para satisfacer su irrefrenable ambición de poder. Meses más tarde, García Moreno debió sentir un profundo alivio cuando se enteró de que el momento en que estaban listos los barcos y los mercenarios para zarpar desde un puerto español y cruzar el océano para atacar el suelo americano, la flota inglesa los había hundido a cañonazos como parte de la batalla que libraban aquellos dos países por el predominio de sus armadas en los mares del mundo.

Después de estos hechos, uno de los sabuesos que exploraban los sucesos de aquellos días, le contó a Salazar que García Moreno había quemado la efigie de Flores, vestido de Judas, en medio de una procesión de Semana Santa que se realizaba en Quito.

García Moreno lamentaba la muerte del expresidente Vicente Rocafuerte: "Hoy no tengo quien llore conmigo, quien escuche mi triste lamento, quien imite tu noble ardimiento, quien herede virtudes de ti", porque había sido un pilar fundamental de la consolidación de la República. Rocafuerte había apoyado la causa independentista americana como diputado por Guayaquil ante las Cortes de Cádiz en 1813; antimonárquico, antimilitarista y anticlerical, se distanció de Bolívar, como también de Flores, por defender a ultranza sus ideales democráticos. En el ejercicio de la Presidencia del Ecuador, de 1834 a 1838, Rocafuerte fomentó la producción agrícola, sustento de la economía nacional, y apoyó a la educación laica, aunque fue excomulgado al excluir al clero de la Convención Nacional. En su informe de 1837 al Congreso afirmó al referirse a la situación del país:

"Una población variada en castas y colores, la mayor parte de ella está sujeta al tributo, gime bajo el vergonzoso feudalismo aún más fuerte que el de Rusia; no habla el idioma del legislador: vive en la miseria y la desnudez; destituida de conocimientos útiles, se entrega a todos los vicios del hombre embrutecido por la ignorancia y la superstición [...]. Una oligarquía dominadora, que ha reemplazado la tiranía española, y que, cubierta con el manto de la libertad, se interesa en mantener a la mayoría del pueblo sujeta a la gleba; proclama la igualdad y continúa la desigual contribución de indígenas; se jacta de dar libre curso a la industria, y la encadena a monopolios; se manifiesta admiradora del sistema liberal, y lo contraría, esforzándose en perpetuar los anteriores abusos políticos, religiosos, forenses y comerciales [...]".

Pocos meses antes del fallecimiento de Rocafuerte había muerto José Joaquín de Olmedo, de quien García Moreno había expresado: "La América española tuvo en él un sabio con que se honraba, un poeta que eternizó los triunfos que le dieron independencia y vida [...] ¡Desgraciada República que pierde a los que podían salvarla del naufragio, mientras viven tranquilos los que intentan estrellarla contra los escollos!".

Luego de *El Vengador*, García Moreno publicó su periódico *El Diablo*, en el que seguía su combate a Flores y opinaba en forma cáustica sobre la vida nacional. Su incansable actividad política, sustentada en el combate a los gobernantes en el ejercicio del mando, lo había situado entre las figuras públicas más destacadas.

Salazar escribió por aquellos días en su cuaderno rojo: *1847, gobierno de Roca: El vengador, el del zurriago, ese mismo diablo, fue nombrado gobernador de Guayaquil. En ejercicio feroz de su temporal investidura expatrió a 13 valientes y patriotas soldados que buscaban derrocar al inepto presidente Roca y proclamar a mi general Flores. Post Scriptum: como consecuencia del desalmado abuso de su autoridad, SJF salió expatriado al Perú.*

Salazar recordaba a través de esas cuatro escuetas líneas y la apostilla en clave infantil (esconde su nombre en las letras "SFJ" escritas de derecha a izquierda), aquellos días en que participó en el golpe de Estado comandado por el general Wright contra el presidente Roca, y que, junto con sus compañeros, fue sorprendido por el gobernador García Moreno, que los abatió a cañonazos, los apresó y embarcó hacia el Perú donde padeció un exilio insufrible. No agregó nada más en sus apuntes sobre este capítulo, que nunca pudo olvidar, pues había marcado su vida y trazado su destino como los hechos futuros lo demostrarían. El nombramiento de García Moreno como gobernador de Guayaquil, cuando apenas tenía veintiséis años de edad, había sido una clara artimaña política del presidente Roca para silenciarlo y ganar el favor de sus parientes, los influyentes Ascázubi, terratenientes de enorme influencia y poder económico. Pero García Moreno no se amilanó frente al cargo, sino que, por el contrario, lo utilizó para demostrar su decisión y bríos, y, de paso, emplazarse en los primeros sitiales del poder que nunca más abandonaría.

Un sábado al mediodía, uno de los más acuciosos informantes del teniente Salazar le contó que García Moreno, por entonces senador, había ido en compañía de su cuñado Manuel Ascázubi, y del negro Ayarza —el mismo Ayarza que luego recibirá

300 latigazos— a la casa del, ya entrado en años, ministro Manuel Bustamante a reclamarle por sus palabras ante el Congreso. El hecho fue que Bustamante, en medio de una discusión acalorada con el joven senador García Moreno, había recibido una bofetada propinada por este último, a la que el ministro respondió con un empujón que hizo caer y rodar las escalinatas al joven impetuoso. Tanto su cuñado Ascázubi como Ayarza lo reprendieron por su virulenta conducta, al tiempo que salían avergonzados de la casa del anciano. Como consecuencia de este hecho bochornoso que, además, demostraba la arrogancia e intemperancia de García Moreno, el ministro Bustamante le puso un juicio y lo acusó de intento de asesinato. El joven desenfrenado tuvo que huir de Quito y —con la ayuda del general José María Urbina, quien luego fue presidente de la República y su irreconciliable enemigo— se escondió en Guayaquil, en casa de su madre, donde permaneció solamente unos pocos días, pues luego —descubierta la clásica guarida materna— se refugió en la población de Vinces, en la hacienda de su hermano Pedro Pablo. Allí, entre nubes de mosquitos y un frondoso bosque tropical plagado de árboles de mango y guacamayos, pasó García Moreno a buen resguardo de sus perseguidores; y pese a la situación de zozobra en que vivía, se consolaba con el paradisíaco aroma de las guayabas, la dulzura de los plátanos, la frescura de las piñas, y con la calidez y generosidad de su gente. De aquellos días de reclusión forzosa en Vinces —que no obstante pudo mitigar al fundirse en el dadivoso cuerpo de una noviecilla— es esta poesía que escribió el joven refugiado, y que desvela una nueva faceta de su vida:

> A Aurelia
> *Si en sátira maligna revelara*
> *los misterios, Aurelia, de tu vida;*
> *si yo dijera que tu linda cara*
> *sólo es pintura deslucida;*
> *si en tu alquilado pelo no alcanzara*
> *a contar tus Adonis, mi querida,*
> *me odiaras con razón como a enemigo:*

En esos días, el presidente Roca dejó el poder a causa de una enfermedad que lo imposibilitaba seguir en sus funciones, por lo que encargó el Gobierno a un Triunvirato integrado por Manuel Ascázubi —vicepresidente de la República y cuñado de García Moreno—, junto con Antonio Elizalde y Diego Noboa. (Roca había organizado con éxito las Juntas de Manumisión de Esclavos, y apoyado la educación y las obras públicas, pese a la miseria de las arcas fiscales). Luego de unos días de ejercicio del Triunvirato, el Congreso nombró a Ascázubi Presidente. Mientras todo ello ocurría, García Moreno dejó su refugio en Vinces, se despidió dos veces y con mucho furor de Aurelia, arregló en forma apresurada sus asuntos y sin más se embarcó, junto con su hermano Pedro Pablo, hacia Europa, donde apenas permanecieron un par de meses.

Salazar sentía una creciente preocupación a medida que constataba el ascenso persistente de García Moreno y su entorno familiar al poder. No solamente sabía que tarde o temprano llegaría a la cima y que una vez allí sería implacable con sus enemigos, como lo había sido con él años atrás cuando lo expatrió, sino que además comenzó a sentir algo más grave y que a la postre sería fatal: lo envidiaba. Estaba enfermo de envidia. Esa "congoja por el bien ajeno" que sentía y carcomía sus entrañas, le recordaba la rebelión de Lucifer contra Dios, a quien el ángel de las tinieblas no quería parecerse, sino relevarlo de su cargo de Señor Dios del universo, y pasar a ocupar su puesto. Por envidia Caín mató a Abel; y también por envidia, Salazar, unos años después, haría lo que hizo. No podía soportar el ascenso vertiginoso e irrefrenable de García Moreno hacia el poder. ¿Cómo, se preguntaba, un sujeto de su índole perversa, de su ferocidad, pudo llegar a ser gobernador de Guayaquil? ¿Cómo un individuo con esa fuerza maligna pudo llegar a ser senador de la República? ¡Claro, se decía, es que es el cuñado de los Ascázubi, porque si no fuera por eso no sería nadie! ¡En cambio yo, se decía, que soy un honrado oficial del Ejército; yo, que además soy un abogado que cree en la justicia, no recibo el favor de la Fortuna! No lo podía aceptar, no concebía tamaño favoritismo del destino. ¿Para qué, se lamentaba, para qué entonces sirve ser bueno, trabajador y dedicado? Los celos corroían sus entrañas, lo consumían por dentro; sólo pensar que García Moreno era lo que él también podía ser y no lo era —porque todavía pensaba que no estaba tan lejos de él, ni que sus talentos eran muy diferentes de los suyos— torturaba su existencia hasta hacerla insoportable. Y, lo que era inevitable, porque el odio es hijo de la envidia, lo aborrecía con todas sus fuerzas hasta el extremo de ansiar verlo muerto pronto, muy pronto, pensaba, y no de muerte natural, sino muerto de la forma en que deben morir los malvados: a garrote o lapidados, en la hoguera o ahorcados, descuartizados o empalados…

12

Muchas veces el presidente me decía que "arrastraba inútilmente el peso abrumador de una existencia atormentada". Expresaba que su vida había sido desde siempre un camino empedrado de dificultades, que desde niño tuvo que bregar para vencer las mil adversidades que el destino le ponía a su paso, "Cada día, cada instante que vuela nos roba alguna ilusión, desvanece algún encanto, y nos deja algún dolor; y cuando enteramente se disipan los últimos sueños de falaz ventura, el mundo llega a ser un desierto, y el corazón, una tumba".

Al recordar su infancia hablaba poco de su padre, casi nada; me daba la impresión de que eludía el tema, como si no le trajera buenos recuerdos, o como si él fuese un hombre muy lejano, sin peso en su vida. Una vez, sin embargo, mientras reposaba en mi regazo, medio despierto y medio dormido, me dijo que desde niño tenía un sentimiento de orfandad, de abandono, que se debía a la relación que no tuvo con su padre, pues casi no lo tomaba en cuenta; poco o nada hablaba con él; la mayor parte del tiempo lo ignoraba, lo trataba como si no existiera, como si fuera invisible, y las pocas veces que su padre lo miraba, lo hacía con desprecio, con una mueca de aversión que no podía disimular.

Una tarde, su madre había salido a visitar a unos familiares y el pequeño Gabriel, habrá tenido cinco o seis años, se había quedado en casa donde también permanecía su padre, que el día entero miraba el río desde el balcón. Los juegos solitarios del niño y su mente llena de fantasías lo llevaron a pararse en una silla para saltar a otra. Tal vez jugaba a ser un explorador que cruzaba grandes abismos plagados de dragones. En uno de esos saltos el pequeño Gabriel pisó mal, se cayó al suelo y se golpeó duramente la cabeza contra las tablas de madera de guayacán que cubrían el piso. Su llanto brotó de inmediato, como también la ira del padre que se levantó furioso, lo zarandeó con rudeza y le gritó que estaba prohibido llorar y que eso, el golpe en la cabeza y el inmediato sangrado, le había pasado por idiota. Gabriel pudo contener sus lágrimas, pero no la sangre que corría por su cara y dibujaba un río colorado, señal de una herida que no se comparaba con la otra, la más profunda e indeleble que marcó su alma para siempre.

A pesar de la herida sangrante, don Gabriel retornó impertérrito a su silla a continuar en sus quimeras, sin siquiera regresar a verlo en toda la tarde. Fue su hermana Rosario que al volver de la escuela, horas más tarde, limpió la sangre de su cara y le dio una colación de maní que apenas logró endulzar unos instantes la amargura. El rechazo permanente de su padre le provocó una dolorosa sensación de desasosiego y de tristeza, junto con un muy bajo concepto de sí mismo. Ser ignorado y menospreciado por su progenitor lo hacía sentir como si fuera una basura, alguien despreciable que no tiene valor alguno, que no merece ser querido. El desamor de su padre lo llevó a torturarse con la insistente pregunta de cuál era su culpa, cuál el motivo que le había dado para no merecer su afecto. Al no hallar respuesta sintió el amargo tormento de la pena que no encuentra consuelo, y sintió también una inconmensurable soledad que acentuó su pesadumbre e irascibilidad. Desde niño vivió con un permanente dolor, con una constante congoja. Todo ese "peso abrumador" que llevaba a cuestas por el áspero carácter de su padre y por la carencia de amigos de su edad, le generó un sentimiento de odio y desprecio hacia los demás. Se apartó del mundo, se encerró en sí mismo.

Como, además, el pequeño Gabriel era huraño y pendenciero, fruto de la malquerencia en que vivía, tenía continuos roces y peleas con sus hermanos, que le imbuyeron la idea, cada vez más acentuada, de que no podía encajar fácilmente en este mundo. Optó entonces por refugiarse en el estudio, ya que tenía mucha capacidad y portentosa memoria. Esas eran sus fortalezas, y lo sabía. En esa convicción se apoyó para paliar su desencuentro. Su afición por los libros constituyó un salvavidas en medio del mar tempestuoso de su desolación. En ellos se sumergía, vivía a través de ellos. Los libros constituían el espacio donde podía protegerse de los avatares de la realidad. Creó con ellos un mundo paralelo, una ficción que le daba la seguridad que afuera no encontraba. En el cuarto que compartía con sus hermanos tenía su "rinconcito" cerca de la ventana; allí, en el piso, sobre el entablado de guayacán, apoyaba su espalda en la pared, cruzaba sus piernas, las recogía una encima de otra, colocaba su libro en ellas, y así, solo y en su esquina favorita, leía el día entero.

El temperamento de su padre, que con la vejez se tornó melancólico, distante y apático, no constituía para él un modelo a seguir, sino que, por el contrario, configuraba todo lo que detestaba y, me atrevo a decir, todo lo que no era. La relación familiar se vio además agravada por la crisis económica que devino en el Ecuador tras la Independencia, y que sumió a la familia en la pobreza. La debacle hundió a su padre en una profunda depresión, acrecentada por el deterioro de la paz familiar. La desesperación, el hambre, la penuria y la tristeza en que estaba sumida toda la familia lo hundieron más todavía en el pozo del que nunca más salió, ni la tarde calurosa de 1834 en que fue llevado al cementerio. Don Gabriel García Gómez había amanecido muerto sentado en su silla en el balcón. A media mañana fue descubierto su deceso, cuando lo llamaron para el almuerzo y pese a los gritos no acudía. Ese mismo día, tras cortos, apurados y obligados rezos, lo llevaron a enterrar al cementerio general. Doña Mercedes, su viuda, tuvo que pedir prestado veinte pesos para cubrir los gastos, misa e indulgencias incluidas. El pequeño Gabriel, junto a su madre y sus hermanos, acompañó el féretro en completo silencio, sin proferir la más mínima señal de aflicción, pues tal vez recordaba que ese mismo ser a quien no vería nunca más en su vida, no sólo le había enseñado a no llorar, sino que, además, le había enseñado el significado del desamor.

El pequeño Gabriel creció sin tener un molde que lo contuviera, un modelo que le inculcara una visión clara de lo que se debe y lo que no se debe hacer, de lo que está bien y de lo que está mal. Esa situación, con el pasar de los años, hizo de él un ser sin frenos, sin inhibiciones morales, incapaz de controlar sus pasiones ni su ríspido carácter. Se convirtió, de adulto, en un ser rebelde frente al mundo, al que aprendió a rechazar y aborrecer, y al cual quiso cambiar a su manera, sin importarle nada ni nadie, conforme a su ley y al ritmo imperioso que su incontenible voluntad demandaba. Su relación conmigo, pese a que yo estaba casada, y pese a que Faustino era su amigo, fue producto de esa pasión irreprimible. No podía controlar ni sus impulsos ni sus instintos: "Siento un apremio interior irrefrenable", repetía; no se inhibía frente a las barreras que podían imponer la moral o la religión que pregonaba. Sus pasiones dominaban y aplastaban cualquier manifestación de su razón. Su espíritu no tenía el equilibrio y la fuerza de una personalidad robusta, capaz de filtrar el bien del mal. Cuando hablaban sus instintos, callaban sus razones. Alguna me vez me dijo: no puedo contener al que mora dentro de mí. Me daba a entender, con sus palabras, que tenía plena conciencia de la batalla que libraba en su interior contra el otro, disímil y antagónico, feroz y turbulento, que no podía sujetar. Del mismo modo que toda batalla requiere una tregua, pues hasta el más aguerrido soldado necesita un descanso, había veces en que el "otro" aprovechaba el recreo del "uno" para salir a hacer de las suyas, y entonces el presidente cometía con total desparpajo aquellas acciones abominables que todo el país lamentó.

Yo creo que mientras fue niño, y más todavía cuando fue adolescente, sentía que en su interior se libraba una lucha a muerte entre dos seres radicalmente contrarios. Hubiera vivido en paz, sin sentir la incapacidad de contener al otro con quien debía convivir de manera irremediable, si esos dos caracteres en pugna hubiesen llegado a una transacción, a una paz honrosa para las dos partes. Pero era imposible conciliar a tan desemejantes personajes, ya que, además, uno y otro pretendían devorar al contrario y erigirse como el único rey de la selva. Con el tiempo uno de los contendores, el más fuerte, el más astuto, debía ganar la batalla. Ganó el otro, el duro e implacable, y como ocurre en toda guerra, quien triunfa impone las reglas. Así fue que desde entonces el otro imperó y el uno quedó tan solamente como un borroso recuerdo de lo que pudo ser y no fue.

Una vez que el otro dominó, ya no había cabida para que nadie cuestionara lo bueno o lo malo de sus acciones, y así, ante el reflejo del espejo falaz de su orgullo, pensaba que todo lo que hacía era correcto y estaba plenamente justificado.

La batalla interna en la que estuvo inmerso durante los años de su niñez y adolescencia hizo de él un hombre hermético que se ocultaba y protegía con una careta de arrogancia que, además, le permitía distanciarse de los curiosos. Su petulancia era una defensa que esgrimía para impedir que los demás vislumbrasen su interior adolorido, su "existencia atormentada".

13

Tan sólo tres meses le duró la Presidencia de la República a Manuel Ascázubi, cuñado de García Moreno, pues una fría y brumosa madrugada fue derrocado por Diego Noboa, con el apoyo militar del general Urbina. En el ejercicio de su cargo —en el que nombró a Miguel García Moreno, hermano de Gabriel, gobernador de Guayaquil—, el flamante presidente Noboa consintió el regreso de los jesuitas al Ecuador —medida que apoyó en forma decidida Gabriel García Moreno—, y pretendió vender las Islas Galápagos a la Gran Bretaña. Estas decisiones impopulares obligaron al general Urbina —que había entronizado a Noboa apenas cinco meses antes— a derrocarlo y asumir el mando. (Por aquellos días un inglés de apellido Darwin recorría las Islas Galápagos y observaba el comportamiento de los pájaros pinzones, mientras contemplaba fascinado varias especies vegetales y animales nunca antes vistas).

A los pocos días de iniciado el mandato del general José María Urbina, el expresidente Flores, con el apoyo peruano, intentó deponerlo y tomar para sí la Presidencia. Secundado por una horda de piratas, Flores atacó al puerto de Guayaquil, pero fue repelido por el general Robles, comandante general del Ejército.

El presidente Urbina había sido muy cercano a Flores durante varios años; fue su edecán y junto a él combatió en la batalla de Miñarica, en la que perdieron la vida más de un millar de ecuatorianos. La sangrienta batalla de Miñarica marcó en Urbina el respeto por la vida ajena, incluso la de sus enemigos. Consecuente con sus principios, criticó al entonces presidente Rocafuerte por fusilar a sus opositores sin fórmula de juicio. Cuando fue diputado, Urbina votó a favor de la reelección de Flores y de la aprobación de la Constitución bautizada como la "Carta de Esclavitud" que pretendía perennizar al venezolano en el mando. Producida la revolución de marzo de 1845 contra Flores, y mientras ejercía la función de gobernador de Manabí, plegó a los tratados de la "Virginia" que quitaban las prebendas al presidente depuesto. Ascendido a general por el nuevo Gobierno, Urbina se opuso a la designación de Olmedo como nuevo presidente (por su cercanía con Rocafuerte), y apoyó a Roca, que resultó electo y lo nombró su ministro secretario general. En 1851, mientras Diego Noboa era presidente, una revuelta militar encabezada por Manuel Tomás Maldonado designó jefe supremo a Urbina. Al año siguiente, la Convención Nacional lo nombró presidente constitucional.

Rodeado de insignes liberales como Gómez de la Torre, Pedro Carbo, Pedro Moncayo y otros, hizo el presidente Urbina un gobierno de corte reformista. Libertó a los esclavos e indemnizó por ello a sus antiguos propietarios. Dio trabajo a los negros emancipados y los incorporó a las filas del Ejército; formó con ellos un grupo de aguerridos y temidos combatientes conocidos como "los Tauras", con los cuales combatió a los "Jenízaros", tropas depravadas que sostuvieron con terror al régimen de Flores y que todavía cometían abusos contra la población. De esa soldadesca había dicho García Moreno años antes: "Para los jenízaros traidores sólo debe haber dos caminos, el destierro y el sepulcro".

Urbina eliminó el tributo que pesaba sobre los indios. Democratizó el ejercicio del poder, al dar acceso a cargos altos del Gobierno a otros estamentos de la sociedad, ya no sólo nobles o ricos. Concedió la explotación de guano a los Estados Unidos en las islas Galápagos, lo que ocasionó la protesta de otros países. Combatió a los jesuitas (los expulsó del país por presión de los liberales colombianos) sin atacar al clero. Dio preeminencia al Estado sobre los intereses de la Iglesia católica. Hubo total libertad de prensa y, a diferencia de sus predecesores, Flores y Rocafuerte, respetó de manera irrestricta la vida, pues no derramó una sola gota de sangre de sus opositores políticos, a quienes, no obstante, persiguió y en muchos casos expatrió. Impuso mayores gravámenes a los ricos; eliminó los fueros militar y eclesiástico y dispuso nuevas rentas para la fundación de escuelas primarias parroquiales. Su régimen fue cuestionado por haber permitido la comisión de algunos negociados por parte de sus amigos y, entre ellos, de su colega, el general Guillermo Franco.

La eficiente telaraña de espías que mantenía Salazar logró averiguar que, durante aquellos años de la presidencia del general Urbina, el joven García Moreno se oponía en forma resuelta a su gobierno, "Dentro de poco, quien busque la tumba de Urbina, tendrá que recorrer el campo solitario destinado a los parricidas y a los traidores". Uno de los principales motivos de su oposición fue la expulsión de los jesuitas, a quienes en forma ardorosa y con singular denuedo había defendido García Moreno (ya de regreso de Europa y cuando Diego Noboa era presidente), mediante un sagaz documento que parecía, en partes, dictado por los propios legionarios de Loyola, y que le granjeó desde entonces la simpatía y confianza de esa orden religiosa. La apasionada defensa que García Moreno realizó en rechazo a la expulsión que había decretado el presidente Urbina, le forjó la amistad y la confianza de los ignacianos, la de otras comunidades religiosas y la del pueblo católico —que era la mayoría de la población—, por lo que vio la oportunidad de erigirse como defensor y aliado del catolicismo. Nunca más abandonaría la cruz como el símbolo de su lucha contra los demonios liberales, ateos y masones, que causaban todos los males de la República. A partir de ese momento, "Religión y Patria" sería la divisa que acompañaría a García Moreno hasta el fin de sus días.

14

Como los escarabajos después de la lluvia, así brotaba por todas partes la idea de derrocar a García Moreno. Por aquellos días de mayo de 1875 leíamos en forma oculta *La dictadura perpetua*, de Montalvo: "¿Cómo ha de ser feliz el pueblo a donde acude en riadas pestilentes la hez de los conventos de Italia, España y otras partes; donde la instrucción pública es asunto de convento puramente; donde un obispo, un pobre fraile, un lego ignorante es el contralor celoso de la lectura en todos los ramos?"

Reunidos una tarde en la habitación de Moncayo, leíamos con místico entusiasmo el folleto de Montalvo, y comentábamos algunas expresiones letales que pulverizaban al Gobierno y llamaban a la sedición.

—"Sin libros, sin lectura, ¿quién se civiliza, quién se instruye?" —comenzó la lectura Cornejo, que siempre arrojaba chispas por sus negros ojos.

Apasionado, tenía Cornejo esa extraña disposición, propia de poquísimos elegidos, para entregar su vida por una causa. Huérfano desde temprano, tal vez guardaba en su corazón, acaso sin saberlo, la candorosa idea de alcanzar pronto el más allá para encontrar en esos lares al padre que no tuvo y extrañaba. Cornejo, sin embargo, decía que "de grande" quería ser historiador; guardaba como verdaderos tesoros unos documentos de la época de la Independencia sobre los cuales quería escribir años más tarde. Era un hombre sano y sin vicios; no fumaba ni bebía. Todavía pienso que Cornejo, en su sana candidez, en su idealismo, nunca supo a ciencia cierta en qué se metía ni el riesgo que corría.

—"La usura ha nacido y ha vivido en el convento; ojalá muriese en el patíbulo" —prosiguió el "Colorado" Moncayo, mientras pasaba su mano por sus escasas barbas coloradas.

Moncayo creía en el bien común, en la sociedad ideal, en la República y sus instituciones. Amaba los libros; junto a su amigo, Federico González Suárez, había trabajado semanas enteras en la Biblioteca Nacional, en la tarea de acomodar y ordenar los libros que se habían caído al suelo como consecuencia del terremoto en Imbabura, de 1868. Y, lo que era más importante, estaba enamorado. Tenía la inenarrable fortuna de sentir amor —ya no místico como cuando era sacerdote— y de querer vivirlo a plenitud, sin límite alguno, sin miedo ni dudas. Guardaba el secreto del nombre de su amada, hasta lograr de ella y sus padres el consentimiento para la boda. En la gravedad del tono de su voz, en sus gestos y palabras mesuradas, Moncayo dejaba traslucir la conciencia plena de sus actos. Su más profundo anhelo era casarse y formar una familia, tener hijos y nietos, educarlos y hacerlos hombres de bien. Entonces, ¿por qué arriesgaba su vida al participar, con nosotros, en la conjura para acabar con García Moreno?

—"Cada fraile extranjero es una ventosa pegada a las carnes de ese pueblo desdichado: todos tienen rentas cuantiosas, todos tienen industrias, todos hacen milagros" —exclamó Andrade, que se había parado en una silla por lo que, con su gran altura, casi alcanzaba a tocar el techo.

El futuro le deparaba a Andrade una vida azarosa, llena de dificultades, todo lo contrario de lo que había sido su niñez, rodeado de sus trece hermanos que vivían en la casa de sus padres en la provincia de Imbabura. Era una de aquellas almas rebeldes e inquietas a quienes el destino les reservaba una vida acorde con su propia e ineludible naturaleza. Podía una y mil veces sufrir cárceles y torturas, destierros y necesidades, con tal de hacer realidad sus principios. Sabía que arriesgaba su vida, lo sabía muy bien y estaba orgulloso de ello.

—"Desdichado el pueblo donde la revolución viniese a ser imposible" —dijo Polanco, también encaramado en una silla desde donde parecía, por su cara de ángel, pariente cercano de Dios o, al menos, del arcángel San Gabriel.

Polanco escondía en su rostro y gestos amables su gran ambición. Consciente de su gran talento y don de gentes, tenía la certeza de alcanzar grandes metas. Tan sólo era cuestión de proponérselas. Pero, confiado en su suerte, sufría de angustiantes apremios económicos, pues también pensaba que la diosa fortuna debía procurarle cómodamente el pan nuestro de cada día. Polanco se amaba demasiado y amaba la vida; esperaba seguir gozando de sus frutos. Sabía que la empresa era riesgosa, pero confiaba en su astucia, en su gran instinto para mantenerse siempre a flote.

—"No pasa un día sin que la prensa de todas las naciones harte de injurias a los ecuatorianos, con decir que no atentan contra su tirano, que no le echan a los perros hecho trizas"—siguió Cornejo, que también trepado en un sillón, sacudía sus pelos despeinados y hacía mofa de los políticos que pronuncian grandilocuentes discursos al imprimir un tono melifluo a sus palabras.

—"Esclavos, cobardes, viles, todo porque le sufren" —continuó Moncayo, que, también parado sobre una silla, imprimía de propósito a sus palabras un tono de melodrama que causó algunas risas.

—" El Ecuador tiene el derecho (de conspirar) porque es un pueblo esclavo" —fue otra vez el turno de Andrade.

—"García Moreno vuelve imposible la revolución matando a unos, expatriando a otros, envileciendo, entorpeciendo a los demás" —prosiguió Polanco.

—"Miles de proscriptos en un puñado de habitantes" —exclamó Cornejo con estentórea voz de barítono que provocó las risas de sus compañeros.

—"García Moreno dividió al pueblo ecuatoriano en tres partes iguales; la una la dedicó a la muerte; la otra, al destierro; la última, a la servidumbre" —terminó el rojizo Moncayo con voz de sacerdote que lee la homilía, en medio de las risotadas generales, cada cual parado sobre su asiento, encaramados en un estrado imaginario.

Nos reuníamos dos o tres veces por semana, pero muchos de nosotros, los que acompañábamos a los cuatro líderes de la conjura, no podíamos asistir a todas las reuniones, por razones de seguridad nuestra y del grupo. En mi caso, solamente pude concurrir a unos pocos encuentros más, por cuanto recibí el soplo de que el tirano había ordenado que se me vigilara día y noche: espíen a ese abogado Luis Felipe Borja que tras su estampa de venerable se esconde una anaconda, había dicho. Mi hermano Juan Elías acudía a las reuniones, pero tomaba muchas y estrictas precauciones para no ser descubierto. Al regresar a casa, después de las reuniones con el resto de conjurados, Juan Elías me contaba con detalle lo ocurrido. García Moreno sabía que cualquiera de los hermanos Borja, por ser hijos de Juan, a quien había dejado morir en la cárcel de manera cruel e inclemente, buscaría vengar su crimen. Sabíamos, además, que el tirano y su ministro de Guerra, el general Francisco Javier Salazar, mantenían un aparato de espionaje que hurgaba en las más recónditas rendijas de la vida ciudadana, en búsqueda frenética, ansiosa, de encontrar conspiradores para aniquilarlos. En forma paralela, los rumores acerca de varios complots que se urdían a lo largo y ancho del país, germinaban como las flores que requieren cumplir con el ciclo ineludible de la naturaleza.

Una noche, al ir a visitar a mi madre luego de una jornada de trabajo en mi estudio jurídico, en lugar del cálido y usual sonido del ronroneo familiar escuché un desgarrador sollozo al que acompañaba un silencio espeluznante. Algo grave había ocurrido. Dejé mi sombrero y mi levita en el primer mueble que encontré a mi paso apurado hacia el cuarto del fondo. Mi madre y mis hermanos rodeaban a mi hermana María Ana que se deshacía en llantos. No pude contener mis lágrimas al escuchar sus gemidos. No podía soportar ver sufrir a mis hermanos, menos aún a mi madre o a mi hermana, la única mujer entre los cinco hermanos que éramos. Pronto el llanto nos abrazó a todos y, tal como había sido en otras ocasiones, llorábamos sin decirnos una sola palabra aunque todos conocíamos la razón de la inmensa congoja. La ausencia de nuestro padre nos golpeaba de tarde en tarde y nos hundía en el más profundo pozo de tristeza del que sólo el llanto solidario nos rescataba.

15

En su nuevo periódico, *La Nación*, García Moreno echaba fuego contra el presidente de la República, el general Urbina, "Admirable es por cierto la política de nuestro Gabinete, exactamente parecido a un ebrio de andar incierto y vacilante, de oscurecida y apagada vista, de voz tarda y balbuciente, que halla tropiezos por donde quiera que camina, busca pendencia a todos los que encuentra, y atribuye a los edificios más sólidos los vértigos de su cabeza". Lo criticaba y lo impugnaba por lo que consideraba el despilfarro de los fondos públicos, pero sobre todo, por la expulsión de los jesuitas: "Las altaneras exigencias de los rojos de Nueva Granada, que reclamaban, en voz baja, pero imperiosa, el cumplimiento pronto y fiel de las promesas de un traidor, he aquí el verdadero y vergonzoso origen de aquella expulsión bárbara con que el Gobierno se colmó de oprobio. La perfidia de un conspirador cobarde compró la protección de los rojos vecinos, estipulando la persecución del justo, el sacrificio del decoro nacional y la humillación de la República".

En febrero de 1853, en la época en que era el más indómito opositor al general Urbina, "¡Y para éstos y otros innumerables delitos perpetrados por Urbina, no ha habido ni leyes, ni penas, ni juicio, ni jueces!", García Moreno fue desterrado a Colombia, junto con otros redactores de *La Nación*. "Fui preso, privado de comunicación, y dos horas después caminaba a la Nueva Granada en medio de una escolta". En su fuga, antes de ser atrapado, "Bien es que huir es también ejercer la acción defensiva", cuando escapaba del general Guillermo Franco —hombre del general Urbina— que lo perseguía, se escondió en la hacienda Buijo, (donde en 1828 Bolívar había recibido la rendición de las fuerzas peruanas), lugar en el que halló refugio del apremio de los soldados al ocultarse bajo la cama de una adolescente llamada Mercedes Rivas. Muchos años después, cuando García Moreno era presidente de la República del Ecuador, persiguió al marido de Mercedes Rivas por mar y tierra para fusilarlo. Ella, indignada por esa actitud a la vez ingrata y despiadada, escribió:

El tirano
¿Quién es ese hombre de mirada insana
semblante adusto, paso acelerado,
con calva frente, cuerpo esqueletado,
que al niño asusta y a la nación profana?

¿Quién es ese hombre que a la acción hermana
su alma feroz, su instinto de malvado?
¿Ese hombre que a los hombres ha azotado
degradando su estirpe soberana?

¡El traidor a la Patria, el temerario,
el monstruo que en la tierra, mar y llano
ha dejado su rastro sanguinario!

¡El verdugo del pueblo ecuatoriano,
el ambicioso audaz que en vil sudario
ha arropado a la Patria, es EL TIRANO ¡

Durante su destierro en Colombia, "Lejos de cometer el delito de conspirar, he cometido el de no haber conspirado contra el actual régimen de la opresión, contra el sistema de la afrenta y la organización del robo...", García Moreno escapó y retornó al Ecuador, donde, a pesar de estar oculto fue electo senador. Cuando quiso legalizar la entrada furtiva que había hecho al país, fue aprehendido y deportado nuevamente, esta vez, al Perú. En el exilio se mantuvo en la confrontación política, a pesar de que su hermano José había sido nombrado gobernador de Guayaquil por el presidente Urbina. Camino hacia el Perú, en Paita, García Moreno conoció a Manuelita Sáenz, ya vieja y enferma, que había sido desterrada durante el Gobierno de Rocafuerte y que moriría pocos años después, víctima de la peste. Pese a su estado, le impresionaron la gracia y el ingenio de su carácter y el relato que le hiciera sobre su rencor hacia Rocafuerte de quien le mostró una carta dirigida a Flores en que decía en clara alusión a ella: "Las mujeres de moral relajada, preciadas de buenas mozas y habituadas a las intrigas de gabinete, son más perjudiciales que un ejército de conspiradores".

Aburrido de la tierra de los incas y del destierro en el que había permanecido cerca de dos años, acompañado de sus amigos Rafael Pólit y Rafael Carvajal, se fue a Europa (finales de 1854). En París, a la par que estudiaba Física, Química, Zoología, Matemática y Mecánica, se dedicó a buscar un alambique, "Fabrica 4000 litros, o sea, 5000 botellas en 24 horas", para elaborar aguardiente, por encargo de su cuñado Roberto. En esa ciudad se celebraba, en 1855, la Exposición Universal; la ciudad experimentaba la gran opulencia y fastuosidad del Segundo Imperio, a la par que sus calles, monumentos, plazas y avenidas se transformaban de la mano del Barón de Haussman. El esplendor y la grandeza que observó en París aumentaron su ya acendrado amor por Francia y por su emperador. A finales de 1856, terminado el Gobierno del general José María Urbina y posesionado como sucesor el general Francisco Robles, regresó García Moreno al Ecuador.

16

Vivía angustiada, tenía mucho miedo de lo que pudiera suceder si Faustino nos encontraba. Alguna vez se lo dije y me contestó, en forma cortante y seca, no te preocupes, tengo todo bajo control. Pero eso no era lo que más me atormentaba, sino lo mal que me sentía por hacer lo que hacía. Por un lado quería que ocurriese, por eso permitía sus visitas, pero también me sentía una cochina por no serle fiel a mi marido. Tampoco es que yo tuviera la fuerza de carácter para evitar que el presidente me tomara entre sus brazos, aunque ahora pienso que tal vez debía haberme negado…, pero no sé, no sé, eran otros tiempos, me sentía halagada de que el presidente me buscara para esos menesteres. Es que no sólo eran esos "menesteres", sino lo bien que me sentía cuando compartía conmigo las cosas que pensaba, y cuando me mostraba el mundo a través de sus ojos. En esos momentos, que fueron muchos, yo era muy feliz.

Le gustaba acariciar todo mi cuerpo, despacio, muy lentamente, sin dejar resquicio alguno por donde se deslizaran sus manos, sin dejar un solo milímetro sin besarme. Me mordía y me lamía con ternura, como lo hace una loba con sus lobeznos. Después me penetraba con furor, desesperado, una y otra vez hasta que brotaba el glorioso estertor, el profundo gemido; y yo lo aceptaba, lo consentía más que por amor, por la gran recompensa que luego me aguardaba, es decir, por escucharlo contar las cosas de su vida. Hablaba sobre un montón de temas que yo no sabía, que en mi vida había escuchado, y mientras más lo escuchaba más lo comprendía, como si corriera las cortinas para que la luz iluminara el cuarto oscuro de mi mente. Me hacía ver las cosas desde ángulos que yo sola no hubiera alcanzado a ver, sentía que su charla me hacía bien, me hacía crecer, me sacaba de mi simpleza y tontería, de la pequeñez y los límites de mi mundo doméstico y provinciano.

De su madre me contó que todo el tiempo le escribía cartas cariñosas, aunque muchas de ellas contenían sus infaltables sermones y reprimendas. Doña Mercedes vivió hasta los 94 años; era fuerte como el roble, aunque dura y fría como el mármol. Ella le inculcó la conciencia de su superioridad intelectual, al ensalzar en forma reiterada su inteligencia, su memoria y sus dotes innatas para el estudio. Apreciaba sobremanera el talento de su progenitora; decía que "En el Ecuador sólo hay dos cabezas, la de mi madre y la del plátano". Doña Mercedes le enseñó a ser orgulloso de sus virtudes, y a creer y tener fe en los frutos de su capacidad, en sus verdades, en sus sospechas y en sus deducciones. Aprendió de su madre a hacer declaraciones y juicios tajantes y absolutos, surgidos de la seguridad en sí mismo y de la firmeza de sus convicciones.

Aprendió también de ella a defender sus verdades con la fuerza de mil argumentos, como buen abogado que no quiere perder la causa. El presidente tenía la madera de su madre, recia y decidida, audaz y luchadora, fuerte e implacable. El carácter de su madre se vio alterado por la inconformidad y la preocupación que ensombreció su mundo cuando les cayó encima la pobreza. Su infortunio provocaba constantes altercados hogareños que tornaban el diario vivir en un infierno. En medio del trastorno general y el hartazgo en que vivían por la guerra interna, el resentimiento y los rencores, producidos por las ofensas causadas de unos contra otros, constituían el pan de cada día. Al menor incidente, en ese ambiente de extrema irritabilidad, de explosiones represadas, se armaba la gran pelotera. El incendio que doña Mercedes inflamaba con su comportamiento desbocado, pretendía ella misma apagarlo látigo en mano. Al tercer latigazo no volaba una mosca, era cierto; pero ese silencio reprimido y logrado mediante el pánico al castigo, producía, al menor soplo de viento, el renacer de las brasas y el inevitable incendio.

Era un círculo vicioso. El hogar vivía en un ambiente de permanente zozobra; no pasaba un día sin que estallara una trifulca. El látigo, "el zurriago" como lo llamaba doña Mercedes, debió colgar de una pared en la sala familiar, al alcance de la mano, y debió ser una especie de tenebrosa deidad que infundía pánico y respeto. No imagino un solo día de su niñez, en que su madre no hubiese tenido que blandir el látigo y hacerlo tronar sobre las nalgas desnudas de él o de alguno de sus hermanos. El presidente era el octavo de los doce hijos que había tenido doña Mercedes. Pienso, aunque él nunca lo dijo, que todos ellos tendrían las nalgas bordadas con los surcos que horadaba el fragor de los siete cueros del zurriago materno.

Yo creo que heredó de su madre el hábito de azotar a quienes él juzgaba que se portaban mal, conforme al implacable código moral establecido por la religión católica, de la que toda la familia era devota. El caso del general Ayarza fue el que más revuelo causó; todo el país protestó por el castigo infamante que recibió, porque el general Ayarza, aparte de ser ya un anciano, era una persona muy querida por todos. El presidente mandaba a dar azotes a diestro y siniestro, como si fuera un correctivo normal, como si fuera la justa reprimenda que un padre da a su hijo. Cuando ocurrió el terremoto de Imbabura y acudió como supremo mandamás para afrontar la tragedia, ordenó cuerear a decenas de bandidos y cuatreros que pretendían saquear la ciudad en ruinas. No se detenía a pensar en lo indigno del castigo con látigo; y, como era en extremo impulsivo, no reparaba en la respuesta exagerada, en la desproporción que significaban los azotes frente a cualquier falta. Alguna vez dijo, recuerdo con especial claridad aquellas frases que me impactaban, que quería ser "El azote vengador de la venalidad y la vileza". Le pregunté qué era venalidad y me dijo es la forma de ser de este pueblo imbécil, inmoral y sinvergüenza.

17

A los pocos días de haber asumido Robles la Presidencia, un hermano de García Moreno, José, fue nombrado jefe político de Guayaquil. Otro de sus hermanos, Manuel, que era sacerdote, fue designado deán de la Universidad de Cuenca, y el propio Gabriel (recién regresado de Europa) fue nombrado rector de la Universidad, y profesor de Química. Los García Moreno constituían, en aquellos días, una familia con peso e influencia política. En Quito, Gabriel era un hombre destacado, situado en primera línea del devenir académico y político. A la par de ejercer la rectoría, cargo en el que contribuyó a mejorar y transformar las instalaciones universitarias, incluso con recursos de su propio patrimonio, fue elegido senador por Pichincha, en agosto de 1857. Su camino hacia el poder continuaba a paso firme y decidido. Esa era su meta.

En aquellos días, los fieles secuaces de la pesquisa que realizaba el teniente Salazar interceptaron una carta de García Moreno dirigida a su cuñado, Roberto Ascázubi: "El sábado le llegó al Gobierno una posta del gobernador interino de Riobamba [...] avisando oficialmente que Manuel Tomás Maldonado llegó al cuartel de caballería de esa plaza en la noche del 10 del presente, habló al Jefe y Oficiales de la revolución que va a hacerse a favor de Urbina y siguió para Cuenca a ponerse al frente del batallón que antes mandó. En el correo han venido muchas cartas sobre lo mismo [...] pero Robles no lo cree [...]. La ocasión era brillante para salir de los militares; pero se perderá en el país del egoísmo y del miedo. Dejemos, pues, que los acontecimientos se desarrollen, como dejamos formar las tempestades; y demos gracias a Dios si el rayo no nos hiere."

Muchos años después, el día en que García Moreno mandó a fusilar al general Maldonado, recordaría esta carta en la que ya propugnaba por "salir de los militares" golpistas. Maldonado, por su ambición política, constituyó una permanente amenaza para García Moreno, quien, además de ver fantasmas opositores en todo lado, tenía en este caso algunos fundamentos para creer que sus espectros eran verdaderos.

Como senador, García Moreno se opuso a la creación de universidades en Guayaquil y Cuenca, pues aducía que: "La Universidad, tal como se halla actualmente organizada, es perniciosa a los intereses de la sociedad; porque la inútil multitud de médicos y abogados que salen de su seno, a falta de medios de subsistencia, adquieren la funesta afición a los empleos; y la Nación se encuentra privada de inteligencias que hubieren sido útiles y productivas, si hubiesen cultivado otros ramos de mayor importancia; pero que desgraciadamente se pierden porque no se ha abierto a la juventud otras carreras que la Jurisprudencia, Medicina y Teología".

En el Senado también abogó por la expedición de la Ley de Instrucción Pública (que luego expidiera en su primer Gobierno); bregó también por la protección a los mulatos de Esmeraldas, "Por el estado de imbecilidad en que se encuentran son frecuentemente víctimas de la codicia de los especuladores". De los descendientes de africanos también había dicho, conforme reportara el cónsul americano: "El elemento negro es malo y peligroso; los negros de

Guayaquil son vagos e insolentes, siempre dispuestos a tomar parte en los levantamientos y en las revueltas". El diplomático americano también refirió que García Moreno "expresó su gran antipatía sobre la raza negra. Lamentaba que hubiera tantos de ellos alrededor y dentro de Guayaquil y añadió que sería una suerte si la raza blanca en los EE.UU. pudiera librarse enteramente de los elementos negros, ya sea transportándolos de regreso al África, o de cualquier otra manera". Patrocinó también la abolición del tributo de los indios. De aquellos tiempos es su frase contra su sempiterno enemigo, el general Urbina, Comandante en Jefe del Ejército: "Nunca se vio semejante conjunto de todos los vicios".

El Gobierno del presidente Robles afrontaba gravísimos problemas: el Perú amenazaba invadir al Ecuador, con el apoyo del general Flores, que estaba junto al presidente peruano en este intento. La necesidad de afrontar la inminente guerra con el Perú le hizo pensar al Gobierno en obtener un préstamo de los Estados Unidos y, para ello, hipotecar las islas Galápagos. Los senadores Pedro Moncayo y García Moreno encabezaron la oposición a esta idea, que de suyo no prosperó. Ante el apremiante peligro de guerra, Robles declaró al Ejército en campaña, bajo el mando de Urbina. El Congreso autorizó el traslado de la sede del Gobierno a Cuenca o a Riobamba. (Cuenca era la segunda ciudad del Ecuador en número de habitantes, poco más de veinte mil, en tanto que Guayaquil era la tercera, con poco más de dieciocho mil). Pocos días después, a fines de 1858, el Congreso aprobó concederle facultades extraordinarias al todavía presidente Robles para el ejercicio del Gobierno en Guayaquil, a fin de defender y combatir el asedio y bloqueo peruanos ya iniciados en contra del puerto, pues las fuerzas peruanas habían desembarcado en la isla Puná y en Bahía de Caráquez.

Mientras tanto en Quito, en momentos en que el Gobierno estaba en manos del vicepresidente Carrión, la oposición condenaba, por medio de pasquines, el traslado del Gobierno a Guayaquil. Los contrarios al presidente Robles fueron perseguidos y, tras su fuga, se dio el insólito caso de que fue fusilado el impresor de los pasquines, en vez de sus autores. En adición a toda esta grave situación, el senador liberal Pedro Moncayo fue detenido para ser deportado al Perú, en tanto que el senador García Moreno, que había sido aupado para su elección al Congreso por el partido liberal, se dirigió a Guayaquil a promover una revuelta contra Robles; pero, descubierto, se ordenó su captura y fusilamiento "por traidor a la patria". El astuto senador, sin embargo, no fue detenido, pues halló refugio oculto en un armario en casa de su madre, donde pasó la Navidad, mientras el presidente Robles se encontraba cercado y tambaleaba por la oposición y por la amenaza peruana. El Ecuador vivía, en ese año de 1859, uno de los momentos más complejos y difíciles de su historia.

18

Coincidíamos en que había que derrocar a García Moreno lo antes posible, pues pronto, en agosto de ese año de 1875, iniciaría su nuevo mandato que lo mantendría en el poder seis años más. Ninguno de nosotros permitiría un día más de tiranía, de opresión, de sangre vertida con toda impunidad. Una de las primeras iniciativas que se consideraron para derribarlo, fue la presentada por Polanco, que apoyaba el plan que tejía en forma subrepticia su hermano, el coronel José Antonio Polanco: tomar por la fuerza el cuartel de artillería que colinda con el palacio de Gobierno, apresar al tirano y deponerlo del cargo para encumbrar al liberal Antonio Borrero.

Cornejo y Polanco apoyaban esta idea; estaban resueltos a secundar al coronel Polanco en el intento. Moncayo y Andrade, sin embargo, no estaban decididos a seguir el plan de los Polanco para defenestrar a García Moreno e imponer a Borrero; ellos, más bien, propugnaban arremeter contra el tirano, tomarlo por sorpresa, llevarlo a buen recaudo, mantenerlo escondido y entonces sí, una vez borrado del mapa, desparecido del escenario político y producido el vacío de poder, propugnarían y apoyarían la instalación de un Gobierno provisorio que llamaría a elecciones, en las cuales los liberales tendrían las mejores opciones de ganar, pero en forma democrática.

Durante muchos días analizamos las ventajas y los inconvenientes de cada una de las opciones. Cornejo y Polanco pensaban que sin el apoyo al golpe por parte de los militares y sus bayonetas, sería muy poco probable llegar a feliz término. Ellos sabían que sus propias fuerzas eran insuficientes para apresar y dominar al tirano; además decían que, sin duda, otros regimientos militares acudirían en su auxilio y, tras un cruento combate, pronto todo quedaría en nada; y, agregaban, ellos mismos serían apresados y fusilados. Insistían que la única manera de lograr el propósito anhelado era con el apoyo de los cuarteles.

Andrade y Moncayo, más seguros de sí, más confiados en sus fuerzas, más perspicaces también, no querían vincular a los militares en el quehacer político; y, más idealistas también, querían confiar el tema a manos exclusivas de los civiles. En pro de ser ellos quienes tomarían al toro por los cuernos, citaban a Montalvo en *El Cosmopolita*: "Si un pueblo es oprimido, maltratado, estragado por el ahínco destructor de un malvado fuerte, levántese ese pueblo y dígale: Llegó tu día, vas a morir malvado. Hay conjuraciones santas: el que al frente de una vasta porción de ciudadanos se lanza hacia el tirano apellidando libertad, y le mata con su mano a medio día y en la plaza pública, no es asesino; será conspirador en buena hora; pero gran conspirador, benefactor de la especie humana, […] bueno y glorioso personaje". Andrade y Moncayo querían ser ellos mismos los "benefactores del pueblo oprimido, los buenos y gloriosos personajes".

Unos meses antes de este episodio, en Guayaquil, el jefe de artillería del cuartel principal, coronel José Antonio Polanco (hermano de Manuel, el "Querubín" Polanco) había sido destituido por García Moreno por hallarle sospechoso de apoyar un cuartelazo a favor del liberal Borrero. Quien había propuesto la designación del coronel Polanco en esa alta posición en Guayaquil, era un militar de muy alta graduación: el general Francisco Javier Salazar, ministro de Guerra del régimen. (La amistad entre Salazar y el coronel Polanco era de vieja data: en noviembre de 1859 estuvieron juntos en Riobamba cuando el entonces comandante Salazar mandó apresar a García Moreno y dio la orden de fusilarlo, pero escapó de la jaula y salvó su vida. Años después, en enero de 1869, los dos hermanos Polanco participaron, junto con Salazar, en el golpe contra el presidente Espinosa, que llevó a García Moreno a la Presidencia).

Una tarde lluviosa de inicios de junio de 1875, el coronel Polanco, luego de haber sido depuesto y ya de regreso en Quito, acudió a la casa de su amigo, el general Francisco Javier Salazar para compartir las penas, pero también para expresarle su resentimiento con el presidente que lo había removido de su cargo y truncado en su carrera militar, en la cual, como la mayoría de soldados, anhelaba llegar al generalato y, por qué no, más arriba. Los dos buenos amigos conversaron animadamente, comieron como Dios manda y bebieron varias copas de buen vino francés. Ambos detestaban a García Moreno y lo confesaban abiertamente, pues se tenían mutua confianza. El tema de la reelección de García Moreno a su tercer período presidencial, que era el asunto más escabroso, fue abordado junto con los postres y unas copas de brandy. Los dos expresaron su franca oposición a que García Moreno continuase en el poder seis años más. Pero Polanco fue más allá: le dijo a Salazar que la persona ideal para regir los destinos del país en los próximos años era el cuencano Borrero. La confesión del coronel Polanco causó en Salazar una intensa animadversión hacia su, desde ese instante, ex amigo. Salazar sintió celos de que el coronel Polanco prefiriese a Borrero y no a él. Pero, tramoyista como era el general, astuto como era, ocultó su verdadero pensamiento —quería ser el próximo presidente de la República— y le dijo que también apoyaría a Borrero. Al tercer brandy, el coronel Polanco, animado al pensar que concordaba con su amigo respecto de apoyar al cuencano, ingenuamente le confesó a Salazar sus planes de dar un cuartelazo contra García Moreno a favor de Borrero, y le preguntó al general si apoyaría esa idea.

—¡Por supuesto! —exclamó Salazar—. Cuenta conmigo para todo.

Unos días más tarde el coronel Polanco, junto con su hermano Manuel, el "Querubín", fueron a visitar a su amigo, el general Francisco Javier Salazar. El coronel abordó el tema de la asonada militar que tramaba contra García Moreno, pero Salazar le aconsejó que mejor desapareciera completamente de la escena, porque los espías del tirano seguían sus pasos. (Desde que el coronel Polanco había sido destituido, el presidente había dispuesto su estricta vigilancia, cosa que hacía con todos aquellos sobre quienes recaía la más leve sospecha de ser sus adversarios). Pero, además de esta situación, ocurría que el general Salazar jamás alentaría un golpe a favor de Borrero, por cuanto él quería llegar al poder y, para ello, le era imprescindible quitarse de en medio al coronel Polanco que remaba en otra dirección.

—Pero a mí nadie me sigue, nadie sospecha de mí —dijo el "Querubín" Polanco mientras miraba los ojos inescrutables de Salazar—. Yo podría…

—Sí, por lo pronto es así. Nadie te espía… —tiró la red Salazar a ver qué pescaba.

—Conozco a unos muchachos liberales —comentó Polanco— que están inflamados con las diatribas de Montalvo y que, según he oído, algo traman. Yo podría mover algunas fichas para persuadirles de apoyar el golpe.

—Piensa, Manuel —le dijo Salazar, con voz pausada y en tono paternal—, que cualquier cosa que hagas o que hagan aquellos muchachos debe ser hecho con mucha cautela, pues se juegan la vida.

—No te puede destituir, como lo hizo conmigo —agregó el coronel Polanco mientras observaba a su hermano—, pero si se entera que andas en esto, te fusila.

—Piénsalo bien, Manuel —arriesgó el general Salazar—; y si te decides por tramar algo, avísame. Avísame… Pero, te repito, todo lo que hagas debes hacerlo con sumo cuidado y, lo que es fundamental, sin hablar a nadie sobre tus planes. Recuerda además, que esto es una cuestión de honor, donde lo primordial es la fidelidad de unos con otros. Demás está decirte que esto no es un juego, que es cosa de valientes.

—Bien. Lo pensaré aunque no tengo mucho que pensar —agregó el "Querubín" Polanco—. Soy uno más de quienes anhelamos desde hace años que el tirano desaparezca de la faz de la tierra.

Por aquellos días, cuando ocurrieron estos sucesos, el general Salazar ya tramaba el golpe contra García Moreno, pero no a favor de Borrero, por supuesto, sino a favor suyo. Salazar, pérfido y ambicioso, traidor disfrazado de leal, era el ministro de Guerra del presidente García Moreno y, como tal, conocía, gracias a la maquinaria oficial de espionaje, todas las conspiraciones que se tejían en todo el país para destronar al tirano. Salazar tenía conocimiento del complot que maquinaban Andrade, Cornejo, Moncayo y Polanco, junto con otros jóvenes liberales, entre quienes estábamos mi hermano Juan Elías y yo.

Dos horas después de que los hermanos Polanco concluyeron su visita, el general Salazar mandó a llamar al comandante Sánchez a su casa.

—Comandante —le dijo el general en tono eufórico—, creo haber encontrado una persona para penetrar y mangonear al grupo de liberales. Hoy me han visitado los Polanco, y si bien el coronel está quemado, su hermano Manuel, el "Querubín", es amigo de los ilusos que quieren dar el golpe. Con tu palanca con la Terrazas podemos manejar otros hilos. De momento sigue con tus visitas a la muchacha, gánate su confianza, sé más amigo de ella, la Terrazas nos servirá para infiltrarnos en el grupo de Polanco.

Por cierto, el comandante Sánchez era muy amigo de Juana Terrazas, joven linda y bien plantada, alegre y valiente, garbosa y bien formada. El general Salazar, lobo astuto, se valió de la amistad de Sánchez con la Terrazas, para manipularnos, engañarnos y traicionarnos, tal como después todo el país descubriría.

19

Mientras el Ecuador se debatía entre la vida y la muerte, el recién ascendido teniente coronel Salazar regresaba de Europa. Había viajado en misión diplomática cuando fue nombrado por el presidente Robles —por pedido del general Urbina— como secretario de la Legación ecuatoriana en Roma, donde trabajó junto a Juan Montalvo, también miembro de la representación del país.

A su regreso del Viejo Mundo debía presentarse en Guayaquil, pues allí se encontraba el presidente Robles junto al Ejército nacional, que defendía la ciudad de la invasión peruana, y luchaba contra el sitio que ahogaba la ciudad. La arremetida del Perú al territorio ecuatoriano se había originado a consecuencia de que el Ecuador pretendía, sobre la base de los tratados de límites firmados con ese país en 1855 y 1857, entregar a Inglaterra, en pago de los tres millones de pesos que adeudaba por la Independencia, unas tierras en la Amazonia que los peruanos asumían como propias. A pesar de las buenas intenciones, la región del río Amazonas era inhóspita e inhabitable, no sólo por la ausencia de carreteras e infraestructura de todo tipo, sino por la presencia de múltiples enfermedades y de aborígenes hostiles a cualquier contacto con la "civilización". En esos bosques vivían algunos pueblos que conservaban milenarias, a la vez que primitivas, formas de subsistencia. "Sólo una tribu, la de los jíbaros, pérfidos asesinos y antropófagos, no da todavía esperanzas de reducirse, como lo manifiestan los horribles y frecuentes asesinatos cometidos en Gualaquiza; y tal vez no está lejos el día en que tengamos que perseguirla en masa a mano armada...". La región amazónica existía para el Ecuador y sus gobiernos, tan sólo en los mapas; estaba completamente abandonada, sin planes para su desarrollo, menos todavía para su integración al territorio nacional. Unos pocos jesuitas emprenderían años después sus misiones por las selvas del río Napo. García Moreno, durante su administración, se referiría a ellas en estos términos: "Las misiones orientales, encargadas a virtuosos sacerdotes de la Compañía de Jesús, van comenzando a introducir la civilización entre las hordas salvajes".

El débil Gobierno del mariscal Ramón Castilla, entonces presidente peruano, encontró en la pretendida entrega de la tierra a los tenedores ingleses de los bonos de la deuda, el pretexto idóneo para amenazar al Ecuador y orquestar un conflicto limítrofe, a fin de distraer la opinión pública de su país y atenuar el creciente deterioro de su mandato. Se valió de su ministro, Juan Celestino Cavero, para provocar al Gobierno ecuatoriano y justificar su irrupción en Guayaquil (puerto codiciado por los peruanos desde épocas remotas, y que Flores, bajo el brillante mando de Sucre, había defendido con éxito en la batalla de Tarqui). Robles expulsó a Cavero; y el Perú, en represalia, bloqueó el puerto de Guayaquil. Junto al presidente Robles, en aquellas horas infaustas, Salazar encontró a varios amigos y compañeros de armas. Entre ellos estaba el coronel Manuel Tomás Maldonado y el coronel Secundino Darquea, junto a su hermano el comandante Francisco Darquea. Varias noches se reunió Salazar con los Darquea y el coronel Maldonado; eran muy amigos y se tenían mutua confianza, de manera que hablaron en forma franca sobre la situación que vivía el país y sobre la debilidad del Gobierno de Robles. El panorama no sería muy alentador para el Ecuador y para ellos como oficiales cercanos a Robles y a Urbina, si García Moreno, apuntalado por Flores, tomaba el poder, o si, como también se rumoraba, el general Guillermo Franco daba primero el golpe y se proclamaba jefe supremo.

Frente a esas perspectivas, Salazar, junto con Maldonado y los Darquea, decidieron urdir un plan para deponer a Robles y entregarle el poder al liberal Pedro Moncayo. (Pedro Moncayo, en 1833, había sido editor de *El Quiteño Libre*, periódico que combatió al primer Gobierno de Flores, por lo que fue desterrado al Perú desde donde continuó su oposición a través de su periódico *La Linterna Mágica*. Fue cercano a Rocafuerte durante su presidencia, y luego, en 1852, fue presidente de la Convención Nacional que, durante el Gobierno de Urbina, expidió las primeras normas de corte liberal —manumisión de los esclavos, rentas a los más pudientes, expulsión de los jesuitas—. En los días previos a la conjura que se tramaba en contra de Robles y Urbina, el senador Pedro Moncayo combatía al Gobierno de Robles, por lo cual fue apresado y llevado a Guayaquil, para ser desterrado al Perú.

Mientras estaba en ese puerto, el coronel Maldonado, los Darquea y Salazar le propusieron la Jefatura de Estado que no aceptó).

Pedro Moncayo se opuso en forma terminante a la conspiración que se tramaba en su favor; aducía que, frente al peligro de la invasión peruana, no cabía complot alguno que denotara división entre los ecuatorianos, o que sugiriese que el presidente carecía del apoyo generalizado del pueblo, sino que, por el contrario, se debía mostrar unión frente al enemigo común; también argüía que, si caía Robles, los peruanos aprovecharían el momento para tomarse Guayaquil. Ante la negativa patriótica de Pedro Moncayo, los militares Maldonado, Darquea y Salazar desistieron del plan para tumbar al presidente Robles; sin embargo, uno de los ministros de Robles, Francisco P. Icaza, le comunicó al coronel Maldonado que el Gobierno estaba al tanto del golpe que ellos urdían. Cuando el coronel Maldonado fue informado de que habían sido descubiertos, se reunió con los Darquea y Salazar, y les puso al tanto de que el Gobierno los había desenmascarado; no obstante, todos, de común acuerdo, decidieron seguir adelante hasta las últimas consecuencias, pues estaban entre la espada y la pared: o daban el golpe con éxito y salvaban el pellejo, o los tomarían presos por traidores y, lo más probable, serían fusilados.

Ante esas circunstancias, decidieron dar el golpe: el coronel Maldonado comisionó al comandante Francisco Darquea para que esa misma noche, junto con un piquete de soldados, apresara al presidente Robles y al general Urbina. Pocas horas después, una vez que el sol se había ocultado y los mosquitos comenzaban a chupar la sangre a medio mundo, y en momentos en que Robles y Urbina se hallaban juntos y conversaban plácidamente acompañados por unos tragos de aguardiente y por el viento fresco que soplaba desde el río, fueron sorprendidos por Darquea que los amedrentó con su arma y les informó que habían sido depuestos de sus cargos por órdenes del coronel Maldonado. El momento en que el todavía presidente Robles y el general Urbina eran conducidos a prisión, se encontraron con el general Guillermo Franco —comandante de Armas en esa plaza— que al darse cuenta del golpe, desenfundó de inmediato su trabuco y mató de contado a Darquea, con lo cual la intentona fue desbaratada. Cuando pocos minutos después Salazar y Maldonado se enteraron de los sucesos y temieron ser apresados por las fuerzas de Robles, escaparon junto con otros soldados hasta las faldas del cerro Santa Ana, donde encontraron refugio entre los espesos matorrales y las primeras sombras de la noche. Sabían que esos serían los últimos minutos de sus vidas pues era inevitable el ataque de las fuerzas gobiernistas que los destrozarían en cuanto los encontraran y abriesen fuego. No había forma de escapar. No había otra alternativa que atrincherarse y resistir lo más posible la arremetida, aunque sin esperanza. En aquellas largas horas en que Maldonado y Salazar esperaban el ataque final, conversaron sobre las razones que tenían para haber participado en la conspiración contra el presidente Robles: el motivo fundamental, se mintieron, era defender a la patria del intento de Robles y Urbina de desmembrar su territorio, con la pretendida entrega de gran parte de la selva amazónica a los ingleses. De suyo, lo que de verdad los motivaba, era que en medio del caos que vivía el país creían conveniente deponer al presidente y entregar el poder a Pedro Moncayo, para así evitar la posibilidad de que García Moreno, o el general Guillermo Franco, u otras facciones políticas, tomasen el poder, pues cualquiera de ellos sería nefasto para sus particulares intereses. Al conspirar contra Robles, el teniente coronel Salazar pensaba que no traicionaba a quien debía su lealtad como oficial del Ejército, y su gratitud, por haberle enviado a Europa en misión diplomática; tampoco creía traicionar a Urbina a pesar de que éste había pedido su designación —y la de Juan Montalvo— como su ayudante en la legación ecuatoriana en Italia. Salazar se engañaba en forma involuntaria —de verdad estaba convencido de que no era un traidor y de que su actitud pretendía defender los intereses nacionales—, ya que caía en la reiterada imposibilidad humana de juzgar sus actos como inadecuados y, por el contrario, encontraba una y mil razones para defenderlos y, lo que es el colmo, inclusive considerarlos laudables. Salazar estaba convencido de que los coroneles Maldonado, los Darquea y él mismo, habían descubierto a los verdaderos traidores, porque, se decía, Robles y Urbina pretendían vender a la patria. Lo que de manera objetiva ocurría, aunque Salazar no podía pensarlo y menos aún admitirlo, es que él participaba, por segunda ocasión fallida, en un golpe militar para destituir a un presidente y colocar en su lugar a alguien de su propia y particular conveniencia. La primera ocasión había sido doce años atrás, la madrugada en que junto con Wright intentó deponer al presidente Roca para encumbrar a su amigo Flores; la segunda era esta, en que junto a Maldonado y Darquea intentaba derrocar al presidente Robles para en su lugar proclamar a Pedro Moncayo. El presidente Robles y su hombre fuerte, el general Urbina, confiaban en Salazar y esperaban su lealtad. Pero Salazar, militar golpista, traidor y ambicioso, no respondió a esa confianza, y, por el contrario, los traicionó. Mientras Salazar se hallaba en la trinchera, en el cerro Santa Ana en espera del ataque de las fuerzas gobiernistas, pensaba que el nuevo Gobierno que encabezaría el liberal Pedro Moncayo tendría un aliento transformador y democrático, como el de Rocafuerte; favorecería el desarrollo del país desde una óptica liberal, que apoyaría los avances en la educación y el ordenamiento de las cuentas fiscales. Sería un Gobierno que repudiaría las intenciones de desmembrar el suelo patrio, y rechazaría con firmeza y patriotismo las pretensiones del Perú, de tomarse Guayaquil. Salazar se arrepentía de no haber planeado el golpe con mayor detalle, con mayor precisión, de modo de no fallar, y, por el contario, haber obedecido a un impulso poco meditado, un tanto apurado, alentado por el tono demasiado optimista y apasionado del coronel Secundino Darquea. En su estadía en Alemania había aprendido sobre táctica militar, sobre estrategias de guerra, sobre el arte de planificar en forma minuciosa todas las acciones que se requieren para lograr un objetivo determinado. Tal vez si hubiese tramado el golpe con tiempo, pensaba, habría logrado el éxito pretendido. Si tuviese otra oportunidad, se decía, haría las cosas de modo de alcanzar el objetivo sin descuidar detalle alguno. Con precisión. Con sigilo. Con sangre fría…

Apostado en su trinchera, en medio de la noche, en espera de la inevitable arremetida de las fuerzas de Robles y Urbina, el teniente coronel Salazar miraba la ciudad casi con lágrimas, ahogado de furia y de tristeza por la vida que pronto se le iría de las manos; pensaba que tal vez el deslucido paisaje que veía —una planicie llena de fogatas y humaredas que apenas se divisaba por la tenue luz de la luna, y que se extendía hasta perderse en la oscuridad del río—, sería su última visión de lo que había sido su corto paso por el planeta azul. Lo invadió la pena por la inevitable muerte temprana que lo esperaba; hubiera querido vivir más, hacer más cosas, llegar a ser general, senador, ministro y también presidente de la República. Pero sus sueños se truncaban porque pronto los matarían a todos o, moribundos por las heridas recibidas, los tomarían presos y los fusilarían en medio de la plaza para escarmiento popular. Le apenaba morir lejos de sus seres queridos y lejos de Quito, donde había nacido. Imaginó sus huesos enterrados en una fosa común y sus pútridas entrañas devoradas por los hambrientos gusanos del trópico ecuatorial. Pero sobre todo, más pena le daba morir sin haber llegado a alcanzar su sueño, haber vivido en vano, haber desperdiciado su vida. En esas cavilaciones estaba cuando amaneció; sabía que con las primeras luces los ejércitos acostumbran iniciar el combate. Era el último amanecer que contemplaba y le pareció el más hermoso jamás visto: el cielo mostraba unas pocas nubes teñidas de color violeta por el que cruzaban bandadas de garzas blancas que le hacían sentir la belleza del mundo que dejaba. Más allá del río se extendía el inmenso mar que se fundía con el horizonte. Había una paz sobrenatural en ese cielo, muy diferente a los aires de guerra y de muerte de la tierra donde estaba. Les quedaban escasos minutos de vida. No resistirían mucho tiempo la embestida de las fuerzas gobiernistas. Solo esperaban, resignados, que llegase la hora fatal. Una bandada de flamencos rosados cruzó el cielo, y en ellos, en su armonioso vuelo, en su figura delgada y estilizada como una vara de capulí, en sus alegres graznidos, en todo ello, vislumbraron una luz de esperanza. Salazar le preguntó al coronel Maldonado que si salía con vida qué haría. Le dijo que seguir en la lucha. Y tú, Salazar, qué harías, le preguntó. Seguiría mi camino hasta llegar a la Pres..., pero interrumpió su respuesta al observar un inusual movimiento que se apreciaba en la ciudad. Un racimo de gente se hallaba reunido en torno a la gobernación donde se encontraban el presidente Robles y el general Urbina. Se escuchaban gritos y voces que, a la distancia en que estaban, no podían entender. Era evidente que algo ocurría. Después de unos minutos de esos bochinches incomprensibles divisaron a un grupo de soldados que, al trote, cruzaban la plaza hacia la gobernación y se ubicaban a sus puertas. Segundos más tarde, un escuadrón que salió del regimiento contiguo a la gobernación, enfiló directamente hacia donde ellos estaban. Había llegado el momento.

Seguramente el batallón iniciaría la ofensiva. Maldonado, Salazar y el resto de soldados rebeldes cargaron armas y se aprestaron a la batalla. Sintieron el silencio místico, aterrador, de los minutos que preceden al combate. Sus corazones palpitaban y sus cabezas reventaban de dolor. Les quedaban pocos instantes de vida. De la base del cerro, donde se había situado un batallón de fuerzas gobiernistas, dos soldados comenzaron a caminar hacia los rebeldes; uno vestía uniforme de oficial; otro portaba una banderola blanca. Subían lentamente y en silencio, con la cabeza gacha, aunque de trecho en trecho levantaban su mirada. Ya cuando estaban muy cerca, el coronel Maldonado se incorporó, salió de la fosa, dio un paso adelante, y con la frente en alto exclamó: ¡aquí estoy carajo, qué quieren ustedes!

—Venimos a dialogar por órdenes del presidente Robles —fue la respuesta del oficial, que de inmediato agregó—: el presidente les perdona la vida y les concede la libertad, pese al golpe en su contra que ustedes tramaban, si deponen sus armas y se dirigen ahora mismo a Riobamba, a defender la plaza bajo las órdenes del vicepresidente Carrión. El presidente Robles les concede amnistía en aras de la unidad del país y del Ejército. ¡En estos momentos delicados que vive la Nación se necesitan soldados en las filas del Gobierno y no en las huestes que propugnan la división del Ecuador!

¡No lo podían creer! Pensaron que tal vez sería una artimaña para apresarlos y luego fusilarlos; el Gobierno aduciría que se habían resistido a la rendición, que dispararon contra las tropas oficiales y que se vieron forzados a defenderse. Maldonado y

Salazar se miraron a los ojos, estiraron el labio inferior hacia arriba, no nos queda alternativa, pensaron, después de lo cual el coronel Maldonado dijo en tono firme:

—Aceptamos la propuesta pero exigimos que se garantice nuestra vida. Depondremos las armas una vez que estemos en Riobamba, hacia donde partimos de inmediato, y donde al llegar nos pondremos a las órdenes del señor vicepresidente.

Una vez que el oficial aceptó que conservaran sus armas, pues Maldonado argumentó sobre los riesgos que implicaba viajar desarmados, montaron los caballos que las fuerzas gobiernistas les proporcionaron, se dirigieron a Riobamba, ciudad a la que llegaron tras cinco días de marcha apresurada, y donde se pusieron bajo las órdenes del vicepresidente Carrión.

A fin de salvaguardar su carrera militar y su futuro, y también con la intención de mantener su buen nombre, el teniente coronel Salazar, en forma astuta e hipócrita, decidió —igual que lo había hecho años antes, el día en que participó en el golpe contra Roca— que debía camuflarse junto al resto de la cuadrilla y aparentar ser un simple soldado más que se había visto obligado a seguir las órdenes del coronel Maldonado, a quien debía obediencia por estar bajo su línea de mando. Usaría su careta de víctima, porque además, nadie creería su discurso de haber intentado el golpe para salvar a la patria. Y lo hizo muy bien: una vez que lavó sus manos y cara con agua y con jabón, y que reemplazó su rostro de golpista por la máscara del disciplinado, leal y valiente oficial del Ejército que había cumplido las órdenes de su superior, logró su propósito y no fue procesado, como, por el contrario, sí lo fue Maldonado, a quien dieron treinta días de prisión.

20

Nunca hubo dinero para que el talentoso benjamín pudiese ir a la escuela. Todos sus estudios los hizo de la mano de su madre, de sus hermanos, y sobre todo, de un fraile dominico, el cura Miguel

Betancourt, que le enseñó todo lo que sabía. El hogar de los García Moreno había pasado de la prosperidad a la pobreza. Del bienestar a la penuria. El presidente decía que, si siempre hubiesen sido pobres, no hubieran notado la abismal diferencia entre tener y dejar de tener, entre la tranquilidad y el sobresalto. Decía que es muy diferente ser pobre, a haber empobrecido. Pero al faltarle la plata a quien la tuvo y estaba acostumbrado a tenerla, y cuando "tener dinero" es, además, un valor supremo, una meta, un asunto de realización personal que aporta un estado de seguridad y felicidad, ahí sí que la cosa es grave, porque si falta el dinero, falta todo.

A la familia le había resultado muy difícil aceptar la penosa realidad y resignarse a ella. "Nuestro siglo es necesariamente grave, severo y melancólico, como el padre infeliz que ha visto perecer, con sus hijos queridos, los consuelos y las delicias de la vida". En su casa, la situación económica era tan apretada, que su madre tenía que coser y bordar la ropa de los vecinos para ganarse unas monedas. Y lo hacía muerta de pena y de tristeza, inconforme con su situación, a la que consideraba una calamidad, algo no propio de su clase, de los laureles de su linaje de notables prelados. El rechazo, la repugnancia a ese estado de pobreza a la que no se resignaba, y que la expresaba en su rostro amargo y severo, abonaba al ambiente tenso y sombrío de la casa. La escasez económica de la familia le resultaba humillante; doña Mercedes reclamaba a su marido por la situación; pero, al ser irremediable, el reclamo devenía en peleas y discusiones permanentes, que tornaban insoportable el ambiente. La amargura, la constricción de espíritu, la melancolía, la frustración y el fracaso que la pobreza ocasionó en su casa, originó en la familia la idea de que lo contrario a la pobreza era la situación ideal a la que se debía aspirar y alcanzar, como una tarea ineludible. El presidente y sus hermanos crecieron con esa idea en la cabeza, no obstante la doctrina católica que profesaban y que ensalzaba la pobreza como un estado ideal para alcanzar el codiciado paraíso. Había que salir de la pobreza. Durísima tarea. Cosa nada fácil en un país con poquísimas posibilidades de progreso. "Mientras la moneda sea un obstáculo para los cambios, y mientras el país carezca de carreteras y ferrocarriles, no hay que esperar grandes progresos de nuestro comercio necesariamente lánguido, de nuestra industria forzosamente atrasada, de nuestra agricultura reducida tristemente, en el interior, al limitado consumo de poblaciones empobrecidas". Una vez muerto su padre, que durante los últimos años no aportaba dinero a la casa, sino que, por el contrario, era una boca más que alimentar y un cuerpo estropeado que curar de las múltiples y a veces denigrantes enfermedades de la vejez, el ambiente familiar empeoró, porque su madre ya no tenía con quién desfogar su frustración, y entonces lo hacía con sus hijos. Y con su látigo.

En medio de aquellas penurias, crecía un niño precoz. Desde que tenía memoria, habrá sido a los tres o cuatro años de edad, ya sabía leer, y pocos años después, ya había aprendido a escribir. No recordaba bien cómo fue que aprendió, pero lo más probable es que lo hubiese hecho mientras acompañaba a su hermano Manuel en sus lecciones sobre lectura y escritura. Inteligente y perspicaz como era, deseoso desde niño de saberlo todo, el pequeño Gabriel aprendió por ósmosis a leer y a escribir, a sumar y a restar, el latín y el catecismo. Y ya cuando los conocimientos de la madre y la paciencia de sus hermanos llegaron a un límite, el cura Betancourt se encargó de enseñarle todo cuanto sabía. Una vez que el sacerdote agotó sus conocimientos y el brillante jovencito clamaba por sabiduría, fue enviado a Quito, porque además, en Guayaquil, durante esa época, no había un solo colegio secundario.

Tenía quince años cuando debió dejar su casa en el puerto y separase de su madre, de sus hermanos, de su casa, de su ciudad natal. Una profunda herida en su corazón debió causarle el desarraigo. El viaje desde la Costa hasta la Sierra, con el consiguiente cruce de la cordillera, lo hizo a lomo de mula, por el "Camino Real", durante veintiún días, de tambo en tambo, acompañado del cura Betancourt y una partida de guías. En ese trayecto observó a las acémilas revolcarse en la tierra y probó los beneficios de imitarlas. Desde entonces tomó la costumbre, que mantuvo toda su vida, de restregar su cuerpo contra la tierra luego de hacer un largo viaje. Llegó a Quito empolvado, cansado y boquiabierto por el novísimo paisaje que se presentaba ante sus ojos. En contraste con las abiertas y desparpajadas casas guayaquileñas de caña y bahareque que miraban plácidamente al río, observó, al llegar a Quito, las antiguas casonas coloniales de arquitectura española, de adobe y teja, y a sus múltiples templos y conventos monumentales, todas ellas cerradas, enclaustradas, quietas y calladas. Comprobó que la gente en Quito vive hacia adentro, de su espíritu y de sus casas, en contraste con la de Guayaquil, que vive hacia afuera. También encontró otro clima, ya no cálido y húmedo, sino frío y seco.

Las hermanas del cura Betancourt lo alojaron en su casa, en la calle Angosta, detrás del convento de la Compañía. Allí se moría de tristeza al extrañar a su familia. Añoraba a su madre que también debió echar de menos a su retoño y a quien debió costarle mucho desprenderse de su hijo menor, su flaco talentoso, narigón y cabezón. Mal arropado por la pobreza y acostumbrado al calor del trópico, se moría de frío en la altura de Quito. Además de algunas ropas usadas, pero en buen estado y apropiadas para la Sierra, el cura Betancourt le consiguió una beca del presidente Rocafuerte para que estudiara en el consistorio de San Fernando. Los primeros meses le costó mucho habituarse a la disciplina del colegio y, sobre todo, le costó mucho acostumbrarse a sus compañeros, tan diferentes de sus hermanos y conocidos que eran costeños y, por lo mismo, tropicales, bulliciosos, desordenados y extrovertidos, pues los serranos, decía, son introvertidos, recatados, hipócritas, modositos y enconchados.

Sus compañeros no le abrieron las puertas, no le dieron fácilmente cabida en sus vidas, pues lo encontraron pobretón, arrogante, pendenciero y, lo que era imperdonable, mucho más inteligente que ellos. Lo hubiesen acogido si hubiera sido noble o si hubiese sido rico; tal vez, si hubiese sido simpático. Pero la pequeñez y la envidia repelieron al costeño pobre y pesado; pero, sobre todo, rechazaron a alguien que exhibía una virtud como el talento, que es un valor difícil de reconocer en el prójimo, un tanto amenazante y escaso, y que, además, no se lo consigue con dinero o con prosapia. Otra vez, ahora en el colegio, se sentía rechazado por su manera de ser; en su tierna infancia lo habían repudiado sus padres; ahora, en su adolescencia, sus compañeros del colegio. Este nuevo rechazo hizo recrudecer su ya antiguo resentimiento de modo que el rencor macerado y añejado produjo en su alma vinagre y amargura. Decía que el rencor acumulado y no mitigado engendra un vacío parecido a la sed, que únicamente puede ser aplacado con la venganza. El encono, agregaba, produce una fatal apetencia que únicamente es posible saciarla al beber el padecimiento del otro.

21

La invasión y el bloqueo peruanos sobre Guayaquil continuaban. El Gobierno de Robles se defendía con todo lo poco que su ejército tenía, mientras los pobladores se morían de hambre. Para conseguir agua, la gente recurrió al viejo pozo del cerro Santa Ana, donde se peleaban por unas gotas, pues la flota invasora había confiscado hasta el agua que era llevada desde Daule para socorrer a los porteños. Las lluvias torrenciales que cayeron pocos días después, si bien aliviaron la sed, agravaron el asedio peruano, pues los caminos se volvieron intransitables, y no llegaban alimentos a la población cercada, angustiada y famélica.

Llegado el mes de febrero de 1859, el general Mosquera, presidente de la Nueva Granada, propuso en secreto al Gobierno peruano la desmembración del Ecuador: se partiría al país en dos: Guayas, Manabí, Loja y Cuenca pertenecerían al Perú; y Esmeraldas, Pichincha, Chimborazo y León, a los colombianos. La propuesta había sido aceptada en septiembre de ese año. La República del Ecuador desaparecería del mapa.

Por aquellos días, García Moreno había sido apresado por el general Urbina y enviado en destierro a Paita, castigado por sus virulentas diatribas contra el presidente Robles: "¿Cuándo permitirá Dios el derrocamiento de los malvados?". Su hermano, Pedro Pablo, y su amigo, Pablo Herrera, fueron encarcelados. En febrero de 1859 escribió a su cuñado Roberto desde su exilio en el Perú: "No le queda al Interior (a la Sierra) más tabla de salvación que unirse a la Nueva Granada; y los pasos que da este Gobierno infame son sin duda para convencer a todos de que no hay medio entre Colombia y los asesinatos. Veo la extremidad a que han conducido al Interior, y la deploro; Ud. sabe que no he opinado nunca por la disolución de la República; pero disculpo y justifico a los que en caso de no haber Constitución, ni garantías para la vida y propiedad del individuo se arrojen en brazos de quien quiera defenderlos".

En marzo de ese año ocurrió en Quito un terremoto que causó graves daños y algunas víctimas, y que los fieles devotos del furibundo líder católico interpretaron como un castigo de Dios que anunciaba la pronta caída de Robles. Refugiado en Paita, García Moreno se encontró con el senador Pedro Moncayo, también expatriado, con quien se dirigió a Lima a entrevistarse con el presidente peruano, el mariscal Castilla. García Moreno planteó al mandatario que lo apoyara en su pretendido afán de derrocar a Robles —no cabía aliarse con el tradicional enemigo del Ecuador—, lo que ocasionó, para siempre, la ruptura de la amistad entre García Moreno y Moncayo.

Los espías del teniente coronel Salazar, mientras tanto, habían interceptado una carta escrita por García Moreno desde Paita a su cuñado Roberto, en la que decía: "Nada tema por mí; gozo de salud; sólo mi alma está enferma; pero no abatida ni desalentada porque cree y espera en Dios. Él está conmigo y sus designios se cumplirán".

Acuciosos los investigadores, descubrieron también una carta escrita por el colombiano Mosquera a su par peruano, a propósito de la pretendida repartición del territorio ecuatoriano: "Algunos han creído que la existencia de esa pequeña nación de Ecuador era necesaria para la confederación granadina y el Perú [...] yo juzgo lo contrario. Nuestros límites y los de ustedes se deben tocar". Por su parte, el ministro peruano en Bogotá respondía al granadino en septiembre de 1859: "Yo no encuentro solución sino en la desaparición de esa nacionalidad, anexando su territorio por partes a los estados vecinos, que ella daña con su existencia…"

En aquellos días se tramaba de forma reservada la firma del protocolo Mosquera Zelaya, entre los Gobiernos peruano y colombiano, por el cual se establecía: "1. El Perú proporcionará fusiles, carabinas y artillería a Mosquera. 2. El Perú pondría 50,000 pesos a disposición de Mosquera. 3. Mosquera propondría la separación del Cauca, anexando parte del Ecuador, excepto las provincias de Guayaquil, Manabí y Loja, que deberán hacer parte del Perú".

Mientras ocurría la gravísima crisis que podía acabar con la existencia del Ecuador como República —y que finalmente no se concretó por oposición de las potencias europeas—, varios partidarios de García Moreno, convertido en héroe por obra de su apresamiento y destierro al Perú, salían a las calles de Quito, cada vez en mayor número y con mayor violencia, y creaban el caos en la ciudad debilitada por la ausencia de su gobierno (Robles en Guayaquil, Carrión, esos días, en Cuenca), y vulnerable por la escasez de las fuerzas militares gobiernistas, que en su gran mayoría se encontraban en Guayaquil prestos a defender al país de la inminente invasión peruana. La revuelta de los partidarios de García Moreno contra el presidente Robles fue tan violenta e incontrolable, que el 1 de mayo desconocieron su Gobierno y una Junta de Notables (mangoneada por Roberto Ascázubi, el cuñado) proclamó un "Gobierno provisorio" integrado por el vicepresidente Carrión (en representación de la legítima sucesión constitucional), García Moreno (por parte de la Iglesia) y Pacífico Chiriboga (en nombre de los terratenientes de la Sierra).

La situación es terrible, pensó el teniente coronel Salazar, pues si el Gobierno provisorio integrado por el Triunvirato se consolida, García Moreno llegará al poder, manejará el país con su inquebrantable voluntad, con su incansable energía, con su mano de hierro, pero también, con el envío al patíbulo a sus enemigos, con la persecución a sus opositores, con la venganza hacia sus detractores. Nervioso y atemorizado, Salazar pidió con urgencia a sus perros de presa que aumentaran sus esfuerzos, que actuasen como brujas adivinas, que averiguaran no sólo lo que esos momentos ocurría, sino también lo que iba a ocurrir. Las primeras informaciones que Salazar recibió de sus pesquisas evidenciaban que los acontecimientos eran cada vez más graves: cuando cinco días más tarde del golpe contra el presidente Robles (y la conformación del Triunvirato) había llegado a Cuenca esta noticia, el vicepresidente Carrión, que permanecía en esa ciudad, se había declarado en ejercicio del poder como legítimo sucesor del defenestrado Robles. Sin embargo de que sus pretensiones eran del todo legales, su Gobierno duró menos de veinticuatro horas, pues fue desconocido por el general Ríos que a balazo limpio lo depuso en nombre de Robles. Pero, ¿era todavía Robles el presidente?

Cuando estas novedades llegaron a oídos de García Moreno, que permanecía en Piura, se trasladó de inmediato hasta el golfo de Guayaquil y se entrevistó con el almirante Mariátegui (de las fuerzas invasoras peruanas) a quien pidió su ayuda —dinero y armas—, con la finalidad de consolidar su pretendido Gobierno. El cotilleo callejero en todo el país criticaba a García Moreno por haber recurrido a un Ejército extranjero para deponer a Robles y tomar el poder. La ambición de García Moreno no tenía límites; el fin que perseguía —el poder— justificaba según su criterio los medios de los que se valía —la ayuda del Ejército peruano—. ¿Cuál sería el precio a pagar a los peruanos por el apoyo recibido? ¿Acaso entregarles la tan codiciada Guayaquil? Luego de conferenciar con las tropas peruanas, aunque sin llegar a un acuerdo concreto, García Moreno se dirigió a Quito, donde circulaba un pasquín de sus partidarios que decía "… Nuestra causa es santa y tenemos fe que Dios la protege". Ya en la capital, fue nombrado por sus colegas triunviros, Director Supremo de Guerra. La batalla con las armas para deponer al Gobierno de Robles era para el triunviro el único recurso. Ávido de consolidar su todavía deleznable Gobierno provisorio, García Moreno articuló al apuro un ejército con unos pocos soldados con alguna experiencia, y cerca de quinientos bisoños (la mayoría indios y negros desocupados), y dirigió sus huestes hacia el sur a combatir al Gobierno de Robles. Años atrás, en 1846, García Moreno había escrito en su periódico *El Vengador*: "Por lo común, y sin razón, se cree que el uniforme, el fusil y las fornituras bastan para transformar al instante en soldados a nuestros campesinos que acaban de dejar los instrumentos de labranza". Salazar era uno de aquellos soldados que marcharon hacia el sur a derrocar a Robles —en su caso se trataba del tercer intento para deponer a un presidente, esta vez ya no junto al general Wright ni al coronel Maldonado, sino al lado del hombre al que quería ver muerto lo antes posible—. Salazar era el comandante de Artillería y, como soldado, debía cumplir —muy a su pesar, muy contra su voluntad— las órdenes de sus superiores.

La batalla contra las fuerzas del presidente Robles se dio en Tumbuco (al Sur de Guaranda). "Atacaré mañana, y mañana mismo les escribiré contándoles sobre la victoria [...] En alrededor de 16 horas el Ecuador será libre". Tras duro combate, 500 soldados de García Moreno fueron derrotados por 2000 efectivos de las fuerzas del Gobierno de Robles, capitaneadas por el general Urbina y secundado por el general Ayarza. Luego del contundente triunfo de las fuerzas de Robles, y tras la huida de García Moreno (en caballo prestado por el capitán Ignacio de Veintemilla, que años más tarde sería dictador por largos años), el general Urbina se dirigió hacia Quito en busca de los "sediciosos" partidarios del triunviro García Moreno, desde entonces motejado, en tono sarcástico, como el "Héroe de Tumbuco". En junio de ese año, Urbina recobró la capital —y la Sierra Central— sin disparar un solo tiro.

Pero García Moreno seguía en pie de lucha. Había perdido una batalla... Una persona con sus bríos no se daría por derrotado tan fácilmente. El trofeo por el que luchaba —el poder— merecía y demandaba agotar todos sus esfuerzos, pese a que declaraba: "No ambiciono ni busco el honor de mandaros: bástame la gloria de contribuir a romper el infamante yugo que ahora os abruma". Refugiado en Guayaquil, se entrevistó con el peruano mariscal Mariátegui, quien, pese a hospedarlo en su nave, no le entregó las armas que requería para continuar su lucha. Entonces, García Moreno se fue al Perú (a bordo de un barco de guerra de esa nacionalidad) a hablar directamente con el presidente, el mariscal Ramón Castilla, junto a quien, pocos días más tarde, regresó hasta la costa de Guayaquil. Nada lo detenía cuando quería lograr sus propósitos. Si tenía que pactar con el mismo demonio —con los peruanos, en este caso— lo haría sin el menor recato. No importaba que los incas hubiesen sido los ancestrales y acérrimos enemigos del Ecuador. Lo único que le importaba era llegar al poder, a cualquier costo.

A bordo de un vapor peruano, García Moreno lanzó su proclama contra el Gobierno de Robles (Julio de 1859), y defendió la presencia de las tropas extranjeras, al aducir que estaban allí, frente a las costas, "en son de amistad". "...La administración (la de Robles) más inicua, inmoral y aborrecida [...] no vaciló en provocar un rompimiento doloroso con una República vecina, hermana y amiga [...] El Gobierno peruano hizo al Ecuador la justicia de no confundirlo con sus tiranos [...] El Gobierno Provisorio [...] aprovechándose de las benévolas y amistosas disposiciones que el pueblo peruano y su leal y valeroso caudillo abrigan a favor de nuestra República [...] El Ejército y la escuadra del Perú son vuestros auxiliares, no vuestros enemigos...". ¿Cómo podía ser tan infame de aducir que la intervención peruana era santa, pura, justa, benévola, amistosa, a la par que leal y valeroso su caudillo? ¿Cómo podía García Moreno ser tan mentiroso y farsante?, se preguntaba Salazar embravecido. Al encuentro de García Moreno salió el gobernador de Guayaquil, el general Guillermo Franco —lugarteniente de Robles y Urbina, aquel que de un trabucazo despachó a Darquea cuando Maldonado y Salazar tramaban deponerlos— para dialogar y encontrar una fórmula de paz. Al no hallarla, el general Franco optó por hablar en forma directa con el peruano Castilla, con quien acordó un cese del bloqueo durante quince días, para permitir que, mientras tanto, se eligiese un nuevo gobernador que lo remplazara y, en su lugar, fuese nombrado otro de común acuerdo con García Moreno.

En aquellos días, los peruanos habían desembarcado en tierras ecuatorianas, en Mapasingue, cerca de Guayaquil, lugar considerado el más adecuado para realizar la invasión, según fuera indicado por el propio García Moreno. Este dato, el señalamiento traidor, hecho por el triunviro, del lugar apropiado para el desembarco peruano, lo obtuvo uno de los informantes de Salazar, de boca de Manuel Nicolás Corpancho, cónsul general y encargado de negocios del Perú en el Ecuador. Uno de los sabuesos de Salazar consiguió luego una carta escrita por dicho diplomático peruano en la que decía: "Si el Perú hubiese intentado alguna vez lanzarse en la vía culpable de la conquista, ninguna ocasión más propicia que la que le ofrecía el señor García Moreno, cuando invitaba al general Castilla para que tomase Guayaquil, asegurándole que con una división era bastante para conservarlo [...] Se felicitaba —García Moreno— de anunciar en su famosa proclama la próxima llegada de la expedición del Perú. Esta expedición era, sin embargo, contra su Patria, los buques en que él se alojaba estaban bloqueando los puertos de su Patria...".

A su vez, García Moreno, quien no desfallecía en su afán de luchar a toda costa por consolidarse en el poder, comenzó a armar un nuevo y mejor aprovisionado ejército para combatir al general Franco. Reclutó a un grupo de bravos mercenarios granadinos, entre quienes se destacaba Faustino Lemos Rayo, por su valentía y decisión. Salazar había conocido a Faustino Rayo durante aquellos días de 1859. Sabía que Rayo era un sujeto temible por su arrojo y fogosidad; por su violencia; por su fuerza y destreza con el machete; por su valentía y temeridad. Pronto, García Moreno admiró el valor y audacia que el granadino había demostrado en las varias batallas en que lo vio blandir su machete y desmembrar de un solo golpe la testa de sus enemigos. Luego, recordaba Salazar, cuando García Moreno fue presidente la primera vez y se dedicaba a "moralizar" a punta de látigo al país, se hacía acompañar por Rayo a perseguir a los frailes amancebados y a las mujeres y hombres adúlteros, para encontrarlos *in fraganti* y arrearlos a latigazos al calabozo. Rayo era el hombre que acompañaba a García Moreno en las tareas rudas y de confianza, en aquellas en que había que arreglar los entuertos a patadas y, si era necesario, a machetazos. Desde entonces el granadino demostró su valor y evidenció que podía arriesgar su vida en defensa de los suyos; Rayo era un hombre que podría matar en defensa de sus convicciones y sobre todo, en defensa de su dignidad.

22

Una noche, en que discutíamos sobre la forma de ejecutar el plan, notamos que Moncayo no era el de siempre: una extraña luz iluminaba su semblante; sus mejillas estaban más coloradas que de costumbre y un atisbo de sonrisa se dibujaba en la comisura de sus labios. Era el mismo sagaz y reflexivo, pero, además, era otro. Polanco, Andrade y Cornejo hablaban mientras Moncayo callaba y meditaba; era evidente que algo se traía entre manos. Tras escuchar en silencio lo que sus amigos conversaban, finalmente Moncayo habló:

—Tenemos claro que queremos libertar de la dictadura al pueblo del Ecuador. No hay discusión en ello. Algunos pugnan por una vía; otros, yo soy uno de ellos, bregamos por otra distinta. Entretanto el tiempo pasa y aumentan las posibilidades de ser descubiertos por la maquinaria de espionaje del Gobierno, y si eso sucede, el tirano nos fusilaría sin dudar un segundo. Debemos descartar completamente la idea de apoyar los planes del coronel Polanco, pues, retirado como está del Ejército, al haber sido destituido, ha perdido fuerza e influencia en la tropa, y no ha logrado el apoyo que buscaba. Frente a esta situación he meditado en una fórmula que se aviene a las dos alternativas, y que surgió del encuentro feliz con una bella dama. Porque cuando el destino quiere que las cosas ocurran, los hechos se confabulan para ello. No es casual que las nubes se encuentren y caiga la lluvia. Voy a hacerles una propuesta audaz, que concilia los dos caminos que aquí se discuten, e imploro que la consideren en forma muy detenida, antes de aceptarla o desecharla—. Moncayo, como buen jesuita que fue, estudió con escrupulosidad a los filósofos deterministas. Creía en las leyes inmutables, "Un peral no puede dar manzanas". Sostenía que la casualidad no existe. Citaba a Leucipo: "Ninguna cosa surge en vano, sino todo por causa y forzosa necesidad".

—El destino está de nuestro lado —agregó el "Colorado" en tono profético—. Puedo involucrar en la conjura a un militar que tiene 500 soldados bajo su mando—. Moncayo hizo un corto silencio. Todos lo mirábamos con mucha atención. Luego prosiguió:

—La propuesta es conjugar los dos planes: nosotros intervenimos, tomamos acción, lo hacemos, y los militares nos apoyan. Yo quiero hacerlo con mis manos; Andrade quiere hacerlo con sus manos. Lo haremos sí, pero los militares nos darán su respaldo. Si ustedes, compañeros, juzgan que la propuesta es factible y aceptan la intervención militar, no para hacer lo que Andrade y yo queremos hacer, sino para asegurar y resguardar que las cosas ocurran de modo que nos sean favorables, seguiría adelante en las conversaciones con la dama, y luego veríamos si nos resulta conveniente la forma como los soldados apoyarían nuestro propósito.

Todos quisimos hablar a la vez, y lo hicimos:

—¿Quién es el militar, quién es la dama, en qué consiste el apoyo de los militares, qué grado de confianza podemos tener en el milico, cómo podemos confiar en su palabra, cómo saber que no nos miente, cómo saber que no nos traicionará?

—Vamos en orden, muchachos —continuó Moncayo—. Cuando era cura conocí al padre José Terrazas. Ahora funge de racionero en El Sagrario. Lo conozco bien, es más republicano que monárquico; detesta al tirano; es un tipo confiable. Su hermana, Juanita, también es mi amiga desde hace algún tiempo y también lo es del comandante Francisco Sánchez. Hizo una pausa, se rascó la barba colorada, escrutó la mirada de sus compañeros; luego, prosiguió.

— Sánchez es el jefe del regimiento número uno, el que queda al lado del palacio de Gobierno. Hace unos días le conté a Juanita, por la confianza que le tengo, que hay una conspiración en marcha. ¡Calma, calma! No le di ningún detalle, ningún nombre, nada. Después de un par de días, Juanita me dijo que había contado al comandante Sánchez que había una conspiración, y que entonces este le expresó que podría apoyar al complot con los 500 hombres que están bajo sus órdenes.

Otra vez hablamos, vociferamos todos al unísono:

—¿Quién es Juanita para confiar en ella, quién es Sánchez para confiar en él, por qué Sánchez quiere apoyar a la conspiración, qué intereses tiene Sánchez, cómo podemos saber si Sánchez nos traiciona?

Luego del rebullicio, Polanco tomó la palabra:

—Ustedes saben que yo también fui cura y, asimismo, saben que los detesto porque los conozco. No confío en ellos; son mentirosos, hipócritas, traidores. Además, huelen a culo sucio, percudido, irredimible.

Se escucharon unas risas, luego de lo cual prosiguió.

—Yo no conozco al cura José Terrazas; sin embargo, el tema no es con el fraile, sino con su hermana, a quien conozco. Ella es una joven muy atractiva, muy guapa, y a pesar de conocerla poco, puedo decir, más por intuición que por razón, que sí confío en ella.

Enseguida Andrade habló de este modo:

—El tema es confianza. Yo confío en todos ustedes, y ustedes confían en mí, por eso podemos hablar la verdad y por eso también estamos juntos a bordo del mismo barco que navega hacia el puerto que hemos acordado: ¡la libertad! Sin la confianza recíproca y ciega, sería imposible llegar a ningún lado. Por lo que han dicho Moncayo y Polanco, debemos confiar en Juanita. Pero, sobre todo, debemos aquilatar a Sánchez, para ver si podemos confiar en él. Ahora, compañeros, el tiempo apremia. Propongo que, sin más dilatorias, mañana, Moncayo contacte a Juanita y vuelva a decirle, sin darle ningún detalle, que hay una conspiración en marcha, y que entonces le pida que vaya donde Sánchez y le pregunte si, en efecto, él querría comprometerse junto a sus hombres. Yo creo que con la respuesta que dé el comandante Sánchez, podremos tener un primer indicio que nos permita darnos cuenta de si es o no un lobo disfrazado de oveja, o un demonio en sotanas, que es lo mismo. ¿Qué les parece?

Todos estuvimos de acuerdo. El plan para acabar con la vida del tirano tomaba forma. El tiempo corría, ya estábamos a mediados de junio, apenas teníamos dos meses para asestar el porrazo. Nos apoyaríamos en la fuerza de las armas —las de Sánchez— para asegurar el golpe. Era de vida o muerte aquilatar la confiabilidad del tal comandante, a quien nadie conocía con excepción de Juanita, la amiga de Moncayo.

Al día siguiente se realizó el encuentro de Moncayo con Juanita, y luego, de ella con Sánchez. Después de este último encuentro, Juanita le dijo a Moncayo que el comandante se había ratificado en lo dicho, es decir, que se incorporaría a la conspiración el momento de los hechos y al mando de sus 500 hombres, y había añadido que no necesitaba que le dijeran los nombres de los complotados, que bastaría con que él hablase con uno de ellos para definir los detalles. (Sánchez no necesitaba conocer los nombres; su padre, el general Salazar, los sabía de memoria).

Por la noche nos volvimos a reunir en la habitación de Andrade. Moncayo contó lo dicho por Juanita, tras su conversación con el comandante:

—Lo dicho por Sánchez me genera confianza. El comandante promete apoyarnos con 500 hombres. Nos corresponde ahora determinar en qué deberá consistir ese apoyo. También me da confianza, y mucha, el hecho de que no quiera saber nuestros nombres. Por lo menos eso nos garantiza que si no nos apoya, al menos no podrá delatarnos. Propongo que sea Jorge Bueno quien hable con Sánchez, pues Bueno es miembro del partido liberal, es un hombre de entera confianza de todos nosotros, por lo que creo es el hombre indicado. Además, es concuñado de Polanco, ¿verdad "Querubín"?

—Sí, es mi concuñado, pero más allá del parentesco, es hombre de confianza e inteligente. Mañana a primera hora hablaré con él. Respecto a Sánchez, todavía no estoy muy seguro, necesito… cómo decirlo… necesito olisquearlo para indagar sobre su naturaleza. ¡Cornejo, no te rías, hombre, no jodas!, tú no entiendes de estas cosas, eres muy niño y además, —agregó mientras sonreía— ¡eres un provinciano cualquiera!

23

El todavía presidente Robles, que naufragaba en medio de la lucha entre Franco y García Moreno, y estaba amenazado por la presencia de las tropas peruanas, fue autorizado por el Congreso para trasladar la capital a Riobamba, para desde allí afrontar la crisis, y también, a negociar un préstamo para el pago de la deuda inglesa.   El "abandono" de Quito fue aprovechado por los partidarios de García Moreno, que alentaron mayores y más radicales levantamientos armados en su favor. Las revueltas recrudecieron a tal extremo, que los rebeldes, ahora con el apoyo de los mercenarios colombianos recién llegados, tomaron nuevamente el poder en la capital, en nombre de los triunviros integrantes del Gobierno provisorio. Ante el triunfo de los rebeldes en Quito, y el caos —la guerra civil— que vivía el país, el presidente Robles renunció y partió al exilio a Chile. También abandonó el país el hombre fuerte del Gobierno y expresidente de la República, el general José María Urbina quien, al salir, dejó una proclama que instaba al pueblo a apoyar a Franco contra García Moreno y los peruanos.

El general Urbina gravitó en los sucesos históricos del Ecuador durante más de cinco décadas: desde antes de la Independencia, en que combatió junto a Flores, hasta los funestos años del dictador Veintemilla. Fue jefe supremo de 1850 a 1852, y presidente, de 1852 a 1856. Una vez separado del poder tras caer junto a Robles, pretendió derrocar a García Moreno una y mil veces. Durante los años 62, 63 y 64, en que García Moreno fue presidente, Urbina, expatriado en el Perú, realizó múltiples intentos de tomarse Guayaquil, para desde allí desestabilizar al Gobierno y deponerlo. En 1865, realizó una nueva tentativa, esta vez de la mano de Robles, que terminó con la masacre en la isla de Jambelí. Durante la segunda presidencia de García Moreno, en el año 71, algunos liberales, entre ellos los hermanos de Eloy Alfaro, se tomaron Montecristi y proclamaron a Urbina jefe supremo. La revuelta fue aplastada y no prosperó; no obstante, el hecho ratificó su preeminencia dentro de aquella facción política. Urbina permaneció confinado hasta 1876, año en que regresó al país después de la muerte de García Moreno. A su retorno, fue nombrado jefe del Estado Mayor del Ejército por el entonces jefe supremo, el general Ignacio de Veintemilla, quien había dado un golpe contra Antonio Borrero, asumido el Gobierno y proclamado la "revolución liberal". En 1878, Urbina se retiró de la vida política, en un momento en que tenía gran ascendiente en el Ejército y entre los liberales ecuatorianos. Murió en el año de 1891.

Al enterarse de las renuncias del presidente Robles y del general Urbina, y de su salida del país, el general Guillermo Franco se proclamó jefe supremo, en Guayaquil. El país, en esos momentos, tenía cuatro personas que pretendían gobernarlo: Franco, en Guayaquil; el Gobierno provisorio con García Moreno, en Quito; Jerónimo Carrión, en Cuenca, y Manuel Carrión, en Loja. El 24 de agosto, los espías del teniente coronel Salazar interceptaron una carta escrita por García Moreno y dirigida a su mujer, que decía: "...Lo que hay de positivo es que Franco le ha dado al Gobierno el golpe mortal". Más adelante agregaba: "...Yo por honor no debo mandar después de haber solicitado para libertar el país el auxilio peruano".

La lucha por el poder sería encarnizada. Si bien Jerónimo y Manuel Carrión, en sus respectivas comarcas, no tenían los recursos económicos para armar un ejército que pudiese luchar por el mando, en cambio Franco y García Moreno sí disponían de los medios para hacerlo y, además, contaban con la ambición y la voluntad para lograrlo.

24

Luego de un viaje de dos semanas a lomo de mula, había llegado a Quito. Me contó que todo le había impresionado a sus escasos quince años de edad. La ciudad, situada en las faldas del volcán Pichincha, estaba confinada entre montañas, arboledas y barrancos profundos. Decenas de enormes iglesias y conventos se erguían rodeados de casas de adobe con balcones de hierro forjado, adornados con macetas pobladas por geranios multicolores. Por sus calles empinadas, empedradas y con olor a orines, corrían cuatro riachuelos, a la par que serpenteaban, impúdicas, las acequias de aguas servidas. Había mucha basura en las calles y mucho estiércol fresco de vacas, burros, cabras y perros que andaban por las vías con más prosa que la frailería. Pronto averiguaría el sagaz adolescente, que esa villa monacal era, desde la época de la colonia, un lupanar disfrazado de santidad, una ciudad plagada de cantinas y borrachos, inundada de abogados desocupados, militares traidores, frailes libidinosos, monjas resignadas, y fingidas beatas envueltas en negras mantas. Pronto descubriría que la capital, al igual que todo el país, estaba atiborrada de gente paupérrima e ignorante, y que cuatro gatos presumidos, idiotas y blancuzcos, desdeñaban a mil gatos pardos, a quienes tildaban de "cholos". Pronto escucharía el repicar de las campanas y vería el revoloteo de las tórtolas espantadas; pronto sentiría al sol tormentoso sobre su cabeza, y percibiría el olor a pan fresco, a incienso, a excrementos, a señoritas empolvadas, a petimetres perfumados y a leche recién ordeñada.

La ciudad de Quito tenía cerca de cuarenta mil habitantes. Por sus callejuelas circulaban unas pocas carretas tiradas por mulas o caballos. El alumbrado público provisto por lámparas de kerosene o aceite de ballena apenas desvanecía la oscuridad de las frías noches. El vómito prieto o fiebre amarilla era parte de la rutina, como también lo eran las borracheras y jolgorios libidinosos que en forma soterrada practicaba cada cual con los suyos, inclusive curas y monjas. La gente fingía la virtud que no tenía; aparentaba santidad, cuando de verdad, por detrás y a escondidas, daban rienda suelta a sus instintos profanos. La hipocresía se toleraba y alentaba, era la norma de comportamiento; todos debían mostrar su rostro limpio y esconder sus trastes sucios. La libertad, la franqueza y la desenvoltura, como pautas de conducta, eran condenadas. En

Quito, y también en las ciudades de la Sierra —aunque no tanto en la Costa donde las costumbres eran más laxas y los individuos menos farsantes—, la gente se hacía la idiota frente a esa mascarada general, frente a esa gran farsa que imperaba. Salvo contadas excepciones, todo el mundo se acostaba con todo el mundo, tal vez como una forma de ayudarse a sobrellevar la pesada carga de su vida vacía y aburrida.

En esa ciudad y en ese ambiente creció el futuro presidente. La soledad, la tristeza y la desadaptación que sintió al llegar a Quito, me contaba, lo llevaron a encerrarse en sí mismo y en sus estudios, tal como lo había hecho en su niñez, cuando vivía en su casa materna en Guayaquil. Al terminar el colegio y tras desistir de tomar los hábitos, entró a la Universidad a estudiar Derecho. Brilló y deslumbró por su gran inteligencia y excepcional memoria. Pero, me decía, sentía en mi piel, sobre todo en las noches frías y en las madrugadas heladas, el apremio vital que exigía saciar mi instinto irrefrenable. Una noche en que estaba encerrado en medio de sus libros de leyes sintió una vez más el llamado irrecusable de la pasión. Ya no podía más. Su apetito carnal exigía satisfacción. Dejó a un lado libros y morales, Santo Tomás y San Ignacio, prejuicios y temores, y acudió al llamado. Ya había escuchado de los placeres que encontraría en la cantina de la quebrada de Jerusalén, a donde se dirigió a paso rápido y decidido, tal como eran sus habituales zancadas. El ambiente de aguardiente y de parranda en el que pululaban las negras y las mulatas curvilíneas, sonrientes, provocativas y desvergonzadas, lo llevó en menos de lo que pisa un gallo a saciar sus hambres atrasadas con gran satisfacción y deleite. Y lo mejor, sin culpa alguna. Al regresar a su habitación, en horas de la madrugada, sintió un gran alivio. Es usual en los muchachos saciar sus instintos carnales mediante la visita a las señoritas que se ganan el pan con el sudor de su cuerpo. Como sus noviecitas "decentes" no atienden sus hambres, les toca almorzar en cualquier fonda. El joven Gabriel acudía a la cantina de la quebrada de Jerusalén con la poquísima frecuencia que sus escasos ahorros permitían. Al sentir el hambre que sólo ese alimento puede saciar, y al no tener los medios para procurárselo, se refugiaba en sus estudios para distraer a sus fantasmas.

Frente a la complejidad de su espíritu y frente a sus pasiones incontrolables, me pregunto con frecuencia ¿quién realmente era ese hombre grande y terrible? Tengo muchas imágenes dispersas, como las piezas de un rompecabezas desarmado: lo veo vestido con su eterno traje negro y su camisa blanca de lino; con su sombrero de copa y el bastón en su diestra. Veo su permanente gesto adusto, pensativo, escudriñador. Lo veo y lo escucho exclamar una de sus frases que más repetía: "Mis enemigos están en el deber de matarme, porque de lo contrario, los extermino". Lo veo recibir de sus cuñadas, a la muerte de su primera mujer, una carretilla con una nota que decía "Aquí está su ropa vieja, calzoncillos, zapatos y pantalones, a título de devolución del caudal que aportó a su matrimonio". Lo veo cargar la cruz, él mismo, como Cristo, soportar por las calles el madero en la procesión de Semana Santa, mientras, piadoso, declama: … Señora, abogada nuestra, vuelve a nosotros esos tus ojos misericordiosos, y después de este destierro muéstranos a Jesús, fruto bendito de tu vientre… Lo veo en su habitación, junto a su reclinatorio y un crucifijo tallado por el maestro Caspicara, acompañado de algunos objetos: varios libros, incluso algunos de los prohibidos por el *Syllabus* de Pío IX; un relicario, un incensario, una portapaz; y también un despabilador y una palmatoria repujados, de bronce. Lo veo con Marianita, su segunda esposa, gozar su cuerpo de niña, besar su busto exuberante, buscar afanoso el tiempo perdido al lado de doña Rosita. Lo veo, feliz y dichoso, inaugurar el Observatorio Astronómico, el Conservatorio de Música, la Escuela Politécnica, el Panóptico, "una penitenciaría imponente y grandiosa". Lo veo iniciar los primeros tramos del camino de Quito a Guayaquil y colocar los primeros durmientes del ferrocarril a la Costa. Lo veo, junto a Flores, entrar victoriosos a Guayaquil, tras derrotar a Franco. Lo veo ordenar el fusilamiento de los seguidores de Urbina. Lo veo recibir en sus manos y cabeza los catorce machetazos que le asestó Faustino. Lo veo en el taller, esa tarde de lluvia en que, por vez primera, acarició todo mi cuerpo con su mirada. Lo veo bajar del caballo tras largo viaje y echarse en el suelo y revolcarse junto con las mulas y los perros. Lo veo beber sus propios orines. Lo veo entre las ruinas del terremoto de Imbabura, calmando a las personas que se aplicaban "disciplinas" para mortificar la carne y ahuyentar a los demonios, y así evitar que el castigo y la ira de Dios cayesen otra vez sobre sus hombros. Lo veo en la cima del poder; pero está solo, alejado del mundo. Lo veo de niño, con sus ojos tristes, con pánico al látigo materno, con tristeza por la indiferencia paterna. Lo veo y lo escucho decir "Vayan y digan al arzobispo Checa que algún día ha de morir envenenado como un perro". Y de esa manera, envenenado, murió hace varios años el arzobispo Checa y Barba, luego de haber celebrado su última ceremonia religiosa, aquella en que bebió la ponzoña disimulada en la Sangre de Cristo.

25

El Ecuador se hallaba convulsionado y dividido: en Quito regía el Gobierno provisorio integrado por García Moreno, Avilés y Gómez de la Torre; en tanto que en Guayaquil, lo hacía el autoproclamado jefe supremo, general Guillermo Franco. A inicios de 1860, el presidente peruano, que hábilmente mantenía conversaciones con los dos caudillos, había entregado armas a García Moreno para que continuara su lucha por el poder. Sin embargo, el mandatario peruano lo tildó de "diplomático de aldea" y "pécora", cuando el triunviro pretendió imponer en forma soberbia sus pretensiones de obtener su respaldo. Entretanto, el ejército de Robles y Urbina, una vez defenestrados, se había desbandado: unos batallones se juntaron al general Franco; otros, a García Moreno, y otros permanecieron en el limbo, en espera de apoyar al más fuerte, al eventual triunfador de la contienda. Ese era el caso del teniente coronel Salazar, comandante del batallón Pichincha, localizado en Riobamba, que tenía bajo su mando a cerca de 400 hombres, entre quienes se encontraba el comandante José Antonio Polanco. Junto a él y a otros soldados decidió esperar hasta vislumbrar   a favor de quién se resolvía la situación —García Moreno o Franco—, para entonces sí acoplarse al mando que fuese conveniente. Salazar conocía la ventaja de que Riobamba estuviese a medio camino entre Guayaquil y Quito, por lo que decidió despachar a dos comandos de sabuesos, uno a Quito y otro a Guayaquil, con la consigna secreta de averiguar de qué lado se inclinaría la balanza. Pensaba que la lucha entre García Moreno y Franco sería inevitable, pues ambos codiciaban el trono vacante. La oportunidad de hacerse con el Gobierno de la República era única, irrepetible, pues la Presidencia estaba libre y disponible, a merced del más fuerte, del más audaz, del más valiente...

La espera por noticias fue angustiante. Pasaron seis o siete días —no paraba de llover y hacía un frío endemoniado—, hasta que los espías de Salazar regresaron con novedades: García Moreno se aprestaba a viajar a Guayaquil a buscar un acuerdo con Franco. Su viaje lo haría en esos días y solamente acompañado por una cuadrilla de soldados y un par de guías. En cuanto Salazar escuchó la noticia del viaje —el triunviro debía necesariamente pasar por Riobamba donde él estaba—, sintió que algo dentro de sí despertaba. Algo que dormía en espera del momento oportuno. Algo que probablemente brotó el instante mismo en que había conocido a García Moreno. Entonces fue la primera vez que pensó seriamente en acabar con esa incómoda y permanente sensación de amenaza que había sentido desde que lo conoció, y que no lo dejaba vivir en paz. Sería fácil tenderle una emboscada. Pero debía hacerlo sin delatarse; sabía que su enemigo tenía poderosos aliados que, en caso de ser eliminado, perseguirían a sus asesinos para vengarse de ellos y derramar su sangre. Sus amigos poderosos eran su familia y sus allegados, es decir, los terratenientes de la Sierra ecuatoriana junto a todo su dinero, y los jesuitas. Nada más y nada menos que esas dos legiones que, por cierto, en esos días lo apoyaban con toda la fuerza de sus recursos monetarios... y celestiales.

Una vez madurado el plan para dar caza a García Moreno, Salazar tomó las siguientes medidas: primero, ordenó que algunos hombres vigilaran el trayecto a lo largo del camino entre Quito y

Riobamba, por donde debía pasar obligatoriamente hacia Guayaquil, y que le informaran de cualquier novedad. Segundo, averiguó y determinó cuál sería el lugar y el momento adecuado para tender la emboscada. Tercero, estableció que el teniente Teodomiro Palacios fuese el alfil que podía sacrificar para hacer el jaque mate.

Cuando, pocos días más tarde, Salazar supo que su presa se acercaba, pues por la mañana iba ya por el camino de Latacunga hacia Ambato, mandó a su encuentro al teniente Palacios, quien había sido previamente informado de su misión y advertido —amenazado— de su absoluta confidencialidad. Palacios, sin delatar órdenes de quién recibía, daría el golpe en un encañonado cercano a Riobamba, a dos leguas de un caserío abandonado, donde, si resultaba vivo, lo llevaría preso para ajusticiarlo.

Para evitar sospechas sobre su participación en la cacería, Salazar permaneció todo el día en el regimiento. La misión encomendada a Palacios no podía fallar; había tomado todas las precauciones para dar un golpe certero sin que él fuese identificado. Debía acabar con García Moreno cuya fuerza y poder aumentaba día a día. Si este llegaba al poder, pensaba, haría un gobierno implacable, como lo había demostrado en su breve paso por la gobernación de Guayaquil, y como también lo había evidenciado en la serie de revueltas que promovió en Quito para deponer a Robles.

Ya había atardecido —el frío mordía los huesos—, cuando llegaron hasta el regimiento dos hombres de las huestes del teniente Palacios, quienes traían noticias de la emboscada. Ansioso salió Salazar a su encuentro; los mensajeros le informaron que tras una corta refriega en que los escoltas heridos habían huido, la presa había sido capturada sana y salva y que estaba bajo resguardo. Al amanecer, luego de recibir los últimos óleos, sería pasado por las armas.

Aquella noche Salazar durmió en paz, con aquella mansa y tibia paz que otrora tenía su vida, y que había perdido años atrás al conocer la mano de hierro de García Moreno. A medida que se acercaba la hora de fusilarlo, sentía cada vez con mayor intensidad que, a partir de su desaparición de la faz de la Tierra, se abriría un nuevo horizonte en su vida. Podría vivir sin ese temor, se decía, sin ese desasosiego que lo atormentaba todo el día. Había llegado el momento tan esperado de vengarse de su verdugo, de aquel maldito que le había jodido la vida cuando lo condenó al horroroso destierro. Terminaría, al fin, con el tipejo aquel a quien tanto envidiaba; su desaparición dejaría libre el espacio que ocupaba y que impedía su ascenso al poder, que también anhelaba. En ese momento no le importaba si, tras la muerte de García Moreno, el general Franco se hacía con el Gobierno o si algún otro caudillo de Cuenca o Loja entraba en la contienda por el poder. Eso era lo de menos. Ya llegaría su hora. Esperaría. Lo único que le importaba era recobrar la paz, volver a vivir sin esa angustia permanente que su sola presencia le causaba. Se acostó a dormir y lo hizo de un solo lado; entre sueños esperaba que muy pronto cantasen los gallos y anunciaran el nuevo día.

Despertó Salazar muy temprano; hacía mucho frío pero estaba feliz; se sentía rebosante de dicha, el Chimborazo lucía espléndido con su cumbre nevada. ¡Ah, la vida, qué bella puede ser!, se decía. En cuanto salió el sol y cantaban los pájaros, pensó que en esos mismos instantes, a pocas leguas del regimiento, el teniente Palacios habría pronunciado las tres mágicas y maravillosas palabras: apunten, disparen, fuego. Y listo. Habría desaparecido el dragón que echaba fuego por sus fauces. Abracadabra ¡y ya está! Desapareció. Así de fácil. Al desayuno, junto con una taza grande de café con leche, comió doble ración de pan recién horneado, con abundante nata y dulce de moras. Luego de dar una vuelta por el cuartel y comprobar que todo estaba en orden, y cuando se disponía a realizar unos ejercicios de tiro al blanco, escuchó los cascos de una patrulla que venía al galope. El apuro con el que venían era una señal inequívoca de que algo grave había pasado. Era cierto. Con el minucioso relato que le hizo el subteniente Morán, segundo en el mando luego del teniente Palacios, reconstruyó como habían pasado las cosas: la celada había sorprendido a García Moreno en un encañonado donde era imposible huir o presentar combate; simplemente, había que rendirse o morir allí mismo, bajo el fuego cruzado. Luego de la balacera, tres o cuatro de sus guardias yacían en el suelo y otros tres habían logrado escapar. Él, sin embargo, había sido capturado. Con las manos atadas a su espalda, no podía identificar con toda seguridad a qué bando pertenecía la cuadrilla de soldados que lo llevaba a un lugar desconocido, pero sospechaba que sería parte de las fuerzas de su principal contendiente, el general Franco, contra quien luchaba por conseguir el poder. Tras proferir alaridos destemplados y echar chispas, exigió al teniente Palacios, jefe de la cuadrilla, que le informara quién era su comandante pues necesitaba hablar con él y demandarle su inmediata libertad. Pero Palacios, amenazado de muerte por su jefe si lo delataba, guardó silencio y no dijo nada.

El triunviro y director supremo de guerra —guerra que libraba para tomar para sí el poder— permanecía encerrado en una casucha oscura, húmeda, con piso de tierra, paredes de adobe y techo de paja, ubicada a las afueras de Riobamba, en un caserío llamado Guasuntos, cerca del helado páramo del volcán Chimborazo. Muerto de frío y con las manos atadas, incomunicado y en tinieblas —la choza apenas tenía una pequeña ventana por donde entraban las gallinas a buscar refugio pues ya caía la tarde—, caminaba de un lado a otro mientras tramaba su fuga. Repasó cómo era el lugar donde estaba, cuántas casuchas había visto y dónde estaban ubicadas; calculó cuántos soldados compondrían la cuadrilla; recordó que un guardia que tenía un ojo tuerto y que no dejaba de medio mirarlo, fue quien amarró sus manos con una soga que ahora sentía que lastimaba sus muñecas; recordó también que, una vez encerrado, escuchó que una aldaba de metal aseguraba la puerta. Había sido despojado de su espada, de un revólver y de unas monedas de oro que llevaba en sus bolsillos. Su único pensamiento era escapar, sabía que si no fugaba sería fusilado. La ventana de la choza era tan sólo un orificio pequeño donde apenas cabían un par de gallinas; además, estaba muy alta, cerca de la cubierta, siquiera a dos brazos sobre su cabeza, de modo que le resultaba inalcanzable. La casucha era muy pequeña, tal vez de tres por cuatro metros; en un rincón había unas pocas matas de alfalfa, acaso para los cuyes y conejos que solían criar los indios de la zona.

El único modo de salir sería por donde había entrado, por la puerta. García Moreno apoyó su cuerpo contra las tablas, a ver si cedían un poco, pero enseguida sintió el escollo de la aldaba. El pequeño golpe que al apoyarse había dado su cuerpo contra la puerta, alertó al guardia que, sin que él lo hubiese advertido, permanecía afuera, en su custodia. Se sorprendió al escuchar al guardia decirle, doctor García Moreno, aléjese de la puerta. Su sorpresa fue doble, porque no sólo pensaba que tras la puerta no habría nadie, sino porque se dio cuenta de que el guardia conocía su nombre, lo cual era una circunstancia que podría aprovechar. Apoyó su oreja en la puerta para ver si percibía algún ruido; tal vez habría otro guardia allí mismo o cerca. Para su grata sorpresa, sólo escuchó, a lo lejos, el jolgorio de los soldados que, como era costumbre, bebían aguardiente hasta emborracharse como salvajes, antes de caer desplomados hasta el día siguiente. El frío del páramo había obligado a los soldados a refugiarse, todos juntos y calientitos, en una amplia casa que quedaba a setenta u ochenta pasos de donde él estaba, y en la que dormirían después de trastornarse el suficiente "guarapo" para pasar la helada noche. Concluyó, así mismo, que había solamente un guardia frente a su puerta y, lo más probable, que estaría armado. Debía encontrar la forma de escapar lo antes posible.

El frío arreciaba. El viento se colaba por las rendijas. Sabía que si no escapaba esa misma noche no viviría para ver el amanecer, pues había escuchado al oficial al mando decir a un grupo de soldados que tuviesen listo el patíbulo antes del alba. Todos esos años había luchado por llegar al poder, a la única cima que daría sentido a su vida; en los últimos meses se había acercado a su meta, era él quien presidía el Triunvirato tras la caída de Robles; bastaba triunfar sobre Franco para consolidar su gobierno en todo el país, de modo que no podía perder esa madrugada, frente al paredón, todo lo que había ganado con tanto denuedo durante todos esos años. Calculó que ya habrían transcurrido al menos cuatro horas de su encierro. Se acercó a la puerta, pegó su oreja a las tablas, contuvo la respiración y, tras unos segundos de atenta escucha ya no percibió la jarana de los soldados. Ya borrachos, estarían dormidos. Entonces, dio a la puerta cinco o seis golpes, fuertes y decididos, como quien llama con suma urgencia.

—¿Sí, qué pasa? —escuchó decir al otro lado.

—Ábrame la puerta este momento que necesito salir. Le recuerdo que soy el presidente del Triunvirato que rige el país, y al cual usted debe obediencia. ¡Hágalo ahora! —dijo en voz alta, firme y decidida.

—Doctor García, tengo órdenes de mantenerlo encerrado —balbuceó el guardia con voz temblorosa.

—¡Ni sí, ni no; aquí mando yo! —dijo en tono aún más imperativo—. Ábrame la puerta, estoy con las manos amarradas; sólo necesito salir un momento y hacer mis necesidades. ¡Usted me abre la puerta este momento, es una orden, no puedo ensuciar aquí mismo!

Pasaron cuatro segundos cuando escuchó que el guardia corría la aldaba de hierro. Ese mismo instante empujó la puerta con toda la fuerza de una de sus piernas, de modo que el soldado recibió el portazo y cayó al suelo. Enseguida, García Moreno tomó la carabina que había caído a dos pasos del guardia, apuntó en su pecho y le exigió silencio si no, lo mataría. Miró en medio de la oscuridad de la noche estrellada: no había nadie por ningún lado. De inmediato ordenó al guardia que lo condujese hasta donde estaban los caballos; le dijo que ensillara a un pardo, que incluso de noche y con escasa luz, se distinguía que tenía muy buena pinta. Una vez que el jamelgo estuvo listo, asestó un culatazo en la nuca al soldado, montó y se fue sin dejar un solo momento de avizorar la dirección de las estrellas, la "Cruz del Sur" que titilaba a lo lejos.

García Moreno había logrado cortar hilo a hilo la soga que amarraba sus manos a la espalda. Por fortuna, la cara posterior de la aldaba que trancaba la puerta, ofrecía hacia el interior de la choza un borde afilado y herrumbroso contra el cual frotó y frotó la soga, poco a poco y sin hacer mayor ruido, hasta que logró romperla sin lastimar sus manos. Una vez desatado, esperó que cesara el ruido de la jarana que provenía de la casona para arremeter contra el soldado.

Cabalgó en medio de la noche. Seguía la huella dibujada en la alfombra verde del páramo que las estrellas tímidamente alumbraban; quería llegar hasta Calpi, donde sabía que encontraría algunos partidarios suyos, armados y listos para apoyarlo en su intento de consolidar el Triunvirato. Tras un par de horas de galope sostenido llegó a Calpi; allí logró reunir a catorce partidarios —reclutados con la ayuda del cura párroco—; constató que las tropas enemigas —creyó que serían de Franco, no sospechaba ni de lejos que eran de Salazar— habían saqueado el pueblo, y vio que muchos de ellos estaban borrachos tras los desmanes que allí habían cometido la noche anterior. Entre la tropa enemiga reconoció al teniente Palacios (aquel que lo había capturado) y al soldado tuerto que había atado sus manos la noche anterior. En cuanto García Moreno tuvo cerca a Palacios, le disparó, hirió y tomó prisionero. Una vez preso, y pese a que no podía sostenerse por las heridas recibidas y por el alcohol ingerido la noche anterior, García Moreno ordenó que lo fusilaran de inmediato. Palacios quedó muerto, sin siquiera darse plena cuenta de que en esos instantes moría, envuelto en su aturdimiento y en un charco de sangre que, aún exangüe, se resistía a creer que fuese suyo.

Mientras tanto, Salazar permanecía en Riobamba, sumido en la más profunda consternación por la huida de García Moreno. Estaba furioso, debí haber ordenado que lo mataran en el mismo momento de la emboscada, pensaba. ¡Qué contrición ni santos óleos, carajo! Consideraba que había sido un idiota al no haberlo despachado de inmediato, y esperar al amanecer, y hasta a un cura que le otorgase el pasaporte al cielo. Ahora, pensó, debía mantenerse al margen de lo que había ocurrido para no levantar sospechas que pudiesen vincularlo con los sucesos que había vivido el triunviro la noche anterior. Poco a poco crecía en su interior un temor mucho mayor y más tenebroso que el que había sentido todos esos años, pues una vez más comprobaba que García Moreno era absolutamente audaz y capaz de todo. Recordaba aquel día en que lo había visto por vez primera: la enorme fuerza que a raudales destilaba constituía una amenaza de la cual había que cuidarse, y que le obligó, desde ese mismo momento, a estar muy alerta a todo lo que él hiciese. Un impreciso aunque entonces incipiente temor le exigía no perderlo de vista un solo instante. Salazar temía su venganza. Sería un hombre muerto si García Moreno llegaba a enterarse de que el teniente Palacios cumplía sus órdenes. A fin de prevenir cualquier suceso, envió un par de sabuesos a rastrear al pájaro astuto que había escapado de la jaula.

Llegada la noche, cuando regresaron sus espías, Salazar se enteró de lo que había sucedido en Calpi: el teniente Palacios, ajusticiado, no tuvo el tiempo ni menos aún la cabeza para confesar de quién habían sido las órdenes que cumplía. García Moreno habría supuesto que Palacios sería hombre de Franco, pues el general guayaquileño era entonces su principal enemigo. De ser así, pensaba Salazar, ¡se había salvado! Muerto Palacios, quedaba el secreto solamente en conocimiento de unos pocos, el comandante José Antonio Polanco entre ellos. Es muy peligroso, pensaba, que alguien conozca mis secretos, sobre todo, ese tipo de secretos; debo cuidarme de Polanco, tal vez —titubeó ese momento— tal vez deba aniquilarlo.

Luego de ordenar que el cadáver de Palacios fuese arrojado a una quebrada, García Moreno cabalgó junto con algunos individuos armados hacia el Sur; llegó, antes de la madrugada, a un pueblo de la Sierra llamado Mocha, cerca de Ambato, donde se encontró con el campamento de unos hombres que dormían cobijados por el candor de sus sueños, y de quienes pensó que serían tropas de Franco que lo buscaban. Sin pensarlo dos veces, todavía encendido con la furia que arrastraba, arremetió contra los cuerpos dormidos: hirió a unos y mató a otros, "Tiembla el asesino cuando, al hundir el puñal en el pecho de la víctima dormida, oye retumbar la campana fatal de la agonía", pero luego se enteró de que unos y otros habían sido partidarios suyos que venían en su apoyo. ¡Qué pena!, era ya demasiado tarde, imposible recoger la sangre derramada...

Los sabuesos de Salazar, que cumplían sus órdenes y seguían la pista día y noche a García Moreno, interceptaron en Ambato el parte que sobre estas acciones dirigió a sus colegas triunviros del Gobierno provisorio (noviembre, 1859), y que decía: "Ayer por la mañana volví a Riobamba, saqueada y desolada por la revolución más vil y salvaje; y encontré al vecindario, no abatido, sino irritado y lleno de venganza. Entre los prisioneros tomados había dos oficiales, el uno el alférez Palacios y el otro el Teniente Pazos; fueron juzgados militarmente en juicio verbal, condenados a muerte, y ejecutado el primero, quedando el segundo indultado por su moderada conducta [...] Después de este acto de justicia reparadora, fui a los alrededores de San Andrés donde tomamos [...] doce prisioneros [...] Por la noche marché con los coroneles Darquea y Maldonado [...] y me preparé para sorprender en alta noche a los revoltosos bandidos que pernoctaban en Mocha. Lo conseguí, en efecto: de ochenta hombres armados sólo escaparon cinco, el resto cayeron prisioneros; entre ellos se cuentan doce heridos y un muerto: cuatro de los heridos quedan sin esperanza de vida [...] He venido aquí para tomar medidas enérgicas y aprehender o destruir las partidas de facinerosos que vayan por el lado de Píllaro [...] P.S. Los prisioneros pasan ya de doscientos".

En aquellos días, sus perros cazaron otra carta que los triunviros escribieron a García Moreno: "Nos falta el apoyo moral del Ejército peruano que nos ha sostenido hasta hoy [...] los pastusos nos faltan y llegará usted a Babahoyo sumamente débil y Ud. sabe que con el débil nadie transa,… nadie le auxilia".

Luego de la frustrada operación para eliminar a García Moreno, y tras constatar que sus fuerzas crecían, sobre todo en la Sierra, Salazar decidió regresar furtivamente a Quito, ponerse bajo las órdenes de su ejército, y pasar inadvertido bajo la sombra protectora del silencio y el disimulo para no levantar ninguna sospecha que pudiese involucrarlo en el intento de exterminar al astuto triunviro. Para disipar cualquier duda sobre su temporada en el limbo y sus acciones subrepticias en Riobamba, escribió varias cartas de apoyo a García Moreno, en las cuales le expresaba su lealtad e incondicionalidad.

26

Queríamos conocer a Sánchez, saber si era una persona confiable y, además, evaluar la seriedad de su promesa de apoyar al golpe con las tropas a su mando. Dos o tres veces intentamos, en vano, concretar una reunión para que uno de nosotros se reuniera con el comandante, hasta que, finalmente, una tarde del mes de julio de 1875, logramos definir que el "Querubín" Polanco lo hiciera ese mismo día, a las siete de la noche, en el atrio de la Catedral.

El ambiente en la ciudad era tenso, como de inminente tormenta. Se sentía que algo estaba a punto de ocurrir en cualquier momento; tal vez era cuestión de semanas, tal vez de días. Todo el mundo hablaba de lo mismo; los rumores no cesaban y la gente esperaba anhelante que sucediera de una buena vez lo que tuviese que ocurrir.

En aquellos días, mi hermano Juan Elías andaba como loco, enardecido; estaba muy nervioso y, por ello, muy irritable. Luis Felipe, me decía, la conjura demora, las cosas van muy lentas, cada minuto que pasa las posibilidades de que nos descubran aumentan. Yo le decía que si no podía mantener la calma, sería mejor que desistiera de participar en el golpe. Por cierto, se lo decía a sabiendas de que no abandonaría los planes hasta no lograr su propósito. Juan Elías era dos años menor que yo; pero era tal su exaltación, su entusiasmo, su decisión por concretar los planes contra el tirano, que muchas veces me contagiaba y me hacía perder de vista que estaban en juego nuestras vidas. En muchas ocasiones intenté disuadirlo de su participación en la conjura, pues, si algo le ocurría, me hubiera sentido responsable, por ser su hermano mayor. Él era todavía un muchacho, pero tenía las cosas muy claras. No puedo decir que era obstinado, pero sí afirmar que nunca pude convencerlo de que abandonara los planes. Yo sabía con certeza absoluta que no debíamos arriesgar nuestras vidas; ya con la muerte de Juan Borja, nuestro padre, la familia había tenido suficiente, por lo que le aconsejaba no estar en el frente de batalla, no ser carne de cañón, y tener siempre segura y despejada una ruta de escape. No podíamos perder nuestras vidas en aras de vengar a nuestro padre, pues nuestra muerte en esas circunstancias, en el atentado contra la vida del tirano, hubiese significado un triunfo descomunal para García Moreno, a la par que una debacle para nuestra familia. Mientras tanto, yo no podía acompañarlo a las reuniones, pues estaba vigilado. Era una mujer envuelta en su negro manto de beata, o varias muy parecidas, nunca lo supe con total certeza, quienes seguían mis pasos noche y día. El aparato de inteligencia del tirano se valía de todos los medios a su alcance para descubrir los múltiples planes que se urdían en su contra.

Durante los días siguientes, Polanco se reunió un par de veces con Sánchez. El militar quería estar seguro de que ejecutaríamos nuestros planes. "El Querubín" nos contó que, tras sus conversaciones, se había dado cuenta de que el comandante sí le inspiraba confianza. Pero cuando, días después, nos enteramos por boca de Juanita, que Polanco no quiso que Andrade, Cornejo y Moncayo se reunieran con el militar, sentimos que algo turbio ocurría. A pesar de ello, continuamos con nuestro propósito. Sánchez había dicho que intervendría con sus hombres, una vez que los hechos estuviesen consumados, porque el Ejército odiaba a García Moreno, pero al mismo tiempo le temía. Había agregado: Si luego de la conspiración, el tirano queda con vida, el Ejército no se sublevará; solamente lo hará el momento en que el tirano esté bien muerto.

De regreso a su casa, Polanco debió preguntarse si cabría o no hablar con el general Salazar para contarle del respaldo que el comandante Sánchez les había ofrecido. De hacerlo, descubriría al militar y perderían su ayuda. Contarle a Salazar sería, además, traicionar al comandante. Polanco también debió de preguntarse si Salazar conocería a Sánchez, pues, de ser así, el general le diría si podía o no confiar en él, porque en caso contrario, ¿cómo sabría con certeza si Sánchez era o no un tipo confiable, más allá de sus corazonadas? Polanco debió de llegar a su casa, desvestirse, lavarse en su enorme lavacara de porcelana, ponerse su pijama y acostarse;

pero mientras trataba de dormir no dejaría de cavilar en el tema. En medio de la bruma de la duermevela, debió de pensar que lo mejor sería contarle a Salazar que el grupo había recibido el respaldo de algunos militares, sin precisar el nombre de ninguno. Así, al darle esa noticia, protegería a Sánchez, y además obtendría el visto bueno de Salazar al hacerle de algún modo partícipe en el golpe, en el cual también el general estaba interesado, dado su enraizado rencor hacia García Moreno.

La conjura avanzaba. La voluntad de acabar con el tirano se había cimentado en nosotros, años atrás de los sucesos que ahora relato, cuando conocimos sus constantes acciones desalmadas. Era nuestro deber, en pro de la vida y de la patria, en contra del crimen y el despotismo. Cuando un tiempo después de sus primeros hechos abominables —que condenó todo el país a excepción de una docena de sus esbirros y la Iglesia católica—, nos enteramos de que el tirano proseguía con sus asesinatos, lo que era una vaga y tímida idea comenzó a tornarse en una necesidad inexcusable que derivó en los planes que ahora relato.

A las reuniones se invitaba a otros jóvenes que también participaban de la idea y la apoyaban —se escogía con mucho recelo quién podía asistir y quién no—. En el grupo había otro, aparte de mi hermano Juan Elías y yo, cuyo padre también había sido asesinado por el tirano: se trataba de Manuel Maldonado, hijo del general Manuel Tomás Maldonado, fusilado por orden de García Moreno. Los muchachos Montalvo, a su vez, que también participaban de la trama, eran sobrinos de Juan Montalvo, refugiado en Colombia para escapar de las garras del tirano, pues, si lo atrapaban, hubiera sido despedazado. Había también muchos otros que participaban en las reuniones, y cuyos hermanos, primos o tíos habían sido encarcelados, torturados, expatriados, enviados a la selva a perderse para siempre, o simplemente habían sido fusilados por oponerse a la férula de García Moreno. Todos estábamos juntos en pos de la misma causa.

27

Tras la masacre de Mocha que había causado gran revuelo en el país, García Moreno prosiguió en su intento de armar un ejército lo suficientemente poderoso como para derrotar al general Franco. Le preocupaba ser criticado por la salvaje y atolondrada matanza de Mocha, y también por su alianza con el peruano Castilla de quien había recibido armamento para la guerra fratricida contra Franco. Pese a las críticas, trató de ganar tiempo antes de presentar batalla contra su contendor, en espera de que llegaran los colombianos que reforzarían su ejército. Por su parte, el general Castilla, a bordo de una fragata de guerra acoderada en la rada de Guayaquil, dirigió una nota al general Franco y al Gobierno provisorio presidido por García Moreno, en la cual les informaba que había ordenado que se retiraran sus ejércitos hacia Paita, en espera de "que se establezca un solo Gobierno con quien el Perú pueda arreglar las cuestiones que le obligaron a armarse contra la administración ecuatoriana que felizmente acaba de desaparecer", y agregaba: "Mas, si dentro de 30 días perentorios no ha terminado el desacuerdo en que se encuentran los actuales Gobiernos, me veré en la dura necesidad de continuar mis operaciones militares y ocupar una parte de esta República".

Como el conflicto entre García Moreno y el general Franco continuó más allá del ultimátum peruano, Castilla le dijo al general Franco que "No me queda otro recurso que llevar a efecto la ocupación de una parte del territorio ecuatoriano", y agregó: "Esta ocupación no deberá reputarse más que como la última medida coercitiva [...] para conseguir que se le haga justicia [...]. No entra en sus cálculos conquistar o usurpar la más pequeña porción del territorio ecuatoriano que el Perú no necesita para engrandecerse o prosperar...". Era, a toda luz, evidente que el peruano Castilla apoyaba a Franco; ocupaba Guayaquil como "medida coercitiva" para presionar a García Moreno a que dimitiese o alcanzara un acuerdo con su rival. Con el fin de aumentar la presión, el peruano decidió entrar por el río Guayas hacia Guayaquil, con quince buques y cinco mil hombres. No contento con la ocupación del territorio ecuatoriano, resolvió, además, reconocer a Franco como jefe supremo de la República. El golpe a García Moreno, al "diplomático de aldea", había sido contundente. El triunviro había perdido el apoyo de los ancestrales enemigos del Ecuador. Ahora su suerte dependía de la fuerza y habilidad de su ejército.

Con el propósito de lograr un acuerdo frente a la postura de Franco y a la ocupación peruana, se realizó en Guayaquil una reunión entre los grupos que pugnaban por el poder: por el Gobierno provisorio de Quito participaron los señores Gómez de la Torre y Avilés; el señor Riofrío, por la provincia de Loja, y el señor Bodero, por Guayaquil y Cuenca. Una vez reunidos, en medio de un ambiente tenso y amenazador, convinieron en que fuese el general Franco quien se entendiera con el peruano Castilla, pero con la condición de que no fuese cedido territorio ecuatoriano, ni se realizaran alianzas o confederaciones con el Perú.

Pese al acuerdo, continuaron las desavenencias entre los grupos, "Si el General Franco quiere entrar en arreglos pacíficos, sea en hora buena; pero, entonces, principien dando muestras de sus buenas disposiciones y hagan lo contrario de lo que hicieron al invadir, es decir, retírense primero". Pronto se produjo el rompimiento entre los comisionados de Quito —que no aceptaban la preeminencia del guayaquileño— y el general Franco. Los quiteños fueron conminados a regresar a la capital, no sin antes permanecer unas horas encerrados e incomunicados. La intimidación peruana a las pretensiones del Gobierno provisorio de desconocer el Gobierno del general guayaquileño, aumentó con el avance de un buque de guerra peruano hasta Bodegas (Babahoyo), tierra adentro en el litoral ecuatoriano. Al enterarse de la acometida peruana, García Moreno, que se hallaba en Quito y que continuaba al frente del Gobierno provisorio capitalino, emitió una proclama dirigida al pueblo ecuatoriano en que decía: "Sólo los cobardes prefieren la traición a la guerra, la intriga al combate, la infamia al peligro. Corramos a las armas para defender el honor y la nacionalidad de la Patria [...]. La Providencia nos protege; la gloria nos aguarda...".

Castilla y Franco se hallaban dedicados a la negociación de un tratado —el guayaquileño se quedaría en el poder con el apoyo inca— cuando el peruano dirigió al Gobierno provisorio una nota que expresaba: "... Me es grato dirigirme a V.S. por última vez con el fin de manifestarles lo sensible que sería para mí que se derramase una sola gota de sangre ecuatoriana después de haber logrado traer al pacífico y honroso campo de las negociaciones, las importantes y complicadas diferencias que existían entre el Perú y el Ecuador, y de interponer los buenos oficios [...] a favor de una reconciliación pronta y sincera entre el Gobierno de esta República y el provisorio de esa Capital".

La respuesta del Gobierno provisorio dirigida al peruano Castilla a través de su secretario, Roberto Ascázubi, manifestaba: "Después de despedirse violentamente a los comisionados de Quito lanzó el Gobierno de Guayaquil una expedición invasora auxiliada con las armas del Perú y conducida a Babahoyo en buque peruano y bajo la bandera peruana [...] es muy sensible que la mediación [...] se ofrezca [...] cuando ya se ha derramado sangre ecuatoriana [...] el Gobierno del general Franco no puede [...] representar la soberanía de la Nación [...] Guayaquil no es la República. Las seis Provincias que forman el Distrito de Quito contiene más de dos tercios de los habitantes de la República [...] jamás tendrá fuerza obligatoria para el distrito de Quito ni para el resto de la República, el tratado de perpetua paz y amistad que V.E. asegura haberse comenzado a celebrar entre los Plenipotenciarios del Perú y del Guayas. De otro modo, quedaría sancionada la escandalosa doctrina de que las fracciones territoriales o autoridades seccionales pueden representar *ad limitum* los intereses y derechos de la nación entera".

Pese a que el Gobierno provisorio de Quito ofreció restablecer negociaciones con el de Franco para "Poner fin a una lucha sangrienta", la suerte ya estaba echada: Franco y Castilla firmaron el "Tratado de Mapasingue", en el que el Ecuador no entregaba territorios al Perú, pues los límites entre ambos países se fijarían dos años después, luego de que una comisión los demarcase, y tras la ratificación y canje del tratado; pero sí cedía posiciones y tesis sostenidas por el Ecuador desde épocas remotas, que lo perjudicarían en beneficio del Perú. Tras la suscripción del tratado, el Ejército peruano salió de Guayaquil en febrero de 1860, pero la lucha por el poder entre García Moreno y Franco continuaba.

28

Venía a mi casa de noche y sin previo aviso, solo y sin guardaespaldas. Venía disfrazado de indio, con sombrero y un poncho larguísimo que ocultaba hasta sus zapatos. Con frecuencia me pedía que apagara todas las velas de la casa pues le gustaba permanecer bajo la oscuridad de la noche. No lo hacía por romántico, porque de eso no tenía ni un pelo, sino porque le gustaba estar en medio de las sombras y ver como los rostros, los cuerpos y los objetos nacían lentamente de la nada. Así, en medio del sosiego y del asombro que producen las tinieblas, conversábamos a veces largas horas, aunque más que dialogar, hablaba para sí, tal vez para despojarse de lo que tenía adentro y que en otras circunstancias o con otras personas no lo hacía. Más de una vez me dijo que cada día perdía más la vista, que creía que sus ojos estaban fatigados por su largo trabajo hasta altas horas de la noche. Leía todo lo que caía en sus manos y escribía decenas de cartas al día; él mismo las escribía, con pluma, tinta y papel secante, y usaba unos pequeños lentes para mirar de cerca. Era notoria su paulatina pérdida de la visión: de lejos veía poco, casi no distinguía las cosas.

Era alto y muy delgado. Su amplia cabeza cana y calva le daba un aspecto de patriarca que acentuaba su frente despejada. Sobre sus cejas sobresalían dos promontorios; ahí se guarda la sagacidad, me decía, cuando yo los palpaba con mis dedos. Su nariz era un poco aguileña y de tamaño más que mediano. Sus orejas tenían amplios pabellones; detestaba que se las tocara, pues se ponían calientes y coloradas. Lo más definido de su rostro eran sus ojos negros, resplandecientes, y su mirada fija, profunda, demoledora. Sus labios, siempre apretados, lo tornaban más circunspecto de lo que era; usaba un fino bigote recortado y blancuzco, que tornaba su gravedad en dureza. Su piel era un tanto seca y tenía algunas manchas de sol sobre la cara, bajo los ojos, en las ojeras que a veces recrudecían y cuyo color cambiaba del violáceo al marrón, según su salud y sus preocupaciones. A mí me gustaba como olía; su aroma era algo entre el almizcle y la achicoria, pero a mí me parecía dulce e impar. Pocas veces, o casi nunca, lo vi reír. Sus dientes ya habían perdido la blancura, eran más bien pajizos, debía ser por tanto café y chocolate que tomaba. No fumaba tabaco, pero sí se echaba un poco de rapé en las narices, sobre todo cuando se reunía con sus amigos sacerdotes. Con frecuencia le dolían las muelas y andaba con la cara hinchada; ya le habían sacado algunas, y a pesar de que el sacamuelas insistía en curárselas, él prefería extraérselas a que le doliesen, aunque para el dolor, igual que para todo, era muy valiente. ¡Qué hombre valiente! No tenía miedo a nada ni a nadie.

Una vez me contó que en la guerra con Colombia y antes de caer prisionero del general Arboleda, estaba herido en una pierna por un lanzazo que había recibido en el combate. Quería ser atendido por los médicos en Tulcán porque tenía una herida grande y profunda: los galenos le dijeron que debían operarlo de inmediato y que debía guardar reposo. El presidente rechazó indignado la idea porque no concebía estar echado en una cama sin hacer nada, le parecía un pecado gravísimo, más, en medio de una guerra; así que tomó un hierro candente, se lo aplicó en la herida y ¡ya está!, por las mismas retornó al combate.

Un día le pregunté si le tenía miedo a la muerte. Me dijo que la muerte no era más que la continuación de la vida en el cielo junto a Dios, o en el infierno junto al demonio. También me dijo que la muerte era lo más natural, que cuando era niño había visto morir a dos de sus hermanos, y también a mucha gente por los incendios y las pestes. De niño, además, había visto morir a su padre y escuchado sobre la muerte de Sucre y, poco tiempo después, la de Bolívar. La muerte, decía, es el destino, no sólo inevitable, sino el más apetecido para estar pronto en el cielo y así dejar de padecer en la Tierra. Decía que, por fortuna, la muerte pasa, no se queda en nosotros y por eso no la palpamos, y cuando llega el momento de percibirla nuestro cuerpo ya no registra nada porque ya estamos muertos. La muerte, expresaba, es el anhelado fin de toda angustia.

No tenía miedo a nada, ni al dolor físico, ni a las enfermedades, ni a la pobreza, ni a la vejez, ni siquiera a Faustino, y eso que una vez me dijo, ¡si se entera de lo nuestro, me mata! Sabía que mi marido no sólo era fuerte como un toro, sino que era feroz y vengativo como un lobo herido. El presidente desafiaba a la muerte; era temerario en demasía; asumía riesgos innecesarios, como salir por la noche sin guardias para visitarme, pese a saber que mucha gente quería asesinarlo, y pese a que día tras día los rumores de que lo iban a matar crecían más y más, como los ríos que se vuelven torrentosos con la lluvia. Pero no le importaba. En los últimos años, hubo no sólo rumores, sino muchos intentos de matarlo. Él predijo su muerte, yo copié una estrofa de su poesía que tituló:

Epístola a Fabio

Conozco, sí, la suerte que me aguarda,
présago, triste el pecho me la anuncia
en sangrientas imágenes que en torno
siento girar en agitado ensueño.
Conozco, sí, mi porvenir, y cuántas
duras espinas herirán mi frente;
y el cáliz del dolor, hasta agotarle,
al labio llevaré sin abatirme.
Plomo alevoso romperá, silbando,
mi corazón tal vez; mas si mi Patria
respira libre de opresión, entonces
descansaré feliz en el sepulcro.

¡Es sorprendente lo que dice! Predice con exactitud la forma como va a morir; parece que entre sueños, o pesadillas, vislumbrara su muerte. Las "duras espinas que herirán mi frente" son los machetazos que recibió en su cabeza, y el "plomo alevoso" son las balas que aquel día le rozaron sin que ninguna rompiera su corazón, como dijeron los médicos luego de la autopsia.

Tal vez porque presentía su muerte temprana, acaso porque quería inmortalizar su imagen, o quizás porque era un poco vanidoso de su estampa, lo cierto es que le encantaba que los pintores le hicieran retratos donde se reflejara más que sus rasgos físicos, su carácter. Posaba paralizado horas enteras frente a los caballetes, las paletas, las espátulas y los óleos de los artistas; les insistía en que el arte debe reflejar la esencia de las cosas, lo oculto, lo invisible. Una vez rompió un óleo que le hizo un artista de apellido Salas, porque lo había pintado con una leve sonrisa en su rostro, cosa que aborrecía, porque decía que en la boca del tonto abunda la risa, y lo decía en latín, *Risus abundant in ore stultorum*, lo recuerdo muy bien, no es que yo sepa latín, pero él lo repetía en esa lengua que dominaba como todo lo que estudiaba.

A veces me contaba cosas que yo no entendía, pero que él había estudiado y las repetía, según afirmaba, para no olvidarlas, porque, decía, la memoria es un músculo que hay que ejercitar constantemente. Entonces me hablaba de Galileo, de las estrellas, de los telescopios, del modelo heliocéntrico… Esos temas le encantaban; cuando estuvo en Francia se apasionó con la astronomía y, desde entonces, concibió su idea de instalar en Quito un observatorio para mirar la luna y las estrellas. El observatorio fue uno de sus sueños hechos realidad. "Habría sido el primero en el mundo por su altura de tres mil metros sobre el nivel del mar, la admirable pureza y diafanidad de su cielo, y su situación bajo la línea equinoccial". Seguía su construcción con la vehemencia que le ponía a todo, con la diferencia de que cada ladrillo que era colocado le proporcionaba una dicha enorme. Poco a poco llegaban los aparatos, el telescopio gigante, los meridianos, los teodolitos, los sextantes y otros más; encargó al jesuita Juan Menten, un alemán enorme y apestoso, con sotanas "saltacharcos", para que dirigiese la obra, y el día de la inauguración hubo una gran fiesta en Quito. Con frecuencia visitaba el observatorio y permanecía largas horas absorto en la alucinada contemplación de los astros.

Su expresión más que sombría era severa; mucha gente decía que le daba pavor la catadura de su rostro; sobre todo, les atemorizaba su mirada. Muchos, al verlo pasar, se santiguaban y entre susurros decían "Ave María Purísima, sin pecado concebida". Lo mismo hacía la gente con Juan Montalvo, el escritor, a quien llamaban "El Hereje" y, también, "El Excomulgado", y a quien el presidente aborrecía porque escribía horrores en su contra. Tengo guardadas algunas frases escritas por Montalvo y que el presidente, con su gran memoria, repetía: "¡Monstruo! ¡El mirar, el hablar, el obrar, todo en él es abrupción! Si hay luz en sus ojos, es fuego siniestro que devora la inocencia". Y esta otra: "Su altar era el cadalso". Una de las frases que más le enfurecía decía lo siguiente: "Dejen ustedes que García Moreno se confiese y comulgue: con dos o tres arrobas de hostias en el estómago se ha de ir a los infiernos, y allá se averigüe él si las digiere o no". Y tengo esta otra, terrible: "Nuestro Anticristo no bebe, él no necesita beber para estar siempre borracho; borracho es por naturaleza". Y otra más: "Alma aspérrima, si uno le pasa la mano la sacará ortigada".

Meses antes de su muerte, una de tantas noches en que fue a visitarme a mi casa, me contó enardecido que circulaba un cuadernillo perverso escrito por Montalvo, que se llamaba *La dictadura perpetua*. Yo no lo leí durante aquellos días, pero parece que esos textos incendiaron el alma de algunos opositores que intervinieron en su muerte. De cuestiones políticas no entiendo mucho; la política no me gusta; Faustino decía que la política es una bacinica llena de ambiciones, vanidades y mentiras. En el cuadernillo escrito por Montalvo se decían horrores y calumnias contra el presidente, por ejemplo: "Ente fatídico, traidor, azote, Satanás, vende patrias". También decía: "Quince años de un nefando despotismo, de unas presidencias ganadas puñal en mano". Esa noche echaba fuego, estaba enloquecido de furia, decía que Montalvo era el mismo demonio encarnado, que si lo encontraba le daría 500 latigazos y que luego lo pasaría por las armas.

Otra vez que había echado chispas por los ojos, había sido el día en que el general Urbina atacó Guayaquil desde un buque, con el ánimo de derrocarlo. Pero el presidente, al mando de otro barco, cañoneó y abordó la nave enemiga con la intención de atrapar y matar a Urbina, pero este escapó; y entonces, ciego de la ira, energúmeno, enloquecido como un perro rabioso y ansioso de cobrar venganza y escarmentar a sus enemigos, fusiló a todo el que se cruzaba por su paso. Unos decían que fueron más de 30; otros decían que no llegaron a 20; pero en todo caso, ahora que han pasado tantos años, se sabe que fueron 29 los fusilados en la isla de Jambelí. Hace unos meses me enteré de que el obispo González Suárez, que pocas cosas decía contra él, reprochaba y no perdonaba esa matanza. Lo cierto es que era vengativo. A pesar de que su hermano Manuel, el cura, le decía con frecuencia que un cristiano sincero como él debía perdonar a quienes le hacían daño, alguna vez me dijo que hacer venganza es hacer justicia, y, afirmaba que para que esta fuese efectiva, aquél a quien castigamos debe saber con toda claridad que el agraviado es quien le devuelve el golpe y que lo hace para resarcirse del daño. Católico como era, citaba a Santo Tomás que decía: "Quien ejerce la venganza sobre los malos [...] no usurpa lo que es de Dios, sino que usa del poder que Dios le ha dado"; y claro, como encontraba en sus maestros, que además eran santos católicos, la justificación a sus actos de venganza, los cometía, feliz y tranquilo, sin ningún peso en su conciencia, sino, más bien, con el convencimiento de que obraba de manera correcta y según la mismísima doctrina de Dios. Como venía donde mí y hablaba sin descanso, cosa que yo agradecía porque gozaba al escucharle, y tal vez porque la penumbra de mi casa le resultaba propicia, tanto como mi silencio, muchas veces reflexionaba y se interrogaba en voz alta, horas enteras. Saltaba de un tema a otro, de esto y de aquello, de un recuerdo a otro, idea tras idea; citaba con gran erudición, con agudeza y con brillo, párrafos de autores que había leído, y hablaba y hablaba hasta que se daba cuenta de que ya era muy tarde y se iba. Cuando se marchaba me ponía triste porque entonces sentía que se apagaba la luz que él encendía con su presencia y sus palabras, y que, aunque fuere sólo por unas horas, me daba el brillo y el fuego que mi vida no tenía.

29

Salazar, en pocas horas, había pasado de sentir odio y envidia, a sentir terror de García Moreno. Recordaba a todos los que había mandado a fusilar en los últimos días: a dos desertores de la batalla de Tumbuco; al teniente Palacios y a los numerosos "dormilones de Mocha". Sin duda, como lo había intuido años atrás, como lo había constatado él mismo cuando fue desterrado, era un ser implacable, audaz y temerario, capaz de hacer cualquier cosa por lograr sus propósitos. Sabía cada vez con más certeza que podía ser un enemigo cruel y despiadado, alguien que se vengaba de sus contrincantes con odio y ensañamiento bestiales.

De regreso al año 1859, la lucha por el poder entre García Moreno y el general Franco continuaba. A fin de consolidar un frente unido contra el jefe supremo de Guayaquil, el triunviro se trasladó a Cuenca y a Loja donde, luego de entrevistarse con los caudillos locales que también pugnaban por hacerse con el poder, consiguió su apoyo. Enseguida, con la carta de triunfo en la mano, escribió al general Franco. "Salgamos del país, alejémonos los dos [...] la aceptación de Ud. producirá inmediatamente mi separación del poder y mi salida del país...". Franco no respondió a esta carta y, por el contrario, exigió la salida de García Moreno del territorio ecuatoriano, la reincorporación de Cuenca al Gobierno de Guayaquil y el reconocimiento del Tratado de Mapasingue. Ante la negativa de Franco a la propuesta, el Gobierno provisorio de Quito manifestó: "...El general Guillermo Franco, empeñado ciegamente en entregar al Perú el suelo de la Patria, no ha vacilado en proponer como ultimátum [...] la humillante, infame y monstruosa condición de reconocer el tratado del 25 de enero, pacto vergonzoso que arrebata al Ecuador, su honor, su territorio y sus derechos. A semejante insulto [...] el Gobierno responderá con la imponente voz de las armas, y romperá el ignominioso Tratado rompiendo a balazos el pecho de los traidores".

La guerra era inevitable.

García Moreno, que a toda costa quería ganar la lucha por llegar al poder, se propuso vencer a Franco "con la imponente voz de las armas", toda vez que las negociaciones habían fracasado. Buscó entonces el soporte de Colombia: dirigió dos cartas al secretario de Relaciones Exteriores de la Confederación Granadina, en que pedía el apoyo de sus armas y citaba el tratado firmado en julio de 1856, por el cual las dos naciones se apoyarían ante la amenaza de perder la integridad de sus territorios. El Gobierno colombiano, con "sutil nota diplomática", rehusó el pedido de intervenir en la contienda ecuatoriana. Lleno de indignación tras leer la respuesta granadina, García Moreno estrujó y arrojó la carta al piso, la escupió y pisoteó, y entre gritos expresó su frustración en medio de un atronador berrinche. Se sentía traicionado por los colombianos y más solo que nunca. Ahogado en su vehemencia por lograr lo que se proponía, se devanaba los sesos al pensar que no podía perder la gloria cuando estaba tan cerca de alcanzarla. Ya era el presidente del Gobierno provisorio, en representación de las provincias de Quito, Cuenca y Loja, pero todavía no conseguía consolidar su gobierno sobre todo el país por "el capricho y la ambición" de Franco.

Sin poder dejar de ser él mismo, sin querer dejar de serlo tampoco, no podía ni quería dar su brazo a torcer; perseverante y obstinado como era, trabajaba en forma frenética día y noche, casi sin dormir, casi sin comer, para encontrar la manera y los medios de ganar la guerra contra Franco. En su mente, una caldera en permanente ebullición, burbujeaba la idea de realizar una alianza contra natura…

Mientras tanto, las huestes del general Franco (con dinero y armas entregadas por el presidente peruano, Castilla) avanzaban por la serranía ecuatoriana, con el afán de dominar esos territorios y llegar a Quito. Ante la escalada de las fuerzas de Franco, los ejércitos de García Moreno "Muy pronto podré marchar sobre Riobamba; y los invasores recibirán el castigo merecido", presentaron batalla en los páramos de Piscurco y Yagüi, cerca de Guaranda, y en Sabún, cerca de Riobamba. "El tiempo era malísimo: desde las once llovió sin intermisión y los senderos se pusieron tan intransitables, que en muchas bajadas se sentaban los soldados para descender así resbalando sobre un plano inclinado… ". En medio de aquellas contiendas, bajo la gélida mirada del volcán Chimborazo, una noche en que las fuerzas de García Moreno hacían un alto en medio del fragor de la lucha, llegó en forma soterrada uno de los informantes de Salazar. Había interceptado el parte de guerra que había dirigido García Moreno luego del triunfo de Sabún, y que decía: "26 de enero de 1860 [...] El general Maldonado acaba de dar una espléndida prueba de patriotismo, acudiendo en defensa del país. Le he nombrado jefe de la columna de operaciones sobre Riobamba y marcha ahora mismo con una fuerza competente".

En aquellos días, el teniente coronel Salazar era el jefe de artilleros. Muy a su pesar, luchaba en el bando de García Moreno. No le quedaba más alternativa que obedecer las disposiciones de sus superiores que defendían al Gobierno provisorio de Quito. No tenía posibilidad de apoyar a Franco. Pertenecía a las filas del Ejército quiteño que comandaba "mi general Maldonado"; estaba bajo sus órdenes, se debía a sus propósitos. ¡Qué paradojas del destino! Salazar se jugaba la vida con el propósito de consolidar al Gobierno de García Moreno, del hombre a quien pocos días atrás había ordenado fusilar, y a quien quería ver muerto y saberlo enterrado bajo una tonelada de rocas.

Las tropas de Franco recularon hacia el sur tras ser derrotadas por las del Triunvirato, que prosiguieron hacia el Austro y llegaron a Cuenca. "Ayer vine a ocupar este pueblo amagando cortar la retirada al enemigo; y para evitar que éste nos disputase los desfiladeros de Yacoto y San Lorenzo, destaqué al batallón Cazadores para que, apoyado por el primer escuadrón Lanceros, hiciese un falso movimiento de ataque por el camino de Asancoto [...] Y he conseguido, no solamente ocupar este importante punto sin resistencia, sino poner a los traidores invasores en la necesidad de abandonar su guardia de San Miguel y retirarse a la Chima, protegidos por las sombras de la noche. Marcho ahora en su seguimiento [...] haré todo lo posible para obligarlos al combate o a perder su parque, caballos, etc.".

El avance de las tropas de García Moreno constituía un triunfo importante en su objetivo de derrotar a Franco, pero le quedaban muchos obstáculos que superar: en aquellos días, abril de 1860, García Moreno había capturado a una decena de personajes guayaquileños a quienes acusó de alentar una revuelta contra el Triunvirato. Entre ellos estaba el ex vicepresidente de la República, Marcos Espinel; un par de curas, y, también, el general Fernando Ayarza, a quien mandó al calabozo con la orden de ponerle grilletes. El general Fernando Ayarza, negro de origen panameño, había combatido junto a Bolívar en muchas batallas por la Independencia de América, y estuvo también con Sucre en la Batalla del Pichincha. Luchó junto a Urbina en Tumbuco, donde las fuerzas de García Moreno fueron derrotadas en forma ignominiosa. Era un soldado de más de 70 años de edad, muy respetado por su gloriosa trayectoria. Si bien había combatido junto a las fuerzas de Franco, contrarias a García Moreno, se había retirado del Ejército y vivía en Quito junto a su familia, cuando fue tomado prisionero por unos soldados andrajosos que se presentaron en su casa, le pidieron disculpas por la afrenta y, llenos de vergüenza, le informaron que debía ser conducido a prisión por órdenes del triunviro García Moreno.

Tras las inmundas e infamantes rejas estuvo Ayarza engrillado quince días, hasta que fue conducido al palacio de Gobierno, donde García Moreno ordenó se le dieran 300 latigazos. ¡300 latigazos! Los guardias de la cárcel se miraron estupefactos al escuchar la orden del triunviro. Pese al terror que sentían hacia García Moreno, ninguno tomó el látigo que enarbolaba en su mano y que se los ofrecía en forma altanera para proceder con el castigo. Entonces fue él, fue el propio García Moreno quien, después de tildarlos de cobardes y desobedientes, alzó el látigo y descargó sobre el negro Ayarza los primeros azotes. En cada arremetida, furiosa y decidida, se evidenciaba su diabólico ensañamiento. Los presentes, presa de terror, cerraban los ojos en cada chasquido, en un gesto que intentaba negar, acaso ignorar, en todo caso anestesiar, el dolor que también ellos sentían ante el cruel y deshonroso escarmiento. El seco rumor de cada latigazo que horadaba la espalda de Ayarza producía un eco siniestro que repicaba en la conciencia de todos, menos de García Moreno, que parecía alimentar con deleite alguna caldera de su averno. Ayarza recibió de manera impertérrita el castigo, sin proferir un solo quejido, tal vez para no conceder al verdugo el solaz de saber que le rompía el alma en cada acometida. Fue el triunviro Gómez de la Torre quien, pese a jugarse la vida, se interpuso ante la bestia, levantó las manos y pidió clemencia. Tras "el escarmiento" recibido, Ayarza fue conducido otra vez a prisión donde pasó encerrado unos días con los grilletes puestos y sin fórmula de juicio.

Causó horror y pavor la crueldad de la venganza, la salvaje demencia de quien tal vez estuviere convencido de que el indecible ardor de cada azote, que se acrecienta con cada nueva acometida sobre los surcos rosados de la piel reventada y bañada en sangre, logra el propósito que busca quien los propina: que el "pecador arrepentido" haga la promesa indeclinable de no reincidir en su mala conducta, y de que brote del fondo de su alma el sentimiento de dócil sumisión y agradecimiento hacia quien impone su tormento, pues, de esa manera, facilitará la expiación de su faltas.

Ante el clamor popular y de la gran mayoría de oficiales del Ejército que condenaban el salvaje escarmiento, y demandaban su excarcelación, el anciano general de las huestes de Bolívar salió finalmente de prisión: parecía un espectro; tenía su mirada nublada y el iris de los ojos de color bilioso opaco, mortecino; estaba hecho un manojo de huesos, arrastraba sus pasos y su alma herida de muerte.

El general Fernando Ayarza, gallardo oficial de los ejércitos del Libertador, murió de humillación, de deshonor y de tristeza a los pocos días de salir de la cárcel, una noche en que su alma maltrecha no soportó más el peso del ultraje recibido. Hubo voces que dijeron que había sido envenenado para apurar su muerte, ya que había jurado vengar la afrenta recibida… Muchos años después, cuando Salazar era ministro de Guerra de García Moreno, tomó un ejemplar de *La dictadura perpetua* de Juan Montalvo y fue hasta el párrafo escrito sobre ese infausto suceso. Comenzó a leer en voz baja; sabía que nadie podría escucharlo, pues estaba solo en su despacho; pero, igual, susurró para oír su voz y, tal vez, para que el fantasma de Ayarza también escuchara: "Un anciano agobiado con el peso de los años y los males, se halla en el calabozo de un cuartel: cano, enfermo, triste, no dice nada ni se mueve. Llegan los verdugos, le toman, le arrastran al patio, le azotan. Oyen ustedes ¿le azotan han oído?, le azotan ¡!! Y ese hombre es militar, general, veterano de la Independencia. Después de azotado, le echan fuera. A los pocos días, como iba por la calle despacio, taciturno, cayó muerto. El corolario del azote debía ser el veneno: el tiranuelo temió la venganza del soldado".

En cuanto el general Maldonado se enteró de que Ayarza había sido condenado a recibir 300 latigazos, dirigió a García Moreno una carta que decía: "No sé con qué derecho se le haya podido castigar de este modo. Ud. sabe bien que el látigo está enteramente prohibido entre nosotros, y que hasta los indios cuentan con la protección de las leyes, para verse libres de semejante castigo. Yo considero que este hecho con Ayarza ha infamado a la humanidad. [...] no pareciéndome debido que un militar de honor continúe prestando sus servicios a un Gobierno que ha vilipendiado de este modo a la clase, encuentro de necesidad el separarme del Ejército".

El coronel Secundino Darquea también escribió a García Moreno una carta en los siguientes términos: "Pues por más que se me ha asegurado, no he podido creer que S.E. le haya hecho dar látigo al general Ayarza, y caso de ser cierto, quemaría mi uniforme y mis charreteras". García Moreno respondió de esta manera a Darquea: "...Es muy cierto que al negro Ayarza, como a traidor, le he mandado dar latigazos para escarmiento de los demás, y puede usted pedir al Gobernador de esa plaza la leña que crea necesaria para la hoguera en que debe usted quemar sus charreteras y uniforme".

Pocos días después, se conoció otra carta, una "protesta" suscrita por más de 300 oficiales del Ejército acantonado en Guayaquil, que decía: "... La vapulación con que el doctor García Moreno ha castigado al señor Fernando Ayarza, General de Brigada de la República, no sólo viola las garantías individuales, sino que degrada, infama la carrera a la que pertenecemos. Espectar mudos tan salvaje ferocidad, no tendría excusa [...] en honra pues del decoro militar [...] y teniendo en consideración que el Doctor García Moreno al rechazar la forma protectora que la ley concede al más insignificante reo, imponiendo, al arbitrio de sus entrañas, castigos que infamarían hasta a la barbarie, ha excitado sobre sí la execración social...". Y hasta su hermano, Pedro Pablo García Moreno (que en segundas nupcias se había casado con Virginia Flores Jijón, hija del expresidente Flores), expresó: "De ser verdadera semejante atrocidad, se seguiría que mi hermano muriese abrumado bajo el peso de la execración del mundo".

Luego de este episodio, que constituía uno de tantos similares que evidenciaban la insana crueldad, el apasionamiento e intolerancia de García Moreno con sus enemigos, muchos habitantes del país comenzaron a sentir una mezcla de miedo, impotencia e indignación, que les hizo pensar en la conveniencia de que el diablo retornase al infierno...

30

El general Franco había convertido a Guayaquil en un fortín inexpugnable. Derrotarlo sería muy difícil. García Moreno quería aplastarlo y tomar el poder a toda costa. Ante las dificultades que había tenido para derrotarlo, recurrió al ardid más insólito y astuto a la vez: valerse de los servicios del general Juan José Flores. Tras haber sido expulsado del país después de la revolución de marzo de 1845, Flores había organizado la frustrada reconquista de América, que provocó un gran rechazo. Venezolano de las huestes de Bolívar, fue el primer presidente del Ecuador y "dueño del país" por tres lustros; se decía en forma insistente que tramó el asesinato del mariscal Sucre, pues no había sido otro sino él quien se benefició de su muerte. García Moreno había combatido a Flores, e inclusive, había tramado matarlo; lo detestaba desde joven cuando fue desairado al intentar conquistar a su cuñada Juanita Jijón. García

Moreno recurrió a Flores en su desesperado empeño de llegar al poder. Su obstinación le había llevado, meses atrás, a buscar el apoyo del peruano Castilla, a intentar un entendimiento con Franco, a buscar una alianza con la Francia de Napoleón III y, finalmente, a requerir la ayuda de los colombianos. Confiaba en el talento militar de Flores, quien, pese a sus andanzas, conservaba muchos amigos en el Ejército. El venezolano era su último, temerario y peligroso recurso. García Moreno se jugaba una carta muy osada: el eventual triunfo militar de Flores contra Franco catapultaría al venezolano a la cima, al mismo pináculo que él codiciaba con toda la fuerza y tenacidad de su espíritu. Para justificar su alianza con Flores, García Moreno dirigió una nota a sus gobernadores en la que decía: "Al permitir que venga el General Flores al territorio ecuatoriano, el Gobierno pone nuevamente en evidencia que en sus determinaciones influyen únicamente la justicia y la conveniencia pública".

En una carta escrita esos días, García Moreno le decía a Flores: "He sido para Ud. un adversario político con la franqueza del honor y con la tenacidad de una convicción sincera; pero desde el momento en que Ud. se ha presentado decidido a ayudarnos en la gloriosa lucha que sostenemos por la independencia e integridad de esta República, le he considerado como a un amigo y he deseado llegara el día de manifestarlo: por patriotismo fui enemigo de Ud. y por patriotismo he dejado de serlo".

El día en que Flores, en mayo de 1860, luego de quince años de deportación, hizo su entrada triunfal en Quito junto con un Ejército de 600 hombres que, en su mayoría, eran granadinos debidamente armados con fusiles regalados por el general colombiano Mosquera, fue recibido por García Moreno en forma apoteósica como si fuera el mismísimo Libertador. En su honor ofreció un gran banquete que terminó de madrugada, luego de una fiesta en la que García Moreno cantó las tonadas de moda. Terminada la celebración, Flores organizó de inmediato el Ejército y los suministros con los que marcharía sobre Guayaquil. Además del colombiano Mosquera, financiaba estas huestes el Gobierno de

Francia, los grandes hacendados serranos, los exportadores costeños, los jesuitas y otras congregaciones de la Iglesia católica.

García Moreno alistaba los pertrechos para el Ejército con todos los recursos de que disponía: convirtió la fábrica textil de su amigo Carlos Aguirre en industria de municiones; instituyó préstamos forzosos a la población para obtener los recursos económicos necesarios para los suministros de guerra y los salarios de los soldados; dispuso de la campana mayor de bronce de la iglesia de la Compañía de Jesús en Quito —y otras muchas más—, que fundió para fabricar cañones para la guerra. "Soldados, miro la indignación pintada en vuestro semblante: ya empuñáis vuestras armas vencedoras; y el grito de guerra que lanzáis enardecidos, se extiende como el ruido del trueno desde los valles del Chimborazo hasta las márgenes del Guayas. ¡Guerra pues a los traidores y a los bandidos; guerra a los bárbaros opresores de las desgraciadas provincias litorales; guerra, guerra sin tregua a los enemigos de la Patria!".   Quería vencer a Franco a toda costa y por cualquier medio; no podía perder esa batalla. Si ganaba el combate, su camino hacia la Presidencia de la República no tendría ningún obstáculo. La batalla sería cruenta, habría cientos de muertos y heridos, pues era conocido el modo de combatir del general Flores, que, desde la época de la guerra de la Independencia, muchas veces como lugarteniente de Bolívar o de Sucre, arremetía con todo, a matar o morir, sin retroceder un paso, ni pensar siquiera en capitular. Con igual determinación había aplastado a sus opositores —de *El Quiteño Libre*; luego también los de Miñarica, y otros—, apoyado en el negro Otamendi y sus "jenízaros".

Durante esos días, antes de marchar sobre Guayaquil, el teniente coronel Salazar pasó revista a toda la información que, gracias a sus espías, había recabado sobre García Moreno: el "paraíso perdido" en que se convirtió su hogar tras la caída de los españoles; su infancia dura, con privaciones económicas; su desarraigo de la familia y de su ciudad natal; sus planes de ser sacerdote de la Iglesia católica; su amor frustrado por Juanita Jijón, la cuñada de Flores; sus duras y decididas batallas contra Flores, Urbina y Robles; su matrimonio por conveniencia; sus primeros 13 desterrados —él entre ellos— cuando fue gobernador de Guayaquil; su primer fusilamiento, el de Palacios; su primera matanza, la de los dormilones de Mocha; el actual pacto con Flores para ganar la guerra y acceder al gobierno... No me cabe duda, pensaba Salazar, la vida de García Moreno ha sido una sola y larga batalla para llegar al poder; si ahora finalmente lo lograba, como era muy probable, hará una administración virulenta, implacable, vengativa, porque así es él; ese es su modo de hacer las cosas; no podrá hacer sino un gobierno acorde con su estilo, con su personalidad, con su carácter y con sus convicciones. Sin embargo de que temía por todo ello, no le quedaba más opción que combatir para ganar la guerra a Franco y lograr que García Moreno llegase a la Presidencia de la República.

Franco preparaba un enorme ejército bien armado y provisto, a la vez que apuraba sus pedidos de ayuda al peruano Castilla, de quien, días más tarde, recibió rifles, cartuchos y dinero. Las fuerzas de García Moreno estaban integradas por un experimentado grupo de oficiales, entre los que se destacaban el general Maldonado, ya reintegrado al Ejército, el coronel Bernardo Dávalos (quien también había combatido junto a las fuerzas del triunviro en las batallas de Pisurco, Yagüi y Sabún); los coroneles Daniel Salvador, Secundino Darquea (también ya de regreso a las filas), y, asimismo, por el grupo de mercenarios pastusos, entre quienes estaba Faustino Rayo. Eran cerca de tres mil hombres, divididos en varias columnas de infantería, caballería y artillería. Salazar comandaba la división de artilleros. Las fuerzas de Franco alcanzaban los dos mil soldados, y aunque era menor el número de sus tropas, el combate resultaría equitativo pues el guayaquileño tenía la ventaja de estar atrincherado en terreno propio y conocido.

Llegó el mes de junio y, bajo las órdenes de Flores, marcharon hacia Guayaquil. "Dejad a los cobardes que busquen en los insultos el consuelo de sus derrotas; y preparaos para nuevos combates y para nuevos triunfos [...] ¡SOLDADOS! Os mando que marchéis a la victoria". García Moreno permaneció todo el tiempo junto a Flores, y un grupo de caballería de élite los acompañaba y protegía. Había mucho optimismo. La tropa y los oficiales confiaban en el diestro general venezolano; sabían de su capacidad y experiencia. "Al rayar la luna nos pusimos en marcha por la orilla izquierda del río de Caracol; y, para ocultar nuestra marcha a las fuerzas enemigas, prefirió el señor general en jefe (Flores) el camino de Chumidor. Después de una marcha de dieciséis horas hemos ocupado esta posición importante, desde la cual saldremos esta misma tarde para ocupar Babahoyo y apoderarnos de las pocas fuerzas que allí ha dejado el general Franco".

En el mes de agosto llegaron cerca de Bodegas (Babahoyo), donde se dieron las primeras escaramuzas contra las fuerzas de Franco. Allí las tropas de García Moreno, en una sorpresiva y audaz maniobra ideada por Flores, cortaron la retaguardia a los batallones de Franco que se vieron forzados a huir por el río en una embarcación. "Después de dos horas de combate ocupamos esta plaza (Babahoyo). El combate terminó por una brillante y rápida carga de nuestra caballería [...] El general Franco recibió dos heridas en la espalda en el momento de embarcarse. Tenemos hasta ahora más de cincuenta prisioneros, y entre ellos cerca de veinte jefes y oficiales. Hemos tomado tres cañones, gran número de fusiles, vestuario, municiones, la banda de música del batallón Libertadores, la imprenta del Gobierno, los depósitos de sal, etc., etc." Las tropas del triunviro García Moreno, con Flores a la cabeza, avanzaron río abajo hacia el Guayas. "El enemigo evacuó Samborondón para reconcentrar sus últimos esfuerzos en Guayaquil". Se preparaban para la batalla definitiva.

Durante aquellos días, se tramó un atentado para acabar con la vida de García Moreno y Flores. Los sabuesos de Salazar, incansables, interceptaron una carta que el triunviro escribió a su mujer, en la que decía: "Un polaco había ofrecido matarnos a Flores y a mí por la suma de 25 mil pesos, para lo cual tenía un rifle de treinta tiros; este proyecto era para la entrada y combate de Bodegas; pero no acertó ninguno de sus tiros y cayó prisionero con su rifle, el cual es ahora de Manuel Lizarzaburu; el bandido recibió mil palos y después irá a Macas".

Días antes de la llegada del ejército de García Moreno, y no obstante hallarse atrincherado y fortificado en esa ciudad, el general Franco temió su derrota, por lo que en una acción desesperada y artera contra su patria, requirió a los guayaquileños que firmaran un acta de anexión al Perú, bajo la figura de protectorado. "La situación de los traidores es tan apurada, que han intentado llevar su deshonra al extremo de forjar un acta y recoger por la fuerza firmas para agregar Guayaquil al Perú". A pesar de que el general Ríos, de las fuerzas de Franco, junto a otros oficiales y el Consejo Municipal, se negaron a suscribir la desmembración del territorio ecuatoriano, Franco comisionó a dos de sus hombres para llevar el mensaje al Gobierno peruano. Esta tentativa de entregar Guayaquil al Perú fracasó porque las fuerzas del triunviro sitiaron al puerto, y los mensajeros de la traición no pudieron sortear el cerco.

Poco antes de la arremetida contra Guayaquil, se reunió el alto mando de las fuerzas garcianas a ultimar los detalles. Ahí estuvieron García Moreno, Flores, Maldonado, Dávalos, Darquea y otros oficiales de alta graduación. Ante las dificultades que presentaba el avance hacia el puerto, se había decidido "convencer" a uno de los comandantes de Franco para que, sin presentar resistencia, permitiese el paso de las tropas enemigas hacia Guayaquil. Quien en medio de las sombras traspasaría las fuerzas enemigas y llevaría la carta con esta propuesta sería el capitán granadino Faustino Rayo, uno de los hombres que habían mostrado mayor temeridad y arrojo, y que, además, era de plena confianza de García Moreno. La noche anterior al avance final, el 24 de septiembre, el capitán Faustino Rayo "persuadió" al comandante Pedro Pablo Echeverría para que consintiera el paso nocturno y sigiloso de tres divisiones de las fuerzas garcianas que, en efecto, horas más tarde y en forma sorpresiva, cruzaron el estero salado, atravesaron manglares y pantanos, y arremetieron con todas sus energías contra las tropas de Franco a las cuales derrotaron en forma contundente. "El Ejército se dirigió hacia el oeste para pasar las colinas pedregosas [...] y marchamos llevando provisión de agua y bastantes canoas arrastradas a cola de caballo [...] a las dos de la tarde todo el Ejército había atravesado ya en parte el cenagoso pantano conocido con el nombre de Manglar [...] en esos momentos principiaron a llegar los obuses, que aunque parezca increíble, pudieron ser transportados sobre las raíces flexibles y quebradizas de los mangles […] a las once de la noche rompieron el fuego las guerrillas enemigas […] pero fueron arrolladas al trote y a la bayoneta por dos compañías […] media hora después dos compañías del batallón Colombia y los dos obuses a las órdenes del comandante Salazar pusieron en completa dispersión al numeroso batallón de artillería enemiga […] a las cuatro de la mañana el coronel Veintemilla atacó de revés la batería de la Legua, de la cual se apoderó, habiendo encontrado larga y viva resistencia […] al amanecer todas las bandas de cornetas del Ejército tocaban diana […] puedo asegurar que nuestras pérdidas no bajarán de sesenta hombres […] los exgenerales enemigos desampararon con mucha anticipación a sus propios soldados, y buscaron una guarida a bordo de los vapores peruanos…" Franco, derrotado, se fugó en un barco peruano hacia Lima.

García Moreno había triunfado. Desde la caída de Robles y Urbina, hacía ya más de un año, no se había detenido un solo instante en su búsqueda frenética. Su naturaleza le urgía poner todo su empeño, valerse de toda su energía y su talento. En forma sagaz había recurrido a Flores —a quien tanto odiaba— para conseguir el triunfo anhelado. Formó, adiestró y apertrechó un ejército. Levantó hordas de fanáticos seguidores a lo largo del país. Todo valía en aras de obtener la Presidencia: aliarse con el mismo demonio, entregar el país a Francia o pactar con los peruanos o con los granadinos, como Mosquera, que apoyó sus fuerzas con armas y soldados.

Luego de la batalla final, tras recibir los informes de que su ejército había derrotado al de Franco, y de que el general guayaquileño había abandonado el país, García Moreno entró a la ciudad montado en su caballo. Era tanta su dicha por el triunfo que no se percató —o no quiso hacerlo— de los cientos de heridos, y de los cadáveres destripados que yacían en las calles. (Un poco más de 100 muertos fue el saldo final de toda la campaña desde su inicio). Tras un corto recorrido llegó hasta la gobernación junto con Flores, descendió de su jamelgo y tomó posesión del edificio, el último bastión que restaba por conquistar en su larga lucha por el poder.

En cuanto encontró una mesa y una silla, pidió que le llevaran papel y tinta para escribir varias cartas: a los triunviros; al comandante del Ejército y a sus generales; al pueblo del Ecuador; a su cuñado y secretario del Gobierno provisorio, y a sus amigos incondicionales. "La campaña ha terminado. Los dos buques de guerra y las lanchas cañoneras del enemigo se entregaron ayer..." La euforia de García Moreno era incontrolable. Caminaba de un lado a otro, daba instrucciones para que sus fuerzas ocuparan los sitios estratégicos de la ciudad, y para que se persiguiera y pasara por las armas a todo aquel que no se rindiese. No sentía el cansancio de meses enteros de duras batallas e intensos combates. Su cuerpo, de carnes secas, enjutas, no mostraba las huellas de las guerras libradas, sino el resplandor de la dicha inigualable que produce la victoria. Luego de impartir algunas instrucciones, pese a no haber descansado un solo minuto durante las últimas veinticuatro horas, cabalgó junto a Flores y a un grupo de oficiales, para dar un vistazo a la ciudad y asegurarse con sus propios ojos de que no quedaba ni un solo soldado enemigo. Luego de tres horas de cabalgata y después de que Flores le persuadiera de regresar, por cuanto era evidente el triunfo total sobre las fuerzas de Franco, volvieron a la gobernación donde les esperaba el almuerzo. Tras comer apurado un plato de pescado con mariscos, pidió que le preparasen una habitación con un catre para descansar "un par de horas". Antes de la puesta del sol se levantó, tomó su caballo y fue a visitar a su madre. Conversaron varias horas tendidos en sendas hamacas, colgadas en el balcón que miraba la ría. Soplaba el viento. Olía a río y a plátano asado. Pasó la noche con su madre y sus hermanas, en la misma casa donde había vivido los años de su niñez. A la madrugada del día siguiente, partió junto con Flores a Quito.

Ya nada lo detendría hacia la jefatura del Estado. Derrotado Franco, no había más obstáculo. ¡Había llegado a la cima! Había alcanzado su sueño tras largas, arduas y aventuradas batallas. No cumplía todavía cuarenta años de edad y había llegado al poder, había demostrado tener valor, audacia y una férrea voluntad para alcanzar sus objetivos. La victoria militar de Flores había significado el triunfo político de García Moreno. La lucha para derrotar al militarismo —del mismo Flores, de Urbina, de Robles, de Franco y de todo su entorno de uniformados que pretendían tomar el poder por la fuerza— había requerido del temple y el ímpetu de alguien como él, provisto, además, de una obstinada e inquebrantable persistencia. Se propuso ganar la guerra a toda costa, y lo logró tras acudir a todos los medios —sagrados y profanos—. Una vez en el poder, sabía que el reto no terminaba allí. Debía ahora batirse contra la ignorancia, la corrupción, la inmoralidad, las taras culturales e ideológicas que azotaban al Ecuador desde la Colonia. Debía luchar contra la falta de instituciones, de recursos económicos, de vías de comunicación, de salud, de respeto a la ley. Debía ahora combatir la desintegración de un país recién nacido —hacía escasos treinta años, en 1830—, y cuya integridad territorial se hallaba amenazada por sus vecinos. Ante la enormidad y complejidad del caos, se proponía gobernar del único modo que concebía posible: con la cruz y el látigo. ¡Religión y Patria!

Sus principales oficiales celebraron la victoria a lo grande: Maldonado, Dávalos y Darquea estuvieron en una gran fiesta en que comieron, bebieron y bailaron hasta el día siguiente, acompañados de decenas de mulatas y negras reclutadas para la gran ocasión. Salazar tomó varias copas de aguardiente; y luego, ya con los ardores encendidos por el fandango, se revolcó con una negra descomunal que lo dejó feliz, extenuado e inapetente por tres semanas. En esos días sus sabuesos le contaron que Franco, que hasta el último momento del combate contaba con el apoyo peruano, pretendía al inicio, en forma secreta, luego ya de manera descarada, consolidarse como presidente del Ecuador para llevar adelante la ambicionada división territorial en la cual Guayaquil, Cuenca y otras poblaciones del Austro y Oriente ecuatorianos, se anexarían al Perú. El triunfo de García Moreno significó evitar el desmembramiento del territorio nacional pretendido por Franco, y constituyó también una victoria sobre las antiguas pretensiones incas de apropiarse de Guayaquil. García Moreno, sin embargo, también había recurrido a los peruanos un año antes de su triunfo sobre Franco, con su petición de armas para tomar el poder. ¿Qué hubiese ocurrido si en aquella ocasión García Moreno lograba su propósito? ¿Habría pagado el favor a los peruanos mediante la entrega de Guayaquil? ¿Era ese el precio acordado con el presidente peruano, Ramón Castilla, a cambio de su ayuda para lograr el triunfo? Hacía cientos de años, los incas habían conquistado un extenso territorio y dominado gran parte de las regiones que hoy se conocen como la República del Ecuador. También, a inicios del siglo XIX, los peruanos intentaron tomarse Guayaquil bajo la batuta de José de San Martín; fue Bolívar quien disuadió al argentino de proseguir con tal idea, aunque luego de pocos años de este último episodio, los peruanos, una vez más, intentaron alcanzar el sueño que Sucre, el gran mariscal de Ayacucho, frustró al derrotarlos en la batalla de Tarqui.

La larga guerra había descuartizado al Ecuador. Si antes de conformada la República, el Ecuador era una utopía que debía estructurarse con la unión de varias regiones muy disímiles, ahora, treinta años después de esa quimera, como consecuencia de la guerra civil, la República estaba más dividida que cuando había nacido. Guayaquil, por un lado; Quito, por otro; Cuenca y Loja, más allá todavía. Los odios y las diferencias regionales habían recrudecido. Los intereses de quienes detentaban el poder o la riqueza debían reacomodarse a la nueva situación. La frágil idea de una sola nación, sólida y fuertemente cohesionada, era ahora más que nunca un sueño que solamente un espíritu visionario y poderoso podría soñar. ¿Pero, era ese el sueño de García Moreno? "La República debe ser considerada como una sola familia […]. (El Ecuador) debe dejar de lado sus preocupaciones e intereses provincialistas".

Exhaustas las arcas fiscales luego de la larga guerra, no había obra pública, escuelas, hospitales, caminos; el poco dinero que obtenía el fisco era destinado a recompensar los aportes económicos que la población (Iglesia y terratenientes, sobre todo) se había visto obligada hacer por medio de los empréstitos forzosos, para financiar la inmensa maquinaria que ganó la guerra. Las ciudades, empobrecidas, abandonadas y descascaradas, escupían la pestilencia de la sangre, el terror y la desesperanza. Puentes destruidos y sembríos desolados completaban el siniestro panorama. Las campanas de las iglesias repicaban al compás de las tristes almas que acudían a los templos a implorar a Dios mejores días.

De regreso a Quito, ya recompuesto de los avatares amatorios, y dispuesto a emprender en otro, el teniente coronel Salazar pasó por Bodegas a visitar a la madre de su hijo, Francisco Sánchez. Recostado en su generoso y tibio regazo, Salazar le contó sus penas: que había combatido en las filas de García Moreno para derrotar a Franco y encumbrarlo al poder; que se sentía mal de haber luchado en sus huestes porque había ayudado a entronizar al mismo demonio; que se arrepentía de haberlo hecho, porque era un sujeto ambicioso, temible y sanguinario; que en medio del fragor de la batalla de Guayaquil, había estado siempre custodiado por una decena de hombres que le protegían de una "bala perdida", pues entonces ya temía que alguien quisiera matarlo; que su mirada en medio de los cañonazos y las balas denotaba una alegría satánica, como la del lobo hambriento que se regocija con las tripas que devora; que no sabía si la euforia posterior a la batalla obedecía al triunfo conseguido, o a la venganza, o al odio; que García Moreno le daba miedo; que desde que lo conoció había sentido que era un sujeto temible; que pronto sería el presidente, que se impondría sobre los otros triunviros y sobre Flores, y que entonces ejercería un poder monstruoso, monstruoso como él... Tras unos breves instantes y un par de suspiros, ella le dijo desde el fondo de su sabio corazón de madre: la mejor forma de cuidarte de él es estar a su lado. Acércate, simula ser su amigo, adúlalo, dale lo que quiere recibir y dile lo que quiere escuchar. De esa forma te ensalzará y devolverá con creces tus dádivas.

31

Al día siguiente, a primera hora de la mañana, el "Querubín" Polanco fue a la casa del general Francisco Javier Salazar. Que el general estuviese en pantuflas y puesto una bata de cama no impidió que encontrasen un lugar reservado para hablar en forma abierta.

—Me he reunido varias veces con los jóvenes liberales que traman el golpe —confesó Polanco—. El plan de acabar con la tiranía va viento en popa.

—¿Y cuál es el plan? —inquirió Salazar al tiempo que imprimía a su voz un acento que disimulaba su curiosidad.

—El plan es acabar con la vida de García Moreno y, una vez muerto, soliviantar a la tropa contra el Gobierno para deponer a todos sus compinches. Luego, ante el vacío de poder, impulsar a que se llame a nuevas elecciones —respondió Polanco sin dejar de escudriñar los ojos herméticos de Salazar.

—¿Y cómo piensan matar a García Moreno? —inquirió el general mientras miraba hacia la ventana, como si lo que preguntaba, y la respuesta, no le interesaran en demasía.

—Todavía analizamos la manera más adecuada de hacerlo —respondió Polanco—. Lo que tenemos claro —agregó— es que no podemos fallar.

—¿Y cómo van a sublevar a las tropas? —preguntó el general.

—Tenemos el respaldo de varios militares que están dispuestos a encarar la revuelta. Por cierto, entre ellos no está mi hermano, el coronel.

—Bien —dijo Salazar—, avísame cómo van las cosas, pues si el golpe logra su cometido se debe preparar la transición hacia nuevas elecciones. ¿Ya sabe Borrero de los planes?

—Anoche le escribí un mensaje cifrado que esta mañana he despachado. Espero que le llegue en pocos días.

Polanco confiaba en que Salazar apoyaría el golpe contra García Moreno y a favor del cuencano Borrero, por lo que no dudó en contarle cuáles eran los planes, a pesar de que el complot desplazaría al propio Salazar del Ministerio que ocupaba. Nuestro único propósito era terminar con la desalmada dictadura, sin cálculos interesados respecto de su sucesor. La oculta ambición de

Polanco –respecto de encumbrar a Borrero- manchaba su participación en el complot.

Pocos minutos después de que Polanco salió de la casa de Salazar, el comandante Sánchez golpeó esa misma puerta.

—Polanco ha hecho lo mejor que podía hacer —dijo el general en tono triunfante—. No te delató, no mencionó tu nombre como el militar que apoya el golpe. Me dijo que tenía el apoyo de varios militares, sin dar el nombre de ninguno. Por supuesto que tampoco le pedí ni le pediré nombre alguno. El hecho de que yo no sepa de tu participación en el golpe, según cree Polanco, permite situarme lejos de la escena y manejar los hilos sin descubrirme. Así podrás hacer lo tuyo sin que Polanco, ni ninguno de los conjurados, ni nadie, sospeche que estoy detrás de todo. Eso nunca debe saberse, eso nunca se sabrá.

Pocas horas después de la visita al general, el "Querubín" Polanco se reunió con el grupo y les contó de su charla de la noche anterior con el comandante Sánchez:

—El milico lo quiere bien muerto, esa es su condición para sublevar el cuartel.

Las palabras de Polanco les hizo percatarse de que el plan para acabar con la vida del tirano, ya no era solamente una utopía, sino que comenzaba a ser realidad.

—Lo grave de fallar en el intento —dijo Andrade— es que el mismo Sánchez nos perseguiría para que no revelásemos que él prometió sublevar al cuartel.

—Yo no sé si podamos dominar y matar a la bestia —dijo Cornejo—, pues yo, al menos, el único crimen que he cometido en mi vida es bajarme un pájaro con una catapulta. ¡No podemos fallar, nos fusilarían!

—No vamos a fallar —dijo el "Colorado" Moncayo en tono firme— porque vamos a planificar todos los detalles y lo vamos a hacer todo muy bien. Lo que ahora me preocupa es otra cosa: qué va a pasar después de que el tirano esté bien muerto. Sánchez ha dicho que el cuartel se sublevará. ¿Qué significa eso, cuál es el alcance de esa expresión? ¿Significa, acaso, que el cuartel se rebelará contra quien quede encargado del poder tras la muerte del tirano?

Si es así, ¿significa entonces que los militares tomarán el poder o, tal vez, que llamarán a nuevas elecciones? Si tomasen el poder los militares, ¿a quién designarían como nuevo presidente? ¿A otro militar? ¿A Urbina, o a quién? ¿Hay alguien detrás de Sánchez? ¿Acaso Sánchez trabaja para alguien, tal vez lo hace para el desconocido beneficiario del tiranicidio? ¿Cuál es el interés de Sánchez en sublevar la tropa, para qué quiere hacerlo? Si es que Sánchez no trabaja para nadie y, simplemente, permite el tiranicidio porque odia y teme al tirano, como se lo ha dicho a Polanco, y luego subleva la tropa para evitar que los seguidores del tirano sigan en el Gobierno, entonces promovería la realización de nuevas elecciones. Si es así, cosa de la que dudo, estamos bien, pues en aquel momento habremos logrado nuestro propósito ulterior; porque nuestra intención no es matar al tirano, sino liberar al país de la tiranía para que se efectúen elecciones libres y democráticas y entonces sí, tal vez, las urnas deberán decirlo, los republicanos liberales accedan al poder. Me pregunto también si Sánchez, sabedor de que hemos tramado y ejecutado un crimen ¿acaso va a dejarnos impunes? ¿No se lo va a contar a nadie? ¿Tampoco lo hará después, cuando los vientos cambien de dirección?

Un silencio sepulcral se instaló en la habitación. El grupo de conjurados escuchaban a Moncayo con total atención, aunque estaban estupefactos por las implicaciones de lo que planteaba. Luego de unos instantes Moncayo prosiguió:

—Dudo de que las intenciones de Sánchez sean puras y santas. Cuando dice que sublevará al cuartel solamente el momento en que el tirano esté muerto y enterrado, es porque existe un objetivo posterior a su muerte..., es porque a él le interesa su muerte. Cuando nos dice, si no lo matan no me sublevo, es porque Sánchez tiene una razón ulterior. Nos pone como condición matarlo para luego sublevarse. Algo trama, algo que no logramos vislumbrar.

—Lo importante —dijo Polanco— es que Sánchez parece ser un hombre de confianza. Sánchez no va a impedir que matemos al tirano; no va a delatarnos; él y sus 500 soldados no nos van a perseguir. Nuestro primer objetivo es la muerte de García Moreno.

De acuerdo. Pero ¿para qué? Nosotros también tenemos un para qué.

Hizo una pausa en que miró a todos unos instantes y continuó.

—¿Para qué queremos su muerte? Para que el tirano y su tiranía desaparezcan de este mundo y podamos no sólo vivir libres de su opresión, sino también para que otros, que no sean sus seguidores, puedan libremente acceder al poder. Esa es la razón por la cual Sánchez se sublevará una vez que el tirano esté bien muerto. Y ese también es nuestro propósito, que los garcianos, los Ascázubi, los Del Alcázar, los Carvajal, los Herrera, los León, los godos, los monárquicos y la Iglesia no sigan en el trono. De momento, no nos debe importar mucho si Sánchez trabaja para alguien, pues nos basta saber que trabaja contra alguien, y ese alguien es el tirano. Si les parece, me reuniré con Sánchez para decirle que estamos dispuestos al tiranicidio si nos garantiza que cuando hubiese muerto sublevará a sus hombres contra los sucesores de García Moreno, para que la teocracia no siga al mando, y sea posible llamar a nuevas elecciones. Si en ese sentido Sánchez nos da su palabra, entonces sí se cumplirá nuestro objetivo fundamental, "ulterior", como dice el "Colorado" Moncayo. —Debemos aclarar con Sánchez —dijo Andrade mientras levantaba su voz y agitaba sus manos— cuáles son sus intenciones cuando dice "sublevar" el cuartel. Eso me parece fundamental. Y, además, —continuó en voz más baja— pienso que el mejor seguro para que Sánchez no nos delate cuando cambie la dirección del viento, conforme a la metáfora empleada por el "Colorado" Moncayo, es que también nosotros podríamos delatarlo.

—¡Eso será si el hijo de puta de Sánchez no nos ha descuartizado antes! —concluyó Cornejo.

32

Gris como panza de burro, así estaba el día en que las tropas de García Moreno retornaron a Quito luego de la batalla de Guayaquil que acabó con Franco y despejó su ascenso al poder. Ese lluvioso 1 de octubre, García Moreno restituyó a Flores sus antiguos privilegios, haciendas y empleo, perdidos quince años atrás en la revolución que lo echó de su cargo, y lo nombró general en jefe del Ejército, con carácter vitalicio.

Un muy alto precio pagó García Moreno a Flores por haberle entregado en bandeja la Presidencia de la República. Por cierto que las canonjías concedidas al diestro general salían de las empobrecidas arcas fiscales. Pero la recompensa no podía ser otra, pues, en caso contrario, el venezolano pretendería la mismísima Presidencia. Y era justamente eso lo que García Moreno no estaba dispuesto a conceder ni por todo el oro del mundo pues esa corona por la que tanto había luchado le pertenecía solamente a él.

Un día después de que "comprara" a Flores su lealtad, y de que reimplantara la bandera tricolor en vez de la celeste y blanca que había sido impuesta desde la caída del venezolano en 1845, García Moreno decretó el regreso de los jesuitas, que habían sido expulsados por Urbina, y a quienes en su momento había defendido a través de un furibundo libelo que le otorgó el eterno reconocimiento de los hijos de Loyola. Otra medida, también en la línea de cortejar a la Iglesia católica, y, de paso, lograr su milagroso amparo, fue declarar, por decreto ejecutivo, a la República del Ecuador "Bajo la protección especial de Nuestra Señora de las Mercedes".

El 29 de diciembre de 1860, desde Guayaquil, García Moreno le escribía a Flores: "He tenido un mal día. No he tenido carta de Ud, ni ha llegado el vapor, ni en Bodegas había desde ayer con qué racionar a las cuadras, ni tengo tranquilidad desde que recibí las alarmantes noticias de que quedaba mi hija Carmencita, una de mis hijas adoptivas, en peligro inminente de morir. Estoy tan afectado que ya no sé lo que me interesaba comunicarle, y como es tan tarde no puedo detenerme a recordar lo olvidado. En fin, concluiré esta extraña carta diciéndole que el ruido de la oposición ha pasado por ahora, y todo marcha bien por aquí. Me siento un poco mal. Sírvase saludar ferviente a la Sra. y a las Srtas....".

A fines de ese año, el coronel Salazar veía cada vez con más claridad y mayor preocupación el inminente ascenso de García Moreno a la Presidencia de la República. Flores sería nombrado presidente de la Asamblea; la "transacción" quedaría arreglada con la designación de García Moreno al frente del país. Sus antiguos temores sobre su codicia por el poder ya no eran una invención, un sueño delirante, el producto de su calenturiento instinto; ahora se tornaban realidad; estaba clarísimo quién sería el bienaventurado.
Uno de aquellos días, Salazar fue a hablar con su querido amigo, el entonces general en jefe sempiterno, Juan José Flores. Salazar le reiteró al hombre fuerte del Gobierno —un semidiós por aquellos días, porque el dios era García Moreno— la profunda admiración y afecto que sentía hacia él y su familia, en especial hacia su hijo Antonio. (Sabía que Antonio era el preferido de Flores, y que aspiraba que su dilecto hijo llegara pronto a la Presidencia de la República). Y mencionó, también en forma astuta, que apoyaría, de ser necesario con su vida, el ascenso de su hijo al poder. Pocas semanas después, como era de esperar, Salazar recibió el premio a su declaración de amor incondicional: fue ascendido a coronel, mediante un decreto expedido por García Moreno desde Guayaquil, "Atendiendo a los importantes servicios y al denuedo y pericia con que (el teniente coronel Francisco Javier Salazar) se ha conducido en la campaña y principalmente en la toma de esta plaza...". Estaba feliz. Navegaba viento en popa: tenía treinta y seis años de edad y ya era coronel, y tenía una muy buena posición en el Ejército. Sus hermanos, sobre todo Luis Antonio, eran muy cercanos al presidente; todos ellos eran considerados hombres de talento y tenían peso e influencia en la vida política del país.

Por aquellos días se conoció una carta que había dirigido García Moreno a Flores, en la que, temeroso de que su designación de Presidente pudiera ocasionar el rechazo de franquistas y urbinistas —pues algunos de ellos quedaban todavía en varias ciudades del país—, prefería que se nombrara a su cuñado, Manuel Ascázubi, Presidente de la República, y a él, Gobernador de Guayaquil. Desde esa barricada escardaría a la ciudad de sus opositores y luego, ya libre de enemigos, llegaría a la Presidencia. Esta audaz jugada permitiría, además, disimular sus verdaderas intenciones políticas frente a sus compañeros triunviros y a otros allegados al todavía Gobierno provisional.

No obstante sus "buenos propósitos", la idea no prosperó y unos días más tarde se llamó a elecciones para la conformación de una Asamblea Constituyente. Era la primera vez que la elección de los diputados se la realizaría conforme al peso de la población que tenía cada provincia, en lugar de tomar en cuenta, como era hasta esos días, la igualdad de representación para cada una. Este cambio en el método de integrar la Asamblea, propuesto por García Moreno, si bien era más democrático, también favorecía a su afán de alcanzar la Presidencia en las próximas elecciones, y a su necesidad de tener supremacía en la Convención, pues los representantes de Quito, y de la Sierra en general, harían mayoría frente a los de Guayaquil y la Costa. Era también la primera vez en que el sufragio se lo ejercería en forma directa y universal.

La Asamblea Constituyente se reunió a inicios de 1861, y nombró su presidente a Flores; y, presidente interino de la República, a Gabriel García Moreno. "Las dos comunicaciones manifiestan que, por unanimidad, la Convención Nacional me ha honrado nombrándome presidente interino y negándose a admitir la renuncia que con anticipación dirigí…".

Electo presidente interino, García Moreno viajó de inmediato a Guayaquil donde se dedicó a rastrear contrincantes y a evaluar el grado de peligro que todavía constituían los peruanos, toda vez que Castilla, "busca pendencia, no tanto para hacernos la guerra, sino para molestarnos con bloqueo y reforzar en el Perú su vacilante situación". Como había previsto, permaneció en el puerto tres meses, durante los cuales barrió a sus enemigos políticos: "No queda más arbitrio que remitirlos a Macas. Si la Convención no establece el juicio militar verbal para los delitos de esta especie, los conspiradores nada tendrán que temer en lo sucesivo, y la sociedad será víctima de la cobardía de los jueces y de la impotencia de las leyes".

La Asamblea Constituyente, presidida por Flores, decretó el inicio de la construcción del "Ferrocarril del Sur" que uniría Quito con Guayaquil, pasaría por Bodegas, y avanzaría hasta Cuenca, Santa Rosa y Zaruma. El Gobierno también decidió la construcción de varios caminos y de la carretera que uniría Quito con Guayaquil, —ideada por Flores cuando era presidente—, y que debía tener "el ancho de tres carretas". "Más de 250 kilómetros, 90 sólidos puentes de cal y canto y cerca de trescientos acueductos de la misma clase cuenta nuestra hermosa carretera del sur, la cual, a fines de 1872, quedará enteramente concluida". La Asamblea resolvió la creación de los colegios públicos "Olmedo", en Manabí, y "Bolívar", en Ambato.

A pesar de las buenas intenciones de la Legislatura, no había un centavo para concretar las obras del ferrocarril y la carretera, aunque sí, unos pocos "reales" para poner las primeras piedras y avanzar unos pocos metros. (La carretera a la Costa apenas avanzaba a un ritmo de 90 metros por mes). Los buenos propósitos de grandes y necesarias obras naufragaban por la triste realidad de las arcas vacías, por la absoluta incapacidad técnica para emprender tan monumentales empresas, por la topografía tan compleja y hostil, e inclusive, por la oposición de algunos terratenientes. "Ellos quieren que los ángeles construyan las carreteras mientras que tienen mano de obra barata y abundantes peones para incrementar sus negocios", pues consideraban que disponer de carreteras implicaría darles facilidades a sus trabajadores —casi esclavos indios— para abandonar las tierras donde trabajaban. Los grandes proyectos —necesarios, loables— se transformaron en meras utopías porque, además, los escasos ingresos del Estado, que provenían de los impuestos a la exportación de cacao (en menor medida del caucho, café, cascarilla y sombreros), de los diezmos, y del monopolio del aguardiente y la sal, se esfumaban en el pago de salarios y suministros a la burocracia militar y civil, en el pago de la parte correspondiente a los diezmos al papa, y en el pago de la deuda inglesa.

Mientras, por un lado, las decisiones del flamante Gobierno propugnaban la comunicación y el transporte entre las principales ciudades para impulsar el libre comercio, las exportaciones y la educación, "No debemos descansar hasta que cada parroquia tenga al menos una escuela", por otro lado se perseguía a los curas lujuriosos, amancebados y borrachos (se los desterraba a la selva amazónica, lo cual significaba su muerte segura) y se persistía en la idea de entregar el Ecuador a Francia: el "Reino Unido de los Andes" se llamaría el nuevo Estado propuesto por García Moreno, y que el exjefe supremo desterrado en Lima, general Guillermo Franco, combatía y tildaba como "traición a la patria". Francófilo a morir, detestaba los límites que la democracia imponía, y pugnaba por un "Reino Unido" donde un monarca europeo arreglara el caos que vivía el Ecuador, y que vivían los países de la América española. Su propuesta se extendía a los países de la región andina donde se vivían las mismas desgracias —la pobreza, la ignorancia, el militarismo y la anarquía— y cuya solución, según su quimera, residía en un gobierno monárquico absolutista, donde la voluntad del rey no tuviese más límites que sus propios humores.

El ejercicio del gobierno, a su manera, autoritaria y centralista, represiva y controladora de todo el Estado, no le resultaba tan fácil como había pretendido: las fuerzas provincialistas o regionalistas que conformaban la Asamblea (Flores, presidente de la Convención tenía intereses en la Costa, en tanto que Mariano Cueva, vicepresidente, los tenía en Cuenca) pugnaban por sus propio modelo, más de corte federal a la usanza liberal de la época, "Las comunidades se retenían sus impuestos locales [...] para la construcción, conservación y desarrollo de la obra pública...", y propugnaban la soberanía popular y la libertades individuales, todo lo cual contradecía el temperamento y el anhelo político de García Moreno. No podía nombrar a todas las autoridades provinciales, únicamente a los gobernadores, pues los jefes y teniente políticos serían elegidos tras realizarse sufragios populares, y, lo que más le enfadaba era que no podía controlar el presupuesto de las provincias, conforme a la nueva ley de municipalidades expedida por la Convención. Al sentirse maniatado y con límites, afirmaría en tono de amenaza: "Si debo escoger entre salvar a la nación o irme por encima de la Constitución, no vacilaré en escoger al país".

33

García Moreno repetía a voz en cuello "Hay que fusilar a pesar de la Constitución". Ninguna ley, ni tampoco la Carta Magna, podía limitar su voluntad. Nada la había coartado nunca; nada podía restringirla ahora. Su arraigada concepción de que las leyes no estaban para impedir que se hiciera "lo que hay que hacer", constituía una clarísima señal de que estaba por encima de la ley, al estilo del absolutista monarca Luis XIV, que repetía "El Estado soy yo". Coherente con el rey de Francia, García Moreno era el juez supremo de las acciones de los hombres: los condenaba al látigo, a los grilletes, al destierro o directamente al patíbulo, sin importarle un rábano lo que dispusieran las leyes.

Una tarde indecisa, en que el sol resplandecía y luego se escondía, en que el cielo se nublaba y después el sol volvía a brillar, circuló un ejemplar de un periódico satírico publicado esos días en forma clandestina en Quito, denominado *El Duende*, donde se calificaba a García Moreno de: "Monstruo de opresión, aborto infernal, hijo espurio de la Patria, estúpido tirano".

En una carta interceptada en esos días, fechada en enero de 1861, dirigida a Flores, García Moreno afirmaba: "Dios nos libre de que la Convención vaya a dar, a pretexto de una cruel y funesta clemencia, amnistía para los enemigos de la Patria".

Reunida la Asamblea de la que Flores era su presidente, García Moreno fue designado, el 10 de marzo de 1861, en forma casi unánime —un voto fue dado a Pedro Carbo—, presidente constitucional de la República del Ecuador. En medio de estridentes aplausos y gritos de apoyo, Flores, su antiguo archienemigo, le ciñó la banda presidencial. Su posesión y juramento lo hizo en la Catedral de Quito, rodeado de toda la pompa, sus allegados y el clero. Apenas había cumplido cuarenta años de edad. En su discurso de posesión, en el que presentó su programa de gobierno (muy similar al elaborado años atrás por Rocafuerte) expresó sus propósitos: "… Moralizar un país en que la lucha sangrienta del bien y del mal, de los hombres honrados contra los hombres perversos ha durado por espacio de medio siglo, y moralizarlo por medio de la represión enérgica y eficaz del crimen y por la educación sólidamente religiosa de las nuevas generaciones; respetar y proteger la Santa Religión de nuestros mayores y pedir a su influencia benéfica la reforma que las leyes y los gobiernos no pueden conseguir por sí solos…".

García Moreno era ya el presidente constitucional de la República. Lo había logrado tras años de esfuerzo denodado, tras años de incansable lucha, en la que usó todas las armas: la zancadilla para deponer a Robles; las carabinas del Ejército quiteño y los machetes de los pastusos para imponer el Triunvirato; el fuego iracundo contra los soldados durmientes de Mocha; el látigo de siete cueros anudados contra Ayarza; la alianza apátrida con el presidente peruano Castilla; las cartas a *monsieur* Trinité; las cartas a *monsieur* Fabre; el pedido de socorro a los granadinos, y, por último, la sagaz asociación con su enemigo Flores. En su lucha por conquistar el poder, "gracias a la protección bondadosa de la Divina Providencia", García Moreno había demostrado ser astuto, desvergonzado y codicioso, una fiera indómita cuya índole lo tornaba en un ser invencible.

Ya en su casa, todavía con la banda presidencial ceñida a su pecho y aferrado al bastón de mando, caminó en silencio hasta su cuarto, iluminado por ocho candelabros de tres velas cada uno. Bajo el resplandor venerable que produce el titilar de las llamas, hinchó su pecho y se miró al espejo: la figura que reflejaba la brillante obsidiana era, al fin, la anhelada; era, al fin, la excelsa, la gloriosa imagen suya, la que quería ver, y ahora por fin observaba; y era, además —y esto lo llenó de dicha y satisfacción—, la imagen que ansiaba que todos adoraran.

Uno de los primeros decretos expedidos por García Moreno ordenaba la confiscación y embargo de bienes (en las provincias de Guayas y Manabí) y la nulidad de los contratos y concesiones hechos en épocas de Franco y de Robles. Muchos atropellos se dieron al despojar de sus haciendas a los partidarios de Franco y entregárselas a los secuaces del primer mandatario. Por aquellos mismos días, y tal vez como reacción a la medida, ocurrió un débil y tímido intento de deponerlo del Gobierno y entregárselo al liberal guayaquileño Pedro Carbo. Sin embargo, no prosperó la iniciativa, por temor a las feroces venganzas que emprendería contra sus opositores. "El crimen infama sólo al criminal, mientras la tolerancia del crimen y la impunidad que se le concede deshonraría en masa al Ejército y al Gobierno". También por aquellos días hubo algunas acciones de nepotismo por parte de García Moreno: a su hermano, José, lo nombró jefe general de Policía; a su otro hermano, Miguel, administrador de sales en Bodegas; y a Manuel, su hermano cura, vicario capitular y gobernador del obispado. ¡La familia estaba instalada donde están los mecanismos para ejercer el poder: en la represión, en el dinero, y en el confesionario!

El flamante presidente García Moreno, junto con la Asamblea que presidía Flores, determinaron cambios en la Constitución: la próxima elección, que sería cuatro años después, en 1865, se la realizaría mediante sufragio universal; la católica sería la religión oficial y única del Estado, con exclusión de las demás; se suprimían las condiciones sociales y económicas antes requeridas para ejercer los derechos de ciudadanía, y, además, se ratificaba lo dispuesto en la Constitución de 1852, en lo relativo a la abolición de la pena capital para los delitos políticos.

Por aquellos días, García Moreno decretó una reforma al Código Penal, cuyo artículo 161 dispondría: "La tentativa para abolir o variar en el Ecuador la religión católica, apostólica, romana, será castigada con Pena de Muerte". Otro artículo reformado, el 162, determinaba la pena de: "3 a 6 años de cárcel e igual tiempo de extrañamiento después de haber cumplido la condena, a quien celebrare actos públicos de un culto que no sea el de la religión católica".

A fin de incrementar los ingresos del Estado para financiar las obras públicas, García Moreno pretendió transformar el trabajo subsidiario —que suplantaba a las antiguas mitas— en aportaciones en contante y sonante. Su idea encontró gran oposición en los Gobiernos provinciales —que él no designaba, sino que eran elegidos libremente—, pues aducían que esos dineros servían para la realización de obras locales. Como alternativa para mejorar las finanzas públicas procuró reducir el Ejército y crear, alternativamente, un sistema de Guardia Nacional que actuaría en casos de emergencia. Pero ocurrió que las dos guerras que había librado con Colombia durante su primer gobierno, tiraron al tacho sus buenas intenciones. Pensó entonces en recurrir al endeudamiento externo, pero ni Inglaterra ni Francia, una vez requeridos por el ministro Antonio Flores Jijón, estuvieron dispuestos a arriesgar su dinero al entregarlo a un país tan volátil e impredecible como el Ecuador. Como último recurso, dispuso la emisión de papel moneda —sin respaldo en oro—, con la sola garantía del Gobierno. A su vez, el banquero Luzárraga, rico comerciante de cacao, prestó dinero al Estado, pues en aquel entonces los bancos privados tenían la facultad de emitir moneda, ante la inexistencia de un banco nacional que cumpliera ese propósito. (Años más tarde, en 1868, se crearía el Banco del Ecuador, uno de cuyos accionistas sería Pedro Pablo García Moreno; y, en 1871, el Banco de Crédito Hipotecario, ambos privados).

Ya en la Presidencia, García Moreno batallaba sin piedad contra las personas que juzgaba como "alejados del camino del Señor"; quería moralizar —imponer sus principios— con todo el rigor del látigo, y pretendía ampararse tras la cruz de la Iglesia para ocultar los excesos que aplicaría en su devota cruzada. "El trabajo y la instrucción, apoyados en la práctica de las virtudes cristianas, arrancarán a la corrupción las víctimas que les preparan en toda la sociedad el ocio y la miseria". Creía saber quiénes eran los buenos y quiénes los malos; bajo esa visión maniquea estaba convencido de tener el permiso y la aquiescencia de su dios para arrear a patadas a los inmorales. (Los borrachos y los adúlteros eran quienes sufrían las mayores persecuciones; gente de toda condición social era sancionada con multas que constituían una especie de "impuesto al pecado"). "En la guerra santa contra la embriaguez y el comportamiento disoluto, yo les apoyaré con toda mi fuerza". Cuadrillas de curas recorrían el país para hacer largas listas de personas que vivían en concubinato y a quienes se exigía contraer matrimonio. Las uniones libres eran muy frecuentes entre los indios, de modo que ellos eran quienes más sufrían las sanciones. Las prostitutas eran perseguidas, expatriadas o enviadas al reformatorio conocido con el nombre de El Buen Pastor. Los homosexuales también eran perseguidos, llevados a la cárcel o, sencillamente, desterrados. Inmerso en las penumbras que dejan las huellas indelebles de la infancia, obraría García Moreno con inmisericorde severidad y con la férrea convicción de que el orden, la disciplina, el castigo y la moral católica, constituían el único camino a seguir para derrotar al caos y a la anarquía en que vivía el país.

34

¡No podía creer cuando me contó que a sus diecisiete años casi se hace cura! Como doña Mercedes, su madre, ya había metido a uno de sus hijos al convento, quiso hacer lo mismo con él, motivada por algunas razones que se las repetía en forma constante en las cartas que le escribía: que por sus venas corría la sangre de los Moreno que eran o habían sido eminentes sacerdotes; que dedicar la vida a caminar por el sendero de la Iglesia proporcionaba muchas satisfacciones espirituales y, de paso, seguridad económica; que, al no tener fortuna ni abolengo, era un vía crucis ganarse la vida y peor aún "llegar a ser alguien en la vida", y así, argumentos que, como el punzón que usaba Faustino en la talabartería, calaron la mente del joven y aniquilaron su libre albedrío. Su madre lo había convencido de que tomara ese camino. Tanto insistió doña Mercedes que, muy a regañadientes, con disgusto y hasta con cierta animadversión, accedió a tomar la senda del Señor. Pero muy pronto, al no ser suya la idea, la imposición materna fracasó: una noche, antes de cumplirse un año de haber tomado las órdenes menores (de ostiario, lector, exorcista y acólito), y de haberse hecho la tonsura, cuando le faltaban pocos meses para la ordenación definitiva, sacó la sotana de un cajón, donde la tenía entre naftalinas guardada y doblada sin habérsela estrenado, y se la puso para mirarse frente al espejo y no sólo ver cómo le quedaba, sino sobre todo, para sentir como le quedaba. Parado frente al espejo, ataviado con la negra vestidura, se había sentido "ajeno" a la imagen que el cristal reflejaba, como si aquella persona que veía no fuese la misma que ahí estaba. El insólito desencuentro consigo le obligó a sacarse de inmediato el negro atuendo, pues tuvo una doble y espantosa impresión: primero, repudio a ser realmente el cuervo que el espejo mostraba y, segundo, temor a reconocerse en esa imagen y, finalmente, aceptarla.

Pese a los berrinches, amenazas y lamentos de su madre, descartó la idea unas semanas antes del ritual en que el obispo Garaicoa le impondría los hábitos. Cuando me contó esta historia le pregunté si al ser cura hubiera resultado fácil o difícil manejar su instinto de varón, pues puedo atestiguar que lo tenía, y bien desarrollado. Me dijo que los curas no guardan la castidad prometida; que eso era un cuento; que eso no era un problema; que más bien cuando pensaba en tomar los hábitos, le atraía la idea de vivir en un mundo de recogimiento y retiro; que los conventos eran sitios donde muchas almas retraídas se refugiaban a buscar la paz que no encontraban en el mundo exterior. También afirmó que, sin embargo, esa vida monacal no era la suya, porque desde hacía varios años ya había sentido sus arrestos y su impulso interior hacia el poder, hacia el dominio, que era su meta más codiciada. La vida conventual, además, le hubiese impedido ser aquel ser terrenal que ya latía en su interior y que de joven atisbaba en forma tímida. Al colgar la sotana, decía, resolví también dejar de luchar contra la fuerza irreprimible de mis instintos atávicos y animales, que eran muchísimo más fuertes que yo. Prefirió aceptarse tal como era, sin negar ni reprimir su naturaleza, pues sabía que no podía hacerlo. Al poco tiempo de tomar esa decisión que, decía, fue necesaria para cumplir con su destino que estaba lejos de los altares, se concilió consigo mismo. Ya no rechazó en su fuero íntimo aquello "vergonzoso" que la voz y el látigo de su madre, la moral y la religión, le persuadían a desdeñar; ya no se resistió contra esa parte profundamente humana que tenía, sino que comprendió y aceptó sus instintos, su naturaleza, sus facetas "pecaminosas", y decidió dar rienda suelta a sus caballos salvajes hasta entonces refrenados. Al colgar la sotana también sintió que podía ser dueño de sí; que ya su madre, o las costumbres, o la sociedad, o las normas inclusive, no le impedirían manejar su vida conforme a sus designios. Había cortado el cordón umbilical; ya no tenía cadena que lo sujetase a nada. Era libre. Había conquistado su libertad al decirse sí, al aceptarse tal cual era, al no negarse a sí mismo. Si no eres tú, decía, no eres nadie. Hasta ese día, había caminado tomado de la mano por un sendero previamente delineado. A partir de ese punto se enfrentaba a un precipicio, el de su renacimiento, el que siente el pollo al salir del huevo, al abandonar su sitio seguro, cálido, conocido, y enfrentarse a otro nuevo, inexplorado, amenazante. Con vértigo —decía—, a tientas en un nuevo mundo ignoto y brumoso, me propuse encontrar, solo, solísimo, el camino para lograr, paso a paso, lo que más quería desde el fondo de mi alma, lo que era mi más anhelado propósito: la cumbre.

Antes de dar sus primeros pasos hacia la cima, y a fin de evitar tropezones, se detuvo y se concentró en el lugar donde se sentía seguro, donde podía asentar su bastión: en el conocimiento. Nadie le ganaba en el estudio; era, de lejos, el mejor estudiante. Cuando niño, las tardes enteras en que devoraba libros sentado junto a su hermana Rosario, competía con sus hermanos, todos mayores, en repetir frases enteras aprendidas de memoria. Era el campeón indiscutible: tras leer en dos o tres ocasiones un párrafo extenso, podía repetirlo con puntos y comas. Una cosa es aprenderse una poesía, unas palabras sueltas, refranes o citas; y otra cosa muy distinta es memorizar diez o veinte párrafos, de veinte líneas, de varios textos, más treinta o cuarenta poesías y muchas otras cosas más. Se necesita tener una cabeza muy grande, con mucha capacidad, para conservar todo eso ahí adentro. Él tenía esa cabeza. Leía horas enteras, de día y de noche; aprendía cosas, reflexionaba en ellas; cuestionaba unas, dudaba de otras, y atesoraba hechos, conceptos, fórmulas, pues toda esa manía por estudiar y saber tenía un triple propósito: primero, el conocimiento como tal; segundo, satisfacer su presunción de ser el que más sabe, por vanidad y afán de que su talento fuese reconocido, y, tercero, tener un lugar prominente en la sociedad.

Sabía que para llegar al pináculo necesitaba armas poderosas como el dinero, la alcurnia o la fuerza militar. Él no tenía nada de eso. Pero tenía el poder del conocimiento, de la inteligencia, de la sagacidad, a lo que agregaba el poder de su voluntad de hierro, la fuerza de su impulso vital. Yo no sé quién era Herodoto, pero con frecuencia lo citaba: "El ánimo del hombre es su destino". El presidente logró lo que se propuso por la fortaleza de su carácter, por su denuedo, por su perseverancia. El temperamento se hereda; el carácter se forja, repetía. Él forjó su carácter con la disciplina y constancia de sus horas de estudio. Pero mientras más estudiaba, más se encerraba en sí mismo, más se alejaba de la gente y más lejos estaba de comprenderla. Puedo decir que era insensible a los sentimientos de los otros, porque, es cierto, los demás no le importaban; no se daba cuenta de que en muchas ocasiones sus palabras, sus actitudes, sus gestos, su tono de voz, lastimaban a las personas. Sus ademanes eran secos, determinantes, igual que sus palabras, definitivas, inapelables. La música era una de sus pasiones. Le fascinaba; sabía mucho de la vida y obra de los grandes compositores y le gustaba cantar. Recuerdo que en la iglesia, en misa, cantaba en voz más alta que la de todos, con una voz un poco impostada y aguda, como de tiple, de manera que causaba chiste y resultaba muy difícil contener las risas, aunque lo hacíamos por respeto a la iglesia; pero, sobre todo, por temor a él. Otra cosa era cuando gritaba, que lo hacía con frecuencia; ahí sí chillaba, y era insoportable, porque en el extremo de sus exaltaciones, con los ánimos encendidos por la emoción incontenible, insultaba y decía palabrotas; no escuchaba a los demás, ni escusas ni razones. ¡Ni sí, ni no; aquí mando yo!, decía con frecuencia, mientras golpeaba la mesa, y sus interlocutores agachaban la cabeza y callaban.

Para alcanzar el poder, intuyó que primero debía "alistar las armas del conocimiento", pero sabía que eso no sería suficiente. Con la inteligencia y la ciencia no bastaba. Entonces —decía—, recurrí a los ejemplos de la historia: el mariscal Sucre se casó con la marquesa de Solanda, y el general Flores se casó con la condesa de Jijón. Y en voz todavía más baja me dijo, en tono mordaz: entonces yo, que sólo era un conde, porque después de orinar todo varón esconde, también me busqué una marquesa. No entendí qué me decía hasta que miré sus ojos más pícaros que nunca, porque aunque no reía con la boca, sí lo hacía con sus ojos, y brotó mi risa y también la suya dibujada en una leve sonrisa. El presidente sabía, mejor que nadie, que aquellos que no pertenecen al grupo de gente blanca que domina el país no llegan a ningún lado; si él no hubiera sido uno de ellos, más por su matrimonio con una Ascázubi que por su propio linaje, no hubiera podido ascender hacia la cumbre de la política. Cosa igual pasaba, y pasa todavía, con los curas: son los más blanquitos, los de "buena familia", los que llegan a obispos, ya que los cholos se quedan de cura de pueblo. Sin embargo, no es así con los militares, ya que algunos de tez oscura han llegado a la cima. Claro está que, con los milicos, ascender no es tanto una cuestión de talento, sino de astucia, de valentía, y de contar con poderosos amigos.

Esa misma noche me contó que el primer amor de su vida había sido Juanita Jijón, la hermana de la esposa del general Flores. Juanita era muy bella, decía, tenía un carácter muy delicado y apacible. La visité pocas semanas, escasamente pude apreciar la belleza de su alma y percibir la frescura de su piel de mango. Un maldito día, continuaba, le fueron a Flores con un cuento que me pintaba como un perverso, y por eso me prohibió que volviese a verla. Yo era un muchacho; él era el presidente de la República; me vi forzado a olvidarla. Me afectó mucho alejarme de Juanita, pero me afligió más la humillación que me ocasionó Flores. A Juanita le escribí una poesía, cosa de muchacho enamorado: "Cual ángel la quise, la adoré cual Dios; y ella con caricias, mi pasión premió". El bochorno infringido me causó una honda depresión. Fueron dos garrotazos, decía, ambos durísimos. Me encerré días enteros en mi habitación, y no salí durante semanas. Una noche tomé mi navaja y me rapé todos los pelos de mi cuerpo, los de la cabeza, las cejas, todos. Me miré en el espejo: el cristal reflejaba en sus entrañas la imagen de un hombre desolado. No quería saber nada de nadie; estaba en un pozo. Sentía mucha pena; me sentía humillado por Flores; un vacío espantoso me agobiaba; quería llorar de la ira, de la impotencia, pero no pude llorar; mi padre nos había prohibido el llanto; yo no sabía llorar, nunca lo supe, y si alguna vez lo supe, para entonces ya lo había olvidado, así que apenas logré exhalar un gemido entrecortado.

35

El coronel Salazar sufría un ataque de envidia que horadaba su espíritu, hasta hacer de su vida un inaguantable tormento. Empantanado en una enorme mole de tristeza, salía de ese estado y se encerraba en una cárcel de abatimiento; escapaba de esa prisión y caía en un abismo de aborrecimiento. Lograba emerger de la fos, y se sumergía en una tina de rencor. Su alma estaba putrefacta por la envidia de que García Moreno hubiese llegado a la Presidencia de la República.

¡Qué aversión le producía ese señor! Lo terrible era que, en el fondo de su alma, Salazar creía que García Moreno sí se merecía estar donde estaba, y eso era lo peor; pensaba que realmente se lo merecía porque era el más audaz, el más valiente, el más obstinado, el más "bien casado" de todos, el más rico, el más amigo de los curas, etcétera. Y al decirse todo ello, reconocía que para gobernar el país —con los tremendos problemas que le acosaban—, García Moreno tenía más virtudes que él. Y esa certeza lo aguijoneaba: si no fuera superior como de verdad lo es, pensaba, más que producirme envidia me ocasionaría indignación, porque sabría que la fortuna ha sido injusta y ciega al dar el paraíso a quien no se lo merece.

¿Y su miedo? ¿Y esa inicial inquietud que, poco a poco, se transformó en pavor, en odio y sed de venganza? Salazar pensaba que antes de llegar a la cima, García Moreno constituía una amenaza potencial, casi imaginaria, producto tal vez de su exceso de sensibilidad o de perspicacia; en cambio que ahora, trepado en el Gobierno, ese terror era absolutamente real. Sentía también que el temperamento de García Moreno —autoritario, impulsivo, arrollador— disparaba una alerta a su instinto de conservación que le decía: debo aniquilar a ese sujeto, pues de no hacerlo, él lo hará antes que yo. Ese rumor interior, además, lo impelía y obligaba a buscar la forma de exterminar a su enemigo. Pensaba que el terror que sentía era mucho más fuerte que él; no podía controlarlo, lo vencía, lo subyugaba; se decía que al ser un miedo insuperable, su voluntad se veía constreñida a defenderse del único modo posible. No le quedaba otra disyuntiva que matarlo; no podía hacer nada frente a él; era tal su fuerza y su poder que, inclusive, escuchaba el susurro del pánico que le decía: si quieres salvarte debes liquidarlo; frente a lo cual no podía sino obedecer a ese mandato de su instinto, que le resultaba un imperativo inexcusable.

Cuando, un poco más calmado, trataba de extirpar esa necesidad que sentía de exterminarlo, intentaba convencerse de que tal vez exageraba, se decía que no era para tanto; que si bien García Moreno era un hombre implacable con sus enemigos, bastaba con manejarse con la audacia y el tino suficientes que le permitiesen estar a buen recaudo de sus garras. Pero no, no podía persuadirse a sí mismo, pues pronto el miedo invencible que se alimentaba y engordaba en el repaso constante que hacía de los destierros y fusilamientos que había ordenado, y que hablaban de su crueldad y, en consecuencia, del peligro que corría, lo apretaba hasta ahogarlo, y entonces retornaba a su idea obsesiva de que la única solución era matarlo.

Por aquellos días, Francisco Sánchez, hijo del coronel Salazar, ya era todo un mozalbete. De anchas espaldas, fornido, buen mozo (en eso se parecía a su madre), era perspicaz y disciplinado. La mano protectora de su padre cuidó y guio, con disimulo, sus pasos, cuando muy joven entró al Ejército. Fue destinado al batallón de caballería donde le iba muy bien; lo apreciaban por su buen comportamiento y valentía demostrados en algunos combates, y, además, por ser buen jinete y tener buena puntería.

A sus quince años, de común acuerdo con su madre, Salazar le contó el gran secreto de su vida. Sánchez escuchó atónito, incrédulo y expectante el relato, tras lo cual abrazó por primera vez a su padre; al estrecharlo sintió que, a partir de ese momento, los unía algo diferente, algo más sólido y firme, más íntimo, más tierno y más cercano. Cuando niño, Francisco Sánchez había crecido con la esporádica aunque cariñosa presencia del "tío Francisco", que se suponía era un buen amigo de la familia y a quien el perspicaz niño veía con incierto, desconocido recelo, pues visitaba reiteradamente a su progenitora. El "tío" solía quedarse a veces hasta tres noches de huésped en la casa de su madre, a quien, era notorio, imposible de disimular, el "tío" la quería mucho. Siempre estuvo el "tío Francisco" presente en la vida del infante; incluso le envió, cuando estuvo de viaje en Alemania, una carretita de madera, juguete que por obra de la Providencia llegó en perfecto estado hasta Bodegas.

Una vez revelado el secreto, con tino y con afecto, no quedó en el muchacho huella alguna de resentimiento, pues comprendió que "esas eran cuestiones de hombres", y que conservar por siempre el secreto de su filiación era necesario para que el ascenso mutuo en la carrera militar no sufriese obstáculo alguno. Ambos se apoyarían recíprocamente, argumentaría cada cual los méritos del otro sin que nadie nunca sospechara nada. Sin embargo, ya fuese por aquellas similitudes indisimulables que se dan entre quienes llevan la misma sangre, ya fuese porque ambos tenían la misma forma peculiar de caminar —con los pasos muy cortos, arrastrados, y las piernas muy abiertas—, o por el hecho de que con mucha frecuencia se los veía juntos, o por la simple razón de que "todo se sabe en esta vida", lo cierto es que cuando Salazar era el ministro de Guerra de García Moreno, corría con más insistencia el rumor de que era padre del comandante Francisco Sánchez, jefe del regimiento número uno.

La relación con su hijo —a quien sólo trataba por su grado militar y apellido para guardar las apariencias— era absolutamente buena. Se llevaban muy bien, se tenían gran afecto y plena confianza. El comandante Sánchez tenía un no sé qué parecido a su mamá (que no eran sus curvas ejemplares, por supuesto), que ocasionaban en Salazar un inevitable sentimiento de ternura. Le caía muy bien, le resultaba muy simpático y, cosa curiosa, pese a la diferencia de edad, podían conversar con plena confianza de todo, inclusive de sus sueños, de sus anhelos, de sus frustraciones y problemas, pues el entonces comandante Sánchez era un tipo maduro, que comprendía muy bien las cosas.

Aficionado a las letras, a fines de 1861, Salazar escribió su poema "Werther" que comenzaba así:

La Aurora

Yo le miré; cual húmedo rocío
bañaba sus mejillas flébil llanto
el ¡ay! de la agonía era su canto,
y su albor el pesar triste y sombrío.

36

Una tarde seca, ventosa y fría, del mes de julio de 1875, Moncayo llegó al pueblo de Ipiales, en Colombia, a visitar a Juan Montalvo que se encontraba allí exilado desde hacía algunos meses, pues escapaba del régimen represivo de García Moreno que coartaba la libertad de pensamiento y de opinión, y perseguía de modo implacable a todo aquel que expresara ideas contrarias a su gobierno.

Acompañaba la charla de los dos amigos el fuego de una hoguera alojada en el vientre de una desvencijada cocina de leña.

—Recuerdo —decía Montalvo mientras miraba cálidamente a los ojos del "Colorado" Moncayo— como nació el país al que ahora llamamos Ecuador, y como era la enmarañada realidad que le tocó afrontar al tirano antes de asumir su primer gobierno, allá por 1860, hace apenas quince años. El Ecuador —continuó Montalvo— surgió como República independiente en el año de 1830, al escindirse de la Gran Colombia. Tres siglos antes, los pueblos que después la conformaron habían sido amalgamados a una quimera llamada "Real Audiencia de Quito", por obra de la espada vencedora de España y la doctrina de la Iglesia católica, que impusieron su cosmovisión y sus leyes, su rey y su dios.

Moncayo se acomodó en su silla; sabía que Montalvo, por el tono que imprimía a sus palabras, haría una de sus eruditas e imperdibles disertaciones. De vez en cuando, Montalvo acentuaba algunas palabras para darles una especial significación. Su voz era grave; sus palabras las pronunciaba en forma pausada.

—La naciente República era una nación desintegrada, que requería unirse a como diera lugar —prosiguió Montalvo—. Bolívar, al referirse a Quito, Guayaquil y Cuenca, las había denominado "Tres republiquitas ingobernables", pues muy lejos estaban de constituir una sola nación. Si bien compartían un mismo territorio geográfico, en ellas coexistían desde hacía siglos varias decenas de pueblos, cada cual con su propia cultura, lengua, costumbres, formas de organizarse y gobernarse, de entender el mundo, la vida y la muerte. Ya conformada la nueva República, las tres "republiquitas" pugnaban por tener vida propia e independiente, y caminar de la mano de sus caudillos ambiciosos. A esa caótica situación se sumaban otras realidades externas, que también propendían a su desintegración: desde épocas inmemoriales, el Perú codiciaba Guayaquil por su posición estratégica en el Pacífico, y por la riqueza y fertilidad de la cuenca del río Guayas. Colombia, por su parte, se había apoderado de enormes extensiones de los territorios que conformaban la Audiencia de Quito; y a los inicios de la reciente República, todavía ambicionaba algunas tierras adicionales. Fue el visionario espíritu de Bolívar y el talento militar de Sucre lo que logró, a costa de sangre y fuego, reunir endeblemente los tres territorios.

Moncayo escuchaba. El fuego resplandecía e iluminaba en cada centelleo a esos dos rostros perspicaces.

—En 1861, año de la primera presidencia de García Moreno —continuó Montalvo—, el Ecuador apenas comenzaba a dar sus primeros pasos como República; su Constitución ya había sido reformada algunas veces para acomodar su cuerpo legal a los vaivenes de la política y de los particulares caprichos e intereses de sus gobernantes. Tras el dominio de quince años de Flores —apuntalado en el terror de sus soldados—, y tras un breve entreacto del civilista Rocafuerte, la joven República seguía en la incertidumbre de vivir o morir, por cuanto carecía de las instituciones que la sostuviesen. Su ejército, pobre y mal abastecido, contaba todavía entre sus filas con cientos de venezolanos —como Flores y sus "jenízaros"—, y con centenares de neogranadinos. Muchos de los altos oficiales se consideraban con derecho a la Presidencia de la República, por lo que eran muy frecuentes los cuartelazos para acceder al poder. La mayor parte de la tropa estaba integrada por indios o negros (como los "Tauras" de Urbina), y muchos de ellos eran analfabetos recientemente liberados de su anterior condición de esclavitud. El Ejército estaba supeditado a los caudillos, más que a la Constitución, o a las leyes o a la defensa de la integridad territorial, o a la República.

—Hasta el día de hoy, los militares responden a sus ambiciones y vanaglorias personales, no a los de la patria —expresó Moncayo—. Como conviven con el poder, conocen y anhelan sus encantos. Los militares atentan contra el orden constitucional que más bien deberían salvaguardar.

—El Congreso designaba al presidente de la República, —expresó Montalvo, cuyos ojos parecían mirar a través del tiempo—; no lo hacía el pueblo, vía sufragio universal, y el primer mandatario nombraba a sus ministros de Estado. El Ecuador no vivía en democracia; el Congreso se integraba por una minoría, una elite, como dicen los franceses, de gente adinerada o hacendados, por lo que quedaba excluida la gente pobre que era, como lo es hoy todavía, la abrumadora mayoría.

El incesante ladrido de unos perros desvió su atención; ambos se miraron a los ojos y, como si se hubiesen puesto de acuerdo, se levantaron en silencio a mirar por la ventana. Nada. Sólo el viento que arrastraba unas ramas secas y remecía las copas de unos toctes. Volvieron a sus asientos y a la charla.

—Otro ejemplo del desbarajuste del Estado —continuó Montalvo— era la hacienda, las finanzas públicas: la escuálida economía del país, afectada desde su nacimiento por la deuda de la Independencia, y apenas sustentada por las exportaciones de cacao, se había deteriorado a consecuencia de las guerras internas. No había recursos para invertir en educación, salud o vialidad. Tampoco había una moneda nacional única y de uso generalizado, pues todavía se utilizaban diferentes medios de pago —dinero venezolano, colombiano, peruano, francés, mexicano—, y era muy frecuente la moneda falsificada.

Montalvo interrumpió sus palabras para poner un leño en la hoguera. Caminaba con cierta dificultad; una vieja dolencia lo aquejaba. Moncayo también se levantó de su silla; se acercó al fuego y sopló para avivarlo. Cada cual retornó a su asiento.

—La mayoría de la población vivía, como hasta ahora todavía lo hace —prosiguió Montalvo—, en la más completa indigencia e ignorancia, sometida a esa deplorable situación por el régimen jurídico vigente y, sobre todo, subyugada por la Iglesia católica, que, a través del concertaje, los diezmos y demás perversas estratagemas, promete el paraíso a cambio de la mal disimulada esclavitud. La Iglesia era y lo es hoy todavía, dueña de grandes extensiones de tierras, con indios y vacas incluidas, y ejerce una gran influencia en la vida política nacional. La educación privada, primaria y secundaria, en manos de la Iglesia, no sólo llegaba a muy pocos que podían pagarla, sino que preservaba la ignorancia y el oscurantismo, al divulgar ideas decrépitas que no estimulaban el progreso, ni la creatividad, ni el cambio, ni tampoco favorecían el establecimiento de empresas o industrias. Por el contrario, al considerarse, conforme a la doctrina católica, que la pobreza era una virtud cuya aceptación tendría recompensa en el más allá, no tenía sentido salir de ella, menos aún prosperar y peor aún enriquecerse. Esa educación, castrante y pesarosa, alentaba el fatalismo, la pasividad, la contemplación y la resignación. "Que sea lo que Dios quiera" es el credo mantenido por la Iglesia para fomentar la dominación y la opresión. Para la gente de escasos recursos, que era y es la gran mayoría, había apenas una veintena de colegios públicos, muy mal dotados, sin pizarrones ni utensilios básicos para atender a una población estudiantil creciente. La educación universitaria estaba reservada a poquísimos privilegiados. Se estudiaba derecho, filosofía, teología o medicina. No había oferta de carreras técnicas. Fue Rocafuerte, a partir de 1835, el gran promotor de la educación pública: creó escuelas y colegios; secularizó algunos establecimientos religiosos; abrió las puertas de la enseñanza a las mujeres anteriormente discriminadas de la educación, y organizó la Universidad.

—Hablamos de lo que era el Ecuador cuando el tirano inició sus tres lustros de despotismo —continuó Moncayo—, pero el panorama es igual el día de hoy. Nada ha cambiado en todo este tiempo. Los militares conspiran; la democracia es una farsa; la hacienda pública continúa empobrecida; la educación sigue en manos de la Iglesia, y los curas repiten su mismo discurso oscurantista… ¡Por eso dejé la sotana!

Sí, —continuó Montalvo en tono paternal—, tuviste el valor de romper con la Iglesia. ¡Llegará el día en que el Estado también cuelgue la sotana!… El Ecuador, —prosiguió Montalvo mientras observaba el fuego—, durante sus primeras décadas republicanas, era un país en gestación, sin identidad nacional, sin conciencia de patria, sin fronteras claramente delimitadas. Hubo, en los años del primer gobierno de García Moreno, pretensiones de desmembrarlo, o entregarlo a Francia o a España, como protectorado. Además, el territorio nacional estaba descoyuntado. Viajar de Guayaquil a Quito, de la Costa a la Sierra, cruzar los Andes, tomaba de dos a tres semanas a lomo de mula por inexistentes caminos llenos de peligros de todo tipo. Las pestes recurrentes diezmaban la población y dejaban a su paso un panorama de desolación y abandono.

—Y los incendios en Guayaquil también hacían lo suyo —interrumpió Moncayo.

—Así era el Ecuador de aquellos años y así lo es hoy todavía: desunido, anárquico, empobrecido, amenazado; y esa fue la dura y compleja realidad que le correspondió enfrentar a García Moreno. A veces pienso que únicamente un hombre con su voluntad y su energía, con su claro sueño de hacer una patria unida en un territorio donde sólo había egoísmo y desorden, era capaz de enfrentar una realidad tan terrible. Pero el problema es que se excedió; perdió las formas democráticas de armar el rompecabezas, lo quiso armar a la fuerza, a sangre y fuego. Y si bien la mano dura es a veces necesaria, son los derechos del hombre proclamados en la Revolución Francesa, los que deben guiar el ejercicio del poder y, en consecuencia, limitar el uso de la fuerza, de la represión, de la censura. Hay valores superiores, como la libertad, la igualdad, la fraternidad, la justicia a los cuales los planes y los métodos de gobierno se deben someter. Hoy, tras quince años de despotismo, estamos en la misma terrible situación que el tirano pretendió transformar: los militares están en sus cuarteles y aguardan el momento de dar un golpe y retomar el mando, mientras los frailes aprovechan ese efímero, fugaz recreo. Su despotismo ha servido para dividir todavía más al país, con el agravante de que el Ecuador está ensangrentado —concluyó Montalvo.

—Estamos en la misma situación que García Moreno pretendió cambiar; no hemos avanzado nada; en el Ecuador hay una falta absoluta de respeto por la ley —agregó Moncayo en tono exaltado—. La ley debe ser cumplida por todos. Nada ni nadie puede regir sobre ella. Las normas jurídicas ordenan al Estado, al Gobierno y a los hombres. Si no se las cumplen, todo es un caos, cada cual hace lo que le viene en gana conforme a sus particulares intereses, y sin considerar el bien común. No se debe irrespetar a la ley, como lo hace el mismo presidente de la República. García Moreno infringe la Constitución cuando manda al cadalso a quien se le antoja, sin juicio previo, sin opción a defensa. Infringe la Constitución que consagra el derecho a la libertad de opinión y de pensamiento, cuando persigue a los periodistas o a los escritores como usted, don Juan, que ha tenido que expatriarse y hacer escuchar su voz de manera furtiva. Infringe la Constitución, cuando toma el poder por la fuerza de las bayonetas; cuando manipula al poder legislativo para modificar la Carta Magna y perennizarse en el mando; cuando cambia o deroga las leyes que limitan su avidez por ejercer el poder absoluto; cuando implanta un régimen de terror y opresión… Si García Moreno no da ejemplo de cumplir la ley, no puede exigir que los militares no conspiren ni que los curas no tengan hijos, ni que el pueblo quiera deponerlo. ¿Cómo pretende "moralizar" el país si es bien conocida su propia falta de moral? Se dice católico, va todos los días a misa donde confiesa que ha pecado mucho de pensamiento, palabra, obra y omisión, se da golpes en el pecho mientras dice mea culpa, mea culpa, sigue la homilía de rodillas, cierra los ojos, se confiesa y comulga, pero yo pregunto ¿es acaso una práctica común de un católico, no digo un buen católico, sino simplemente un católico, encarcelar, torturar, expatriar, mandar a las selvas amazónicas o fusilar a sus enemigos políticos? Si así son los católicos, yo no quiero ser de esa secta…, usted sabe por qué dejé las sotanas.

—Uno de los vicios más enraizados que tenemos los ecuatorianos —agregó Montalvo— es la falta de obediencia a las leyes. ¡Qué resabiados somos! He meditado en las razones por las cuales somos tan indisciplinados y he hallado una respuesta muy simple: somos el pueblo más egoísta que ha parido la Creación. Cada cual quiere hacer lo suyo sin considerar al otro, menos aún a la comunidad. Somos ciegos y sordos ante las necesidades del prójimo; no nos interesa ni su vida ni sus sueños, en la medida en que los anhelos de los otros limitan y restringen los nuestros. No conciliamos intereses, imponemos los nuestros. Vuelvo al principio de nuestra charla: Quito, Guayaquil y Cuenca. Cada cual por su lado, conforme a sus intereses. En cada uno de los tres pueblos quiere gobernar un cacique para hacer de las suyas, para imponer sus leyes. Ninguno de los tres mira al país; ninguno dice ¡Renuncio a lo mío por el bien de todos, hagamos un solo país fuerte y unido! A los Estados los hace su gente. Si el egoísmo es la norma fundamental de conducta de los ecuatorianos, nunca tendremos un país, tendremos solamente un territorio, una especie de tierra de nadie donde cada cual hace lo que le da la gana. Un país, para llegar a ser tal, debe tener un sueño en común, como lo tiene una familia, un grupo, un barrio, un pueblo, una ciudad. Un país no puede perdurar, si no tiene una ilusión que su pueblo comparte y vive, trabaja y muere por alcanzar. Si el capitán de la nave, de común acuerdo con su gente, no define un rumbo hacia un destino cierto, su embarcación irá a la deriva hasta estrellarse contra los arrecifes y hacerse añicos. ¡Si el Ecuador no tiene un sueño, su futuro es incierto! Y el único sueño posible es el bien común, el bienestar general, que sólo se construye con justicia, con igualdad y con democracia. Y sobre todo, con apego a la ley.

El frío arreciaba. El fuego de la hoguera languidecía. Afuera, el viento sacudía los árboles y una luna lejana y fría, se paseaba entre las nubes. Decidieron ir a descansar. Moncayo durmió cerca de los desfallecientes carbones, en un camastro que su amigo le procuró, junto con varias cobijas.

En la mañana del siguiente día conversaron sobre la conjura que en esos mismos momentos seguía su torrentoso cauce río abajo. Antes de emprender su retorno a Quito, Moncayo puso a Montalvo al tanto de los planes, y le informó de todos los detalles. Después de escucharlo, sentenció pensativo:

—Confío en que se logrará el propósito. Mas tengan mucho cuidado con los militares: todos son codiciosos y fementidos.

37

Por aquellos años se dio el "affaire" de Trinité: en marzo de 1861, la prensa guayaquileña reprodujo las cartas del 7, 14 y 21 de diciembre de 1859, escritas por García Moreno al señor Émile Trinité, cónsul de Francia en el Ecuador, en las que solicitaba a Napoleón III, emperador de ese país, que acogiese al Ecuador como su Protectorado. En su primera carta García Moreno dice: "…El señor Sanquírico les manifestó mi deseo de que la República del Ecuador se pusiese bajo la protección de Francia y de España […], la felicidad de este país dependerá de su reunión al imperio francés, bajo las condiciones análogas de las que existen entre el Canadá y la Gran Bretaña… Los que estamos cansados de luchar con el desenfreno de la soldadesca y la turbulencia de los demagogos […]

encontraríamos bajo los auspicios de la Francia la civilización en la paz y la libertad en el orden, bienes de que no nos haría disfrutar nunca la débil y extenuada España. Teniendo la seguridad de que la enérgica voluntad del emperador nos prestaría cooperación y apoyo, no vacilaríamos en trabajar asiduamente para obtener en la Convención, que deberá reunirse, el triunfo de nuestras ideas…".

La segunda carta dirigida por García Moreno al "señor Trinité, *Chargé de Affaires de la France*", dice: "… Una vez que la reunión de la Convención tardará mucho, y que la República corre riesgo de disolverse por la infame traición del General Franco, lo más expedito sería convocar directamente al pueblo para que decidiese si acepta o no lo que a Usted le he indicado. Estoy seguro de que al menos este distrito, es decir, la mitad del Ecuador, acogería, con entusiasmo, mi propuesta…"

En la última carta García Moreno explica con mayor precisión: "He preferido hoy escribirle en francés porque temo no haber conseguido hacerme comprender enteramente en español" el alcance del anhelado Protectorado: "…Yo no me propongo un Protectorado honorario […] no se trata únicamente de una garantía para la conservación de un hombre en el poder […] se trata no sólo de los intereses del Gobierno del que soy miembro, sino del interés de este país que quiere librarse del azote de las revoluciones perpetuas, asociándose a una gran Potencia de cuya paz y civilización pueda participar. Se trata también del interés de la Francia, pues ella sería la dueña de estas bellas regiones que no le serían inútiles".

Y si bien la propuesta de García Moreno no fue transmitida por *monsieur* Trinité a su Gobierno, entre otras razones porque el francés murió en abril de 1860, luego de estar varios meses enfermo, fue el nuevo Encargado de Negocios de Francia, Aime Fabre, el funcionario informado oficialmente de las intenciones ecuatorianas. Al presentar sus credenciales, García Moreno le entregó una nueva carta (escrita en Junio de 1861, una vez superada la guerra con el general Franco y en los días en que ya era el presidente constitucional), en la que afirmaba: "Soy de la misma opinión que cuando escribí a M. Trinité: soy partidario de que este país magnífico llegue a ser civilizado y rico bajo la bandera de Francia; aspiro a que el pueblo del Ecuador sea tan feliz que se una él mismo a una grande y generosa nación. Nada pido y nada quiero aceptar para mí mismo. Será suficiente para mí la honra de renunciar al cargo que desempeño para promover el bienestar de mi Patria...".

Fabre, entusiasmado con la idea, presentó una nota a su ministro: "Los medios del Ecuador no son tan sólo el Río Guayas y el dominio sobre el Océano Pacífico, tanto como sobre la rica meseta de los Andes. También posee ríos navegables que desembocan en el alto Amazonas. Un establecimiento francés en las riberas de este río sería el centro de una vasta y potencialmente rica dependencia [...] Serviría como talismán, un sésamo ábrete se colocaría en nuestras manos; así podremos nosotros demostrar al mundo lo que el Valle del Amazonas puede dar...".

García Moreno apremió todavía más a Fabre con la siguiente nota: "...La unión del Ecuador a una gran potencia no puede encontrar oposición, especialmente si ella tiene analogías de raza e identidad de religión con él, y si ese poder es bien conocido y apreciado por su pujanza, su genio y civilización. Esa gran potencia no puede ser otra que Francia...".

A su vez, el ministro francés presentó a Napoleón III un informe en el cual afirmaba que "Su dictador (García Moreno) sobreestimaba la buena voluntad de su Nación para colocarse ella misma sobre el cetro imperial y anticipaba que Castilla auxiliaría a los ecuatorianos contrarios al proyecto". Agregaba que, para realizar el proyecto del Protectorado, se necesitarían dos mil soldados franceses, algunas naves y cañones para conseguir el voto favorable de los ecuatorianos. El texto del documento francés añadía que el pedido ecuatoriano "Sería un socorro externo indispensable para combatir los proyectos ambiciosos del general Castilla". El informe del canciller francés a su emperador concluía que Castilla no tendría reparos en proporcionar armas y dinero a todo aquel que se opusiere al proyecto de García Moreno, y que seguramente Gran Bretaña y España cooperarían en ese empeño.

El intento de García Moreno de entregar el país a Francia podría haber sido, en su momento, una estrategia desesperada para proteger al Ecuador de la constante amenaza peruana, y también para instaurar un proceso permanente de paz y progreso frente a las persistentes revueltas que lo azotaban. Pero una vez que García Moreno, cuando ya era presidente y ya había derrotado a Franco, insistió en la idea del Protectorado, se hizo evidente su aberrante francofilia, en desmedro del patriotismo y de la soberanía nacionales. Era indudable su inclinación por los regímenes monárquicos contrapuestos a las ideas democráticas y republicanas consagradas en la Revolución Francesa, y su desquiciado desafecto y desconfianza por el pueblo y las instituciones ecuatorianas.

La publicación de las cartas, que habían sido robadas de la legación francesa en Guayaquil, y publicadas en el diario *El Comercio* de Lima, constituyó un escándalo mayúsculo en el Ecuador y en América; el canciller peruano acusó a García Moreno de "Cometer un crimen de alta traición al Ecuador y a Sudamérica"; dijo que "Su país contribuyó a la formación de la Gran Colombia, y por ende del Ecuador, como Estado independiente de España, y que el Perú había renunciado a sus pretensiones sobre Guayaquil"; agregó que "Si el Ecuador llegara a confederarse con Francia, el Perú defendería sus derechos territoriales a toda costa".

En el Ecuador se tildó a García Moreno de "vende patrias", se dijo que entregar la soberanía a otra nación constituía una situación más grave de la que vivió el Ecuador y la América en la época colonial.

Sin embargo del enorme alboroto producido por el affaire Trinité, García Moreno insistió en entregar el país a la potencia europea. En 1862, su embajador en Francia, Antonio Flores Jijón, hijo del expresidente Flores, presentó al Gobierno galo la idea, corregida y aumentada, sobre el Protectorado: el Ecuador se pondría bajo la protección del emperador francés, pero simularía ante el pueblo que todavía conservaba sus leyes y soberanía; una vez aceptada por el pueblo francés la propuesta, el país galo enviaría un buque armado a Guayaquil para sofrenar a los peruanos de eventuales protestas; como parte del acuerdo, el Ecuador entregaría a Francia las Islas Galápagos y la Amazonía y, además, promovería la instauración de una monarquía con otros países de la América…

Nadie en Francia hizo caso a la propuesta ecuatoriana, no sólo por ser una idea inaudita que rompía toda práctica diplomática entre las naciones y que hubiera acarreado graves consecuencias, sino, además, porque en aquellos días los franceses tenían suficiente lío con el despliegue de sus fuerzas en el México de Benito Juárez.

38

El mismo día de posesionado García Moreno, la Asamblea declaró nulo el Tratado de Mapasingue firmado por Franco meses atrás. El decreto decía que el tratado "…Es nulo, odioso, sin valor ni efecto" y agregaba "…Los ecuatorianos que intervinieron en él se han hecho culpables de los graves delitos de usurpación y traición a la patria". Perú todavía amenazaba al Ecuador a través de sus diplomáticos, y del apoyo abierto a Urbina y Robles, exiliados en ese país. El presidente peruano, Ramón Castilla, pretendía cobrar al Gobierno de García Moreno los 300,000 pesos que había prestado al general Franco para su guerra por la toma del poder. García Moreno rechazó el pago y, más bien, reforzó sus fuerzas militares y atiborró de cañones las riberas del río Guayas frente a Guayaquil, a fin de repeler eventuales intentos peruanos de invadir el suelo ecuatoriano. En la misma línea de protegerse de un posible ataque peruano, envió en misión "diplomática" a Chile, a Vicente Piedrahita, con el fin de lograr el respaldo del país trasandino para contrarrestar la fuerza de los incas, pero el diplomático ecuatoriano retornó sin conseguir el respaldo buscado. El peruano Castilla, mientras tanto, continuaba en la búsqueda de "motivos" para declarar la guerra: demandó al Ecuador, que justificara su postura anti americana y pro colonialismo francés al promover el Protectorado mediante las cartas a Trinite; pidió que se respetara el Tratado de Mapasingue firmado con Franco, y protestó por el otorgamiento de derechos electorales a ciudadanos que habitaban en territorios en disputa. Perú quería, una vez más, apoderarse de la estratégica Guayaquil, de su fértil estuario y de sus astilleros que le permitirían reforzar su flota naval.

Las potencias europeas veían con preocupación los intentos peruanos, de invadir territorios ecuatorianos. Una mañana brumosa de finales de 1861, los habitantes de Guayaquil observaron, con sorpresa, que un buque de guerra francés navegaba por las mansas aguas del río. Las autoridades del puerto salieron a dar la bienvenida al vapor galo, al tiempo que la cancillería francesa enviaba a los peruanos una nota en que expresaba que Francia no permitiría un nuevo bloqueo. Gran Bretaña, por su parte, comunicó a los peruanos que ofrecía sus "buenos oficios para llegar a un acuerdo en las diferencias existentes". Cuando el Perú comprendió cuál era la posición de las dos potencias, desistió de alentar en forma abierta el conflicto con el Ecuador, y prefirió hacerlo de forma solapada, a través del apoyo a Urbina, Robles y Franco, con dinero, armas y hasta un barco.

Un atardecer, en que a Salazar le invadía un profundo sentimiento de desesperanza, ocasionado por esos primeros días feroces del gobierno de García Moreno, uno de sus eficientes sabuesos le llevó una carta que había sido interceptada en esos mismos días (abril 1861). La nota estaba dirigida por García Moreno a Manuel Vega, Gobernador de Cuenca, y decía: "La represión pronta, enérgica, terrible, es el único modo de refrenar a los malvados, los cuales se insolentan con el sufrimiento y confunden la paciencia con la cobardía".

García Moreno gobernaba bajo la férula del escarmiento; el castigo implacable constituía su estilo y método de ejercer el poder. Apoyado por su soldadesca, que de día o de noche llegaba a cualquier rincón del país a capturar a todo aquel que expresara, aunque fuere entre susurros, su inconformidad con el régimen opresor, consideraba que tener piedad con sus enemigos era más bien una señal de debilidad que de respeto a la libertad de disentir. Él juzgaba quiénes eran los "malvados" bajo la luz de su fanatismo religioso.

La gente vivía aterrorizada. El país entero estaba plagado de soldados que, so pretexto de cumplir disposiciones superiores, cometían todo tipo de abusos contra la propiedad y las personas. Si el paupérrimo campesino no regalaba sus gallinas o tal vez un cerdo, debía "dar en préstamo" a sus hijas para goce de los sátiros con botas. La delación era el amargo pan de cada día. El soplo de que tal o cual era detractor del Gobierno bastaba para que el "apátrida" fuese llevado al garrote. El chisme de que fulano soltero, tenía amoríos con mengana soltera, bastaba para que fulano fuese arreado a latigazos hasta el calabozo y, muchas veces, obligado a contraer nupcias con la noviecita de una noche de mutuas y consentidas pasiones.

En las circunstancias que entonces vivía el país, bajo un nuevo régimen cuyo regidor cortaría sin empacho la cabeza a cualquier ciudadano pazguato o encopetado que osara oponerse a sus planes, Salazar tenía que hacer su pesquisa con suprema cautela, con absoluta discreción y con toda seguridad. García Moreno ya no era sencillamente el ciudadano senador o el señor gobernador; ya no era el líder de la oposición política; ahora era el señor presidente de la República y, con la colaboración de Rafael Carvajal, su ministro del Interior, mantenía un aparato de espionaje lleno de perros hambrientos y rabiosos, ávidos de encontrar a sus presas para devorarlas. Sin embargo del enorme riesgo que implicaba la pesquisa, ocurría, por aquellos días, que el ministro Carvajal y toda su jauría estaban ocupados en perseguir a los curas depravados, a las mujeres de vida pública o licenciosa, a los adúlteros, a los concubinos, y a los escasos, temerosos y ocultos seguidores de Franco y de Urbina. Esa criolla inquisición en la que se empeñó durante sus primeros meses de gobierno, y a la que dedicaba gran tiempo y esfuerzo, hizo a Salazar confiar en que sus andanzas pasarían inadvertidas. Así, tranquilo, aunque con agudo sigilo, continuó su tarea de espionaje. Los primeros resultados de su renovada indagación fueron unas cartas interceptadas por sus fieles y narigones detectives. La primera estaba dirigida por García Moreno al diputado Ramón Borrero. Entre otras cosas decía

"Tenemos que oponer el plomo al oro, y fusilar a pesar de la Constitución...".

La otra carta la había escrito García Moreno a Nicolás Martínez, gobernador de Tungurahua, y decía: "La corrupción del clero sobrepuja la de todas las clases de la sociedad; pero me he propuesto moralizar el país y no me arredran las dificultades. Encargo, por tanto, a usted, que en el acto haga prender al clérigo Sánchez y me lo remita con el sumario competente [...] Tiene usted autorización suficiente para expeler al Oriente por el lado de Baños a los dos frailes viciosos de que usted me habla...". Esta última carta fue escrita en marzo de 1862, cuando García Moreno se dedicó —del brazo de Faustino Rayo, su hombre de confianza para estas persecuciones—, a la caza y exterminio de los monjes libertinos que, por centenares, se refugiaban en los numerosos conventos del país. De esos mismos días es esta otra, dirigida por el presidente a monseñor Ignacio Ordóñez: "El arzobispo Riofrío es tan pobre de ánimo y de carácter que no sirve ni para superior de un convento de monjas [...] Yo he tenido que expulsar a un clérigo que en poco tiempo ha seducido y deshonrado a tres muchachas de familias honradas [...] Las seducciones *intra confessionem* son muy repetidas; y no hay justicia, no hay freno para los disolutos, el clero se envilece, la sociedad se pierde". Y también de esos días es esta carta dirigida al gobernador Martínez: "Si usted me hubiera enviado con el clérigo Sánchez a los frailes malvados que le pedí, se habría ahorrado el escandaloso crimen cometido por el padre Puyas. Ahora lo que puedo hacer es perseguirlo; y he ofrecido de mi renta 500 pesos al que lo tome, ofrecimiento que se publicará en toda la República".

A mediados de 1862, el presidente García Moreno impulsó la celebración de un Concordato con la Iglesia católica, "Será la piedra angular de la felicidad de la República". El Gobierno podía intervenir en algunos asuntos del clero y éste, a su vez, tendría influencia en los del Estado y el Gobierno. A la Iglesia se entregaba la educación primaria y universitaria, con plena libertad para determinar qué se debía leer y qué no. "Los Obispos tendrán el exclusivo derecho para designar los textos para la enseñanza [...]

Los Obispos y los prelados ordinarios ejercerán con toda libertad el derecho que les compete de prohibir los libros contrarios a la religión y a las buenas costumbres". El Estado se guardaba el derecho a nombrar u objetar la designación de algunos prelados, "...Exceptuando la primera dignidad que será de libre colocación de la Santa Sede". Además, el Estado conservaba la facultad de elegir nuevas diócesis, de convocar sínodos y, fundamentalmente, de realizar una reforma del clero, lo cual implicaría el derecho a efectuar una "limpieza" de los frailes descarriados, que eran muchos más de lo imaginado.

No obstante que el pueblo ecuatoriano era católico en su mayoría, algunas personas pensaban que era inapropiado celebrar ese "matrimonio" entre el Estado y la Iglesia, pues aquel cedía varios de sus derechos al entregar la educación en manos católicas, y también limitaba la libertad de conciencia al "...Prohibir los libros contrarios a la religión...". Además, el Estado, léase García Moreno, tenía la potestad de "entrometerse", cual si fuese una suegra imprudente, en temas propios de la Iglesia, al designar a los sacerdotes y participar en otros asuntos de incumbencia del clero. Escoger a unos y expulsar a otros tenía como finalidad extirpar la corrupción, la inmoralidad y los abusos de todo tipo, incluidos los sexuales, que curas y monjas practicaban desde la época de la Colonia, y, de paso, lograr que los "curas amigos" contribuyeran desde el púlpito y el confesionario a su proyecto político. Tener la facultad de nombrarlos o destituirlos era de suma importancia para el gobernante, por cuanto, hasta antes del Concordato, la designación de las principales autoridades religiosas escapaba a su control, con lo cual muchas veces el mandatario se tropezaba con sacerdotes contrarios a sus métodos de gobierno. En cambio ahora, él nombraría a su antojo a la frailería y dispondría de ellos conforme a sus reglas. También resultaba evidente que García Moreno pretendía disponer de un dogma único para que las huestes de religiosos evangelizadores, a lo largo y ancho del Ecuador, contribuyesen a lograr la cohesión del fragmentado país. Por aquellos días había creado tres nuevas diócesis, en Ibarra, Riobamba y Loja, en adición a las de Quito, Guayaquil y Cuenca.

Y, a pesar de toda la obstinación que García Moreno puso a su proyecto de firmar el Concordato con la Iglesia, no logró que la Convención lo aprobara durante su primer mandato. Tuvo que acceder a algunas "modificaciones" propuestas por algunos legisladores, e impulsadas solapadamente por algunos sectores "reaccionarios" de la Iglesia que veían afectados sus intereses. Tuvo, también, que incluir algunos cambios que atentaban directamente contra sus privilegios, como aquella que disponía limitar su fuero eclesiástico, o como aquella otra que proponía destinar más de la mitad de los "diezmos" de la Iglesia para el Estado. Estas modificaciones parecían tener la oculta intención de que el papa Pío IX rechazara la firma del acuerdo.

Tomó varios años, no solamente que la Convención acordara las modificaciones del Concordato, sino que el Vaticano las aceptara, sobre todo, las relativas a entregar gran parte de sus diezmos —hasta entonces el Estado recibía un tercio—, tema que finalmente, en 1866, quedó convenido en que serían en partes iguales entre el Estado y la Iglesia. Del mismo modo, ya entrado el año de 1865, se aceptó la creación de nuevas diócesis, lo cual, a su vez, significó la proliferación de nuevas parroquias por todo el territorio nacional, con lo cual se cristalizaba el proyecto de extender la fe religiosa como arma de cohesión nacional y como herramienta de difusión y afianzamiento del proyecto político garciano.

39

Ya casi terminaba el mes de julio de 1875. A medida que se aproximaba el día en que García Moreno iniciaría su tercer mandato —10 de agosto— y mientras preparábamos el golpe, el ambiente en Quito y en todo el país se tornaba cada vez más tenso.

La gente recordaba el terror que produjo, y aún en aquellos días producía, la desalmada represión desplegada por el tirano en los últimos quince años. Todavía resonaban los latigazos que despellejaron las espaldas de tantos que sufrieron ese castigo infamante; todavía retumbaba el eco de las descargas de los fusiles que destriparon a tantos, sin fórmula de juicio; todavía se escuchaban los ayes que proferían cientos de presos desde las cárceles; todavía deambulaban, esperanzados por las selvas, cientos que habían sido confinados a morir de espanto entre las tarántulas. Todavía tronaban, en las costas de la isla de Jambelí, las veintinueve descargas que acabaron con la vida de veintinueve hombres.

El pueblo no olvidaba las desastrosas e injustificadas guerras que, durante el primer Gobierno de García Moreno, había librado el Ecuador contra Colombia en Cuaspud y Tulcán, y que, además de la deshonra y el enorme gasto, habían ocasionado el aniquilamiento de miles de ecuatorianos. La gente todavía especulaba sobre la muerte misteriosa de la primera esposa de García Moreno, Rosa Ascázubi, y comentaba sobre el inmediato y verde casorio del feliz viudo con su sobrina quinceañera. El pueblo hablaba del fusilamiento del indio Fernando Daquilema, y la matanza de quién sabe cuántos indios que, junto a su cabecilla, se habían sublevado contra el Gobierno. La gente conversaba sobre el traidor intento del tirano de entregar el país a Francia; del audaz pacto con Flores para derrotar al general Franco y hacerse con el poder; de la escabrosa participación de los curas en la política, en la educación y en la conciencia de las gentes; en fin, la gente no olvidaba tanta locura y crueldad ejercida por un personaje desquiciado que manejaba con su inagotable perversidad al Ecuador y a su pueblo.

García Moreno quería construir, a sangre y fuego, con la espada y la cruz, una "república católica", una sociedad íntegra, ejemplar y virtuosa, que concurriese a misa y comulgase todos los días, y cuyos naturales desenfrenos y pasiones fuesen dominados por una rígida moral religiosa. El resultado, conforme a su sueño mesiánico, sería transformar al anárquico y desbocado Ecuador, en un gran monasterio donde el pueblo santo, mientras trabaja de sol a sol, entonara cánticos de alabanza al Señor y, de paso, arrojara un poco de agua bendita e incienso al mismo dictador, convertido por obra y gracia del Espíritu Santo, en su Salvador. Por cierto que, para sofrenar a algunas ovejas descarriadas que nunca faltan en el rebaño por la persistente fuerza de Satanás, el gran opresor tendría que recurrir al látigo, no sólo porque el zurriago es lo más adecuado para escarmentar a los malvados, sino porque el nuevo Mesías concebía que él también era la ley y la autoridad.

Una tarde, bajo un sol y un viento desalmados, por las afueras de Quito, en el parque de La Alameda, donde funciona el Observatorio Astronómico concebido y construido por García Moreno, caminaban y conversaban Moncayo y Andrade.

—¿Por qué será tan cruel? —inquirió, rabioso, Andrade, mientras pateaba cuanta piedra encontraba en su trayecto.

—¿Cómo alguien puede ser tan desalmado de ordenar 300 latigazos media hora después de haber salido de misa? No entiendo nada; no entiendo como un tipo tan perverso simule ser un santo. ¡Por Dios, sea consecuente con lo que es! ¿No se supone que los cristianos son piadosos y misericordiosos? ¿No es eso lo que pregonan?

—Cuando me preparaba para ser sacerdote jesuita estudié lo que se denomina la erótica del poder —dijo el "Colorado" Moncayo que caminaba con sus dos manos en los bolsillos—. Es el placer interior que siente el gobernante al saberse dueño del poder, y de que puede ejercerlo según su voluntad. De allí deriva la crueldad, que es la manera más cobarde y perversa de sentirse fuerte y poderoso. No es solamente serlo, sino sentirlo; allí radica esa enfermedad del espíritu que padecen los gobernantes autoritarios como el nuestro. ¿Qué busca aquel que es cruel, aquel que abusa de su fuerza y su poder?

—No sé —dijo un Andrade pensativo—. Tal vez sentirse superior…

—En parte sí —dijo Moncayo—, debido a que en realidad es inferior, aunque no lo acepte, incluso aunque no se dé cuenta de que lo es. El cruel goza con el dolor que ocasiona. Pero, ¡ojo! —aclaró Moncayo—, no hablo solamente de dolor o sufrimiento físico, corporal, sino que también me refiero a ese padecimiento que el malvado causa al deshonrar al otro, al humillarlo, al despreciarlo, al insultarlo, al calumniarlo, al desvalorarlo, al ignorarlo. Que inclusive puede ser peor —más cruel, más demoledor— que una tanda de latigazos.

—Gota a gota el agua perfora una roca —sentenció Andrade.

—Este tipo de tortura, no ya hacia el cuerpo sino en contra del espíritu del otro —agregó Moncayo—, puede llegar a inferir mayor perjuicio que el daño físico. Para mí que el negro Ayarza murió tras sentir en su alma valerosa la ignominiosa afrenta de haber recibido los latigazos ordenados por García Moreno. No podía vivir y llevar a cuestas esa deshonrosa, indigna carga. No podía resistir más. Prefirió morirse.

Una numerosa y compacta tropa de soldados que avanzaban a galope hacia donde ellos caminaban, los forzó a guarecerse tras unos árboles para evitar, justamente, el abuso del más fuerte sobre el más débil. Las últimas luces de la tarde, y el frío que comenzaba a morder sus huesos, les obligaron a emprender el camino de regreso.

Todos quienes participamos de una u otra manera en la conjura, guardábamos en nuestras memorias el recuerdo lacerante de muchos hechos de crueldad, de abuso de autoridad, de represión, consumados por el gobierno de García Moreno durante sus quince años de dominio, y que constituían una especie de reserva a la que acudíamos cuando nuestros ánimos flaqueaban por los peligros que entrañaba la conspiración para acabar con el tirano. Sabíamos que el complot era riesgoso; sabíamos que nuestras vidas estaban en juego. No obstante, no le destinábamos mucho tiempo a ello, sino que, por el contrario, dedicábamos la mayoría de nuestras horas a urdir el golpe y a soñar en el futuro que tendría el país una vez liberado de su férula.

En nuestro caso, el de mi hermano Juan Elías y el mío, guardábamos el recuerdo del asesinato de nuestro padre a manos de García Moreno. Su muerte fue un golpe durísimo; sentimos que el desamparo, el hambre y todas las plagas caerían sobre nosotros. Nos sentíamos desprotegidos sin su presencia; sentíamos el enorme vacío de su ausencia; nos hacían falta su calidez y firmeza, su inteligencia y sosiego, que nos daba tanta paz y tanta dicha. A más del dolor por la pérdida irreparable, sentíamos las garras de la impotencia sujetarnos, impedirnos hacer algo para atenuar la tristeza y, para, eventualmente, —Juan Elías y yo, ya lo pensábamos— reparar el daño. Pocos meses más tarde dejamos nuestra casa de la Merced, y nos mudamos a la casa de mis abuelos maternos en la plaza de Santo Domingo. Con el tiempo, que casi todo lo cura, mi hermano Carlos, el mayor, y yo, el segundo de los cinco hermanos Borja, quisimos suplantar la ausencia de nuestro padre, y dar a nuestra madre y hermanos menores aquel amor que nuestro padre ausente solía entregarnos. Hacíamos todo lo posible, aunque sabíamos que nuestro intento era vano, pues nada ni nadie podían reemplazarlo. Recuerdo una tarde, al regresar de la Universidad donde estudiaba derecho. En cuanto entré a la casa escuché la voz inconfundible de García Moreno. Me quedé paralizado; sentí miedo, pero también sentí indignación; no podía permitir su presencia en esa casa. Se hallaba de visita y conversaba con mi abuelo en la sala, pues, pese a todo lo ocurrido, pretendía conservar la amistad con mi familia materna. Mi abuelo no podía rechazar su visita; nadie podía rechazarlo por el peligro de ofenderlo y sufrir sus monstruosas represalias. Yo me horroricé al escuchar la voz del mismo diablo, del asesino de mi padre. No supe qué hacer; algo dentro de mí hervía por dentro; sentí como la caldera de la locomotora bullía en mis entrañas; entonces me di la vuelta, esquivé pasar por la sala para evitar encontrarlo, corrí donde mi madre y le dije que esa afrenta no podíamos tolerarla, y que en ese mismo instante nos iríamos de la casa. Luis Felipe, me dijo, eso lo podríamos hacer si tuviéramos los medios de subsistencia suficientes. Pese a carecer de ellos, a los pocos días nos mudamos; la necesidad de recobrar nuestra dignidad nos obligó a conseguir el sustento. Muchos años después, al meditar en esa lóbrega escena, pensaba que era tal la desvergüenza de ese hombre, tal su incapacidad de ver sus propios crímenes, tal su convicción de no haber causado daño alguno, que ataviado con la sotana de la santidad y la inocencia, no podía darse cuenta de que, como Atila, era el propio *Flagellum Dei*.

40

Las cartas eran el único medio de comunicación entre personas que se encontraban lejos la una de la otra, y los carteros constituían el único medio de hacerlas llegar a su destinatario. (Sólo a partir de finales de los sesenta comenzó a funcionar el telégrafo). Los sabuesos de Salazar recurrían a la fuerza o al soborno para interceptar las esquelas, y luego las abrían sin dejar rastro, pese a que muchas tenían sellos lacrados. Las leían; copiaban ciertos párrafos si era menester; las volvían a cerrar, y nadie notaba nada. En aquellos días, el coronel Salazar conoció otra carta; en esta ocasión, una muy peculiar epístola, dirigida por el entonces joven Juan Montalvo al flamante presidente de la República, doctor Gabriel Gregorio García Moreno y Morán de Buitrón, que entre otras cosas decía: "Ud. se ha manifestado excesivamente violento, señor García. El acierto está en la moderación; y fuera de ella no hay felicidad de ninguna clase. ¡Cuánto más mérito hay en dominarse a sí mismo que en dominar a los demás! El que triunfa de sus pasiones, ha triunfado de sus enemigos. Virtudes ha menester el que gobierna, ni cólera ni fuerza. La energía es necesaria, sin la menor duda. Pero en exceso y en todo propósito, ¿qué viene a ser sino la tiranía? Los pueblos nunca confiaron el poder a nadie para la satisfacción de inmorales aspiraciones y caprichos, sino para fines muy diversos [...] Que el poder no lo empeore, señor. Llame Ud. la razón en su socorro. El alma noble, cuando triunfa, no ve amigos ni enemigos; no ve sino conciudadanos, hermanos y compañeros todos [...] Algunos años vividos lejos de mi patria, en el ejercicio de conocer y aborrecer a los déspotas de Europa, hánme enseñado al mismo tiempo a conocer y despreciar a los tiranuelos de la América española. Si alguna vez me resignara a tomar parte en nuestras pobres cosas, Ud. y cualquiera otro cuya conducta pública fuera hostil a las libertades y derechos de los pueblos, tendría en mí un enemigo, y no vulgar, no, señor; y el caudillo justo y grande, me encontraría asimismo decidido y abnegado amigo [...] Déjeme Ud.

hablar con claridad. Hay en Ud. elementos de héroe y de..., suavicemos la palabra, de tirano. Tiene Ud. valor y audacia. Pero le faltan virtudes políticas que, si no procura adquirirlas a fuerza de estudio y buen sentido, caerá como cae siempre la fuerza que no consiste en la popularidad".

¡Cómo debió lastimarle la pluma afilada y certera de Montalvo! No habían transcurrido ni dos años de su reinado cuando el escritor ambateño criticaba abiertamente sus excesos: su violencia inmoderada; su imposibilidad de controlar sus pasiones; su propensión a un ejercicio autoritario e impetuoso del poder; su intemperancia con sus enemigos; su predisposición a la tiranía. Montalvo tenía la facultad de percibir lo esencial del ser humano y descubrir el verdadero rostro oculto detrás de sus múltiples máscaras. No había duda de que García Moreno tenía el absoluto convencimiento de obrar el bien; cualquier reflexión que hubiese hecho sobre su conducta pasaba por el tamiz de su espejo embustero y galante, que sólo mostraba y decía lo que él quería ver y escuchar. No tenía, como por lo general no tiene el ser humano, la capacidad de verse a sí mismo..., se quería mucho como para encontrar los tumorcillos de su alma.

Durante su primera presidencia se vivía un ambiente de rígido monasterio —nuevas y más órdenes religiosas habían llegado al país en 1862—. Los curas y las monjas inundaban las calles, las escuelas, los colegios, los parques y las plazas del país como antes lo hacían, mondos y lirondos, los soldados de Flores o los de Urbina. "Sin la educación cristiana de la generaciones nacientes, la sociedad perecerá ahogada por la barbarie". De ciudades y pueblos militarizados se había pasado a pueblos y ciudades monacales, donde en cada esquina se escuchaba el "alabado sea el Señor, por siempre sea alabado", y donde el tufillo a sotanas recordaba la época de la Colonia, con repique de campanas cada hora, y palomas que volaban asustadas a cada redoble. Se sentía el rigor del claustro, el silencio, la disciplina, y, asimismo, el pecado disimulado, la hipocresía, el terror al castigo. García Moreno acudía todos los días a misa donde se confesaba y comulgaba, en tanto que los domingos, por mandato presidencial, lo hacía junto con su equipo de gobierno. En Semana Santa, tras cargar durante la procesión la enorme cruz de madera por las calles de Quito, permanecía encerrado varios días, dedicado a la oración, la meditación y la expiación de sus pecados, en medio de cánticos religiosos, inciensos, salmos, jaculatorias y lecturas de la *Biblia*.

Los jesuitas, que habían retornado en 1863, fundaron el colegio "San Gabriel", nombre puesto en honor del presidente García Moreno. También llegaron, por pedido del Gobierno, los hermanos cristianos a educar a los varones, y, asimismo, las monjas de los sagrados corazones a encargarse de la educación primaria de las mujeres. Las niñas debían estudiar lectura, escritura, aritmética, gramática, caligrafía, conducta y quehaceres del hogar, en un ambiente más bien rígido e intolerante, donde la ignorancia de las monjas sobrepasaba sus buenas intenciones. Otras órdenes religiosas también llegadas al Ecuador, como la de las hermanas de la caridad, y las lazaristas, se ocuparon de mejorar el estado de las pocas y pobrísimas casas de salud —pretenciosamente llamadas hospitales—, y de modernizar las prácticas médicas, todavía entregadas al uso de sanguijuelas y fomentos, bolsas de agua caliente y hierbas milagrosas. En esos lúgubres sitios, los leprosos y los locos, cuando no los presidiarios, compartían las habitaciones, que resultaban ser no sólo un foco de infección —en los de Guayaquil la fiebre amarilla anidaba entre esos sórdidos habitáculos—, sino de amenazas y peligros mayores que las propias enfermedades.

Por aquellos días en que la Iglesia católica ejercía una enorme influencia en la vida nacional, y su ubicuidad alcanzaba a todos los rincones, no sólo de las ciudades y pueblos, sino también de las almas pecadoras o inocentes, algunas aberrantes prácticas religiosas se representaban dentro y fuera de los conventos, bajo la complicidad de las sombras. Los claustros y los monasterios de monjas y curas escondían en sus sórdidos recovecos el recuerdo de hábitos tan arcaicos como aciagos. Un lóbrego y apartado cuartucho silenciaba el vicio disfrazado de templanza. En sus paredes de adobe y telarañas esperaban los aparejos de tortura: los cilicios entrelazados con piel de cabra, junto a hierros con aristas aguzadas, y las disciplinas, acres correíllas de cuero sujetas a un mango de pata de chivo. Estos eran los artilugios del ramalazo que se utilizaba para renunciar a Satanás, a sus obras y a sus pompas, para aplacar los ardientes llamados de la piel que clama por gozo y caricia, para mortificar las pasiones y expiar los pecados.

Y fuera del convento, más allá de los blancos muros del claustro, en las calles empedradas de las ciudades, la culpa también imploraba absolución. Las beatas, envueltas como humitas en negros paños, encubrían en sus avinagrados muslos los cilicios con el que purgaban sus faltas. El padecimiento que producía la autoflagelación era el pasaje al cielo. La purificación de las faltas a través del dolor infligido era una praxis *"agradable a los ojos del Señor"*. Y los buenos pastores, las sombras dolientes, los seglares cabizbajos y compungidos, los devotos de Ignacio de Loyola y de Francisco de Sales, llevaban sus nalgas horadadas por los cáusticos cueros de las disciplinas, mientras, beatíficos, contemplaban al disimulo, las apetecibles formas de las bolsiconas petimetras.

Eran estos santurrones los que, en cualquier tarde de lluvia y desesperanza, acudían a las puertas del claustro a dejar cuatro pesos y llevarse un buen cilicio que escardara sus tumores, y les procurase alivio en este valle de lágrimas en que pastaban sin esperar nada de la vida, cual mansos corderos. Junto a los dulces de guayaba, de higo, de durazno y de mora; junto al vino de uva, de ciruelas y de manzana; a las velas y estampitas, a los crucifijos y escapularios, las monjitas carmelitas ofrecían sus finos artefactos de tortura, convencidas de que fue Dios, y no Belcebú, quien les inspiró a confeccionarlos con tanto desvelo, entre maitines y aleluyas, cánticos y alabanzas.

41

Quedó muy afligido por esos dos garrotazos que recibió: el uno, al perder a su querida Juanita Jijón, y el otro, al ser repudiado por Flores. Todavía escucho sus palabras, me decía que por esos días había escrito otros versos recordando a su amor imposible: "Venid avecillas, / venid sin temor / a escuchar las penas/ de un triste pastor. / Si heridas estáis / de amores cual yo / lloraréis conmigo, / que muero de amor. / Yo jamás oiré / vuestra dulce voz / que alivia del alma / el tormento atroz. / Y jamás mis ojos / verán ese sol / ni el plácido cielo / que muero de amor". Yo escuchaba en silencio, como siempre, hechizada con su charla, aunque esa noche su mirada transmitía algunos destellos de melancolía y aflicción. Pasé muchos días en el fondo del pozo, decía, relamía mis heridas como un animal, hasta que tras varias semanas de dolor por fin cicatrizaron. Pero me quedó la huella. Desde aquella experiencia, decía, abordé al amor desde otra perspectiva; ya no la del idiota que se precipita en los brazos de Afrodita y absolutamente ciego se entrega al vaivén de las olas, sino como el capitán del barco que controla la nave y sabe a dónde se dirige y en qué puertos debe detenerse.

Luego de haberse enamorado de Juanita Jijón no volvió a sentir hacia una mujer lo que por ella había sentido "…Esa pasión ardiente, sencilla e inútil como el primer amor de la cándida inocencia". Había perdido la fe en el amor, del que se cuidaba y evitaba para escapar de eventuales penurias que le pudiese ocasionar. Cuando me dijo esto me sentí muy apenada, pues sus palabras reafirmaban lo que ya sabía, es decir, que no me quería, que solamente me tomaba como mujer para saciar sus apremios. Y si bien, por un lado, era muy sincero, cosa que agradecía, por otro lado sentía que se apagaba esa pequeña luz de esperanza que tal vez tuve algún momento, y que toda mujer tiene respecto del hombre al que se entrega. Ante esas palabras resurgía en mí la mujer que me soplaba al oído: ¡deja de lamentarte si no te quiere y más bien goza el momento!

Ahora que han pasado algunos años, lo comprendo con mayor claridad. Me refiero a su alma, a su espíritu que develaba a través de sus palabras. Me confió su esencia, que yo recibía con gran satisfacción, e incluso, diría, con gran felicidad. Al escucharlo hablar de sus cosas, de tantas cosas suyas, yo sentía un inmenso gozo; me sentía privilegiada de ser yo la persona, tal vez la única persona, la única en todo este vasto mundo, en quien podía depositar sus más íntimos y recónditos pensamientos y sentimientos. Poco a poco, noche a noche, semana a semana durante todo el largo tiempo en que me visitaba, desgranaba el caudal de su alma en mis manos abiertas, por la sencilla razón de que, en algún lugar, en alguien, necesitaba entregar, tal vez compartir, su íntima carga. Yo le escuchaba como lo hacía su hermana Rosario, la ciega, sin juzgarlo, sin hacer siquiera el más mínimo gesto de desacuerdo cuando expresaba alguna cosa que tal vez yo no compartía. Escuchaba atenta, miraba siempre a sus ojos despiertos y encendidos, y asentía a sus palabras con mi cabeza o con algún gesto de mis manos. Y, mientras hablaba, me transportaba a su mundo tan diverso, tan lleno de luces y sombras, de amores y rencores, de crímenes, guerras, traiciones, ambiciones, envidias, triunfos y fracasos; un universo que yo no conocía y apenas percibía a través de sus palabras, siempre llenas de pasión. Hablaba con su mirada dirigida hacia los complejos territorios de su alma; hacía un ejercicio de introspección, de exploración tal vez, de recapitulación de su vida, y lo hacía para comprender más profundamente el sentido de la existencia, pues, decía, las cosas develan su esencia con la sutil vibración de la palabra.

42

Soleada y ventosa estaba la tarde del mes de julio de 1875, en que Andrade y Moncayo conversaban en un pequeño parque ubicado frente a la iglesia de San Marcos. Además de compartir su perspectiva sobre la tiranía de García Moreno, los unía una cálida amistad, y el hecho de que eran de la misma provincia de Imbabura, al norte de Quito.

—La crueldad no persigue otro fin que el placer —decía Moncayo mientras hacía crujir una hoja seca entre sus dedos—. El sádico siente esa diabólica complacencia, cuando sabe que la acción emprendida contra el sujeto de su saña, hiere y suscita dolor. En ese momento se regodea e inflama de gozo, incluso cuando el motivo que ha causado su encono ha sido el justo escarmiento de un delito. Y aun así, el hombre perverso reprimirá a sus enemigos en forma excesiva y desproporcionada, pues es precisamente en ese castigo desmedido donde hallará el placer que demanda su alma torcida.

—Beccaria decía que el castigo debe ser proporcional a la pena —comentó Andrade al recordar sus recientes estudios de derecho—. Y si el crimen cometido es tan atroz que su reparación exige la pena de muerte, el reo merecerá tan sólo la pena máxima y absolutamente nada más. Cualquier castigo en exceso significa perversidad.

—Es lo que hizo el tirano con Juan Borja, el padre de Luis Felipe y Juan Elías —comentó Moncayo en tono doliente—. Si ya decidió su muerte, únicamente obedeció a su crueldad martirizarlo durante cuatro meses en la cárcel. El condenar a un hombre a la tortura y, además, a su muerte, es a todas luces excesivo, cruel y desalmado. Por otra parte, Borja no fue sometido a juicio alguno que probara su eventual culpa; y si hubiese acompañado a Maldonado en una potencial conspiración contra el tirano, esa acción —acción fallida, además, pues no alcanzó su propósito— en ninguna parte del mundo se la castiga con una pena extrema, pues es tan sólo una tentativa y como tal debió ser considerada.

—De allí que el tirano, en su crueldad —prosiguió Andrade que acompañaba sus palabras con firmes movimientos de sus brazos—, no tenía como prioridad la muerte de Borja, pues ello hubiese significado concluir con el gozo que sentía al saberlo padecer.

—Así es; el tirano no quería extinguir la flama —agregó el "Colorado" Moncayo—. Lo que anhelaba y necesitaba su perversidad era procurarle una tortura eterna, como la del infierno católico: la caldera, el abismo y el sufrimiento perpetuos, sin posibilidad de escape, de misericordia o de tregua. La muerte hubiese significado el fin del tormento, cosa imposible en los esquemas mentales del tirano y de la Iglesia.

Conversaban bajo la sombra que proyectaban las copas entrelazadas de un par de arrayanes. El viento llevaba polvo en sus alas, y despertaba, de rato en rato, los acres olores a orines que dormitaban en cada recoveco de muro, en cada recodo de esquina, en cada escondrijo callejero. Las personas que caminaban por las calles miraban a los otros transeúntes con insistente e impertinente mirada. Durante aquellos días, nadie caminaba absorto en sí mismo, en su vida, en sus sueños o en sus pesares, pues la amenaza de inminente tormenta exigía total suspicacia y constante vigía.

—A un ser en extremo cruel, como García Moreno —continuó el grandulón Andrade—, matar a su víctima le hubiese significado un castigo irrisorio en comparación con el enorme y prolongado gozo que le reportaba torturarlo.

El castigo proporcional —expresó Moncayo en tono didáctico— busca reparar un daño y corregir una conducta equivocada, cosa que no sé si en efecto lo logra. Por el contrario, la sanción cruel y excesiva no pretende subsanar un perjuicio ni modificar un comportamiento, sino que se torna un fin en sí misma.

—Además de sentir placer con el dolor ajeno —agregó Andrade mientras frotaba sus ojos—, lo que mueve y motiva al tirano es su maldad, su perversidad que, de forma imperiosa, le exige satisfacción, como el hambre o el deseo carnal, que joden y joden hasta recibir lo que claman y volver a requerirlo, horas más tarde, *ad infinitum*.

—Se vuelve un vicio sórdido y malsano —añadió el barbirrojo— que como todo vicio, te domina. Además, tiene la escabrosa particularidad de que al constituir el ejercicio de la crueldad un fin en sí mismo, emancipado de sus razones originales, no tiene más límite que satisfacerse… Un temperamento cruel reedita lo más demoníaco que tiene el hombre: su capacidad de hacer el mal sin necesidad alguna. Porque si fuera en defensa propia o de sus seres queridos, en resguardo de su patria o de un bien supremo, por hambre o necesidad apremiantes, podría, en esos casos, justificarse el hacer daño al prójimo. Pero si tan sólo es por sentir placer con el dolor que el otro padece, ¡no tiene perdón de Dios!

—¿Es, acaso, una manera de ser —preguntó Andrade—, una particularidad del temperamento de algunos que dentro de sí sienten la misma angustia esencial y perenne que todos tenemos, pero que, en su caso particular, por la intensidad de sus pasiones, le resulta algo insufrible, algo que por ser tan grande e insoportable busca mitigar a través de causar dolor al prójimo?

—Lo que pasa —argumentó Moncayo— es que esa clase de individuos requieren dominar, ejercer poder, sentirse dioses omnipotentes; saber que solamente de ellos depende dilatar, disminuir, intensificar o terminar con el sufrimiento de su víctima. Y como esos sujetos no pueden tener misericordia, porque a su vez con ellos nadie la ha tenido ni la tiene ni la tendrá, ocurre que entonces nos hallamos ante la viva reencarnación del demonio.

—Si el diablo existiera, claro está —agregó Andrade en son de broma—. Porque tú ya dejaste de creer en el cielo y en el infierno ¿no es verdad, "Colorado"?

—Todavía creo, "Grandulón" —respondió Moncayo—, pero no como lo pinta el catecismo, sino como algo que se padece o se disfruta aquí mismo, en este "destierro lejos del cielo", y que depende no sólo del bien o el mal que inflijas a tu prójimo, sino de la poca o mucha consciencia que puedas tener de ello. Además, el diablo como tal no existe; ni los ángeles; eso lo sabe todo el mundo; son sólo símbolos que representan lo malo y lo bueno que tiene el hombre dentro de sí.

—Ya veo por qué te echaron del convento, "Colorado"…

La charla terminó en la habitación de Andrade, hasta donde fueron para tomar una taza de café y para guarecerse del polvo que levantaba el viento, y del olor a orinas que el solazo avivaba.

43

A mediados de 1862, ocurría, en la colindante Colombia, la guerra por el poder entre el presidente godo, general Julio Arboleda y el radical, general Tomás Cipriano de Mosquera. En una de las contiendas, las tropas de Arboleda, en persecución de las fuerzas enemigas, atravesaron la frontera e ingresaron al territorio ecuatoriano, donde fue herido de gravedad un oficial del Ejército del Ecuador que reclamaba por la incursión. "Se supo que un jefe con tropas pastusas había entrado en nuestro territorio en persecución de una guerrilla enemiga y había herido al comandante de nuestra frontera". García Moreno pidió a Arboleda que tomara algunas medidas para remediar la "afrenta", entre ellas, que se le entregara al oficial colombiano que había causado la herida. Al no cumplirse sus demandas, el presidente ecuatoriano reaccionó, como acostumbraba, en forma violenta y precipitada: sin autorización del Consejo de Gobierno, improvisó un ejército mal equipado, cabalgó sin descanso al frente de sus soldados durante tres días y tres noches hasta que llegó a la frontera, a Tulcán, a librar combate contra Arboleda. Tras una corta batalla —cerca de tres horas— fueron masacrados los soldados ecuatorianos. García Moreno fue tomado preso junto con su ministro de Guerra y comandante en jefe, Daniel Salvador, y 707 soldados. Luego de permanecer junto con sus tropas varios días en prisión, el presidente ecuatoriano firmó un acuerdo secreto con Arboleda, en el cual se obligaba a entregar en compensación por la guerra librada, un lote de armas (que nunca entregó) y, también, según decía el convenio, "Se comprometen a prestarse mutuamente [...] todos los auxilios que fuesen necesarios para la conservación de uno y otro Gobierno...". El acuerdo implicaba la velada declaratoria de guerra al colombiano Mosquera quien, en cuanto conoció del pacto reservado con Arboleda, declaró que los ecuatorianos estaban "subyugados por el gobierno clerical de García Moreno". Además, criticó el Concordato firmado con la Iglesia; denostó a los jesuitas y a la jerarquía católica, y, finalmente, se declaró aliado y protector de Urbina y de todos los opositores al gobierno "clerical".

Pocos años después de la guerra en Tulcán se supo que la conflagración contra Arboleda había sido un pretexto del Gobierno de García Moreno, para conseguir una antigua aspiración del Ecuador: recuperar los territorios de Pasto, Túquerres y otros delimitados por el río Guáitara, al sur de Colombia. Se supo también que Flores guardaba un antiguo resentimiento con Mosquera, pues este le había ofrecido dinero y algunos territorios (entre ellos Pasto y Túquerres) como compensación por las batallas que había librado y ganado Flores en apoyo a Mosquera, pero el granadino no había cumplido su oferta. También se conoció que, no obstante su resentimiento con Mosquera, Flores desaconsejó a García Moreno presentar batalla contra Colombia, pues el Ejército ecuatoriano estaba dividido, ya que durante esos mismos días se defendía, por el sur, del ataque peruano, y por la Costa, de las permanentes amenazas de Urbina.

El agente diplomático de Mosquera en Quito había azuzado la guerra contra Arboleda, al ofrecer al Gobierno ecuatoriano la entrega de los territorios añorados, junto con mil fusiles, con cincuenta mil tiros y cuatro mil pesos. El también agente diplomático de Arboleda en Quito había advertido al presidente ecuatoriano de los "atropellos" de Mosquera en Colombia (contra la Iglesia católica), y de las consecuencias de unirse a él en la renovada Confederación Gran Colombiana que proponía.

Salazar acompañó al presidente en el frente de batalla en Tulcán; era el comandante del batallón de artillería, y cumplió en forma disciplinada su rol; arrojó cuantos cañonazos pudo, aunque con mala puntería. Vio a García Moreno blandir con furia su lanza contra el enemigo, aunque un aguerrido grupo de caballería lo protegía por todos sus flancos. Cuando la derrota era inminente y era hora de huir para salvar la vida, las tropas enemigas sorprendieron a Salazar en una trinchera donde, gracias a su entonces incipiente calvicie —una corona que semejaba una tonsura—, su expresión contrita y su pronunciada barriga, se hizo pasar por cura, declaró que era el capellán del Ejército ecuatoriano y así salvó su vida. Desde entonces en el Ejército y en la vida pública, lo conocían con el apodo de "El Padre Salazar".

También "El Padre Salazar" acompañó a García Moreno en la denigrante rendición ante los colombianos. Además de perder la batalla en un corto combate, tuvo que rendir sus armas al jefe circunstancial del batallón granadino, que en ese momento no era Arboleda, sino el oficial Matías Rosero, apodado "Raspaduro", quien, coincidentemente, había sido quien hirió al oficial ecuatoriano, y a quien García Moreno requería.

El vergonzoso descalabro que produjo la derrota de Tulcán, y la prisión del veleidoso presidente ecuatoriano, levantaron en el país los ánimos en su contra: en Quito sonaba el nombre de Manuel Gómez de la Torre para reemplazarlo, mientras en Tulcán un grupo de oficiales que participaron en los combates, entre ellos el coronel Rafael Arellano, conversaron en torno a la idea de atentar contra su vida. Ninguna de estas nuevas tentativas de deponerlo prosperó. Pronto salió de la cárcel y retomó el mando. A raíz de esta deshonrosa derrota en Tulcán, y en mofa a la locura que entrañó la injustificada guerra, el país entero repetía un gracioso sonsonete dedicado a García Moreno, que decía:

"Lo-quito de Quito, lo-co loco en Tulcán".

La derrota de Tulcán aguijoneó su ánimo y exacerbó su carácter, de por sí irascible en extremo. En aquellos días expresó: -"La indignación me ahoga y la venganza me trastorna la cabeza". [...] "Ojalá que los malvados cayeran en mis manos por algunas horas" [...] "Veo que esos pillos son demasiado tontos: no saben que no doy abrigo a la víbora que se refugia en mi seno".

44

Cobijado en sus estudios, pues decía que buscaba en ellos mitigar la perfidia de los hombres, se graduó de abogado, luego de cursar la carrera y hacer las prácticas exigidas para obtener su título. Durante sus años de estudiante universitario había logrado la amistad de don Roberto Ascázubi, quien tenía un enorme peso social y político, por su capacidad, dinero y alcurnia. Años atrás, ni bien iniciado el gobierno represivo de Flores, junto a otros patriotas como Moncayo, Hall, Albán y otros, don Roberto había combatido al venezolano a través de un periódico llamado *El Quiteño Libre*, en el que denunciaban los abusos de los "facinerosos con charreteras". La vida del periódico de oposición a Flores había sido muy corta: una mañana, la ciudad de Quito amaneció bajo la brutal exhibición de cuatro de los "quiteños libres" colgados desnudos de los postes; y días después, al norte de la capital, en Pesillo, aparecieron asesinados los cuerpos de otros tantos más.

Cultivar la amistad con don Roberto Ascázubi, mal pienso y que Dios me perdone, formaba parte de su plan para llegar a la cumbre; pues, por un lado se vinculaba a la gente dueña del poder político, y, por otro, podía poner la pica en Flandes si lograba conquistar —con perseverancia y astucia, pero sobre todo, con los ojos cerrados— a su hermana, doña Rosita, que aunque no muy agraciada y ya entrada en años, era una Ascázubi. El presidente tenía las cosas muy claras, sabía cómo conseguirlas, no perdía de vista el lugar en donde quería llegar, y hacia allá se encaminaba con prisa y sin descanso, porque tenía una energía infinita y una voluntad inquebrantable. Tras cortísimo noviazgo, se casó con doña Rosita Ascázubi. Ella tenía cerca de cuarenta años cuando él tenía veinticinco. ¡Dios mío!

Como es común en los humanos, que vemos la paja en el ojo ajeno, alguna vez me habló de la ambición, la de los otros, la de sus enemigos, pues olvidaba la suya, inmensa, irrefrenable… Decía que los ambiciosos del poder son monstruos poseídos por un deseo ilimitado de gloria o de riqueza. Afirmaba que la avidez les hacía olvidar y pasar por alto cualquier medida de consideración respecto de sí mismos y de los otros, de los intereses de la patria inclusive, con tal de conseguir sus desesperados anhelos. Nada los detiene en el camino hacia la cumbre codiciada, agregaba, ni las leyes ni la moral, nada, ni los derechos del prójimo, porque la ambición, como todas las pasiones, es más fuerte que cualquier principio.

Me contó que durante el primer año de su matrimonio con doña Rosita había escrito su *Romance Satírico*, donde mostraba con claridad lo que pensaba de los esponsales: "Dices también tienes hijos / con mujer y sin caudal / que es lo mismo que tener /en la cruz a Satanás". El presidente se casó para arreglar sus problemas, para entrar en el codiciado paraíso del poder. De ser un pobretón abogado de provincia, pasaría a ser el cuñado del vicepresidente de la República, porque don Manuel, el mayor de los Ascázubi, fue vicepresidente durante el régimen de Roca, y, después, fue presidente encargado, al terminar ese Gobierno.

Había ascendido al pináculo de la sociedad quiteña vía casorio, como lo hizo Flores, como lo hizo Sucre, aunque del Mariscal de Ayacucho no se puede pensar mal pues de todos es sabido que era un hombre sano y bueno. Como dice mi amiga Juanita Terrazas, el presidente "se subió al grifo por el chorro". De la pequeña habitación en que vivía muerto de frío, mal arropado y con hambre, pasó a habitar en una amplia casa señorial, con varios salones, patios y despensas, varias habitaciones y galerías, muebles, tapices y adornos europeos, con varios criados y toda la abundancia de una de las familias más ricas de Quito, y sobre todo, sin tener que preocuparse por lograr su sustento. Los fines de semana se trasladaba con toda la tribu, en "mullapa" como decimos en Latacunga, a una de las haciendas de la familia de su esposa, a "matar el tiempo" en la tertulia frente a la chimenea, o a pasear por el campo en medio de la majada de las vacas. Comencé a aburrirme como perro amarrado, me dijo. Su vida no estaba en el hogar, la mujer y los hijos; los lugares comunes, la calma y la rutina. Su vida estaba muy lejos de ese cielo apacible; su vida estaba en los enloquecedores laberintos de la salvaje —para él maravillosa— lucha por el poder.

Además de no sentir amor por ella, la marchita señora no podía despertarle la menor pasión, pues a sus mal cuidados años y falta de hermosura "erupciones cutáneas y carnosidades fungosas", se agregaba su piel de chirimoya —áspera, gruesa y llena de pústulas purulentas—, y sus constantes enfermedades que él decía que curaba con "tisana de grama, achicoria, cebada y arroz con leche" para los furúnculos, y "agua de manzanilla y una taza de orines", para el cólico miserere. A pesar de ello y de que era todavía un rozagante joven que frisaba los treinta años, tuvo cuatro hijos con doña Rosita: tres mujercitas y un varón, uno detrás de otro, aunque todos murieron a temprana edad. Yo me pregunto, y que Dios me perdone, ¿cómo hacía ese hombre para comerse semejante fiambre? Y me respondo: a buena hambre no hay pan duro...

Su primera mujer le recriminaba en una carta, que iba a perder a su hija recién nacida y muy enferma: "a ti te daré el parabién porque tú lo has deseado: con tu hermana Rosario te has empeñado para que pida a Dios que se la lleve".

Tenía una memoria increíble; si podía recordar párrafos enteros de Santo Tomás o frases completas de Donoso Cortés, con mayor razón podía recordar sus propios escritos. Me contaba que en otra carta le decía a su esposa: "Mi pobre hija se me ha de parecer como un retrato, [...] por lo mismo ha de ser más fea de lo que pueda buenamente sufrirse entre la gente con polleras [...] En fin; nazca varón y tenga la cara que tuviere: te suplico, sí, desde ahora, que no vengas a parir año por año, como si los hijos fueran de cosecha; de este destierro sacaré siquiera el buen resultado de que no me hagas padre por segunda vez".

En otra carta que le escribió a su cuñado, Roberto Ascázubi, le decía: "El próximo parto de Rosita me tiene siempre agitado, y lo peor es que después de tanto susto me vendrá el disgusto de saber que tengo hija; por supuesto que naciendo mujer ha de vivir, por lo mismo que poco lo deseo".

Estas cartas reflejaban que no era muy feliz con los frecuentes y complicados embarazos de doña Rosita. Tampoco lo era con el hecho de que la mayoría de sus hijos nacieran "hembritas", como decimos, pues tenía claro la vida dura que vivimos las mujeres. Recuerdo otra carta más, dirigida a su esposa, en que decía: "Es preciso que no aumentes mis cuidados haciéndote la llorona y exponiéndote a un aborto. Por lo mismo que las mujeres tienen lágrimas a disposición, debes mostrar ánimo fuerte y estar contenta hasta mi vuelta".

Su vida no era el hogar ni los hijos, aunque decía que era una bendición de los cielos tener familia dilatada. Para los hombres es fácil tener hijos; total, las mujeres los criamos... La política era su vida y su pasión; tener el poder, tenerlo en sus manos como el trofeo más preciado, era lo único que lo hacía sentir vivo; era lo único por lo cual se estremecía hasta los tuétanos. Toda su vida luchó por tener el poder. El hogar, el dinero, el amor, estaban en segundo o tercer plano. A Rosita no la quería; la utilizó para ubicarse en la cima; y, una vez allí, cuando ya no la necesitaba, dio la casualidad de que doña Rosita se murió...

Dicen que murió envenenada, una sobredosis de láudano. Dicen que él apuró su muerte al darle de beber todo el frasco del sedante. El médico que atendió a Rosita, el doctor Cayetano Uribe, no concebía cómo alguien había dado a la enferma el frasco entero de láudano, "con el que se podía matar una yegua".

A los pocos meses de enviudar, no había pasado siquiera un año, se volvió a casar, y lo hizo con una jovencita más de dos décadas menor que él, a quien tenía puesto el ojo desde niña: su sobrina, hija de una hermana de su difunta Rosita, una chiquilla guapetona, de busto generoso y de rozagantes veintitrés años de edad, Mariana del Alcázar. Imagino que esta vez sí, con verdadero gozo, le hizo cinco hijos: cuatro mujeres, que murieron a muy tierna edad, y un hijo varón que es el único que vive hasta hoy, y que se llama Gabriel María de Jesús Manuel. Me gusta su nombre aunque me recuerda al catecismo. A veces lo repito en voz alta, gabrielmaríadejesúsmanuel, y escucho que suena bien, es musical. Los padres de Mariana del Alcázar no querían que su hija se casara con él; no sé, sus razones habrán tenido. Tal vez sería porque el rumor del envenenamiento de Rosita estaba aún muy fresco, no sé. Entonces él, que nada lo detenía en lograr lo que quería, raptó a Mariana, conminó a un cura a que los casara, y la llevó fuera de la ciudad por un tiempo, a "consumar" la boda sin que nada ni nadie se lo impidiesen.

Lo de Marianita del Alcázar fue una verde pasión; fue el incontrolable furor varonil por una piel fresca, por una joven y tersa piel de mango, como él decía, que por cierto, contrastaba con el corroído y ponzoñoso carcamal con la que había vivido y yacido tantos años… No amó a Marianita, aunque decía que era "el amor de mi alma", así como no amó a nadie, ni a su madre. No podía dar el amor que no tenía, que no lo había recibido de sus padres. Hay familias enteras condenadas al desamor, a la traición, a la ingratitud, al egoísmo, a la inclemencia; estirpes completas que no poseen el don del amor, porque sus vidas han transcurrido sitiadas por el odio y la maldad, lejos del amor, de la benevolencia, del calor y la luz, y por ello, por esas adversas circunstancias en que han vivido inmersas, no pueden dar a su descendencia lo que no tienen, y ni siquiera saben lo que es.

Yo tuve cuatro hijos, dos varones y dos mujeres. También se me murieron las mujercitas, ambas se llamaban Rosa, pobrecitas, Dios las tenga a su lado. Mi hijo mayor se llama Manuel Antonio Faustino y el segundo se llama José María. El presidente era mi compadre, era el padrino de mi primer hijo, que, además, nació el 24 de diciembre, el mismo día en que él había nacido, eso sí que es una coincidencia... Veía con cierta curiosidad a mi segundo hijo, me decía que se parecía a él, porque mi hijo José María es flaco y cabezón, y tiene los ojos negros y profundos como los suyos. Mis otros hijos, en cambio, nacieron todos medio rubios y de ojos claros, como Faustino. Pero no, José María nació distinto, no se parece en nada a sus hermanos... más bien se parece a él... Son cosas de la vida... Sólo Dios lo sabe. Sólo Dios lo sabe.

45

En una tarde de sol inclemente y vientos enloquecidos que levantaban el tufo a orines y excrementos, y una polvareda insufrible en toda la ciudad de Quito, García Moreno recibió una carta del ministro ecuatoriano en Francia, Antonio Flores Jijón: le comunicaba que su sobrino, que vivía en París, y que era hijo de su hermano Pedro Pablo García Moreno, se había suicidado. La noticia lo impactó mucho, pues no sólo apreciaba a ese muchacho, esbelto, despierto y cariñoso, sino que, además, conforme a su formación religiosa, pensaba que solamente Dios es dueño de la vida y que, en consecuencia, aquel que derramaba su propia sangre cometía "pecado mortal", y el día del "juicio final" sería destinado, sin clemencia, a ir en forma directa, sin purgatorio alguno, al último y más despiadado de los infiernos. Para García Moreno, la sola idea del suicidio constituía una falta gravísima, un "pecado mortal", que resultaba execrable tan sólo al pensarla unos instantes. Seguidor de Santo Tomás, cuyos libros devoró y aprendió con su gran memoria, pensaba, al igual que su maestro, que el suicidio era moralmente reprobable. Recordaba que Tomás de Aquino, en su *Suma Teológica* lo condena por tres causas: por ser contrario a la ley natural; porque el suicidio lesiona a la comunidad toda a la que el hombre se pertenece, y porque la vida es un don de Dios al hombre, y como tal, está sujeta a su poder divino, y atentar contra la propia vida es pecar contra la voluntad de Dios.

García Moreno también estudió a Platón. Debió recordar que el filósofo reprochaba el uso de la violencia contra uno mismo, porque pertenecemos a los dioses y porque "Uno no debe darse muerte a sí mismo, hasta que el dios no envíe una ocasión forzosa". Conocía que Platón, en su obra *Leyes,* afirma que esa "ocasión forzosa" podría darse por la existencia de una culpa que en sí misma pudiese contener una vergüenza absoluta, y que un hombre ciego de sus actos no puede sentir culpa ni tampoco vergüenza por ellos, pues más bien los considerará apropiados. Sin embargo, en García Moreno debió primar el pensamiento de Santo Tomás, aderezado con la opinión de Aristóteles, de que el suicidio es propio de cobardes, "El morir por evitar la pobreza, el amor o algo doloroso, no es propio del valiente, sino, más bien, del cobarde". García Moreno debió recordar que hay también quienes afirman que el suicida es víctima, no de su propia mano, sino de las causas que mueven esa mano; diríamos, de las emociones que lo enajenan y controlan, y no permiten al hombre soportar las calamidades con coraje y entereza. Sin duda estudió a los estoicos que lo consideran aceptable en aquellas circunstancias en que la calidad de vida se hallase seriamente amenazada —una enfermedad incurable, un dolor insoportable, una situación en extremo indigna, una culpa inmanejable—. Y debió también haber estudiado a otros, como Voltaire, que afirman que "No carece de valor el que tranquilamente se mata, porque se necesita gran fuerza de voluntad para sobreponerse al instinto más poderoso de la naturaleza [...]. El suicidio es un acto que prueba más ferocidad que debilidad".

Ante la noticia del suicidio de su sobrino, García Moreno debió preguntarse qué pasión es aquella tan poderosa que es capaz de vencer al instinto más fuerte del hombre como es el de su propia supervivencia

Años antes de este suceso, en mayo de 1857, la poetisa quiteña Dolores Veintimilla de Galindo, la incomprendida defensora de la vida y detractora de la pena capital, había resuelto terminar con su atribulada vida: "No, mi altivez no sufre su maltrato, y si a olvidar, no alcanzas al ingrato, te arrancaré del pecho, corazón". Fue tal el escándalo, la condena del acto abominable, que la Iglesia católica rehusó conceder a la poetisa "cristiana sepultura". Y como, además, en aquellos días no había cementerios públicos, pues el negocio de los muertos era monopolio de la Iglesia —o los enterraban bajo sus leyes, o se iban directo al infierno—, ocurrió que el cadáver de la joven quiteña, de apenas 28 años, permaneció insepulto hasta que manos caritativas —dicen que su infiel esposo— se encargaron en la sombras de sus pecaminosos restos. El suicidio, poco frecuente por aquellos días, era considerado "atroz"; era juzgado como una execración; era el más grave de los pecados. Ni el asesinato, tan habitual, era visto como algo tan ominoso como la propia inmolación, de la cual sólo podía hablarse entre susurros y tras santiguarse en forma constante, una y otra vez sin descanso, como si fuese un tic nervioso contagiado en alguna sacristía.

García Moreno había conocido a Salazar unos pocos días antes de asumir su primer mandato, la noche en que ofreció en la capital un banquete para sus principales allegados y para el grupo de oficiales que, bajo el mando de Flores, libraron con éxito la batalla de Guayaquil en que Franco fue derrotado. Si bien era un hombre sobrio y poco amigo de las reuniones sociales, en aquella ocasión participó en el festejo, pues no sólo celebraba el triunfo militar, sino su gran victoria política que lo llevó al poder, donde se mantuvo por tres lustros.

Era una noche de cielo oscuro y gatos en celo que bramaban por los tejados. Salazar estaría por primera vez bajo el mismo techo junto a García Moreno. Todo el día había esperado a que llegara el momento. Debía esconder ante sus ojos, y los de todos, el terror, la envidia y el odio que sentía por ese hombre. Ni una brizna de sus emociones podría vislumbrarse. Ensayó varias veces frente al espejo algunas frases que debía decirle para impresionarlo. Y no sólo era cuestión de ensayar el contenido de las frases; era también el tono de voz que usaría, su apostura, su gesticulación. Preparó con escrupulosidad la representación de sí mismo. La imagen que debía imprimir debía ser la de un militar inteligente y leal. Culto y confiable. Sin más pretensiones que servir a Dios y a la patria. En la medida en que Salazar lo conocía, fruto de sus indagaciones, sabía que, además de aquellas características, lo que García Moreno buscaba en sus colaboradores era que le obedecieran sin chistar, que fuesen católicos, y que estuviesen dispuestos a jugarse el pellejo por su santa causa.

Llegó puntual a la cita. Entró con paso firme y con gesto amable. García Moreno irrumpiría en el salón luego de que todos los invitados hubiesen llegado. Salazar saludó con los generales Flores, Maldonado, Darquea y Dávalos, y se ubicó junto a un grupo de oficiales, entre quienes estaban Sáenz y Polanco. Todos vestían sus uniformes de gala; sus botas brillaban como obsidianas. El recinto estaba decorado con banderas, escarapelas y ramos de flores. Un súbito silencio anunció que ya llegaba. Todos dirigieron su mirada hacia la puerta por donde ingresaría. Entró con paso vibrante y apurado, escoltado por Roberto Ascázubi, Rafael Carvajal y Pablo Herrera. Vestía de negro, como siempre; sus ojos refulgentes escondían a los astros del averno. A Salazar le sobrecogió su estampa, su gallardía, su figura de prócer, que su incipiente calvicie y canas acentuaban. Sintió que exhalaba un hálito venerable, y sintió, aterrado, que también expelía un poder abominable. Salazar temblaba; muy a su pesar revalidaba sus ya rancios sentimientos. Le odió más todavía cuando otra vez se dio cuenta de que García Moreno tenía un espíritu —un ánimo, un brío, una energía— que era un millón de veces más fuerte que el suyo. Entonces, aspiró profundamente, quiso incorporar algo de aire a su pecho para agrandar su humanidad que en ese instante percibió minúscula.

Nadie dejaba de mirar a García Moreno, aunque lo hacían con recato, entre miradas esquivas y pestañeos. El presidente conversó con Flores a solas, largo rato. Luego de unos momentos se acercó su cuñado Ascázubi. Ya entrada la noche, cuando Salazar se sentía un poco exasperado porque no había hallado el momento de abordarlo, Flores hizo el milagro: vio a Salazar entre el grupo de oficiales y lo llamó con una seña, con el dedo índice que se movía como gusano. Flores estaba al lado de García Moreno; al llamarlo, abría la puerta para que entrara en el reducto reservado. El momento en que Flores lo llamó, Salazar se quedó tieso, como una momia milenaria, pues si bien buscaba la oportunidad para acercarse, llegado el momento sintió angustia de que el presidente, o Flores, o cualquiera, notasen su pavor. Logró controlar y disimular su estremecimiento mientras caminaba siete pasos hasta donde estaba el único ser en el universo que le causaba ese miedo insuperable. Poco antes de llegar al alcance de sus fauces, Salazar tragó grueso, respiró hondo, se puso una sonrisa de enorme complacencia, y sin dejar de mirar a sus ojos un solo instante, sin pestañear siquiera, llegó hasta el grupo, y de inmediato, Flores lo presentó. García Moreno le extendió su mano —Salazar sintió su garra fría y huesuda apretarlo con firmeza— y dejó que fuera él quien sacudiera tres veces la suya. Sacó fuerzas, posiblemente de sus entrañas arrugadas, y pudo hilvanar algunas frases sobre la campaña de Guayaquil contra Franco, tema que al presidente le apasionaba, pues a partir de ella había consolidado su arribo al poder. Salazar, hábilmente, relató cómo había transportado los obuses por los manglares, cómo había entrado en forma subrepticia a Guayaquil, antes del alba, a tomar posiciones para el ataque decisivo;, cómo había ubicado los cañones para destartalar las defensas enemigas, cómo había contribuido su artillería a destrozar al enemigo. Mientras hablaba, García Moreno no dejaba de observarlo con su mirada severa y gesto adusto. De cerca, al alcance de su daga, era muchísimo más temible que de lejos, pues su fuerza, su presencia de ánimo, su vitalidad, se extendían más allá de su cuerpo, lo desbordaban. Flores, que todo el tiempo permaneció a su lado, agregó alguna información sobre el padre y hermanos de Salazar, lo cual abonó al dibujo de su estampa. Y eso fue todo.

El encuentro duró cuatro minutos, tal vez cinco; luego Salazar salió en forma disimulada del lugar de la reunión hasta la calle, a buscar aire, a estar solo para retornar de los abismos. Se alejó unos pasos hasta un lugar solitario, donde se arrimó a una pared y trató de vomitar, pues sentía la náusea alojada en su garganta; sintió la arcada de su vómito columpiarse de adentro hacia fuera, pero no pudo vomitar; hubiera sido bueno poder hacerlo, así arrojaba un poco, al menos, de esa substancia embebida en angustia y miedo que moraba en su alma desde hacía años. Todavía con náusea, sintió que su pavor había crecido cuando estuvo frente a él, cuando sintió su zarpa gélida y esquelética sacudir su mano, cuando miró el brillo perverso de sus ojos, cuando sintió cómo esa mirada lo escrutaba y perforaba hasta el último y más recóndito resquicio de su alma. Entonces lo odió más que antes, pues era ignominioso, era humillante sentir semejante terror por el único sujeto que lo doblegaba, que lo sometía, que lo vencía y derrotaba, y porque, además, sentía y sabía, con los cojones y el cerebro, que el espíritu de García Moreno era infinitamente más fuerte que el suyo, anémico y temeroso.

46

Todo el mundo hablaba a toda hora de lo mismo. Era inminente el atentado contra el tirano. Cualquier momento podía ocurrir. Los rumores diferían respecto a quiénes lo cometerían y cómo se lo realizaría, pero todos coincidían en que muy pronto, muy pronto.

Una tibia mañana de julio de 1875 el "Querubín" Polanco volvió a reunirse con el comandante Sánchez para expresarle las preocupaciones que tenía el grupo respecto de la sublevación. Una vez que Polanco planteó sus desvelos, el comandante le dijo:

—Si ustedes responden con la cabeza del tirano, yo respondo de la seguridad de ustedes, y me encargo de que los secuaces y esbirros del tirano desaparezcan de la escena.

La noche del 25 de julio los conjurados se reunieron para analizar lo dicho por Sánchez. Meditaban sobre la conveniencia de aceptar su ofrecimiento. Cornejo mantenía su idea de no acabar con la vida del tirano, sino de mantenerlo prisionero y escondido:

—Mi plan es el siguiente, muchachos; por favor, escúchenme: varios de nosotros nos ubicamos en la esquina del colegio, junto a donde vive el artista Rosas; allí lo esperamos. Al salir de su casa nos acercamos, lo rodeamos y constreñimos a entrar a la casa donde antes ya habremos dispuesto los grillos y las cadenas para sujetarlo. En el acto, otros del grupo acuden al cuartel, sacan al batallón que está al mando de Sánchez, someten a los demás cuerpos del Ejército, y queda la revolución consumada. Mientras tanto, ya ha volado la noticia de que García Moreno ha sido despedazado.

—Tienes miedo "Conejito" —le dijo Andrade en son de burla.

—Ya se verá lo que tengo cuando llegue el día, "Larguirucho" —respondió Cornejo.

—Es muy riesgoso tener guardada a la fiera —dijo Andrade con voz grave—. Se puede escapar de mil formas; no es posible tenerlo escondido de por vida. Si vamos a decir que ha sido despedazado, tarde o temprano tendrán que aparecer sus huesos, la gente no va a creer en su muerte si no asoma el cadáver. El mismo Sánchez, para darnos su apoyo, requiere que el tirano esté bien muerto y no bien escondido. Él querrá verlo muerto. Es preferible acabar con el tirano en medio de la plaza, a vista de todo el mundo, en medio de una revolución, en medio de una revuelta popular. Es necesario que su muerte sea lo que es: un crimen político para redimir al país de la tiranía.

—Estoy de acuerdo con Andrade —dijo Moncayo—; debemos acabar con su vida; no podemos dejarlo vivo y mantenerlo preso, porque su simple desaparición, junto al rumor de que ha sido despedazado, no es suficiente para provocar la revuelta contra sus partidarios, que de seguro querrán quedarse en el poder. Es necesario que su muerte ocurra antes de que el nuevo Gobierno tome posesión, de manera que sus partidarios no pretendan continuar en un régimen que todavía no ha empezado.

—Ese es el punto —dijo Polanco—. La simple desaparición del tirano no nos garantiza que Sánchez organice la rebelión posterior. Su muerte, mas no su ocultación, es un requisito para que el gobierno teocrático no continúe, para que se produzca la revuelta y desaparezcan todos los godos del Gobierno. Creo que debemos enfocar estas reuniones en la forma como lo vamos a hacer, en los detalles; debemos tener todo listo, de inmediato, porque el tiempo apremia, ya se acaba julio y en pocos días se nos termina el tiempo.

Conversaron algunas horas sobre los pormenores de la conspiración. Acordaron arremeter contra García Moreno a la salida de su casa, en la plaza de Santo Domingo. Convinieron en cuál sería el papel que desempeñaría cada uno. Revisaron el plan una y otra vez y todo quedó listo. Podrían hacerlo cualquier día. Estaban dispuestos y anhelantes de que llegase el momento. Resolvieron que Polanco se reuniera nuevamente con Sánchez para que este fijase el día, pues todos concordaban —inclusive Cornejo— en que era imprescindible el apoyo del cuartel para consumar la revolución.

A primeras horas del día siguiente, Polanco se reunió con el comandante Sánchez y acordaron que el golpe sería en cuanto este tuviese el mando de las tropas que, conforme al reglamento militar, le correspondería en un par de semanas. Mientras tanto, Sánchez informaba todo al general Salazar, pues era el primero quien daba la cara frente a Polanco, con el fin de que el general permaneciera a la sombra y manejase los hilos.

Un día de intenso sol, cuando estaban reunidos en espera de recibir noticias del comandante Sánchez, llegó de improviso el "Larguirucho" Andrade con la noticia de que García Moreno asistiría ese mismo día, 26 de julio, a una celebración de los jesuitas. Todos pensaron, enseguida, que esa sería la oportunidad propicia para concretar los planes, puesto que el tirano permanecería varias horas a la intemperie rodeado de sotanas y lejos de las bayonetas. Luego de conversar sobre el tema y analizar si era oportuno o no dar el golpe y aprovechar esa única, tal vez irrepetible ocasión, resolvieron hacerlo ese mismo día. No lo meditaron más, no había mucho tiempo: enviaron de inmediato un mensaje a Sánchez en el cual le informaban su decisión. Tuviera o no el mando ese día, debía de alguna manera apoyarlos.

Unos avisaron a otros y estos a muchos más, de modo que, en pocos minutos, casi todos quienes participábamos en la conspiración nos reunimos en la Plaza Grande, colindante con en el atrio de la Catedral donde se realizaría la ceremonia jesuítica. Faltaban pocas horas; la expectación crecía a la par que nuestros nervios. Andrade corrió a comprar un arma: consiguió un puñal que escondió sujetado en su cintura y fue a ubicarse en la plaza, junto a un grupo de paseantes que merodeaban por la zona. Todos teníamos claro nuestro rol: Moncayo y Polanco sujetarían al tirano, mientras Cornejo y Andrade lo embestirían con sus armas. Nosotros nos ocuparíamos de impedir, al vigilar y formar un muro con nuestros cuerpos, que alguna persona entorpeciera las acciones.

Los cuchicheos sobre el atentado que se cometería contra el presidente habían corrido de boca en boca durante las horas previas al intento. Se decía que esa mañana, uno de los conjurados, uno de tantos, había comprado un pequeño revólver en los almacenes de Santos Cevallos con la intención de matar al tirano. Este diligente y a la vez chismoso almacenero se lo contó al primer vecino que encontró, y este, a su vez, a otro; y de ese modo, el rumor llegó hasta los oídos de Mariana del Alcázar, quien se lo contó a su marido, Gabriel García Moreno, quien, simplemente, dijo:

—Dios dispondrá.

La plaza comenzó a llenarse de gente; los frailes ya tenían listo el proscenio donde se realizaría la ceremonia religiosa que comenzaría en cuanto arribara el presidente. Nosotros ocupábamos los sitios previstos para propinar el garrotazo. Había llegado el momento. Pondríamos en juego nuestras vidas; lo haríamos por una causa suprema: liberar al país del yugo opresor de la tiranía.

De repente se produjo una situación que evidenció la escasa preparación que teníamos para acometer con una misión tan crítica como la propuesta: el puñal que escondía Andrade en su cintura resbaló por su pantalón y cayó con estruendo en el piso de piedra, en medio de un grupo de personas que, atónitos, observaron la sonrisa burlona del acero. Todos se apartaron de la daga amenazante; nadie la recogió; nadie era su dueño; debió ser el diablo el que allí la puso para cometer quién sabe qué actos impíos o para persuadir a quienes pensaban realizarlos, de la inconveniencia de sus planes. Enseguida corrió el bisbiseo del crimen fallido, y el plan abortó en ese instante. De inmediato decidimos buscar una nueva oportunidad que, en efecto, se daría pocos días más tarde.

García Moreno escuchaba todos los días los rumores de que lo iban a matar. Tantas veces los había escuchado, y tantas veces se había ocupado de ellos, que tras tanto constatar que no eran ciertos, ya no prestaba atención al comadreo que, más que ponerlo en alerta, lo fastidiaba. Sin embargo, no conocía la conspiración que acabaría con su vida, pues se la ocultaba quien estaba interesado en su muerte, aquel que sería el gran beneficiario: su ministro de Guerra, el general Francisco Javier Salazar, el traidor que manejaba los aparatos de inteligencia, y manipulaba con extrema habilidad y sigilo los hilos de la conjura que urdía a través del comandante Sánchez, su aliado fiel e incondicional.

47

Durante el primer período del gobierno de García Moreno, en el año de 1863, el presidente de Colombia, el general Tomás Cipriano de Mosquera, propuso a sus países vecinos refundar la Gran Colombia. La idea consistía en conformar, entre varios Estados, uno solo, sobre la base del gran proyecto de Bolívar. El presidente ecuatoriano le dio largas a la propuesta de Mosquera, más preocupado por precautelar a Guayaquil de una nueva amenaza de invasión por parte de Urbina, conforme le avisara su hermano Pedro Pablo. Ofendido por la falta de respuesta ecuatoriana, Mosquera envió sus hombres a la frontera, en tanto que los oficiales ecuatorianos, Darquea y Salazar, exclamaban que el Ejército ecuatoriano estaba listo para dar batalla.

En esos días se conoció la proclama de Mosquera: "Venid conmigo a los confines del sur a afianzar la libertad y unificarnos por sentimientos fraternales con los colombianos del Ecuador, que necesitan, no nuestras armas, sino nuestros buenos oficios para hacer triunfar el principio republicano sobre la opresión teocrática que se quiere fundar en la tierra de Atahualpa que, la primera en Colombia, invocó la libertad y el derecho en 1809".

Los seguidores de García Moreno emitieron la siguiente proclama en respuesta al granadino: "Amamos y blasonamos el ser colombianos en el pasado; al presente no podemos ni queremos ser otra cosa que ecuatorianos [...]. Es incompatible para nosotros la unión colombiana, por el lado que más toca al corazón del hombre, por ese sentimiento superior a cuanto existe, por esa fe y amor inefables de la humanidad, por la Religión (...) Antes de ser republicanos somos cristianos; para nosotros, que estamos convencidos de que el árbol de la libertad nació al pie de la Cruz del Gólgota, es intolerable una república formada a impulsos de aquellos errores".

Mosquera también remitió, en forma pública, una carta dirigida al general Urbina, expresidente ecuatoriano y hombre fuerte del expresidente Robles (ambos defenestrados por el Gobierno provisorio de García Moreno), en la que decía: "Nosotros, que hemos sido un mismo pueblo, podemos decir: Colombia fue y Colombia será. Si Flores y García Moreno no se someten a la voluntad popular, ellos caerán sin que les valga ningún protectorado".

García Moreno envió a Antonio Flores Jijón a dialogar con Mosquera y buscar un arreglo al conflicto; pero, ante la insistencia del colombiano de reinstaurar la Gran Colombia y, de paso, abolir el Concordato ecuatoriano con la Iglesia, las negociaciones fracasaron. Pocas semanas más tarde, el presidente colombiano, Mosquera, insistió al Ecuador sobre sus propósitos de restablecer la Gran Colombia, y dio un plazo perentorio al Gobierno ecuatoriano para firmar un tratado en ese sentido. La presión colombiana fue considerada por el presidente y el Congreso ecuatorianos, como una declaración de guerra. García Moreno, indignado, rechazó la propuesta y envió sus ejércitos, con Flores a la cabeza, a atrincherarse en la frontera, en la que ya estaban acantonadas las tropas colombianas.

Era la segunda confrontación contra el país vecino del norte, luego del desastre de Tulcán. Flores comandaba el Ejército ecuatoriano de un poco más de nueve mil hombres. En sus filas figuraban los generales Maldonado y Dávalos; los coroneles Darquea, Gómez de la Torre, Sáenz, Salvador, Martínez Aparicio, Dalgo, Veintemilla, Salazar, y también los aguerridos pastusos (que había reclutado años atrás García Moreno), entre los cuales se encontraba Faustino Rayo. Nuevamente los ecuatorianos se vieron en la necesidad de apoyar a su Ejército, esta vez en forma voluntaria, a fin de "salvar el honor nacional". Pacífico Chiriboga, exintegrante del Gobierno provisorio, aportó con cuatro mil reses. García Moreno, en tanto, requirió al gobernador de Guayaquil, Vicente Piedrahita, la contribución de recursos económicos recaudados en las aduanas, pero Piedrahita desoyó la disposición bajo el argumento de que debía emplear esos dineros en cañones para proteger Guayaquil de la amenaza permanente de invasión por parte de Urbina.

Un artículo publicado en aquellos momentos, en uno de los periódicos locales, decía, a propósito de la inminente guerra:

"Marchemos en defensa de nuestra patria, en defensa de nuestra fe, del pudor de nuestras mujeres, de la inocencia de nuestros hijos y de nuestro propio honor, y sucumbamos todos, incéndiense nuestras ciudades y destrúyanse nuestras heredades antes que abrir indefensos las entradas del suelo ecuatoriano a los sicarios del cisma y a los enemigos de Dios".

La proclama de Flores dirigida a sus soldados parecía develar otra intención por parte de las fuerzas ecuatorianas: "¡Que el caballo del Guayas en su primera carrera, salve la línea del Carchi y beba jadeando las aguas del Guáitara!".

Las tropas ecuatorianas decidieron iniciar la ofensiva. Una columna penetró al territorio colombiano y, tras resuelta y brava batalla, tomó Pasto. "Muy pronto ese borracho pérfido (Mosquera) se arrepentirá". Otro batallón, comandado por Flores, esperó en Cuaspud, cerca de Tulcán, en tierras ecuatorianas, pues por allí avanzarían las tropas colombianas. Mosquera avanzó hasta Cuaspud, en efecto, pero simuló retirarse al divisar los escuadrones ecuatorianos. Cuando Flores observó que el enemigo se retiraba, ordenó a la caballería salir en su persecución, pero sus tropas cayeron en la trampa de hundirse en los barrizales, hasta donde, intencionalmente, los granadinos las habían arrastrado. Mosquera aprovechó la situación para destrozar, en rápido y feroz combate, a los soldados ecuatorianos, que no podían defenderse, atascados en la hambrienta ciénaga. Cerca de cinco mil soldados ecuatorianos huyeron de menos de dos mil granadinos. Hubo cientos de muertos y heridos en las filas patriotas, entre ellos, un hijo del Mariscal Sucre, además de cerca de dos mil soldados capturados. Fueron sesenta y tres los muertos colombianos. El Ejército ecuatoriano capituló. El parte de guerra dirigido por Flores a García Moreno, en diciembre de 1863, expresaba: "Con profundo dolor comunico a usted la inesperada y vergonzosa derrota que sufrió nuestro Ejército el día de ayer [...] En vano se intentaron algunas cargas de caballería, y en vano algunos jefes esforzados trataron de contener la derrota, que se generalizó a la desbandada. Así, el desastre fue completo. Yo salí por la puerta de Pastás con el general Maldonado, los coroneles Darquea, Salvador y Salazar y con otros pocos jefes. Estoy tan pesaroso y avergonzado de una derrota tan inesperada, que deseo no volver a mandar ningún ejército más [...] También escribo a Mosquera proponiéndole la paz por conducto del coronel Salazar. Lo único que debe consolarnos es que algunos cuerpos se batieron bien [...] El general Maldonado y el coronel Darquea se empeñaron por el frente, y el coronel Salazar por la izquierda. Murieron con valentía el comandante [...] el capitán [...] el mayor [...] El combate duró hora y media"

En cuanto García Moreno se informó de la ignominiosa derrota dirigió la siguiente proclama al pueblo ecuatoriano:

"¡Compatriotas! Dios ha querido probarnos, y debemos adorar sus designios inescrutables [...] Ahora más que nunca necesitamos hacer grandes esfuerzos para salvar nuestra Religión y nuestra Patria; ahora más que nunca debemos oponer a nuestro injusto enemigo un valor a toda prueba y una constancia incontrastable".

Y dirigió la siguiente nota a la Asamblea: "El 6 de diciembre tuvo lugar la batalla de Cuaspud, perdida por la vergonzosa cobardía de los cuerpos que corrieron arrojando las armas [...] Los cuerpos que corrieron cubriéndose de eterna ignominia, estaban minados por una deserción diaria y escandalosa que habría podido contenerse, si con el castigo ejemplar de algunos desertores se hubiera restablecido la disciplina".

Mosquera avanzó triunfante hasta Ibarra, (aproximadamente 200 kilómetros dentro de territorio ecuatoriano) y, cuando en Quito se temía el inminente avance de los colombianos para tomarse la capital y la población se preparaba para el saqueo —miles de personas huyeron hacia el sur tras dejar sus casas y bienes—, Mosquera anunció sus intenciones de negociar la paz. Se temía lo peor; las demandas de los granadinos serían muy duras; se pediría la renuncia de García Moreno, indemnizaciones por las pérdidas, la anexión de Ibarra, Tulcán y todo el norte ecuatoriano a Colombia, etc., etc. Tras liberar a más de dos mil prisioneros ecuatorianos, Mosquera se reunió con Flores en Pinsaquí, con el objeto de iniciar conversaciones. Flores asumió las negociaciones con Mosquera (eran viejos amigos y habían sido compañeros en las huestes de Bolívar). Mientras los ejércitos colombianos permanecían en Ibarra, las desvalidas tropas ecuatorianas se retiraron hacia el sur y se estacionaron en Otavalo.

A fines de diciembre acordaron la paz en los mejores términos para el Ecuador. Salazar cumplió el encargo de Flores, y llevó la misiva de paz al colombiano. Al concluir las conversaciones, uno de los lugartenientes de Mosquera, que en la guerra pasada lo había sido del también granadino Arboleda, se acordó de que en el conflicto anterior habían sorprendido a Salazar escondido en la trinchera, y que el instante en que iba a ser apresado lo había salvado su franciscana calvicie y su abultada barriga de obispo, que le facilitaron hacerse pasar por el capellán del Ejército. A la salida del encuentro, entre broma y broma el granadino le dijo:

—No esperaba que el "padre Salazar" hubiese colgado las sotanas y fuese ahora el ministro de la paz del general Flores…

El Tratado de Paz acordado entre Flores y el colombiano Mosquera restablecía la concordia entre las dos naciones, reconocía la libertad de los prisioneros de guerra ecuatorianos, no demandaba al Gobierno ecuatoriano reparación o indemnización por los gastos que Colombia había incurrido en el combate, o por los daños causados. Sin embargo, incluía un "Tratado Adicional al de Alianza [...] entre Ecuador y Colombia", que se firmó en Pinsaquí, el 1 de enero de 1864, por el cual las dos naciones, a través de sus plenipotenciarios, Flores y González Carazo, se obligaban a: "Sostener y defender la libertad, soberanía, independencia e integridad de sus respectivos territorios, asegurando en ellos su dominio y señorío, y repeliendo con la fuerza, toda invasión extraña." Y agregaba: "Impedir toda intervención con la fuerza, ya sea que tenga por objeto favorecer algún partido político o cambiar las instituciones de algunas de las Repúblicas contratantes". Más adelante decía: "Sostener la integridad del territorio de la antigua Colombia".

La derrota enardeció los ánimos en todo el Ecuador. Algunos liberales, entre ellos el ex vicepresidente, Marcos Espinel, creyeron oportuno deponer a García Moreno. Aprovecharon que Mosquera se hallaba con sus ejércitos en Ibarra para proclamar jefe supremo a Urbina, quien se encontraba en el Perú. La intentona fracasó la calurosa y húmeda noche en que Espinel y sus partidarios fueron apresados y remitidos a Quito, donde sufrieron inhumanas torturas antes de ser entregados a la Justicia. En primera instancia fueron hallados culpables de traición; pero, luego, la Corte Suprema los absolvió y los acusó, únicamente, de "tentativa de rebelión". Espinel se salvó de ser pasado por las armas por la evidente debilidad en que se hallaba en esos momentos el Gobierno de García Moreno. "En los contornos de la capital hubo diez o doce desgraciados ilusos que pretendieron formar una sombra ridícula de gobierno bajo la protección del enemigo; pero fueron castigados en el acto por el abandono completo en que se vieron y por la indignación que su felonía, más bien negra que temible, produjo en el pueblo entero".

La fulminante derrota de Flores en Cuaspud produjo en García Moreno una fuerte depresión que, incluso le hizo pensar en dejar su alto cargo. Así se lo comunicó al Congreso en marzo de 1864: "Os ruego aceptéis mi renuncia, permitiéndome volver al reposo de la vida privada [...] Hoy que por fortuna la paz está sólidamente restablecida, no debéis ni podéis impedirme que realice mi propósito".

Las feroces críticas de sus opositores y los constantes rumores de golpe de Estado alimentaban el fuego de su infierno. "Deseo retirarme del mando [...] tres años de esfuerzos incesantes, acompañados de completa abnegación personal, y premiados por la ingratitud, la injusticia y la calumnia, me han quitado toda esperanza y me obligan a buscar el reposo de la vida privada...".

Se sentía traicionado, culpaba de la derrota a todo el mund: "Quien es ingrato es capaz de todas las maldades", sin recapacitar que su atolondramiento en iniciar las beligerancias lo había llevado a la derrota. La razón por la que declaró la guerra a Colombia no constituía un *casus belli* que justificara esa grave decisión. Además, el Ejército ecuatoriano no estaba lo suficientemente preparado y aprovisionado como para enfrentar una guerra contra Colombia, ni contra nadie.

Luego de unos días, una vez salido de su fosa y repuesto del abatimiento, García Moreno retomó sus antiguas ínfulas: andaba como loco, vituperaba contra todo el mundo, gritaba exacerbado, apenas comía —menos que lo usual—, apenas dormía —menos que lo acostumbrado—, andaba enredado en un frenesí de reuniones con sus ministros y generales. Todos temblaban: sin lugar a la menor duda, correrían cabezas.

En el país circulaban dos versiones sobre los hechos, ambas muy preocupantes, aunque contradictorias: una decía que el general Maldonado había enviado la caballería hacia los pantanos de Cuaspud, a sabiendas de que allí serían derrotados; agregaba que Maldonado era un traidor ávido del poder, por lo que procuró la derrota de las fuerzas de García Moreno para contribuir a su deshonra, pues, además, tenía "arreglos" con Mosquera. La otra versión afirmaba que el general Maldonado y el propio García Moreno propiciaron la derrota para hundir el prestigio de Flores y así evitar su siempre anhelado retorno a la Presidencia, pues, con el triunfo, su camino hacia el palacio hubiese estado asegurado.

El presidente tronaba de rabia, buscaba a los responsables de quienes vengarse y dar público escarmiento para salvar su honra mancillada, una vez más, por las tropas colombianas. Algunos generales fueron dados de baja; otros pidieron su retiro, como fue el caso del general Dávalos. Otros, en cambio, que habían demostrado su fidelidad y arrojo en la batalla, y que arriesgaron su vida pese a la derrota, se ganaron la confianza de García Moreno. Tal fue el caso del granadino Faustino Rayo, que con su afilado machete en la diestra se destacó en el combate contra sus propios coterráneos. Salazar integró, bajo la jefatura del coronel Darquea, la división del Chota. No tuvo participación directa en el avance y derrota del batallón comandado por el general Maldonado y secundado por la caballería del general Dávalos, de modo que salió indemne de cualquier sospecha en su contra.

Se vivía, ante esas circunstancias, un ambiente de terror, de cacería de brujas, donde se daba el absurdo de que todos eran sospechosos hasta que demostrasen lo contrario. Por las calles de Quito, Guayaquil y Cuenca, en medio de un ambiente de terror e inseguridad, era usual ver, durante el día y la noche, movimientos de tropas oficiales que entraban en una casa y luego salían con alguien aporreado, camino al cadalso.

Nuevos intentos de derrocar a García Moreno ocurrieron en varias ciudades del país. Sus tropas aplacaban a sangre y fuego las revueltas. Hubo varios presos en la provincia de Imbabura. En la del Azuay, apresó a decenas y, a pesar de que la Constitución lo prohibía, mandó a fusilar al comandante Darío Campoverde, jefe político de El Tambo, acusado de sedición.

48

No fue al entierro de su madre, que murió en Guayaquil cuando tenía noventa y cuatro años de edad. No quiso ir y no fue. Así era él; nadie le obligaba a nada; hacia lo que quería, no lo que debía. Sus hermanos se resintieron mucho por su ausencia; al menos, repetían, debió asistir a la misa de honras. Pedro Pablo fue el que más se disgustó, al extremo que, después, casi no se hablaban. Con todos sus hermanos mantenía buenas y cercanas relaciones, pues decía que lo ayudaban a hacer y mantener contactos y amistades convenientes para su Gobierno. Durante los últimos meses de vida, doña Mercedes pasaba el día entre despierta y dormida, recostada en su hamaca en el balcón de su casa. Cuidada por sus tres hijas solteras, que nunca se casaron y a quienes dejó sus escasos bienes y su casa, el viento que soplaba desde el río debió llevarle muchos recuerdos: su infancia; sus padres y hermanos; su marido; sus ocho hijos vivos de los doce paridos; sus nietos; su vida desgraciada por haber pasado de la dicha a la tristeza, por el advenimiento de la pobreza en su hogar; el tiempo que pasa tan pronto y la vejez que es tan dura y tan larga…

Debió conservar hacia su madre un antiguo resentimiento que se lo cobró con su ausencia el día de su entierro. Era extremadamente rencoroso y no perdonaba; se quedaba atragantado con el carozo del aguacate sin poder escupirlo. Jamás olvidaba una ofensa; era un resentido remordido, dispuesto a todo menos a perdonar. Alguna vez me dijo que perdonar un agravio es renunciar al legítimo derecho que tiene el ser humano de vengarse. Decía que como no puede haber un olvido genuino, tampoco puede haber un perdón auténtico. La verdadera clemencia, afirmaba, no es olvidar la ofensa, sino recordarla muy bien y renunciar voluntariamente al derecho de venganza. Yo pienso que, por el mismo hecho de que no amaba, no perdonaba; pues quien de verdad amó puede abrigar el perdón dentro su corazón. Él, por el contrario, odiaba a mucha gente. Siempre odió a Flores; siempre aborreció a Urbina. Contra los dos expresaba su odio más hepático. Digo hepático, porque las ocasiones en que se ponía a maldecirlos le dolía el hígado, se ponía un poco amarillento; yo tenía que darle agüita de achicoria, aunque él prefería beber sus propios orines, una tacita del primer chorro todas las mañanas. Odiaba a sus enemigos, a sus opositores; odiaba a mucha gente y lo hacía con toda la fuerza de su alma. No es que odiaba un poquito, eso no era posible, eso no sería odiar, eso sería otra cosa, antipatía, no sé. En nada era una agüita tibia; por el contrario, o hervía o estaba helado como el agua de la chorrera que baja del Pichincha. Decía que odiaba a quien le había hecho daño o intentaba hacérselo. Y aunque se daba cuenta de que era esclavo de sus rencores, pues no podía arrancarlos de su alma, vivía con cierta complacencia de esa servidumbre, pues, decía, espero con ansias el momento gozoso de tomar venganza de mis enemigos. A su odio, como es normal cuando es un sentimiento verdadero y bien cimentado, acompañaba una colosal e incurable, satánica ira, que muchas veces no menguaba ni con la muerte del ser odiado. Podemos poner en tela de juicio la fidelidad de quien nos ama, decía, pero no debemos dudar de la lealtad y constancia de quien nos odia. Aborreció a mucha gente; pero, qué triste, nunca amó a nadie. No amó a ninguna de las mujeres que tuvo, ni a Juanita Jijón, ni a sus padres, ni a sus hermanos, ni a sus hijas que siempre despreció, ni a sus hijos varones, porque algunos tuvo, dentro y fuera del matrimonio... Tuvo también algunas mujeres; por supuesto que yo no fui la única. Hablaba mucho de una Virginia con apellido extranjero; yo no supe quién era, no la conocí, pero Juanita Terrazas, que era campeona para un chisme, me dijo que era la esposa de uno de sus mejores amigos, de un señor Carlos Aguirre, que también había sido su ministro, y que con ella el presidente había tenido una hija que después se casó con un señor Pérez. Yo no conocí a Virginia, pero sé que tampoco la amó, aunque decía que era bella y elegante, que parecía una princesa. Era un poco raro, eso lo sabe todo el mundo; siempre le dijeron "loco", y creo que sí lo era. Era un loco especial. Lo que más me gustaba de su locura era cuando, luego de hacer un largo viaje, tras haber montado horas enteras en mula o a caballo, se bajaba de la bestia, se acostaba en el suelo y se revolcaba en la tierra, como lo hacen los perros o las mismas acémilas, y se daba volteretas sobre su espalda una y otra vez con el afán de poner los huesos en su sitio. ¡Eso sí que era divertido! A él le parecía muy normal; siempre lo hacía, dondequiera que llegaba, cualquiera que fuese su vestimenta. Se revolcaba en la tierra lleno de gozo; decía que por algo lo hacen los animales, que eso lo descansaba, le daba fuerzas, le llenaba de energía –¡cómo si la necesitara!–.

Otra cosa rara era su nula capacidad para deleitarse con un paisaje, con la luna llena, con el canto de los pájaros. Decía que la naturaleza toda, los árboles y las plantas, los animales y las aves, el cielo, la luna y las estrellas, cumplían una misión, y punto. Una misión que nada tenía que ver con la belleza, sino, más bien, con su utilidad práctica. No se detenía a oler las flores o a contemplar, extasiado, el paisaje de las montañas nevadas con sus nieves eternas. No. Él miraba la naturaleza de lejos, sin que esos paisajes le produjesen ningún efecto anímico, ninguna emoción. Y si alguna vez bajó a las entrañas del volcán Pichincha o ascendió al Sangay, lo hizo con fines científicos, no contemplativos. No hacía suyo el arco iris, no se unía al paisaje, no se deleitaba con el rumor del arroyuelo o con el susurro del viento. No; ni siquiera se percataba de esos mágicos colores o sonidos. Lo mismo pasaba con las aves; simplemente decía que servían para polinizar las plantas, que para eso estaban en el mundo, que todo debía cumplir una misión en la vida. Y si los pájaros cantaban, decía que lo hacían para buscar pareja, para reproducirse y para que continuara el ciclo de la vida. Y a pesar de que él cuidaba de que la gente no pisara los árboles y plantas que hizo sembrar en la Plaza Grande, el cuidado respondía más a una manía de orden y respeto, que a un amor por las flores. Le gustaban las obras arquitectónicas, el Observatorio Astronómico, las carreteras, los ferrocarriles; soñaba en ver pasar, por los nuevos caminos que construía, a las carretas tiradas por caballos, tal como lo había visto en Europa, sobre todo en París, ciudad que amaba. Se emocionaba y ponía feliz al ver sus obras avanzar, las escuelas, el Conservatorio de Música, "para el cual se ha pedido a Europa un director competente, ya que la muerte nos arrebató al eminente maestro Neumane…"; y, cosa extraña, con lo que más se deleitaba, después de haber concluido su otra obra preferida que era el Observatorio Astronómico, era con la penitenciaría que mandó a edificar. La nueva cárcel que construía le producía verdadero placer; a cada rato iba a constatar cómo se levantaban poco a poco los cimientos, las paredes, los techos; y, tras cada visita, decían, volvía con los ojos iluminados por una extraña luz, como si hubiese visto todo el dolor que allí se represaría con el pasar de los años. Estaba muy frustrado con el escasísimo avance del proyecto del ferrocarril. Se había adelantado muy poco. Decía que el problema era no sólo la geografía del país, tan entrecortada por ríos, montañas y quebradas, sino que también era el poco presupuesto que tenía y la escasa mano de obra disponible. Pensaba que el tren era la obra más importante para la integración del territorio, pues decía que el Ecuador es un país en construcción. Mucha felicidad le producían las obras que poco a poco veía que se concretaban; ansiaba ver sus grandes proyectos hechos realidad. Pero más felicidad que constatar la realización de las obras públicas, le causaban sus triunfos políticos, sus avances en alcanzar el poder. Una noche me dijo que el día más feliz de su vida había sido cuando derrotó al general Franco y entró triunfante en Guayaquil. Que en ese momento logró su sueño de alcanzar el poder y consolidar su Gobierno en todo el país; que Franco era su último obstáculo para llegar a la Presidencia, codiciada por el militarismo. Decía que, junto con Franco, derrotó también a Urbina, quien fue su peor, su más grande enemigo; que si los atrapaba los pasaría por las armas ese mismo instante. Afirmaba que el triunfo sobre Franco se debió a su persistencia, a su afán indeclinable de lograr el éxito. También fue importante que Flores hubiese comandado las tropas, aunque el general venezolano, después de ese triunfo, quería volver a la Presidencia. Mucho le había costado mantenerlo a raya y no sólo a él, decía, sino también a tantos y tantos enemigos que querían derrocarlo, como el general Maldonado, y otros que había tenido que mandar al patíbulo o al destierro para defender el orden constitucional y la voluntad popular.

49

Una mañana se presentó de improviso en el regimiento, un emisario de García Moreno; quería hablar de urgencia con el coronel Salazar: debía concurrir de inmediato al palacio, pues el presidente quería conversar con él. Al recibir la noticia, Salazar sintió un insólito estremecimiento, un impetuoso temblor que se extendía del pecho a la cabeza, y que era la irrefutable expresión del miedo insuperable, de aquel pavor que por ser mucho más fuerte que él, lo controlaba y subyugaba. Lo primero que Salazar pensó es que el presidente habría descubierto sus andanzas; tal vez me ha traicionado uno de mis sabuesos y develado mis pesquisas, pensaba; de ser así, ¡estoy perdido! Luego pensó que, acaso, García Moreno se habría enterado de que en Riobamba, cuando iba a ser fusilado, él era el comandante de esa columna del Ejército que envió al teniente Palacios a capturarlo… O, quizás, habría encontrado su nombre en la lista de deportados en la revuelta de 1847, cuando García Moreno era el gobernador de Guayaquil y había destrozado a cañonazos a los insurgentes… En cualquier caso, de haberse descubierto sus aventuras, debía darse por muerto.

No tuvo tiempo de nada, ni de pensar en escapar; apenas pudo sacarles brillo a sus botas, que restregó contra sus pantalones, y salió pálido, serio y cabizbajo. Su corazón latía a mil por hora, y sudaba. Camino al palacio, Salazar recordaba otras ocasiones en que había estado con el presidente. La última había sido pocas semanas antes de la batalla de Cuaspud, en un banquete que dio Flores en su casa, y donde tuvo la oportunidad y el coraje de hablarle sobre la visionaria iniciativa que había emprendido al disponer la construcción de la carretera de la Sierra a la Costa, entre un montón más de zalamerías que le gustaba escuchar. No perdía oportunidad de lisonjearlo; sabía que un temperamento como el suyo requería de constantes muestras de adhesión y admiración. En aquella oportunidad le había dicho: cuente conmigo para aplicar un castigo ejemplar a los traidores a la patria, para la cruzada en favor de la moralización y limpieza del clero disoluto, y para continuar su excelsa obra en beneficio del desarrollo del país. Salazar negaría todo, en caso de que se le imputara alguna actividad retorcida; no reconocería la más mínima falta, pues, de hacerlo, iría derechito al cadalso. Impugnaría todo, absolutamente todo. Y echaría las culpas sobre aquel, quienquiera, que le hubiese delatado.

Una tras otra se abrían las enormes puertas que llevaban a Salazar hasta el despacho de García Moreno. Sus pasos los sintió blandos, poco firmes, un poco arrastrados y cortos; sin duda, estaba muy nervioso; sentía como si fuese a presentarse, con indisimulable cara de pecado fresco, ante el gran inquisidor, ante el mismísimo Tomás de Torquemada. Se enfureció consigo mismo al pensar que sería notoria su intranquilidad. Mientras caminaba, se dio cuenta de que recrudecían, de que se agravaban y agrandaban todos aquellos sentimientos que su corazón abrigaba desde hace mucho tiempo y, como consecuencia de ello, crecía también su profundo deseo de aniquilarlo. Pero para hacerlo, se decía, debía primero vencer el miedo que lo paralizaba y, segundo, ganarse su confianza para encontrar el momento oportuno de hundirle su daga.

Al ingresar al despacho, lo vio parado detrás de su escritorio. Una ventana arrojaba luz por un costado, e iluminaba su grave figura. El presidente lo esperaba con su cuerpo inclinado hacia atrás, sus brazos cruzados sobre su pecho y sus ojos fijos en él. Su postura le resultó amedrentadora y desagradable. Salazar se acercó a saludarlo sin dejar de mirarlo un solo instante, aunque hacía su mejor esfuerzo por denotar que nada temía y nada ocultaba. A pesar de que mantenía su cabeza en alto y no dejaba traslucir el menor sentimiento de temor, se mostraba serio y cortés, aunque por dentro latía su enorme pavor incrustado de modo irremediable en sus entrañas. Al saludarlo, Salazar sintió su mano esquelética, gélida y áspera como las zancas de un ave. Sin pestañear siquiera, se miraron unos instantes más, hasta que Salazar desistió de mirarlo fijamente. Sin bajar la mirada, pues sabía que eso revelaba debilidad, desvió un instante sus pupilas hacia una imagen religiosa que estaba un poco hacia la izquierda del presidente, sobre su cabeza, y, enseguida, tornó sus ojos hacia él y, a propósito, mantuvo el silencio que García Moreno imponía. Temía lo peor; en ese mismo instante podía degollarlo, varios eran sus pecados. Entonces se sentaron —Salazar, luego de que García Moreno lo hiciera— y tras el eterno silencio que le pareció la elipsis de la muerte, mientras engullía su propia saliva con dificultad —parecía atragantarse de manera anticipada con lo que le diría—, el mandatario le soltó de improviso que había dispuesto su inmediato traslado a Manabí, en calidad de gobernador.

Aunque la noticia lo tomó por sorpresa, Salazar ocultó su asombro y le agradeció. García Moreno le dijo que confiaba en él para exterminar a una partida de bandidos urbinistas que merodeaban por la zona y azuzaban al pueblo contra su legítimo Gobierno, y agregó, no dude, coronel Salazar, en usar todo el peso de las armas para acabar con esos traidores facinerosos. Enseguida, García Moreno se levantó, le extendió la mano y le dijo, envíeme semanalmente un informe sobre el cumplimiento de esta misión.

Salazar se retiró sin dejar de mirar a sus ojos y sin darle la espalda. Al salir sintió que sus piernas flaqueaban y sus pasos todavía seguían inseguros y arrastrados. Respiró profundamente; poco a poco sintió que recobraba la calma. Estoy a salvo, se dijo, mientras cavilaba sobre su inmediato traslado a Manabí y, fundamentalmente, sobre la "misión" que debía cumplir.

Pocos días después, el general Flores llamó al coronel Salazar a su despacho. Claro y directo como era, como buen caribeño, le contó que había sugerido a García Moreno que lo nombrara gobernador, y que se alegraba mucho de su designación. Si cumple con su deber, coronel, tendrá un brillante futuro por delante, le dijo al despedirse. Flores era una especie de "protector" para Salazar; lo ayudó en varias ocasiones, como también Salazar se había jugado por él cuando, años atrás, dio el frustrado golpe en su favor, junto a Wright.

En aquellos días —junio 1864— se produjo un levantamiento en el cuartel de artillería de Quito: el general Manuel Tomás Maldonado tenía la intención de apresar y, eventualmente, asesinar a García Moreno, a quien su edecán traicionaría. Descubierto el intento, las tropas leales a García Moreno fueron en búsqueda del general, quien logró fugar instantes antes de ser capturado. Sin embargo, fueron apresados el edecán y dos oficiales que apoyaban a Maldonado; cuando se preparaba su fusilamiento, el presidente conmutó su pena por la de expulsión a las selvas amazónicas. Semanas después, tras larga búsqueda y persecución, fue capturado el general Maldonado. El mismo día de su detención, desembarcó en Guayaquil una cuadrilla de Urbina, que no había dejado de conspirar contra el Gobierno desde sus inicios, y que ahora pretendía controlar Guayaquil para luego avanzar hacia el interior del país con el fin de tomar el poder. La revuelta del general

Maldonado, y el desembarco de los partidarios de Urbina, eran parte del mismo plan en el cual muchos militares estaban involucrados. García Moreno envió a Flores a combatir a las fuerzas de Urbina que ocupaban Machala y avanzaban hacia Loja. Flores, muy enfermo, dio batalla, triunfó y desbarató la revuelta, pero murió a los pocos días, en agosto de 1864. Su cuerpo fue trasladado a Quito y fue enterrado en la Catedral. "El general en jefe, de esclarecida e imperecedera memoria, falleció de la enfermedad de que adolecía, agravada por las fatigas de la campaña y los sufrimientos de la navegación".

Aunque por aquellos días Salazar ya estaba en Manabí y cumplía sus funciones de gobernador, mantenía activo su aparato de espionaje, pues le era imprescindible, como medida de salvaguarda personal, estar atento a todo lo que ocurría, más aún si estaba lejos, a tres o cuatro semanas a caballo de la capital. Una tarde, uno de sus perros de presa que iban y venían de Quito a Montecristi con noticias, le llevó un recorte de prensa de una nota publicada en el diario *El Comercio* de Lima, que, a propósito de los últimos acontecimientos, decía: "Cinco han sido flagelados para que confesasen los que estaban comprometidos en una supuesta conspiración y uno de ellos, después de sufrir 550 látigos, fue embarcado para conducirlo al Napo".

Uno de los primeros apresados, presuntamente como implicado en la trama de Maldonado para deponer a García Moreno, fue mi padre, el doctor Juan Borja Lizarzaburu, hombre conocido y respetado en todo el país por ser un abogado de gran talento, probidad y noble linaje. Manuel Borja, hermano de mi padre, había escrito años atrás una carta desde Madrid en defensa de Flores, cuando preparaba su expedición española que pretendía "reconquistar" América. En aquella carta, Manuel Borja decía que Flores "No se ha valido de la intervención de ninguna potencia extranjera; aunque de verdad cuenta con las simpatías de España, Francia e Inglaterra" y, agregaba que el venezolano no recibió dinero de nadie, sino que "Ha negociado un empréstito hipotecando su propio patrimonio".

Terribles fueron los comentarios a la carta de Manuel Borja, escritos por García Moreno en su periódico *El Vengador*: "Indigna y asombra la impudencia audaz del apologista de Flores, del degradado ecuatoriano que se ha atrevido a calumniar al país [...] El señor Borja ha tenido el arrojo de encargarse de justificar las miras de un traidor [...] Tal vez nos expresamos con demasiada fuerza contra el señor Borja, olvidando que para juzgar con acierto las acciones humanas, ha de tomarse en cuenta la capacidad, ilustración y circunstancias del que las ejecuta..."

La respuesta de Juan Borja (prefiero continuar el relato llamándolo por su nombre, en vez de decir "mi padre"), expresada a través de una hoja volante, decía:

"Mi hermano —Manuel— no es aventurero. Aventureros son los que sin una moneda, sin otra recomendación que su osadía, aparecen en Quito de repente y se casan con mujeres ricas, sean o no sean viejas y feas."

La dura y cáustica réplica de Juan Borja enardeció los ánimos de García Moreno, quien desde entonces juró venganza. El golpe había sido certero; sin duda lo aporreó donde más le dolía: en su niñez empobrecida, en sus turbios tejemanejes para procurar su ascenso social, en su ambición y arribismo social, en la innegable fealdad de su primera esposa. García Moreno vivía resentido contra medio mundo, con mil pequeños —para él gigantescos— agravios acumulados en su alma, con mil espinitas clavadas en su memorioso corazón sangrante. No estaba en su escala de valores la clemencia; juzgaba que ser clemente era ser débil y pazguato, pues perdonar una falta era alentar a cometerla; juzgaba que las faltas merecían castigo, que los pecados debían ser expiados. Para eso existía el infierno, para que en su fuego eterno se incinerase a los pecadores impenitentes.

Muchos años después de este incidente, Juan Borja fue designado gobernador de la provincia de Pichincha, por el presidente Robles. En esa función, en la que permaneció cerca de tres años, cumplió su deber de defender al presidente Robles de los revolucionarios partidarios de García Moreno que querían derrocarlo, hasta que los revoltosos finalmente lograron su propósito y el Gobierno provisorio se hizo con el poder. Juan Borja, caído junto con Robles y Urbina, fue tomado preso y encerrado en prisión varias semanas. Fue liberado el día en que pagó, como fianza, una fuerte suma de dinero, pero le fue impuesta la condición de que no regresara a Quito y permaneciera en Esmeraldas.

La tarde en que García Moreno —ya integrante del Gobierno provisorio— se enteró de que Juan Borja había sido liberado, mandó a buscarlo a Esmeraldas, y ordenó que fuese trasladado a la cárcel de Quito. Días más tarde, una vez preso, dispuso que le colocasen grilletes y lo enjuiciaran por las muertes ocurridas en ocasión de la defensa de la plaza de Quito cuando sus partidarios, tras violentos combates, lograron deponer a Robles.

En el juicio, el fiscal dictaminó la inocencia de Borja. Sin embargo, debido a presiones del "más alto nivel", no fue ordenada su inmediata excarcelación, por lo que tuvo que permanecer un mes más encerrado tras las rejas. Para salir de la cárcel, pese al dictamen favorable del fiscal, fue conminado a pagar mil pesos y condenado al destierro por un año. Borja partió expatriado al Perú. Luego de unos meses retornó en forma clandestina al Ecuador y se estableció en Otavalo (al norte de Quito) en la hacienda de su hija María Ana.

En esos días, el Gobierno de García Moreno libraba y perdía la batalla de Cuaspud contra el presidente colombiano, Mosquera. El granadino, amigo de Juan Borja, solicitó y logró que se le conceda un salvoconducto para que pudiese regresar a Quito. Borja retornó a la capital en los días de la demencial persecución que hacía García Moreno contra los responsables de la infamante derrota de Cuaspud, por lo que, en medio de su ofuscación por guillotinar a sus fantasmas, Borja fue acusado por el presidente de participar en la conspiración, junto al general Maldonado.

50

A los dos se los buscaba sin descanso. Atraparlos era una prioridad de Estado. García Moreno los juzgaría por traidores. Su muerte sería inevitable. En busca de salvar sus vidas, Maldonado se refugió en la Costa, en tanto que Borja se ocultó en su casa, en la plaza de Santo Domingo, en Quito. Hasta allí llegaron varias veces los hambrientos soldados, pero su búsqueda resultaba infructuosa por más que escarbaban bajo el entablado del piso y debajo de las tejas. Días más tarde, Borja resolvió trasladarse a la casa de su hermana. Una noche, de improviso, llegó hasta su refugio un piquete de solados. Al percatarse de su presencia, Borja se escabulló desesperadamente por los techos, pero en su fuga cayó hasta lo más profundo de un barranco. Sufrió varios golpes y magulladuras y se fracturó malamente la mandíbula. En ese estado deplorable no pudo continuar su escape por sus propios medios. Los guardias tuvieron que sacarlo del fondo del abismo, amarrado con unas cuerdas, pues apenas podía con sus huesos destartalados. Desvencijado, herido y hecho un estropajo, fue llevado en camilla hasta la prisión. Sin siquiera atender sus múltiples heridas, fue colgado en la "barra de grillos". (Ese perverso método consistía en una barra horizontal incrustada en el calabozo de pared a pared, del que pendían unos resortes de hierro oxidado en los cuales se enganchaba a los presos por sus tobillos para que colgaran cabeza abajo como murciélagos en incesante bamboleo.)

Borja permanecía incomunicado, con la mandíbula rota e infectada, colgado de la barra de tortura, en medio de esa mazmorra pútrida y fétida, de esa caverna oscura, húmeda, llena de excrementos, orines, y enormes ratas. La madre de Borja suplicó a García Moreno, una y otra vez, que le consintiera ver a su hijo en la celda o que, por lo menos, el médico lo visitara. El presidente rechazó en forma terminante los insistentes ruegos; parecía deleitarse en el ejercicio de la crueldad, de la omnipotencia, del morboso sentimiento de superioridad, propia de los gobernantes desquiciados.

En ese averno que sólo la malignidad del hombre puede concebir y consentir, permaneció Borja varios días hasta que una mañana fue sacado en camilla y llevado a la presencia de García Moreno. El tirano comenzó a interrogarlo sobre la hipotética conspiración en la que él, junto con el general Maldonado participaba. Al no hallar respuesta, le dijo que dejaría que se pudriera en la cárcel si no hablaba, y ante la persistencia del silencio, entre gritos e insultos, lo envió postrado en su angarilla de regreso a la barra de grillos.

El estado de salud de Juan Borja empeoraba día a día, pues, además de sus heridas y del suplicio que implicaba estar colgado de la barra, le estaba prohibido recibir asistencia médica. La infección avanzaba; la mandíbula ya descubría las pisadas de la temible gangrena. Conocida su gravedad y murmurada por el pueblo, llegó el rumor a los oídos del presidente, vía dulcificados comentarios y pedidos de misericordia que le hicieran varios curas. El comadreo originó que el tirano dispusiera el "acto clemente" de que su madre pudiera visitarlo. Pero solamente ella, no el médico. García Moreno quería dejarlo podrirse en la cárcel; el acto de misericordia no era más que una farsa que pretendía ocultar ante el pueblo la decisión inquebrantable de que su presa debía morir atrapada en su ratonera.

Las altas fiebres y el delirio acompañaban a Borja una tarde en que se abrieron las rejas del calabozo, y entró otro ilustre prisionero: el general Maldonado. (Pese a estar el general Maldonado tras las rejas, y con ello —y con la derrota de los urbinistas— asfixiada su tentativa de golpe, continuaba la represión a los involucrados en esta nueva trama revolucionaria: en Latacunga fueron apresados decenas de personas, entre ellos, los cuñados del general Maldonado; en Manabí y Guayaquil fueron capturados otros tantos, como también lo fueron varios oficiales en Quito. En Tulcán fue llevado a prisión el coronel Rafael Arellano, quien luego de pasar varios días en la jaula, logró escapar y así salvar su vida). Tras bregar contra las maniguas y los manglares de la costa, Maldonado había sido capturado por el coronel Ignacio de Veintemilla, casi a los dos meses del encierro de Borja. Ahora los dos colgaban de la barra. Sendas babas sanguinolentas se desprendían de sus rostros abotagados hasta tocar el suelo, y formaban un pequeño y triste charco debajo de cada uno de ellos. Todos los días los guardias entraban a la celda a torturarlos: hundían sus cabezas cubiertas con un trapo en un balde de agua hasta casi ahogarlos. A gritos e improperios les exigían confesar quiénes más participaban en la conspiración; qué acciones se tramaban; qué planes urdían. El silencio persistente de Borja y Maldonado exacerbaba a los guardias, hasta el punto de redoblar el suplicio. Luego del tormento ineficaz del agua, seguían los azotes en la espalda. Maldonado callaba. Borja enmudecía. Los días transcurrían sin que el paso del tiempo fuese advertido por los dos prisioneros para quienes las horas permanecían atoradas y eran enloquecedoramente eternas. La celda apestaba a inmundicias, a martirio, a venganza, a muerte.

Una mañana escucharon el sonido de unos pasos firmes y apresurados que se dirigían hacia su celda. Pronto percibieron el ruido de las aldabas herrumbradas y el chillido quejumbroso de las rejas que se abrían. Atisbaron entre las sombras una figura larga y enjuta: era García Moreno. En cuanto los tuvo frente a sí, les dijo a gritos destemplados que eran unos cerdos traidores, unos bandidos perversos, unos masones aborrecibles, que conspiraban juntos para derrocarlo a él y entronarlo a Urbina. Luego le dijo a Maldonado (al tiempo que le propinaba una patada en la cabeza): prepárate para morir, traidor hijo de puta. Y enseguida a Borja le dijo: tú ya estás muerto, podrido como una rata envenenada.

La oscuridad instalada desde siempre en el fondo de ese infierno se acrecentaba con el desconsuelo, el temor, la desesperanza y el sufrimiento creciente de Borja y Maldonado, que en sus escasos momentos de lucidez se preguntaban ¿es que no hay tribunales de justicia que nos juzguen? ¿Es que no hay ley que nos ampare, que nos permita ejercer el elemental derecho a la defensa? ¿Es que no es posible permitir la entrada de un médico a que cure nuestras heridas? ¿Es que no estaba expresamente prohibida en la Constitución la pena de muerte por delitos políticos? ¿Es que García Moreno, como un dios perverso, es dueño de nuestras vidas? ¿Tiene límites la venganza y el odio del tirano hacia sus enemigos?

Pocos días más tarde, en horas de la mañana, al enfrentarse los dos prisioneros al sorpresivo ingreso al calabozo de los curas dominicos Alomía y Galindo, pensaron que la visita era una señal inequívoca de que pronto serían pasados por las armas. Los frailes se ofrecieron para confesarlos y darles los últimos óleos, pero Borja y Maldonado rechazaron al unísono esos cuentos en que no creían, y mandaron a los curas a exorcizar al mismo diablo que los había enviado. Ahora sí, temían lo peor.

Por la tarde entró un piquete de soldados. Los descolgaron de la barra; ataron sus manos y, a empujones, los sacaron de la cárcel. No cabía duda de que serían conducidos hacia el cadalso, hacia la muerte, hacia el fin de sus vidas. Apenas se sostenía Borja, luego de tantos días de tortura, y con la gangrena tomada su quijada y media cara. No caminaba, lo arrastraban por las calles dos soldados, uno a cada lado lo sostenían de los brazos. Maldonado iba adelante, seguía a un grupo de milicos armados de fusiles y bayonetas. Hacía un solazo endemoniado, atroz e inclemente, hasta los perros callejeros buscaban una sombra. La gente, los viandantes, los curiosos, se ubicaron en las veredas a ver pasar a los condenados que eran acarreados hacia el patíbulo. Un silencio tenebroso crecía a cada paso de la soldadesca y sus mártires. Las mujeres, envueltas y ocultas en negros mantos, mostraban sin tapujos sus gordas lágrimas brotar de sus ojos. Los hombres observaban de reojo el cortejo; evitaban, temerosos, mirar de frente a la muerte. Repicaban las campanas de las iglesias. De la multitud brotó, de improviso, la mujer de Maldonado junto con sus hijos. Desesperados, se colgaron del cuello y las piernas de su amado e impidieron por instantes el avance inexorable hacia su muerte. Junto al desgarrador gemido de la familia se escucharon unos tímidos gritos del pueblo que imploraba que se perdonara a los sentenciados. La tropa separó, a empellones, a la mujer y a la progenie de Maldonado; apuntó sus armas hacia el pueblo y exigió silencio y respeto a la condena inapelable.

El cadalso, ex profeso, fue levantado en la plaza de Santo Domingo, pues hacia ese lugar daba la casa de Borja y, desde el balcón, su mujer y sus hijos observarían, entre llantos de rabia, tristeza e impotencia, la macabra escena del inminente fusilamiento de su ser amado. Además, no podrían bajar a la plaza, pues en la puerta de la casa varios guardias armados impedían su paso. Los sollozos escalofriantes, desesperantes, los aullidos desgarradores que profería el pueblo testigo de ese martirio y que solamente son expresados por el ser humano como descuartizada respuesta a una enorme tragedia, inundaban el sitio y perforaban el alma de las gentes. Al otro lado de la plaza, también con vista a ella, quedaba la casa de García Moreno. En el segundo piso, cerca de una ventana, la luz del sol de la tarde traslucía la delgada figura de un hombre que, parado con los brazos cruzados sobre su pecho y levemente inclinado hacia atrás, observaba en forma disimulada.

Imposibilitado de sostenerse en sus propias piernas, a Borja lo sentaron en una silla cerca de Maldonado, mientras los soldados, a la orden de preparen armas…, apunten…, dispararon sus fusiles y acribillaron a Maldonado, ante la consternación de la gente y el vuelo desaforado de decenas de sobresaltadas palomas. En medio del llanto, ahora generalizado, y el olor a pólvora que picaba las narices, los guardias levantaron a Borja de su silla, y en vez de trasladarlo frente al pelotón de fusilamiento para ser ejecutado, lo llevaron a rastras de vuelta a la mazmorra, a podrirse colgado de cabeza como murciélago.

La ciudad quedó desolada tras el fusilamiento. La gente, consternada, se retiró a sus casas a comentar la salvaje inmolación de Maldonado, y la infame tortura a la que fue Borja sometido. Las calles desiertas olían más que de costumbre a acres orines. En la plaza, junto al cadáver de Maldonado, varios perros rondaban ansiosos a una hembra en celo, mientras otros olisqueaban e intentaban roer el cuerpo del general, tendido en medio de su sangre. Al atardecer, cuando ya se ocultó –¡por fin!– aquel sol endemoniado, comenzaron a circular en Quito los últimos chismes: que el general Antonio Martínez, ministro de Guerra, había sido destituido esa misma tarde por haberse negado a firmar la sentencia de muerte de Maldonado; que en su reemplazo había sido nombrado el cuñado, Manuel Ascázubi, pues él sí firmó la orden de fusilamiento; que ningún oficial quiso cumplir la disposición de llevar a Maldonado a que lo acribillaran en la plaza; que fue el teniente Araujo, de quien se decía que era hijo ilegítimo de García Moreno, quien finalmente sacó a Maldonado de la cárcel; que cuando el coronel Dalgo, encargado del pelotón, dudó unos segundos en cumplir la orden de llevarlo hasta el cadalso, García

Moreno le dijo: pagarás con tu vida si a las cinco en punto de la tarde, Maldonado no ha sido pasado por las armas; que Manuel Andrade, cura de San Roque, había sido desterrado a las selvas amazónicas porque, compadecido con los restos del general Maldonado, tirados en media plaza a merced de los perros siempre hambrientos, los trasladó al cementerio de San Diego.

Los habitantes de Quito no pudieron esa noche conciliar el sueño: todos los perros de la ciudad aullaron; todos los burros rebuznaron; todos los gatos maullaron; ya cuando uno se callaba, enseguida otro retomaba su lastimero quejido. No hubo un solo momento de silencio. A ratos parecía, por el sonido humano de los bramidos, que eran las almas del purgatorio las que proferían aquellos desgarradores gemidos.

Las miradas que siempre escudriñan ocultas tras cualquier ventana, observaron esa noche a García Moreno, camuflado bajo una enorme capa negra que lo cubría desde la calva hasta los tobillos, dirigirse junto con un par de gendarmes hasta donde yacía el cadáver todavía insepulto de Maldonado. Una vez ahuyentados los perros, y ya frente a los despojos, el presidente desenfundó su espadín y perforó el torso del malogrado general, con la intención inocultable de verificar si, en efecto, estaba "bien muerto". Una vez comprobado su deceso, ya cuando no le quedaba ninguna duda, se retiró a paso más apurado de lo habitual, como si alguien lo persiguiera.

El general Maldonado había sido fusilado sin juicio que evidenciara de manera fehaciente que hubiese traicionado a García Moreno en Cuaspud, o que días más tarde hubiese conspirado para su caída, además de que estaba prohibida la pena de muerte por delitos políticos. Al día siguiente del fusilamiento, García Moreno emitió una proclama: "En adelante, a los que corrompa el oro, los reprimirá el plomo; al crimen seguirá el castigo; a los peligros que hoy corre el orden, sucederá la calma que tanto deseáis; y si para conseguirlo es necesario sacrificar mi vida, pronto estoy a inmolarme por vuestro reposo y vuestra felicidad".

Días más tarde, le escribió a Antonio Flores una carta en que afirmaba: "He tenido que tomar medidas enérgicas contra los traidores, y el jefe principal de ellos el traidor exgeneral Manuel T. Maldonado, fue pasado por las armas [...] la captura de Maldonado nos ha dado la clave de la derrota de Cuaspud: Maldonado con muchos jefes franquistas traicionaron...".

Alguna vez, el general Maldonado relató que cuando niño había vivido unos años en la casa de los García Moreno, junto a su madre y hermanos, que lo consideraban uno más de la familia. Se sabía en todo el país que Maldonado, aparte de ser uno de los más importantes y destacados generales del Ejército, era muy amigo de García Moreno, y que, pese a los rumores de conspiración, pensaba que no sería capaz de fusilarlo. Inclusive, el comandante Ignacio de Veintemilla, comisionado para capturarlo, al hallar a Maldonado le había ofrecido caballos, pertrechos y compañía para que se fugara, pero el general, al rechazar la oferta había dicho:

—Gabriel no puede enviarme al patíbulo; soy guayaquileño como él y crecimos juntos como hermanos.

51

Un par de días después de aquella mañana en que la caída del puñal de Andrade había echado al traste nuestros planes, y ya cuando habíamos retomado la decisión de acometer lo antes posible contra el tirano, Polanco escuchó golpear la puerta de su casa. Fue a ver y se encontró con un niño descalzo y desarrapado, sucio y maloliente, que en su pobre castellano atiborrado de palabras en lengua quichua logró avisarle que el comandante Sánchez necesitaba hablar con él, que lo esperaba en la plaza de la iglesia de San Francisco.

Hacia allá se dirigió Polanco, con premura y expectativa. Se dio una vuelta por la plaza, buscó a Sánchez pero no lo encontró. Debió de pensar que tal vez sería una trampa; que alguien le había tendido una emboscada; que tal vez el tirano ya tendría noticias de su participación en la conjura; aunque no, se diría, si quisieran apresarme, los soldados hubiesen ido a mi casa a buscarme, y me hubieran sacado engrillado y a empellones. A la tercera vuelta a la plaza, Polanco optó por sentarse en los peldaños que acceden a la iglesia. Mientras miraba a las tórtolas revolotear por la plaza, volar hasta los tejados vecinos, retornar y planear hasta la explanada, permanecía sentado en medio de la gente que entraba y salía de la iglesia, hasta que luego de unos momentos divisó a Sánchez en una esquina.

—Quería hablar con usted, doctor Polanco —expresó el comandante en tono grave—, pues he pensado en un asunto muy delicado que requiere de su ilustrado criterio para definirlo. No conozco quiénes son las personas que participarán en el golpe, y no es necesario que yo las conozca. Pero, para doblegar al roble, es preciso que estemos todos seguros de que las personas que intervendrán en el momento decisivo tengan las destrezas para hacerlo. Esas habilidades no sólo se refieren a las aptitudes físicas, al hacha afilada, sino también al ánimo, al impulso vital, a la voluntad inquebrantable de lograr el propósito. Con estas consideraciones permítame preguntarle si, en efecto, las personas que darán el golpe están lo suficientemente preparadas.

—Que yo sepa, ninguno nunca ha manejado un arma; ninguno ha sido militar; ninguno ha estado en una guerra que no sea con su mujer. Decididos están…, otra cosa es que den en el blanco —confesó Polanco.

—Eso me temía —agregó Sánchez—, por lo que le imploro considerar mi propuesta, que puede justificarse por la gravedad del tema y por el objetivo que se pretende alcanzar.

Hizo una pausa y miró al vacío mientras buscaba las palabras.

—Estoy convencido de que, en adición a la fuerza y al temple de sus amigos, se necesita del nervio y el valor de un hombre que, con su intervención en los sucesos, aseguraría que se cumpla el propósito; un hombre que, llegado el día de los hechos, aportaría de manera decisiva, pues estaría preparado para empuñar el hacha y cortar al árbol más recio.

—Me parece lógico; estoy de acuerdo; dígame de quién se trata —dijo, nervioso, Polanco.

—Le voy a dar el nombre de una persona cuya identidad debe usted guardar en la más absoluta reserva, pues hace rato está en la lista negra del régimen, y por eso está vigilado.

—Si vamos a decidir la participación de otra persona en la conjura —replicó Polanco—, debo poner ese nombre a consideración del grupo, pues todo se hace de común acuerdo, y un tema tan delicado debe ser conocido y aprobado por todos. Además, debe ser una persona que merezca toda nuestra confianza.

—Por supuesto. Me refería a que el grupo conozca de quién se trata, y luego de considerar su participación, se guarde el nombre con total reserva. Pero antes de revelar la identidad del sujeto, quiero pedir a usted que haga todo lo posible con su gente para que esa persona participe en los sucesos.

—Haré lo posible, pero no puedo asegurarle cuál será la decisión, pues se trata de la opinión de varias personas —replicó Polanco.

—Es un experimentado capitán retirado del Ejército, que ha tenido la oportunidad, a lo largo de su vida, de probar su valentía y destreza con las armas. Se trata de Faustino Rayo. Debo advertirle que es granadino, afincado en el Ecuador desde hace varios años; aquí tiene mujer e hijos ecuatorianos. Es un hombre de mi completa confianza, no sólo en lo que se refiere a guardar el secreto del plan que todavía no le ha sido comunicado, sino también porqué, llegado el momento, lo hará con total éxito.

—Sí, he escuchado del capitán Rayo —dijo Polanco—. Era muy cercano a García Moreno; juntos cazaban putas y adúlteros, los dos "huele braguetas", disfrazados de indios, los arriaban a latigazos.

—Sí, él mismo —comentó Sánchez—. Hace años que Rayo ha jurado matarlo; está muy resentido por algunas desavenencias que tuvieron durante la época en que el colombiano estuvo en la selva amazónica.

—Me parece un tipo peligroso, creo que puede servir. Le avisaré cuál es nuestra decisión.

Polanco y Sánchez se despidieron en medio de la plaza, sumergidos en el tumulto de la gente que, a codazos, salía de misa.

Polanco debía hablar con el grupo, pues coincidía con el comandante en que el golpe requería de una mano diestra..., aunque siniestra.

52

Juan Borja seguía en el infierno del pestilente calabozo, colgado cabeza abajo como un quiróptero, en espera de la muerte, que ya se había llevado a su amigo Maldonado. Permanecía casi inconsciente, adormilado, con su mandíbula gangrenada; deliraba por su alta fiebre; no se le permitía dormir, tampoco que recibiera atención médica, ni que le visitara nadie, ni su madre, ni su esposa. Nadie.

Cuando, luego de ciento seis días de tortura García Moreno conoció, con secreto regocijo, que, al fin, su enemigo agonizaba, tuvo el "acto misericordioso" de permitir el ingreso de Mariana, su madre, y de Luis Felipe, el segundo de sus hijos. Mientras lo visitaban y en vano trataban de alivianar sus postreros minutos, llegó hasta la celda un sacerdote para suministrarle los últimos óleos. Antes de concederle el pasaporte al cielo, requería conocer, a través del sacramento de la confesión, sobre sus planes revolucionarios. Juan Borja, indignado y con sus últimas fuerzas, despachó al espía con sotanas, luego de propinarle una sacrosanta puteada que el vil sacerdote no habrá olvidado nunca más en su perra vida. Minutos más tarde, abrazó y besó a los suyos y les pidió que abandonaran el presidio por el riesgo que corrían. La madre y el hijo de Borja salieron de ese averno con la desgarradora certeza de que esa sería la última vez que lo veían con vida.

Horas más tarde de ese mismo día, el jefe del cuartel de artillería, coronel Julio Sáenz, constató la muerte de Borja. García Moreno, una vez informado de la "buena nueva", fue hasta la cárcel a cerciorarse del deceso de su enemigo político: como hizo con Maldonado, clavó un espadín en su costado para ver si en efecto estaba "bien muerto".

En aquellos días eran muy frecuentes los intentos de los militares de mayor graduación de derrocar a García Moreno; inclusive, de acabar con su vida. Los cuartelazos se producían en todo el país. Una de esas tentativas la protagonizó el general Tomás Wright, a quien el presidente había deportado años atrás, por parecida falta. En esta nueva ocasión, al ser inculpado de recoger dinero para apoyar la revuelta que tramaba Marcos Espinel, en Guayaquil, Wright fue llevado preso aunque, pocos días después, fue liberado por falta de pruebas. Sin embargo, a su ayudante, Manuel Aguilar, le fueron propinados 200 latigazos para que confesara los detalles de la conjura. A pesar de que cada latigazo agujereaba y tatuaba para siempre su espalda y su espíritu, el fiel y valiente empleado no delató a su general y salvó así su vida.

García Moreno no escondía, ni disimulaba en absoluto, la persecución a sus opositores: la represión era ejercida a plena luz del día y en medio de cualquier calle. Era preciso que la gente sintiese temor y conociese que los azotes, el calabozo o el patíbulo, estarían siempre a la mano. El presidente se encargaba, en forma muy aplicada, de disuadir a sus enemigos, al sembrar el terror en la población. Durante esos días de persecución implacable que emprendió contra los responsables de la derrota de la guerra en Cuaspud, y contra los conspiradores que tramaban deponer a su Gobierno, y en medio de la furia y la ofuscación que le producía su sed de venganza, había expresado en una reunión con sus ministros y generales:

—Hay que fusilar por docenas. Exterminar a los enemigos es la única forma de moralizar al país. Debemos confiar en el plomo y en el látigo para que escarmienten y desistan de obrar junto al mal.

Las tentativas por deponerlo se produjeron en todo el país, como efecto de la vergonzosa derrota en la batalla de Cuaspud, que debilitó al Gobierno y alentó a la oposición: Urbina, con Robles y Franco, conspiraban desde Lima; Espinel con Wrigth lo hacían en Guayaquil; Campoverde, en Azuay, y el coronel Arellano, en Tulcán; Maldonado con Borja, en Quito; y Salazar también hacía lo suyo, junto con Eloy Alfaro desde Manabí...

Ya en el ejercicio de sus funciones como gobernador de Manabí, una de las primerísimas actividades del coronel Salazar fue organizar, con un grupo de oficiales de confianza, un eficiente aparato de espionaje que le permitiese, lo antes posible, identificar y encontrar a los "facinerosos" partidarios de Urbina, enemigos de García Moreno, a quien debía aplicar "todo el peso de las armas", en cumplimiento de lo dispuesto por el presidente. Salazar ambicionaba desempeñar la misión de la manera más eficiente, por cuanto consideraba fundamental congraciarse con García Moreno de quien sabía que su afán de dominación, su insaciable sed de poder, su voluntad y energía encauzadas hacia ello, perdurarían en él toda su vida. El gobernante ecuatoriano no podía hacer otra cosa que mandar, dominar, hacer del país aquello que pensaba que se debía hacer. Él sería El Poder, mientras viviese. Ese era su destino ineludible. En el ejercicio de su ser, atendía a su ímpetu irrefrenable. Obligado por su carácter, no se conformaría con la Presidencia solamente durante el primer período para el cual fue designado, sino que buscaría estar en el poder una y otra vez, en el Senado, en un Ministerio, donde fuere, pero en el mando. Por ello, se decía Salazar, debía no sólo congraciarse, sino estar a su lado, fingir ser su amigo, como se lo recomendó su bien amada de Bodegas, la madre del comandante Sánchez. Y al ser su amigo, no sólo que Salazar también podría estar en el poder, como lo estaba entonces en la gobernación, sino que podría protegerse, cuidarse de su ruda impulsividad, y —ya lo pensaba en aquel entonces—, podría conocerlo mucho más a fondo para tramar con éxito su emboscada...

Pensaba Salazar que su cercanía con Flores había sido determinante para que García Moreno decidiese "honrarlo" con su nombramiento como gobernador de Manabí. Flores conocía de sus destrezas militares y apreciaba su facilidad para relacionarse bien con los demás. Asimismo, a Flores le agradaba su amistad con Antonio, su dilecto hijo. En varias oportunidades que conversaron, Salazar aprovechó, en forma sutil y premeditada, para ponderar el vigor, la inteligencia y el espíritu reformador de García Moreno. Sabía que sus comentarios llegarían a los oídos del presidente, a quien le gustaban las alabanzas. Sabía mejor que nadie, por haber indagado en su alma tanto tiempo, que su personalidad demandaba que los demás sintiesen temor y admiración hacia él. Sabía que era importante proyectar una imagen de absoluta e incondicional fidelidad, pues esa máscara le permitiría mantenerse agazapado de manera inadvertida, listo a dar el salto en el momento oportuno.

Pero la situación en Manabí, donde Salazar ejercía como gobernador, era compleja. Era una provincia grande y desolada, con una geografía irregular y salvaje; junto al mar se encumbraban, hacia el norte, interminables cadenas montañosas, pobladas de impenetrables bosques; y hacia el sur, se extendían enormes estepas desérticas. Era una tierra sin Dios ni dueño, donde apenas llegaban migajas del Gobierno central para escuelas y caminos que la sequía del verano y las lluvias del invierno se encargaban de destrozar sin piedad. Pocos poblados miserables se extendían a lo largo y ancho de Manabí, a la sombra de los extraordinarios ceibos, o a la orilla de algún río de aguas cristalinas.

El escenario en esa provincia era también muy grave: en aquella época, crecía un grupo armado que proclamaba su combate al gobierno despótico y clerical de García Moreno, y que prácticamente tenía controlada la región, no sólo porque ganaba adeptos día a día, sino porque los rebeldes pretendían dominar esas tierras con la fuerza de su espíritu y sus armas. Ese grupo, compuesto en su mayoría por jóvenes liberales, era parte de un gran movimiento de oposición que lideraba desde el exilio el también liberal Urbina, y en el que participaban varios conjurados en Quito, donde su cabecilla era, antes de su muerte por supuesto, el general Maldonado.

Salazar residía en Montecristi, en su calidad de gobernador de Manabí; allí se instaló en una casa de madera y caña que reposaba sobre varios pilotes y, bajo los cuales, corría el agua en época de lluvias, y las ratas, gallinas y cerdos, durante todo el año. Cercano a la casa quedaba el regimiento compuesto por un pelotón de 24 hombres, que Salazar consideraba escaso para afrontar los problemas de esa provincia. Con la información que tenía sobre el grupo armado, y con nuevos datos obtenidos por sus indagaciones, elaboró una estrategia para combatirlos. Supo que el jefe del grupo liberal en Manabí era Manuel Albán, y que junto a él había un grupo de jóvenes, entre los cuales se destacaba, por su intrepidez, uno de los hermanos Alfaro, Eloy Alfaro, de tan sólo 21 años de edad, a quien denominaban "El Águila Roja".

El plan para exterminarlos requería del incremento de sus fuerzas con, al menos, una docena de hombres experimentados, y varios fusiles y municiones adicionales, para reforzar al regimiento que, días antes, había sido atacado por los rebeldes y padecido varias bajas. Salazar solicitó a Quito los refuerzos, directamente al presidente García Moreno, que dispuso que le enviasen de inmediato, desde Guayaquil, la tropa y el armamento requerido, hasta el puerto de Manta.

Cuando Alfaro se enteró del envío e inminente llegada de los refuerzos que Salazar había solicitado, tramó un ingenioso plan para capturarlos: junto a unos pocos hombres, en la mañana del 5 de junio de 1864, sorprendió a los recién llegado y los hizo prisioneros en cuanto desembarcaron en Manta. Alfaro marchó junto con ellos hacia Montecristi, donde luego de aparentar ser parte de las milicias que venían a ponerse bajo las órdenes de Salazar, lo atrapó a este, justo en los momentos en que el travieso gobernador jugueteaba en los brazos de su amada manabita, la "Chana Bailón"; y, todavía semidesnudo, fue llevado tierra adentro, a un lugar llamado "Colorado", donde Alfaro mantenía un campamento.

Por aquellos días, Salazar tenía el grado de coronel del Ejército y era el gobernador de Manabí; había luchado junto al general Flores; había participado en la batalla de Guayaquil, en la batalla de Cuaspud y en tantos otros combates; era experto en artillería y muy diestro en caballería; había escrito algunos textos sobre estrategia militar; meses atrás había cumplido cuarenta años de edad; y, sin embargo de todo ello, había caído como un niño indefenso en manos de un muchacho, Eloy Alfaro, quien, para colmo, era pequeño de estatura y muy flaco, aunque de valentía a toda prueba y aguda inteligencia.

Además de sentirse muy abochornado por haber sido sorprendido por esos muchachos en esas circunstancias íntimas, Salazar tenía temor de hallarse a merced de un grupo de revoltosos de quienes no poseía mayor noticia, aunque pensó que podían ser capaces de todo, inclusive, de fusilarlo ese mismo instante. Pasó todo el día encerrado a pan y agua —que más que pan era arroz, y más que agua era agua de coco— en medio de miles de mosquitos y un calor insoportable, hasta que, en horas de la tarde, se presentaron a su celda tres guardias armados, ataron sus manos a sus espaldas y lo llevaron en presencia de Alfaro y de Albán, el jefe del grupo en Manabí. Cuando Salazar caminó hacia la parte alta de un montículo donde lo esperaban los dos caudillos liberales, sus piernas flaquearon y su cuerpo tembló de pánico, pues pensó que ese mismo momento lo fusilarían sin contemplaciones. ¡Imploraré por mi vida de rodillas, pensó, daré cualquier cosa para que perdonen mi vida! Entonces concibió un plan para salvarse.

Ya frente a ellos, todavía con las manos atadas, antes de que le preguntaran nada y mientras contemplaba sus rostros, Salazar les dijo en un tono que pretendía ser persuasivo, que había sido compañero de armas del general Maldonado y que era amigo de Urbina; que junto con Maldonado habían intentado derrocar a Robles, en favor del liberal Pedro Moncayo; que secundaría el derrocamiento del tirano y apoyaría con sus hombres y sus armas la revuelta, preferiblemente en favor de Antonio Flores, y no de Urbina por cuanto estaba desacreditado por haber realizado un gobierno corrupto.

El silencio de los liberales, mientras Salazar hablaba y después de que terminó de hacerlo, lo inquietó aún más. No sabía si el haberse puesto su máscara de liberal opositor a García Moreno había funcionado o no, pues Albán y Alfaro sólo lo miraban fijamente a los ojos sin decir media palabra ni hacer gesto alguno. Salazar les volvió a decir que se sumaría a la revolución liberal contra García Moreno; que tenía muchos amigos en los cuarteles; que podría conseguir muchos hombres y armas; que era un gran artillero, y que podía apoyar a la revuelta con algunos cañones y obuses que podría obtener fácilmente. El silencio de Albán y Alfaro continuaba. Salazar había quemado todos sus cartuchos, había confesado sus no muy santas andanzas con la intención de salvar su vida. Entonces Albán y Alfaro se apartaron unos pasos a conversar en voz baja. Luego, Albán se retiró del sitio montado en su caballo, y Alfaro regresó donde Salazar.

¡Dios mío, pensó Salazar; ahora me matan! Sintió que se doblaban sus piernas, tragó un taco de saliva, un cimbrón terrorífico, una trepidante sacudida, recorrió su cerebro y se alojó en el medio de su pecho. Tras esos instantes angustiosos en que se sintió al borde de la muerte, Alfaro lo miró a los ojos y le dijo que perdonaría su vida y lo dejaría libre, si prometía apoyarlos en su intento y no perseguirlos.

Salazar no podía creer lo que había escuchado; pensó haber entendido mal, volvió sobre las palabras de Alfaro y le dijo,   me, me,… ¿quedo libre? Alfaro replicó sin dejar de mirarlo con su mirada franca: si me garantiza no perseguirnos y me da su palabra de apoyar nuestra revuelta contra el tirano, lo dejo ir de inmediato. Ese momento Salazar podía prometer cualquier cosa con tal de salvar su vida, así que juró y re juró no tomar retaliaciones, olvidar el incidente, apoyarlos en la revuelta contra el tirano, y hasta le dijo que rezaría tres rosarios por sus almas. Entonces lo desataron y todo agradecido y sonriente, una vez que ensillaron una mula en la que montó, se fue tan rápido como pudo, sin mirar un solo instante hacia atrás, no vaya a ser que Alfaro se arrepintiese.

Volvió Salazar a Montecristi. Pasado el gran susto —que inclusive le aflojó el estómago de modo que en medio del camino tuvo que parar bajo un gigantesco ceibo a desfogarse— comenzó a recuperarse, a decirse que había sido muy astuto; que a esos pobres idiotas los había engañado como a niños; que ojalá nadie se enterase de lo sucedido; que tendría que volver con sus hombres a matarlos a todos para que no contaran nada de la historia y, menos aún, que fuesen a repetir sus palabras, pues eso sería gravísimo, ya que su reputación y su carrera militar se irían al suelo…

53

No puedo olvidar ese día. Era una noche helada, lluviosa y oscura, cuando vino a visitarme a mi casa, como con frecuencia lo hacía. Mi hijo mayor era muy tierno todavía; mi segundo hijo todavía no nacía. Esa noche yo estaba indispuesta, cosas de mujeres; le dije que estaba con dolor de cabeza, pero fue en vano; no se detenía ante nada; cuando quería algo simplemente lo tomaba. Fue la primera y última vez que le dije que no. Al hacerlo sentí el puñal de su mirada clavado en mi débil voluntad. Y claro, me venció; me despojó de mi ropa y me tomó con rudeza, con violencia. Callé y no dije nada, dejé que hiciera de las suyas. Quedó satisfecho en cuatro arremetidas; se subió los pantalones y se quedó recostado a mi lado. No pude evitar que me brotara una lágrima y que él la observara. Se puso furioso, me gritaba, no podía aceptar haberme herido y su reacción no fue de pedirme disculpas, cosa, por cierto, imposible en él, sino de defenderse con sus gritos. Yo no dije nada, no discutí, no tenía la fuerza para hacerlo pues él me apabullaba. No demoró esa noche en irse y dar un portazo a la salida.

Así era; no tenía la capacidad de reflejarse en el espejo; cuando se miraba solamente veía lo que quería ver. No podía observar sus errores, los traspiés que todos damos; no reconocía en sí mismo ninguna falta. Pensaba que todo lo que hacía estaba bien. Todo tenía su justificación y sus razones. No era posible el más mínimo error en sus actos. No admitía disensos, ni contradictores, ni a nadie que osara cuestionar sus acciones. Siempre hizo su voluntad. Siempre hizo lo que quiso sin importarle lo que querían los demás. Pensaba que tenía la razón y punto. ¡Ni sí ni no, aquí mando yo!, repetía. No se inhibía ante nada, nada lo refrenaba.

Otra noche que vino a visitarme habló sin descanso de que no permitiría que el cuencano Borrero, a quien juzgaba como un masón desventurado, le arrebatara la Presidencia, decía que él sería reelecto y gobernaría hasta el último día de su vida, que sólo muerto dejaría el poder; que había nacido para gobernar, y que su vida no tenía otro sentido, que nada más le interesaba. Esa noche, pese a que manteníamos las velas apagadas como le gustaba, sus ojos centelleaban, parecía tener la mirada del lobo que sueña en su presa.

Pensaba en sí y en su gloria eterna; le atraía irresistiblemente la reputación y el honor; decía que sólo la gloria supera a la muerte. Disfrutaba como nada del ejercicio del poder y de los arrumacos que el mando otorgaba a su alma malherida, a su alma resentida por su niñez y adolescencia llenas de pesar. Haber llegado a la cumbre era una revancha hacia todos aquellos que alguna vez lo despreciaron. Muchas veces mencionó que había sido ninguneado en el colegio y en la universidad. Contaba que en el colegio San Fernando había conseguido el trabajo de bedel; era una especie de vigilante de todos los alumnos; debía velar por su buen comportamiento y, claro, lo hacía con una vara en la mano para amedrentarlos. Uno de sus compañeros era un tal Martín Icaza, guayaquileño con ínfulas de noble. El muchacho, enfadado con el implacable "comisario" que lo había descubierto en falta, fue una tarde donde el presidente Flores a contarle el chisme sobre los aires de gendarme del joven Gabriel en el colegio, sobre su crueldad y falta de solidaridad con sus compañeros. El chisme corregido y aumentado motivó que, días más tarde, Flores lo echara bruscamente de su casa, y prohibiera al arrebatado vigilante que volviese a visitar a su cuñada, Juanita Jijón, a quien pretendía en amores. El repudio le causó un gran resentimiento. Icaza debía pagar por la afrenta. Una tarde, a la hora de salida del colegio, el joven Gabriel lo agarró, y de las solapas lo arrastró hasta el retrete que guardaba todos los excrementos del largo día. Allí, en esa enorme y colectiva bacinica, en medio de las fétidas inmundicias humanas, hundió y restregó el rostro de Icaza, lo sujetó así sumergido por instantes eternos, hasta que el muchacho, a punto de ahogarse, tuvo que abrir la boca en busca de aire y claro, lo que tragó fue todo aquello que flotaba en la letrina. Años después, en la Universidad, donde había ingresado antes de cumplir 19 años, también tuvo el joven y temperamental Gabriel varios incidentes con sus compañeros y con sus profesores. Darse de golpes con algunos colegas podría ser cosa de rutina; pero gritarle y darle bofetadas a su profesor de Derecho Canónico había sido una falta imperdonable. El joven Gabriel dio la lección con la brillantez acostumbrada; pero el catedrático, que por alguna razón le tenía cierta inquina, no le otorgó la calificación que el talentoso estudiante creía merecer. Entonces armó la trifulca en media clase. Su comportamiento ocasionó que casi lo expulsaran de la Universidad; lo salvó el hecho de que un amigo, un influyente sacerdote, intercediera por su alma. Fueron años muy difíciles para el joven estudiante. Su inteligencia resultaba una amenaza y un insulto para la mediocridad de sus compañeros. Muchos lo odiaban, lo rechazaban y no le abrían las puertas de sus vidas. Se sentía repudiado; en él germinaba y crecía el resentimiento. Se vengaría de ellos; les demostraría su talento; les demostraría quién era. La necesidad de vengarse de quienes lo despreciaban pudo ser uno de los resortes que lo impulsaron a lograr la cima. Pese a las dificultades que tuvo durante sus años de estudiante universitario, me contó que en las aulas de clase había hecho buena amistad con algunos compañeros, como Carvajal, Gómez de la Torre y Eguiguren, con quienes, luego de unos años, compartiría varios episodios de sus gobiernos.

No obstante ser dueño de una voluntad inquebrantable y una inteligencia agudísima que lo llevaron a la cumbre del poder, huía de la gente. Prefería estar a solas, en lo suyo, recluido en su monasterio interior, donde, tras horas de permanecer en completa soledad, renovaba sus bríos para enfrentar su tarea. Inconforme con todo, vivía en una permanente búsqueda de la perfección imposible, del sueño inalcanzable. Y se daba de bruces contra el planeta a cada encontronazo con la realidad. Pero no se desalentaba con los problemas; era perseverante y obstinado; tras superar las dificultades, retomaba con renovado ardor sus grandiosos planes que le permitiesen alcanzar la gloria anhelada. En el fondo de su alma habitaba un soldado exigente, un bedel disciplinado, un gendarme riguroso y cumplidor de la ley. Y sobre todo, un caudillo implacable. Nada podía ser tibio o mediocre, mal hecho o con tardanza. Decía que cuando se está en la cumbre no es posible evitar el contagio de una ominosa enfermedad que demanda que todo sea extremo. Quien no se atuviese a las reglas sería condenado al infierno. Con su látigo se encargaría de apurar el viaje.

54

Siete años después del asesinato de García Moreno, cuando Salazar estaba en Santiago de Chile desterrado durante el gobierno de Veintemilla, se hizo pública la carta que, sobre sus andanzas en Manabí, cuando era gobernador,   escribiera Eloy Alfaro el 12 Octubre de 1881. La carta de Alfaro dice así:

"El 5 de Junio de 1864, acompañado de seis hombres bien montados, tomé preso a Salazar en Montecristi; horas antes había sorprendido una compañía de veteranos de la artillería que habían desembarcado en Manta y que venían a reforzar la guarnición de Montecristi. En esos mismos momentos se recibió orden de Urbina para que no se hiciese la revolución en esta provincia hasta no saber el resultado del movimiento que debía estallar en la capital. Albán, que era el cabecilla principal, resolvió no llevar adelante el movimiento iniciado, para no ponerse en desacuerdo con Urbina, que era el jefe presunto de la revolución. En vista de la resolución de Albán, puse en libertad a Salazar, exigiéndole garantías para todos los comprometidos. Él ofreció darlas amplias, añadiendo que los revolucionarios tenían razón para quejarse del gobierno cruel y sanguinario de García Moreno, pero que una revolución encabezada por Urbina, hombre corrompido y desprestigiado, sería peor que el gobierno del tirano. Añadió que tomaría parte en la revolución si tomasen por caudillo a Antonio Flores, que tenía de su lado el prestigio de su padre. Las negociaciones seguían adelante, y aun se esperaba que Antonio Flores viniese a tomar parte en ellas, porque estaba en una hacienda inmediata a Montecristi..."

Más adelante, Alfaro añade:

"Pero el destino se interpuso a favor de García Moreno, que pudo develar la revolución tomando al caudillo principal. Por su parte, Salazar, sea por miedo o depravación, faltando a su palabra de honor y a las garantías prometidas, procedió a fusilar a sus cómplices en esta forma: a Juan Alvia, Bruno Nuventes, y M. Peña en Montecristi, y en Jipijapa, al anciano José Reyes, hombre inofensivo, por sólo el delito de no simpatizar con los terroristas. Salazar le propuso al campesino Reyes que se prestara a ser espía. Se negó, lo dijo, y, traslucido el secreto, tuvo que fugarse también a la montaña. Después de pacificado el país, Salazar lo mandó traer de su casa de campo y lo hizo fusilar en Jipijapa".

Eloy Alfaro remata la carta con lo siguiente:

"Otro atentado completó la obra de depravación que se había propuesto Salazar. Unos días después, Manuel Castro (que para entonces se titula coronel) desembarcó en Manta, con armas y algún dinero enviado por Urbina para fomentar la revolución de Manabí. Salazar se apoderó de todo y Castro se escapó milagrosamente de las garras de ese tigre sediento de sangre".

Fue en los días en que Salazar estaba en Manabí como gobernador, cuando García Moreno descubrió la conspiración del general Maldonado, lo tomó preso y fusiló. Ya ajusticiado, la conspiración contra el presidente quedaba solamente en manos de Urbina, que había iniciado su ofensiva para tomar Guayaquil, en tanto Flores iba a su encuentro para darle batalla —y a la postre derrotarlo—. Lo más probable, pensaba Salazar al enterarse de estos sucesos, sería que Flores venciera a Urbina, y así, sin mayores opositores, García Moreno consolidara su poder. Sin embargo, como Salazar sospechaba que el venezolano quería derrocar a García Moreno para encumbrar a su hijo Antonio, pensó que si, en efecto derrotaba a Urbina, tal vez sería el momento oportuno para que "mi presidente y comandante general" diera el golpe. Decidió entonces ir a visitar a Antonio Flores, que en aquellos días se encontraba en una hacienda cercana a Montecristi. Era necesario reforzar sus vínculos de amistad con el hijo ungido, ya que podría llegar a la Presidencia más pronto que tarde.

Al encuentro llevó Salazar un par de regalos que, sabía, que serían del agrado de su amigo: un cabrito lechal y dos botellas de vino, de aquellas que había traído de Francia y que guardaba para ocasiones especiales. Luego del almuerzo y de haber tomado las dos botellas del borgoña, Salazar lo escudriñó con disimulo, aunque sin mayor éxito, intentando conocer las intenciones políticas de su padre. Como no logró sonsacarle la verdad, optó por mantener el discurso de ser el fiel amigo y hombre de entera confianza, con quien se podía contar para cualquier emprendimiento, incluso a costa de su propia, única vida. Lo que le quedó claro de su encuentro con Antonio Flores fue la necesidad de evitar, a cualquier precio, que los liberales tomaran el poder, pues en ese caso ni su amigo ni él tendrían participación en el Gobierno. Con esta convicción, decidió emprender en la persecución de los rebeldes que todavía controlaban Manabí.

En Montecristi, donde mantenía vigilados a Albán y a Alfaro, Salazar se enteró de que "El Águila Roja" había salido hacia Panamá, aunque otros informantes decían que, a última hora, había decidido viajar a Lima. Albán, en cambio, todavía estaba en Manabí, por lo cual Salazar emprendió de inmediato su captura: a media noche sus soldados lo sorprendieron y enseguida lo remitió a Quito, donde fue encerrado en la cárcel. (Allí Albán fue testigo de la cruel tortura que padeció Juan Borja).

En aquellos días hubo otro intento de tomar la capital de Manabí: procedente de Lima, y sin duda con el apoyo de Urbina, arribó al puerto de Manta el coronel Manuel Castro. Junto con una fuerza de 120 hombres atacó Montecristi; pero tras duro combate, cañonazos de por medio y una veintena de víctimas, Castro fue derrotado por los hombres del gobernador Salazar.

No perdía de vista, pese a los últimos problemas que lo mantenían ocupado, que debía encontrar y "pasar por las armas" —como ya se había acostumbrado a decir y lo hacía con toda naturalidad— a los acompañantes de Eloy Alfaro en el cerro Colorado, que fueron testigos de la confesión que se vio forzado a hacer para salvar su vida cuando estuvo preso bajo sus armas. A fin de averiguar dónde se encontraban los cuatro testigos incómodos, acudió una vez más donde su cariñosa informante, "La Chana", quien entre beso y beso, delató el paradero de sus coterráneos. Una vez saciado su apetito —primero es lo primero—, Salazar marchó en su búsqueda, junto con un fuerte contingente. Arropado con las sombras de la noche, fue tras los tres "bandidos", Bruno Fuentes, Juan Pascual Alivia y Tadeo Piedra. Una vez encontrados en su madriguera, los soldados los sacaron en calzoncillos de sus lechos, y sobre la marcha, antes del alba, antes de que canten los gallos, antes siquiera de que los condenados supieran bien por qué morían, arrimados contra el grueso tronco de un añoso ceibo, Salazar ordenó su fusilamiento. Ahí donde murieron, en medio de charcos de sangre, abandonó sus cuerpos para solaz de las aves de rapiña asentadas en las ramas de los viejos ceibos.

Esa misma mañana, todavía con los rifles hambrientos, Salazar fue con sus hombres hasta Jipijapa. Una vez ubicado el escondrijo de José Reyes, el último de los testigos inconvenientes, ordenó que fuera sacado a porrazos y, con las manos atadas a su espalda, fue llevado a las afueras de la ciudad donde dispuso, sin escuchar sus ruegos, que lo pasaran por las armas. No podía Salazar dejar sueltos a los testigos de su infamante captura en manos de Alfaro, corría el riesgo de que fuesen por allí y contasen la historia. Debía salvaguardar su prestigio y por supuesto, su vida; fue por ello por lo que decidió y ordenó la muerte de esas cuatro personas. Cuatro de un solo batacazo.

Ya era parte de la maquinaria de represión de García Moreno. Ya usaba sus eficientes procedimientos de limpieza y moralización. Estaba con él, había logrado lo que tal vez en forma instintiva quería: parecerse a él, tener su energía y su valor. Desde entonces, desde que Salazar pudo gritar ¡fuego! con ronca, varonil y decidida voz, había demostrado ser capaz de ejecutar los crueles métodos usados por el presidente ecuatoriano para imponer el orden y moralizar el país. No había otro camino para acabar con la anarquía, pensaba. Me resultó fácil, se decía, sé cómo hacerlo, me he preparado para la guerra, soy un soldado que ha combatido en decenas de batallas, que ha arrojado el fuego de la artillería sobre decenas de personas en defensa de mi patria. Pero esta vez había sido diferente. En los combates regulares se eliminan enemigos anónimos, personas sin identidad, sin nombre; en cambio, en esta ocasión no podía olvidar sus rostros desesperados que imploraban y gemían antes de recibir la fatal descarga. No podía olvidar sus llantos, no podía dejar de escuchar sus gritos, sus súplicas desgarradas, sus miradas estremecidas que imploraban no me maten, por Dios no me maten.

Salazar cabalgó de regreso a la Gobernación, con un sombrío rictus en su rostro, y con una nueva línea dibujada en su entrecejo, allí donde se marcan las huellas indelebles de la vida y de la muerte. Pocos días después de cumplida su primera misión como gobernador del presidente García Moreno en Manabí, recibió – en julio de 1864- nuevas instrucciones para someter a un grupo de conspiradores en San Lorenzo. Salazar tenía que demostrar, otra vez, su fidelidad y su eficiencia en cumplir sus disposiciones. Lo haría por temor a caer en desgracia y ser fusilado, y, también, pensaba, por conquistar su confianza y así acceder a mayores responsabilidades: tal vez mi ascenso a general, tal vez un ministerio…

A fin de cumplir su nueva misión, Salazar envió primero a un par de sabuesos camuflados de campesinos, para que fueran a enterarse de cuál era la situación, quiénes y cuántos eran los bandidos traidores, qué hacían, dónde estaban, qué armas tenían y más detalles imprescindibles para atraparlos y exterminarlos. Cuando regresaron sus espías, se enteró de que eran seis soldados retirados, posiblemente ex "Tauras", de la época del presidente Urbina; tres de ellos, negros retintos y los otros tres, mulatos café con leche, que saqueaban los pueblos de la costa y reclutaban jóvenes para armar una banda que apoyaría a los liberales partidarios de Urbina.

Dos días más tarde, al alba, Salazar partió hacia San Lorenzo acompañado de una patrulla de catorce hombres bien pertrechados. Por el camino observó varios bosques de ceibos cuyos troncos de formas abultadas y brazos retorcidos semejaban una caterva de brujas. El sol, impertérrito como siempre, avanzaba hacia el poniente en medio de un cielo descubierto. Las lomas desérticas de los montes trocaban poco a poco su aridez, por la verdina de incipientes matorrales que más engordaban y reverdecían, mientras más al norte avanzaban. Al caer la tarde, la exuberancia del bosque húmedo y el canto ensordecedor de millones de insectos, anunciaron que estaban ya cerca, tal vez a una jornada de San Lorenzo.

A Salazar y su tropa los atosigó el calor y la humedad estáticos, sin brisa. Se colaban por sus narices los mil aromas que destilaba el exuberante bosque: unos, dulces y pungentes; otros, frutales y aromáticos; otros más, con sabor a lluvia, a tierra negra y húmeda, a moho, a cacao, a líquenes, a hormigas coloradas. Agotados, decidieron pasar la noche en un caserío denominado Tonchigüe, muy cerca de la playa, donde los lugareños les ofrecieron pescado en salsa de coco y cilantro cimarrón, con arroz y plátano verde. ¡Ah, cómo comieron esa noche! ¡Cómo la tibia brisa del mar abre todos los apetitos! Luego de cenar y con unos tragos de aguardiente adentro, decidieron tentar al mar nocturno y adentrarse en sus entrañas. No había luna; no se divisaba el cielo, ni una estrella siquiera. Estaba oscurísimo. Se quedaron en bragas (unos calzoncillos largos, amarillentos, bastante apestosos) y lentamente se enfrentaron a las olas indómitas con el alborozo y el recelo de una travesura infantil. Tras atenuar un poco el pavor inicial que el mar y la oscuridad reunían y juntos acrecentaban, chapotearon y se revolcaron en las olas por casi una hora. Luego — estaba muy oscuro, todavía sentían miedo aunque no lo confesaban— decidieron salir. Esa noche durmieron como rocas.

A la mañana siguiente, todavía con los calzones húmedos, retomaron el camino hacia el norte y, ya entrada la tarde, poco antes de llegar a San Lorenzo, Salazar envió una patrulla de cuatro hombres ataviados de campesinos, a ubicar a los "Tauras". A las dos horas volvieron dos de ellos (los otros dos vigilaban a los maleantes), quienes dieron cuenta de haberlos encontrado. Salazar decidió acometer de un solo golpe, caerles por sorpresa. Sus tropas rodearon la casa donde los "bandidos" estaban reunidos, y cuando dio la voz de que salieran y se rindiesen, salieron, sí, ¡pero corrían y disparaban como locos! Salazar perdió dos hombres antes de acribillar con furia a los seis retintos que, ya muertos, quedaron tirados en la tierra a merced y deleite de las hormigas coloradas.

Salazar emprendió orgulloso su camino de regreso a Manabí. Había cumplido su misión, otra vez, de manera eficiente, tal como le gustaba al jefe. Sin embargo, un sabor amargo — ¿tal vez a sangre derramada?— le quedaba en la boca…

A las cuatro semanas, de vuelta en Montecristi y en los brazos de La Chana, le llegó una circular firmada por Pablo Bustamante, ministro de Hacienda de García Moreno, que decía: "República del Ecuador. Ministerio de Estado en el Despacho de Hacienda. (Circular número 55). Al señor Gobernador de la Provincia de […] La conspiración descubierta y frustrada en esta capital, el 28 de Junio del presente año, y la expedición armada que ha aparecido en San Lorenzo el 21 de Julio y que ha sido combatida y vencida por el coronel Francisco J. Salazar, gobernador de la Provincia de Manabí, manifiestan la tenacidad con que conspiran los enemigos del orden público…"

Las pretensiones ibéricas de conquistar territorios en la América resucitaron un par de meses antes de la masacre emprendida por Salazar en Manabí. España había atacado al Perú, en abril de 1864, y se había apoderado de las islas de Chincha para adueñarse de los estiércoles que, felices e inadvertidos, excretaban los pájaros en las rocas, y que constituía un abono muy valioso. (Más de la mitad de los ingresos peruanos provenían del guano). García Moreno se declaró neutral ante la invasión española, en contraposición con el resto de América que, todos a una, como en Fuenteovejuna, apoyaban en forma decidida al Perú. "Juzgué que […] debíamos observar una política de prudente expectativa, guardando estricta neutralidad [...] y reservándonos el obrar de acuerdo con los demás Estados hermanos, cuando por el peligro de uno se hallase amenazada la existencia de todos". Pedro Carbo, entonces presidente de la municipalidad de Guayaquil, expidió un manifiesto en protesta contra España. García Moreno reaccionó, como era de esperarse, con el destierro de Carbo (que finalmente no se concretó), y presentó a España cumplidas excusas mediante su ministro Pablo Herrera. En nota de mayo de 1864, dirigida a Mariano del Prado, encargado de negocios español, expresó: "El Gobierno del Ecuador ha deplorado que el Ilustre Concejo Cantonal de Guayaquil hubiese publicado una manifestación ajena de su incumbencia y de sus atribuciones legales…".

Pablo Herrera, ministro de Interiores y Exteriores de García Moreno, remitió a los gobernadores de las provincias costeras de Guayas, Manabí y Esmeraldas, la circular del 14 de mayo de ese año, que decía: "El Presidente de la República ha dispuesto que se faciliten a los buques de guerra españoles que se presenten en el puerto de esa Provincia las provisiones y combustibles que puedan necesitar, debiendo V.S. hacer otro tanto con los buques de guerra peruanos en el caso de que igualmente necesiten de las mismas provisiones y combustibles".

No obstante la neutralidad declarada frente al conflicto y expresada en las cartas anteriores, García Moreno ofreció al Gobierno peruano sus "buenos oficios" y mediación para el arreglo del diferendo con España, los cuales fueron rechazados por el Gobierno peruano. Los graves asuntos relacionados con la incursión española fueron retomados por García Moreno varios meses después, cuando, una vez culminado su período presidencial, fue nombrado por su sucesor, el presidente Carrión, embajador del Ecuador en Santiago de Chile.

55

Toda la ciudad y pronto todo el país se enteró del intento frustrado de acabar con la vida del tirano. La historia del puñal asesino que apareció en forma misteriosa en media plaza se repetía de boca en boca, cada vez con un condimento diferente. Que era un enorme puñal, que su mango era de pata de becerro negro, que tenía doble filo, que tenía huellas de sangre y más cuentos por el estilo que la gente tenía necesidad de contar y sobre todo, necesidad de creer.

El rumor de que ocurriría un nuevo atentado, esta vez sí exitoso, se lo escuchaba por toda la ciudad como un eco interminable que se alimentaba a sí mismo cada vez que era nuevamente repetido. La loca Castrillón se paseaba por las calles de

Quito, y coreaba con sus ojos alucinados y su voz cavernaria: ¡van a matar al presidente, lo van a matar en la plaza, la sangre correrá por todas partes!

El loco Larrea, desde la azotea de su casa que daba a la calle de la Soledad, gritaba a voz en cuello en tono destemplado y lastimero: lo van a matar, con la daga del leviatán, lo van a matar.

Pasaban los días y pasaban las noches y Sánchez no decía cuándo. Había quedado en definir la fecha del golpe que sería el momento en que estuviese al mando de la tropa. Mientras tanto, el grupo se reunía con mayor sigilo, pues a medida que pasaba el tiempo crecía más el temor de los conjurados a ser descubiertos.

Yo seguía vigilado por orden del tirano; al jefe de la Policía le había dicho en su tono imperativo y amenazante: a ese tal Luis Felipe Borja, igual o más perverso que el traidor de su padre, lo quiero escoltado día y noche. Y así era; una mujer envuelta en un negro manto desde la cabeza hasta los tobillos, me seguía a todas partes. No sé si siempre sería la misma mujer la que me perseguía; a veces, de lejos, cuando podía observarla, parecía narigona, con una nariz encorvada y afilada; otras veces, por el contrario, la veía ñata y trompuda, con una cara redonda como un melón. Eso sí, horrible, espantosa, y siempre cubierta con su tenebrosa mortaja. Una tarde, mientras caminaba por La Loma hacia Santo Domingo, advertí que me seguía. Me detuve de repente y, por las mismas, me di la vuelta y caminé hacia ella a paso apurado sin dejar de mirarla. Mantuvo su mirada en la mía tan soólo un instante y, sin cambiar el rumbo de sus pasos, con un rápido movimiento de una de sus manos, bajó su manto de la cabeza y cubrió su cara, al tiempo que fijó su mirada en el piso. Cuando pasó por mi lado como una diabla escapada del infierno, no pude observar un solo milímetro de su rostro. También recuerdo que una noche, desvelado, decidí, en vez de dar cien vueltas en la cama, salir a caminar y esperar el amanecer en las calles o, cansado de la caminata, retornar a mi casa a buscar el sueño arisco. En cuanto puse un pie fuera de casa, vislumbré en la esquina una figura que se movía. Enfilé hacia ella, decidido a enfrentarla, a decirle que me dejara en paz. En cuanto llegué a la esquina la busqué entre la escasa luz que obsequiaba la luna, pero no la encontré por ningún lado. Mientras seguía mi errar por las calles sin más rumbo que hallar mi propia fatiga, regresaba a mirar de rato en rato hacia mis espaldas a ver si la encontraba, y aunque no pude observarla ni una sola vez durante las buenas dos horas que duró mi caminata, en todo momento sentí que me seguía. Por estar vigilado de sol a sol no podía asistir a las reuniones de los conjurados, cosa que sí podía hacer mi hermano Juan Elías quien luego, en casa y a buen resguardo de las fisgonas, me contaba los pormenores que ahora relato.

Una noche, Cornejo les contó que era amigo de Villavicencio, el comisario de Policía. Como buen amigo, y como buen chismoso, el gendarme le relató que tenía orden de vigilar a un granadino, un tal Faustino Rayo, y que además el presidente había sido informado de un complot que tramaba Polanco (el nuestro, el "Querubín"), junto con unos jóvenes liberales, pero, aunque desestimó la información, había dispuesto que se lo vigilara. Polanco les dijo que, ciertamente, sentía que seguían sus pasos, por lo que advirtió a todos de ser precavidos. Les informó, además, que ante esa circunstancia se "guardaría" en su casa, que saldría apenas para lo imprescindible, que prefería no ver a nadie y que, de todas maneras, si hubiese algo urgente o ya se definiese el día, debía ser avisado.

Por su parte, Moncayo les dijo que había escuchado a su tío José Gabriel Moncayo hablar del capitán Faustino Rayo: narró que su tío, años atrás, cuando tuvo que salir desterrado por orden del tirano, había sido escoltado por el granadino hasta Colombia, y que al pasar por su casa en el pueblo de El Puntal, había consentido que permaneciera algunas noches con su familia. Rayo era compasivo y generoso, pero cumplía órdenes macabras de su jefe, decía el tío Moncayo. Polanco, a su vez, relató que Rayo trabajó durante muchos años para García Moreno y que, incluso, fue gobernador de la provincia del Oriente. Agregó que el tirano lo despojó de los privilegios que tenía, y que a partir de entonces le odiaba con toda la fuerza de su espíritu, pues se sentía traicionado.

—Sin embargo hay algo mucho más grave con Rayo —acotó Moncayo.

Enmudecieron. El tono de Moncayo era muy serio. El "Colorado" sabía algo muy escabroso.

—Sé de fuentes fidedignas que no debo revelar, que la mujer de Faustino Rayo tiene amores con el tirano.

Hizo el "Colorado" Moncayo una pausa, respiró profundamente.

—Y los tiene desde hace algún tiempo. No debería contar esto, creo que los asuntos de la alcoba allí deben quedarse, por un principio elemental de respeto a la vida ajena, a la intimidad de las personas. No obstante, por cuanto existe el rumor tan repetido de que Rayo quiere matar al tirano, he creído necesario contárselo a ustedes, porque nosotros estamos tras igual propósito.

—He visto a la mujer de Rayo —dijo Andrade—; moza garrida es Mercedes Carpio; bella, muy bien dotada y voluptuosa. Su rostro y su cuerpo son la encarnación de la armonía y el equilibrio; y qué decir de sus ojos, únicos, almendras tostadas, luminosas…, con razón nuestro don Juan se deleita con ella.

—Pero también se juega la vida —acotó Moncayo—, pues es de fama el valor y la fuerza del granadino que, si se entera, mataría a cualquiera que se entretuviera con su esposa.

—Queridos amigos —dijo Polanco—, Rayo podría ser un buen aliado para nuestra causa pues tiene la fuerza para hacerlo, y ahora, por lo que cuenta el "Colorado", sé que también tiene el motivo, que al ser tan grave, aumentará su ímpetu de manera exponencial. Rayo querrá asesinar al tirano cuando se entere del asuntillo, si todavía no lo sabe. Su honor mal herido se transformará en un verdadero rayo que pulverizará al tirano. Amigos, creo adecuado que contemos con la fuerza y el espíritu enardecido de Rayo. Sugiero que lo involucremos en la conjura, ¡requerimos de su músculo y valentía para no fallar en nuestro intento!

Andrade y Cornejo se opusieron a la propuesta de Polanco de incluir a Rayo en los planes. Argumentaron que no cabría manchar la revolución con la participación de un extranjero; que ellos podían cumplir a cabalidad con su rol; que también tenían los motivos. Cornejo agregó con ironía:

-Aunque sea un poco flaco y barbilampiño, tengo el valor y la fuerza suficientes para acabar con el tirano.

Polanco insistió que cabían todos los recursos, nacionales o extranjeros, con tal de conseguir el fin propuesto. Agregó que no cabía, por un mal entendido patriotismo, arriesgar el éxito de la empresa; insistió que con la participación de Rayo se aseguraba lograr el propósito. Luego de un corto intercambio de opiniones, se resolvió aceptar la intervención de Rayo. Polanco hablaría con el granadino cuando Sánchez así se lo indicara.

Moncayo, por su parte, recordó que las armas, un par de revólveres que usarían Andrade y Cornejo, solamente debían ser adquiridas el día mismo del suceso para evitar —afirmó— el chismorreo de la gente que todo fisgonea detrás de las cortinas, pues —agregó— enseguida irían con el cuento a quién sabe quién, y todo el mundo se enteraría de los planes. (Quito era un pueblo grande donde las cosas se sabían inclusive antes de que ocurriesen).

A partir de ese momento, y por razones de seguridad, las reuniones se realizarían sólo entre los cabecillas, Andrade, Cornejo y Moncayo, y, de ser imprescindible, se avisaría a Polanco por hallarse vigilado.

Por aquellos días me cuestionaba sobre las íntimas motivaciones que tendría cada uno de ellos —Andrade, Cornejo, Moncayo y Polanco— para ansiar y urdir la muerte del tirano. Más allá de sus disquisiciones que fueron narradas en los capítulos iniciales de este relato, y que de alguna manera explican sus argumentos de orden intelectual, cuando intentaba encontrar sus más profundos motivos, aquellos que brotan de las entrañas, me respondía que los cuatro cabecillas —igual que muchos de nosotros— lo hacían fundamentalmente porque la crueldad y fortaleza del tirano significaban una amenaza para su propia supervivencia. Era tan implacable la persecución a sus enemigos, a todos aquellos que no estábamos de acuerdo con la violencia y la represión que ejercía en su mandato, que la inseguridad en que se vivía nos hacía sentir que en cualquier momento podíamos ser apresados, expatriados o fusilados. La conjura contra García

Moreno era, entonces, una cuestión de vida o muerte, de matar o morir.

Muchas veces, durante las reuniones que mantuvimos para tramar la conjura, pude atisbar los sentimientos que de forma involuntaria brotaban en sus gestos, en sus miradas y en sus volubles tonos de voz. Pude observar que tenían miedo, mucho miedo. Pude también descubrir que sentían mucho odio y mucho rencor, pero sobre todo, pude comprobar, lleno de dicha y orgullo, que los cuatro tenían muchísimo valor, muchísimo más arrojo y bizarría que el temerario y valeroso hombre al que combatían. No de otra manera arriesgaban sus propias vidas, sin más armas que sus convicciones.

56

El coronel Salazar logró el resultado que, en forma astuta y premeditada, buscó a través de la acciones emprendidas a sangre y fuego en la provincia de Manabí: que fuese considerado por García Moreno como una persona absolutamente fiel y comprometida con su gobierno, que, además, lo calificara como un hombre fuerte y temerario, alineado a sus prácticas represivas y, fundamentalmente, que le otorgase el mejor de los premios, esto es, que lo llevara a su lado.

A inicios de 1865, cuando faltaban pocos meses para culminar su primer mandato, el presidente García Moreno lo nombró su ministro de Guerra. Con el premio recibido, el coronel Salazar no sólo se encaramaba en el poder, sino que se convertía uno de los pocos hombres que pertenecían al estrechísimo círculo íntimo de los amigos del presidente. (En esa época solamente había tres Ministerios: el del Interior y Exteriores; el de Guerra, y el de Hacienda). Sus metódicas y permanentes pesquisas le permitieron llegar a conocer a su presa: sabía cuál era su temperamento, sus pasiones y sus mañas; podía determinar qué debía hacer y qué no, cómo comportarse, cómo tratarlo, qué decirle, cómo y cuándo manifestar aquello que quería escuchar, en fin, cómo ganarse su aprecio y confianza.

Una tarde de intenso sol acompañada de vientos impetuosos (corría el mes de junio de 1865), llegó a conocimiento del presidente García Moreno la noticia de que el general Urbina, al mando de un grupo de hombres armados, había tomado Machala, en el golfo de Jambelí, al sur de Guayaquil, como primer paso en un nuevo intento de derrocarlo. Era el momento oportuno para que los generales en el exilio -Urbina, Robles y Franco, de tendencia liberal y anti clerical, recobrasen el poder, debido a algunas circunstancias favorables: primero, el nivel de popularidad de García Moreno estaba por los suelos tras los dos desastres seguidos que significaron las guerras contra Colombia; segundo, elegido Jerónimo Carrión como sucesor de García Moreno, continuarían las políticas concentradoras y autoritarias, en desmedro de los planes de gobierno liberales, republicanos y democráticos que emprendería Urbina y sus aliados, lo cual, además, implicaría el recambio burocrático con sus partidarios; finalmente, el general Flores, líder y estratega militar, había fallecido, con lo cual las posibilidades de derrotar a García Moreno aumentaban.

El aguerrido general Urbina, provisto de dos buques de guerra y otros barcos arrebatados al abordaje, había llegado al Ecuador proveniente del Perú, acompañado por el expresidente Robles y el general Franco. Juraban vengarse de García Moreno por haber sido despojados del poder pocos años atrás. (Cuando el general Robles era presidente, los partidarios de García Moreno lo depusieron del cargo luego de semanas de sangrientas revueltas. Robles tuvo que exilarse en el Perú junto con su hombre fuerte y general en jefe del Ejército, el expresidente José María Urbina. Tras la caída de Robles, el general Guillermo Franco, atrincherado en el puerto, disputó el mando con García Moreno pero debió exilarse, también al Perú, tras perder la batalla de Guayaquil. Urbina, Robles y Franco eran pues, sus más temibles enemigos.)

La primera noticia del asalto de Urbina a Machala, y la presencia con sus buques armados en el golfo de Jambelí, fue dada por Miguel García Moreno, hermano del presidente y gobernador de Guayaquil. Como en aquellos días le restaban escasos dos meses para entregar el mando a su sucesor, parecía imposible que resolviera presentar batalla a Urbina y a sus compinches; no obstante, al considerar que no podía perder las riendas del poder que tanto esfuerzo le había costado conseguir y, además, tener que sufrir su despojo por parte de sus más feroces enemigos, quienes, sin duda alguna, lo pasarían por las armas, García Moreno decidió combatir a los militares golpistas.

El plan del general Urbina consistía en avanzar con sus buques de guerra desde Jambelí hasta Guayaquil, tomarse la ciudad y allí fortificarse. Dispondría de al menos tres semanas, tiempo que sería suficiente para concretar sus propósitos —con la ayuda del general Maldonado en la capital, y de Albán y Alfaro en Manabí—, ya que al Gobierno le tomaría como mínimo ese tiempo, organizar un ejército, cruzar la cordillera de los Andes y llegar al puerto a presentar combate.

El asombro de Urbina fue enorme cuando al décimo día de haber llegado a las costas del golfo de Jambelí se enteró de que García Moreno ya había arribado a Guayaquil. No creyó Urbina en la noticia —era imposible llegar de Quito al puerto en tan escasos días— hasta que uno de sus espías, comisionado para verificar lo que parecía increíble, confirmó que él mismo, "con sus propios ojos", había visto que el presidente permanecía en uno de los regimientos a las afueras de la ciudad. En cuanto García Moreno había recibido, por chasqui urgente de su hermano, la noticia de que Urbina había tomado por asalto Machala, y le esperaba con sus barcos fondeados en Jambelí, ese mismo instante, sin dudarlo un segundo, sin esperar un minuto, ordenó preparar los caballos, las mulas y lo que fuere estrictamente imprescindible y, junto a un batallón de soldados bien pertrechados, marchó de inmediato hacia Guayaquil.

Cabalgó a rompe cinchas de día y de noche; atravesó los páramos, quebradas y ríos de la cordillera, las espesuras insondables de las estribaciones, los bosques y fangales endemoniados de la Costa. Como no dormía ni comía, ni necesitaba hacerlo, apenas hizo un par de breves pausas en el camino para tomar agua y para que pacieran los caballos. Ninguno de sus exhaustos acompañantes podía mostrar huellas de cansancio, ni siquiera un disimulado bostezo. Había que llegar a Guayaquil a cualquier precio, ¡la patria estaba en juego, su propia vida estaba en juego! En el camino había desertado —tal vez se rindió de sueño y cansancio— un soldado de apellido Utreras, que semanas más tarde, ya descubierto, fue fusilado. Así mismo, durante el trayecto, en medio de las selvas de las estribaciones de los Andes occidentales, un par de jamelgos reventaron por el extenuante viaje. Cuando se supo que García Moreno había llegado a Guayaquil en tan corto tiempo, el pueblo susurraba, con creciente espanto, que ese demonio extraordinario era dueño de una fuerza prodigiosa, de una determinación, coraje y valentía portentosos.

García Moreno también defendía sus planes no develados de retornar al poder después del gobierno que haría Jerónimo Carrión, su sucesor. Sabía que si triunfaba Urbina y tomaba el mando, no sólo que lo perseguiría por mar y tierra hasta encontrarlo y exterminarlo como a una rata, sino que los liberales se quedarían en el poder quién sabe cuántos lustros, y darían al traste con todo el plan de "moralización" de la República que había implantado con el terror del látigo y la promesa de la cruz salvadora.

Una vez que García Moreno llegó a Guayaquil se encontró con una situación muy complicada: no había barcos adecuados para dar batalla a Urbina, salvo alguno que otro muy pequeño y mal provisto que, para el caso, no serviría. Desesperado, convocó a sus comandantes y más cercanos colaboradores —entre ellos, a su hermano el gobernador— a una sesión urgente para encontrar una solución al problema. Luego de varias horas de discusiones encendidas, ya cuando su furor terminaba de exprimir a su maltrecho hígado y acababa con la poca calma que quedaba en el grupo, alguien recordó que se acercaba al puerto, y pronto llegaría a Guayaquil, el vapor inglés Talca, que recorría la costa del Pacífico en faenas mercantiles, y que por sus características podría ser acondicionado para una batalla naval. Sin pensarlo dos veces, García Moreno decidió hacerse del vapor a cualquier costo y de cualquier modo, y pese a la pertinaz negativa que manifestaron el agente de la compañía naviera y el cónsul inglés el momento en que fueron informados de la forzada incautación, el presidente les entregó cincuenta mil libras esterlinas —toda una fortuna, casi el presupuesto del Estado— y los forzó a entregar el barco.

Mientras García Moreno preparaba los cañones, fusiles, municiones y más aparejos para armar adecuadamente el Talca, fue informado de que el capitán inglés, último responsable del barco, se oponía tenazmente a su entrega. Furibundo, amenazó al británico con fusilarlo si no entregaba el vapor, y antes de esperar respuesta del ya ablandado capitán, acompañado de un piquete de gendarmes, tomó el barco por la fuerza y lo abordó con los implementos ya listos para la guerra y con 250 soldados bien armados. Una vez alistado el vapor mercante para entrar en faena bélica, zarpó por la noche hacia el golfo de Jambelí a encontrar al "pirata Urbina". Ya a bordo del navío, García Moreno emitió una proclama a sus soldados que decía: "Contamos con la protección de Dios, perseguidor del crimen y vengador de la justicia; muy pronto el castigo ejemplar de los piratas dejará tranquilos a los hombres de bien [...] Tenéis que combatir contra enemigos indignos de vosotros, contra viles piratas y cobardes asesinos, contra lo más abyecto y lo más infame...".

Con las primeras luces del alba, el Talca abrió fuego contra el vapor enemigo; la furia de sus cañones perforó un enorme boquete que permitió abordar al contrincante y someterlo de inmediato. Cuando Urbina y Robles, que acompañaban al buque averiado en otro de menor calado, constataron abatidos la toma de su buque insignia, navegaron hacia tierra firme y huyeron entre los manglares de la costa. Una vez dominada la tripulación enemiga, tras varios degollados de por medio, abordó García Moreno el barco adversario y, enceguecido por la furia y sediento de venganza, ordenó que se fusilara a su capitán, el comandante Marcos, y al segundo al mando, el oficial Bohórquez, quienes, tras ser acribillados, fueron arrojados al mar donde se perdieron para siempre. De inmediato, con veinticinco prisioneros a bordo y tras dejar la isla de Jambelí, enrumbó hacia la costa y desembarcó en la isla Puná donde hizo descender a doce prisioneros —ya vencidos, ya desarmados, ya rendidos—, a quienes, pese a sus ruegos desesperados, los fusiló sin clemencia. Dentro de este grupo se encontraba un adolescente de escasos dieciséis años que también fue pasado por las armas, por haber cometido el fatal error de acompañar a su padre, el viejo e inválido coronel Vallejo, quien, asimismo, fue fusilado, aunque ya estaba muerto en vida luego de haber presenciado el vil asesinato de su hijo. Luego de realizar esta matanza, y todavía atrapado en su locura, avanzó hasta Punta de Piedra donde fusiló a trece prisioneros más, a quienes, del mismo modo que a los otros doce, abandonó a lo largo de la playa, insepultos, para amedrentar a sus enemigos y para saciar la rapacidad de los buitres que, por cientos, se dieron un apoteósico, inédito e irrepetible festín.

"¡AMIGOS! La victoria ha coronado vuestro heroico valor; y la Patria contempla agradecida la página gloriosa que habéis agregado a su historia [...] Os apoderasteis de la flotilla pirática en media hora de combate, venciendo a bayoneta y lanza la desesperada resistencia de cuantos no buscaron a nado su salvación en las aguas [...] ¡COMPAÑEROS! Os felicito por la brillante victoria con que el Dios de los ejércitos ha premiado vuestro denuedo asombroso [...] Falta solamente que los que se hayan ocultado en los bosques o hayan vuelto a continuar la existencia de salteadores, los extermine el brazo de la justicia envueltos en su propia sangre".

García Moreno había fusilado a cerca de una treintena de soldados que ya habían rendido sus armas tras la huida de Urbina y Robles. "Hemos alcanzado con la visible protección de Dios la victoria más gloriosa [...] Bendigamos al Dios de las misericordias". El presidente cumplía su fatal designio: sucumbía a la avidez de la venganza que crecía irrefrenable con cada cuerpo que caía acribillado, y se tornaba cada vez más insaciable a medida que más sangre inocente bebía. Entrampado en la ofuscación y ceguera que produce el odio, no podía vislumbrar que sus acciones despiadadas serían, indefectiblemente, un bumerán que, más tarde o más temprano, regresaría y lo golpearía con más fuerza y encono de la que él mismo inicialmente había aplicado al arrojarlo.

Enmarañado en el torbellino que produce la ira, con su mirada hundida en el quinto averno de su alma, García Moreno aullaba furibundo la cólera que quemaba sus entrañas y que quería aplacar con sus destemplados gritos de ¡fuego! Cada cuerpo que caía ensangrentado mostraba la muerte desnuda en la contorsión atroz que esculpe el rostro inanimado, y avivaba la sed de venganza que serviría de escarmiento a Urbina, a Robles, a Franco, y a toda la caterva de traidores que osaban aspirar al mando. Los cuerpos tirados en la playa, que las olas comenzaban a disputar a los buitres, debían servir como advertencia al enemigo.

Al día siguiente de la masacre, su ministro de Guerra, el coronel Salazar, que mientras ocurría la matanza de Jambelí se le ordenó permaneciera en Quito, recibió el parte de combate escrito por García Moreno en que decía: "¡Gloria a Dios que nos ha concedido la victoria! [...] Ayer a las 9 de la mañana, después de cerca de media hora de combate, tomamos al abordaje el "Guayas" y el "Bernardino" en Jambelí, sin más pérdida, por nuestra parte, que un sargento de artillería muerto y siete heridos [...] Los exgenerales Urbina y Robles [...] se salvaron en Jelí arrojándose al lodo, y huyendo a Santa Rosa [...] Cayeron en nuestro poder cuarenta y cinco prisioneros, entre los cuales merecen especial mención el excoronel Vallejo, José Robles, José Marcos y otros. Separados los que habían sido tomados por la fuerza, veintisiete han sido pasados por las armas como piratas..."

Dos días después, a través de un anuncio publicado en Guayaquil, García Moreno prohibió llorar a las víctimas de Jambelí pues amenazó a los que se atreviesen a lloriquear con ser enviados a la cárcel, "Porque todos debían bendecir a Dios".

Ese mismo día, todavía preso del furor y la ceguera de la venganza, y apremiado por derramar más sangre para escarmentar y atemorizar a sus enemigos, ordenó fusilar a Santiago Viola, abogado argentino, quien en su país había combatido al también tirano Juan Manuel de Rosas, y que vivía en Guayaquil de su profesión. Cuando el encargado de negocios argentino protestó por la prisión de Viola, recibió de García Moreno la siguiente amenaza: "Si todavía insiste usted (sobre la libertad del argentino) envuelvo al doctor Viola en la bandera de su nación y así lo fusilo".

Con la sola evidencia de una carta ambigua, suscrita por Viola, y desvelada por su mensajero traidor, un tal Espinal, escribió García Moreno la siguiente orden dirigida al comandante general del Ejército en Guayaquil: "Por una carta sorprendida en la toma del "Guayas" y reconocida por el Dr. Santiago Viola, queda fuera de duda de que el agente de la correspondencia de los piratas en esta ciudad era aquel doctor, cuya conducta anterior le había hecho conocer como enemigo infatigable del orden y del Gobierno. Tengo que cumplir con el deber penoso de cumplir con las ordenanzas militares y mandarlo pasar por las armas en este día, a las cinco de la tarde..."

Corría el rumor de que Viola espiaba e informaba a Urbina sobre la situación en Guayaquil. También se dijo que una vez conocida la carta del argentino, fue forjada otra nota con información falsa que fue remitida a Urbina, el cual, confiado en esta epístola apócrifa, cayó en la trampa de su falso mensaje, lo que a la postre le costó la derrota de Jambelí.

Dos días más tarde, tras ser fusilado el argentino Viola, García Moreno lanzó una proclama que decía: "De hoy más, el patíbulo del malvado será la garantía del hombre de bien".

Envuelto todavía en el delirio insaciable que reclamaba venganza, se trasladó de Guayaquil a Santa Rosa y, luego, a Babahoyo, en busca de "bandidos" de las huestes de Urbina. Tuvo suerte, encontró a tres más. Fusiló a dos "piratas" en el primer pueblo, y a un "facineroso" en el segundo. "Tengo la satisfacción de comunicar [...] que la paz está restablecida y consolidado el orden con el severo castigo de los piratas y traidores. Hoy he regresado de Santa Rosa después de convencerme de que no quedan enemigos que combatir..."

A su regreso a Quito, pocos días antes de entregar el mando a Jerónimo Carrión, nuevo presidente electo, dispuso que se diera una misa de acción de gracias oficiada por el nuncio papal, monseñor Francesco Tavani. El prelado se negó a procurar la ceremonia, aduciendo que "Mi ministerio es de paz". La cortante sentencia del delegado pontificio era una clara señal de que rechazaba la matanza de Jambelí. Cuando García Moreno se enteró de la papal bofetada —si hubiese sido otro, lo mandaba a fusilar— dispuso que otro sacerdote celebrara el culto, pues, pletórico de gratitud, quería honrar al Señor que había sido su aliado en la lucha contra los "piratas fementidos". Se celebró la misa, sí, pero no asistió el cuerpo diplomático, en señal de rechazo a la masacre. Otras voces también criticaron la masacre: el cónsul francés lo tildó de "pequeño déspota feroz", que actuaba "como un tigre lamiendo sangre". (Sin embargo de todo ese despliegue y derroche de crueldad, García Moreno no dejaba de ir a misa diaria a buscar en la oración, en la confesión y "penitencia", la expiación de sus faltas. Tras ser perdonados sus crímenes y olvidados para siempre jamás por obra y gracia de rezar tres padrenuestros, recibía pletórico de unción el Cuerpo de Cristo encarnado en una hostia. Así, tras confesarse y comulgar, ocurría que por misericordia de un plumífero personaje celestial sus pecados habían sido perdonados, nada había pasado, ningún mal había cometido. Entonces, de inmediato, una vez dado un paso fuera de la iglesia, podía recomenzar y retomar sus fechorías para luego de unos días volver a recibir los sacramentos milagrosos y así sucesivamente *per saecula saeculorum*.)

Salazar, entonces ministro de Guerra, fue informado por un diplomático amigo sobre una carta escrita, en julio 13, de 1865, por el plenipotenciario de los Estados Unidos en Quito, F. Hassaurek, dirigida a su ministro de Relaciones Exteriores, en la que afirmaba:

"Escogió dos víctimas a quienes mandó fusilar sin juicio. Sabe que muchos de los jefes militares están conspirando a fin de deshacerse de él en cuanto termine su período; García Moreno procura prevenirlo ganándose el afecto de los soldados."

Pocos días más tarde, conoció Salazar otra carta, esta vez del 20 de julio, escrita por el mismo funcionario de los Estados Unidos, y dirigida a su canciller, que decía: "...El presidente persiste en su arbitrariedad, crueldad y terrorismo [...] Las prisiones están llenas de sospechosos, están en celdas estrechas, encadenados, sin cargo ni acusación, sólo por capricho del presidente o venganza de algún delator. Arrestos y destierros ocurren diariamente, seguido por confiscaciones ilegales de la propiedad privada. El presidente tiene afán morboso de fusilar [...]; el día del fusilamiento del doctor

Viola, el presidente amenazó fusilar al cónsul de Chile si descubriera la menor prueba en contra de él. Yo mismo oí esta amenaza [...] y probablemente habría sido llevada a cabo [...]; el país está en estado lamentable [...] la vida, la libertad y la propiedad se hallan en mano de un hombre".

En cuanto el Gobierno se enteró de que por aquellos días circulaba en Quito un pasquín opositor titulado *"El Espectador"*, que criticaba acremente la matanza de Jambelí, ordenó que fuesen tomados presos sus redactores y enviados "Al Brasil por el Napo", como acostumbraba decir García Moreno cuando despachaba a sus enemigos a la selva amazónica a perderse en sus entrañas. Faustino Rayo se encargó, una vez más, de arrastrar a estos pobres perseguidos hasta el medio de la selva. Ahí los abandonó a su suerte, o a su desgracia, que no podía ser otra que la muerte.

Poco tiempo después de estos sucesos, la tarde en que García Moreno daba en el Congreso su discurso de entrega de mando, en agosto de 1865, expresó respecto de las varias acciones de represión que esos días había emprendido contra sus enemigos: "En la alternativa inevitable de entregar el país en manos de insignes malhechores o de tomar sobre mí la responsabilidad de salvarlo escarmentándolos en el patíbulo, no debía ni podía vacilar; y el castigo ejemplar de unos pocos de los peores delincuentes, y los pequeños combates de Santa Rosa, Tulcán, Manabí y la gloriosa defensa de Cuenca, restablecieron entonces el orden y el sosiego..."

Agregaba más adelante: "Para hacer frente al peligro [...] tomé el mando del Ejército; armé en cuatro días el vapor mercante Talca [...] y el 26 fue tomada al abordaje toda la escuadrilla enemiga, castigados de muerte los más culpables y libertada la República de la irrupción del crimen y la barbarie".

Y concluía: "Os corresponde corregir nuestras defectuosas Constitución y leyes, fortificando el poder con los medios indispensables de represión [...] y restituyendo al jefe del Estado la necesaria libertad de elegir y reemplazar a los agentes que han de ejecutar sus órdenes. Sin un gobierno vigoroso el país estará sin cesar expuesto a los pérfidos ataques de los que medran en el desorden, y marchará de crisis en crisis hasta perecer devorado por la anarquía".

57

Tenía una memoria asombrosa. Me contó con detalles sobre sus dos estadías en Europa. París le había impactado mucho, le parecía extraordinaria por la arquitectura de sus edificios, por el trazado de sus vías, por sus parques y monumentos. Asistió a la Exposición Universal de 1855 inaugurada por Napoleón III, y se maravilló con todo lo que vio y escuchó. Admiraba a Francia y a Napoleón de cuya vida había leído algunos libros en lengua franca, que la dominaba. Decía que era una gran nación, un ejemplo a seguir. De allá trajo la idea del Observatorio y de la Escuela de Artes y Oficios, así como el plan de apoyar a los artistas nacionales, como al exjesuita Rafael Troya, que pintaba hermosísimos paisajes y que acompañó a los alemanes en sus expediciones científicas mientras retrataba las montañas ecuatorianas.

Al volver de Europa ratificó su ya vieja impresión de la falta de iniciativa y de espíritu emprendedor de los quiteños y de los habitantes de los Andes ecuatorianos; decía que son vagos, lentos, contemplativos, desconfiados, maliciosos, indolentes, y que son poco prácticos; que les gusta vivir sin trabajar; que se creen nobles y piensan que el trabajo denigra, sobre todo el trabajo manual que lo desprecian y encargan a los indios, a quienes repudian. "No es extraño que la ignorancia y la falta de honradez se transmita con tanta frecuencia como una herencia fatal, que se perpetúe la perezosa indolencia de que justamente se nos tacha, y de que la raza indígena, especialmente en las provincias interiores, siga todavía abyecta, embrutecida y degradada". Creía que era necesario fortalecer la unión del país, porque siempre hubo pretensiones de dividirlo, no sólo por parte de algunos malos ecuatorianos, sino también de los ambiciosos países limítrofes. Decía que luchó contra la pretensión de Urbina y Franco de entregar Guayaquil y Cuenca a los peruanos, y tuvo que hacerlo enviando al paredón a unos cuantos, y de imponer el orden y la ley con rigor y sin clemencia. Afirmaba que dispuso la construcción de los caminos y el tren de la Costa a la Sierra para formar un solo país fuerte y unido, y que trajo a los sabios europeos para hacer la Universidad Politécnica, porque, expresaba, se necesitan más ingenieros y menos abogados, más técnicos y menos filósofos, más médicos y profesores, y menos militares.

Dicen que era atolondrado, que no se tomaba el tiempo que las cosas demandan en ser meditadas. Él era así, es cierto; era impulsivo, no preveía lo que podía ocurrir, confiaba en sus instintos, se arrojaba al vacío y después veía cómo salir del problema. Conmigo fue así desde que me vio; se lanzó sin meditar en nada, sin pensar que, si mi marido se enteraba, lo mataba. Confiaba mucho en su astucia; se juzgaba el más inteligente de todos, no suponía que alguien podría pillarlo en falta, y en el improbable caso de que eso ocurriese, confiaba en que sabría cómo salir del embrollo. Además, era temerario, le gustaba el riesgo, jugarse la vida, cabalgar tres días sin comer ni dormir, desenvainar su espada en el frente de batalla. Decía que un hombre puede alcanzar la gloria si vence sus propias limitaciones, si cada vez se exige más, si agota todas sus fuerzas en lograr todos sus propósitos.

También puedo decir que no he visto a nadie en el mundo tan colérico, tan irascible; se ponía salvaje como un tigre cuando algo le molestaba. Una vez me dijo que es laudable irritarse por un motivo justo y que, por el contrario, ser dócil y sosegado como un cordero, más que una señal de bondad y buen carácter es una muestra evidente de debilidad y, a veces, de estupidez. Se sulfuraba con tanta frecuencia que casi se podría afirmar que su ira permanente constituía su forma de ser. Mucha gente hacía mofa de sus rabietas que, a veces, llegaban a lo ridículo, con perdón, pero es que así era. Mi madre decía que la ira es mala consejera y que nunca se debe tomar una decisión bajo su influjo; pero él, muchas veces, obraba poseído por las zarpas de la cólera, pese a que alguna vez también me dijo que la ira es como un perro con rabia al que no es bueno dejarlo suelto, peor aún, incitarlo.

Las veces que se ponía furioso parecía un loco, no escuchaba nada ni entendía nada, y su cólera crecía cada vez más, como una hoguera a la que se le da más fuelle. Cuando se ponía furibundo era mejor no acercarse, no atizar el fuego, porque el incendio crecería y luego resultaría más difícil apagarlo. Se ponía furioso con las personas que no lo entendían, decía que detestaba a los tontos, que podía tolerar muchos defectos en la gente pero no la idiotez; por el contrario, apreciaba a las personas que consideraba inteligentes, que por cierto para él eran muy pocas. Afirmaba que la inteligencia era la virtud superior, aunque, por desgracia, la más escasa; y por supuesto, él no se consideraba "muy inteligente" —cosa que le pasa a todo el mundo sea cual fuere el nivel de sus "entendederas"– sino el "más" inteligente. Era triste, pero más que menospreciar a la gente, la despreciaba, lo cual es peor. A muchos, por no decir a casi todos, los tildaba de estúpidos, y lo hacía con frecuencia, en forma despiadada y hasta con cierto deleite. Era habitual escucharle decir "El pueblo imbécil" con una soberbia que, más que tirria, causaba pena.

Era muy engreído, ni siquiera sabía que los demás existían de lo absorto que se hallaba en admirarse a sí mismo. Los otros existíamos en tanto cumpliésemos el papel de maravillados espectadores de su grandeza. Ese era el caso conmigo. Yo servía para él en tanto era su admiradora. A quienes no lo admiraban, sencillamente los odiaba. Para mí era muy triste constatar que mis asuntos no le interesaban. No me preguntaba nada, no le interesaba nada de mi vida, ni de mis sentimientos, ni de mi situación con Faustino, ni de mis hijos, ni de nada, pues con él se bastaba. Creía ser como Dios, infalible, omnisapiente, excelso, y creía también tener las más eminentes virtudes morales e intelectuales. Deslumbrado consigo mismo por haber logrado todo lo que ansiaba, el poder, la riqueza, los amoríos, su actitud frente a los otros era de orgullo y superioridad y, por lo tanto, exigía un trato digno de su magnificencia. Sin embargo de toda esa gloria, de todo ese poder y grandeza, puedo decir que cuando dormía entre mis brazos sentía que en el fondo de su alma moraba un ser necesitado y desamparado, como un niño huérfano, como un mendigo carente de alimento y de abrigo. ¡Y esa era su tragedia! Pues en cuanto se despertaba de sus sueños, una vez que volvía de su pesaroso mundo interior, de su dantesco infierno, cuando mareado y despeinados sus cuatro pelos abría los ojos, retomaba su armadura, su espada y escudo, su máscara de hierro, y así volvía a su falaz espejismo en el cual se reflejaba como otro distinto al que era, como otro más próximo al que quería y creía ser. Como buen enamorado de sí, se miraba sin verse, pues no podía mirar a nadie más que a su prenda amada —él mismo—, por el riesgo que corría de encontrar a alguien de verdad mucho más grande que él.

De humilde no tenía ni un pelo; no podía concebir, siquiera, que tuviese alguna limitación, algún defecto, y, por supuesto, jamás se permitía, menos aún a los otros, la más leve ironía sobre su persona. Se tomaba muy en serio, nunca pudo reírse de sí mismo, de alguna metedura de pata, de algún tropezón, de alguna torpeza, confusión, distracción o de cualquier manifestación propia de la más llana y simple humanidad. Tampoco podía tolerar alguna palabra o un gesto que implicara la más leve mofa hacia él. Su gran inteligencia mostraba una fisura en este punto, pues bien decía mi madre que sólo las personas muy inteligentes tienen la sabiduría de ser humildes hasta para reírse de sí mismas. También era una tragedia que su egolatría requiriese de los otros, de su horda de serios y graves, solemnes admiradores, sin los cuales no era nada ni nadie. En su público se regodeaba, se engordaba y henchía, y al tiempo que los despreciaba y maltrataba, los sometía y exigía pleitesía.

El presidente repetía con frecuencia "Dadme el látigo y temed mi venganza", con lo cual hacía coro del aprendizaje ancestral de infligir azotes a "los malos", a los que se alejaban de la senda que consideraba la adecuada. Mucho debió haber sufrido de niño, mucho de su espíritu sensible debió ser mutilado para adecuar su naturaleza, y por consiguiente su conducta, a la férrea moral católica de su madre. Como la rama torcida de un árbol que hay que podarla a tiempo, cuando era niño, y a punta de dolor y desencanto, de tristeza y abandono, de menosprecio y soledad, le fue cercenado mucho, casi todo, de lo bueno que pudo haber morado en su corazón.

Hay quienes dicen que no era capaz de generar nuevas ideas o ser creativo, porque el observatorio astronómico, la escuela politécnica y algunas otras obras, fueron buenas ideas, sí, pero fueron copiadas de lo que vio en Europa, sobre todo, en su amada Francia. Sin embargo, pienso que era imaginativo al momento de encontrar la forma de llevar a la práctica esas ideas, pues muy diferente era hacerlas en Europa que en el Ecuador, con todos los problemas de falta de dinero, carencia de técnicos y en medio de nuestra caprichosa geografía.

Lograba lo que se proponía porque además era testarudo como burro en aguacero; le gustaba que las cosas fuesen hechas exactamente como él decía. En eso no transaba, era intransigente en exceso, ¡ni sí, ni no, aquí mando yo!, y nadie discutía. En circunstancias extremas, sus decisiones, intrépidas y sorprendentes, dejaban pasmados a todo el mundo. Era capaz de cualquier cosa con tal de hacer de las suyas. Nada ni nadie lo detenía. Perseveraba hasta lograr su propósito y no escuchaba a nadie; había nacido para mandar, no para obedecer; la gente lo temía y respetaba por su fuerza y valentía, pero no lo querían porque era frío, distante, soberbio y hostil. También era apasionado, fanático hasta la muerte; se cerraba en sus ideas sin considerar ninguna opinión. Sus más cercanos amigos y sus familiares nunca lo contradecían porque sabían que montaba en cólera; más de una vez sacó algún ministro a empellones de su oficina; dicen que una vez lo hizo con el general Salazar, dicen que incluso el "Padre Salazar", que así le decían al general, rodó las gradas del empellón que le dio, y que desde entonces le nació el encono, y que desde entonces tramó su muerte.

58

Mucho antes de los sucesos ocurridos en la isla de Jambelí, y antes también de terminar su primer período de gobierno, García

Moreno pensaba en su sucesor. Buscaba alguien de su misma línea política que pudiese continuar con la obra iniciada: el ordenamiento fiscal; el impulso a las obras públicas, "Llevar el agua potable del Daule a Guayaquil, y establecer el telégrafo eléctrico en la carretera"; el desarrollo de la educación; la moralización de los ciudadanos y del clero; el freno al militarismo; el combate a Urbina y a los liberales; la persecución implacable a los conspiradores. Buscaba a un sucesor que, además, le guardase las espaldas ante eventuales juzgamientos por los excesos que había cometido como gobernante. En primera instancia pensó en José María Caamaño, pero poco después la relación se deterioró cuando juzgó como una "sandez" al reclamo que este hiciera por el cierre que García Moreno había ordenado de una entidad en que se reunían los candidatos liberales opositores a quienes, además, metió a la cárcel. Tras el incidente, arrojó a Caamaño al tacho de basura, sacó del cajón a Jerónimo Carrión y lo coronó como su próximo heredero. (Carrión había sido vicepresidente de Robles e integrante del Gobierno provisorio junto con García Moreno, Chiriboga y Carvajal, en mayo de 1859).

En aquellos días fueron perseguidos y encarcelados, por orden de García Moreno, los dos hermanos Borrero, junto con los señores Vásquez y Arízaga, redactores del periódico *El Centinela*, de Cuenca, pues habían escrito: "Desde los asesinatos de Maldonado y Campoverde debían venir, naturalmente, el desconocimiento de la soberanía popular, la violación de la libertad electoral, el ataque a la libertad de imprenta, el atropello a la libertad y seguridad individual, en una palabra, el entronizamiento de la dictadura."

Intolerante y autoritario como era García Moreno, persiguió a la prensa que combatía sus métodos opresores, sus abusos, su control absoluto del poder. Su "perverso narcisismo" le exigía reprimir con la cárcel o el destierro a cualquier persona cuya opinión menoscabara en lo más mínimo su grandeza.

Por aquellos días en que no existían partidos políticos ni movimientos organizados en torno a las elecciones, la designación de los candidatos lo realizaba una camarilla de amigos del gobernante de turno. La posibilidad de que los opositores al

Gobierno accedieran al poder era prácticamente imposible pues, a su vez, la maquinaria electoral controlada por el mandatario podía manipular a sus anchas el derrotero de los sufragios. Realizadas las elecciones en mayo de 1865, "Sería casi un acto de herejía contra el país dejar el campo electoral abandonado a merced de los conspiradores", el lojano Jerónimo Carrión, líder político también de Cuenca, triunfó sobre el postulante liberal Manuel Gómez de la Torre, de quien el todavía presidente había dicho: "Es el más conspirador de todos los insensatos". El ungido de García Moreno asumiría la presidencia. "Es muy claro que sólo Carrión tiene las cualidades necesarias. Yo fui compadre de Gómez (de la Torre) en el Gobierno provisional y les aseguro por mi honor que el señor Gómez no tiene el talento para ser un verdadero estadista".

Días antes de que Jerónimo Carrión asumiera el mando, el coronel Salazar se retiró del Ministerio de Guerra que le había confiado García Moreno, y se reintegró al Ejército. Durante su desempeño como ministro había alcanzado su principal objetivo: consolidar su amistad con el gobernante, sobre la base de tener —en apariencia— una conducta impecable en todo momento y circunstancia, lo cual incluyó, por cierto, el fusilamiento de una decena de revoltosos. El temor reverencial que le tenía a García Moreno lo imposibilitaba expresar sus verdaderas emociones, que se bloqueaban absolutamente en su presencia. Jamás se le hubiera ocurrido contradecir al presidente por más que pensara exactamente lo contrario. Siempre mostraba en su rostro una expresión amable y cordial. Hablaba en tono cortés y nunca decía más de lo necesario ni aquello que el presidente no le hubiese preguntado. Procuraba siempre alabarlo de frente y, más todavía, a sus espaldas. Quería aumentar su nivel de confianza, pues sentía que todavía el mandatario le tenía cierto recelo: no solamente lo miraba de reojo con esa mirada conminatoria que, además, escrutaba hasta las vidas pasadas, sino que no lo incluía en su más íntimo círculo donde sus favoritos eran Carvajal y Herrera.

Rafael Carvajal, dos años mayor que García Moreno, se graduó de abogado junto con él; los dos fundaron el periódico *La Nación*, salieron de la mano desterrados en tiempo de Urbina, y también los dos fueron después senadores. Carvajal fue su ministro; fue vicepresidente de la República en el 1864, presidente de la Convención de 1869 y magistrado de la Corte Suprema. Su otro colaborador y amigo cercano, Pablo Herrera, a quien llamaba "Mi biblioteca", lo acompañó en la balacera contra Viteri en Lima, cuando iba con él de secretario a Chile, y estuvo siempre a su lado: en la rebelión del Concejo de Quito contra Robles; como ministro del Interior y Exteriores en el 1864, y años más tarde, en el 1869, en el golpe contra Espinosa.

Una tarde de enero de 1866 —ese día las nubes estaban tenebrosamente oscuras y cayó un aguacero espantoso con granizo y fuertes vientos que llenó de fango y piedras todas las calles de Quito— circuló en la capital el primer número de *El Cosmopolita*, un cuadernillo escrito, en su mayoría, por Juan Montalvo. En uno de sus artículos decía: "Mucho es que ya podamos exhalar en quejas, la opresión en que hemos vivido tantos años [...], mucho es que el pensamiento y las ideas de los ciudadanos, puedan ser expresados y oídos por los ciudadanos. La tiranía también se acaba...".

En los primeros meses de la presidencia de Carrión, sorprendió a todos el hecho de que el flamante presidente nombrara como su ministro del Interior a su suegro, Manuel Bustamante. (Cuando, años atrás, Bustamante era ministro del presidente Roca, le siguió un juicio penal a García Moreno luego de que éste lo abofeteara en presencia de su cuñado Manuel y del negro Ayarza). El nombramiento de Bustamante lo interpretó García Moreno como una ofensa personal, pues además del resentimiento que le tenía, el hecho constituía una clara demostración de que Carrión no le sería sumiso, aunque le debiese el cargo. A partir de esta situación, su relación con Carrión entró en franco y decidido quebranto. En aquellos días circuló una carta —una de las expresiones más brillantes contra el tirano— escrita por el diputado Julio Zaldumbide, quien antes de renunciar a su cargo en el Congreso decía: "No son [...] señor D. Gabriel García Moreno el temor y la violencia los medios con que habíais de moralizar nuestra corrompida República. Si queríais corromperla más, hacerla a la servidumbre y constituiros en tirano, habéis escogido los más adecuados medios, y casi lo habéis conseguido; pero si, en verdad, deseabais el bien de nuestra Patria y el vuestro, habíais de haber depuesto la arrogancia, y tomado en su lugar la moderación [...] valiéndoos de medios que os hicieran amable y venerado, más que adulado y temido, dando ejemplo de respeto por las leyes, más bien que de insolencias y audacia en infringirlas...". Más adelante agregaba: "Degollasteis a unos miserables prisioneros [...] desterrasteis a senadores y diputados [...] Ved aquí vuestra obra, mirad el temor servil que habéis inoculado en el cuerpo de la República. Vuestro es el Congreso, reina vuestra voluntad en su mayoría; si en algo se os resiste, podéis amenazarle con que le enviaréis una bota vuestra..."

Y terminaba: "Yo os confieso que vine a este Congreso, como diputado, con el propósito de acusar los desafueros de vuestro gobierno [...] estoy en la convicción de que es irrecusable deber del Poder Legislativo, conservar inviolable el imperio de las leyes [...] traer a juicio a todo presidente que las infrinja. Empero, vi la exuberante mayoría que tenéis a vuestro mandato, que aplaudía los atropellos vuestros, y tuve por mejor salir de esa atmósfera de servidumbre que me oprimía el corazón..."

Un par de años después, García Moreno diría de Zaldumbide, cuando fue electo gobernador de Imbabura: "Qué pecado más grande que el clero haya apoyado a un enemigo declarado de Dios, quien ni siquiera cree en su existencia".

Al año de iniciado el gobierno de Carrión —hombre justo y ecuánime cuyo carácter tranquilo parecía débil comparado con el temple indómito de García Moreno—, España continuaba sus hostilidades contra Perú y Chile por el estiércol de las islas Chincha, situadas frente a la costa peruana. El Callao fue bombardeado por la escuadra europea, como también lo fue la ciudad y puerto de Valparaíso en Chile. (Como Ecuador había suscrito, con los dos países, una alianza para defender al Pacífico de eventuales invasores extranjeros, el presidente Carrión contribuyó con el envío de varios hombres a escudar el puerto peruano). En aquellos días el presidente Carrión propuso a García Moreno —para sacarse al cangrejo de la bragueta—, que viajara a Chile en calidad de ministro

Plenipotenciario (junio de 1866). No le hizo mucha gracia esta idea, sin embargo, la aceptó para alejarse un tiempo de los avatares del país y tomar un descanso bajo el influjo de otros vientos.

Hacia las tierras de los mapuches partió García Moreno a mediados de 1866, en los días en que los peruanos y chilenos repelían a las naves españolas y defendían con enorme valor El Callao y que luego, tras arduas batallas culminaron victoriosos. A su paso por Lima, junto a su comitiva (Pablo Herrera, su cuñado, Ignacio del Alcázar, y Félix Luque) fue interceptado por Juan Viteri, hermano de Darío —uno de los veintinueve fusilados en Jambelí— quien lo increpó y se lanzó a golpearlo. En la reyerta hubo algunos tiros de revólver propinados de lado y lado; el uso de las armas de fuego ocasionó graves heridas a Viteri, por lo que luego de unos días fue instaurado en Lima un juicio por homicidio frustrado en contra del expresidente ecuatoriano y su cortejo.

Después de firmar en Santiago la adhesión del Ecuador al Tratado de alianza ofensiva y defensiva entre Chile, Perú y Bolivia, y, de paso, suscribir una "Convención Postal", García Moreno regresó al Ecuador tan sólo después de tres meses de ausencia y, por supuesto, sin hacer escala en Lima, donde el juicio en su contra avanzaba.   Bajo su brazo traía la Constitución chilena, la conservadora de Diego Portales, que le serviría de base para la Carta Fundamental que regiría su próximo gobierno. A su retorno se retiró al campo, a una de las haciendas de la familia de su esposa, pero no dejó de intervenir en la vida política pues le resultaba inevitable estar en los meandros del poder.

Ya de regreso a la vida pública, participó por la provincia de Quito como candidato para las elecciones de senadores al Congreso de 1867, pero perdió en la contienda frente al otro candidato, Manuel Angulo. No obstante haber sido derrotado en las urnas, intimidó a los responsables del escrutinio y logró ser nombrado senador aun cuando ya estaba extendida la credencial como tal a Manuel Angulo. Le correspondería al Congreso dirimir la cuestión entre los dos, pero mientras ello ocurría, Montalvo escribía en *El Cosmopolita*: "Diputados comadrejas, bien merecen que el gran mayordomo les pele a todos, les ensarte en su asador y los haga reventar al fuego. En cuanto a ese senador, no debe buscar en el Congreso un asiento que nadie le ha ofrecido: por honor, por dignidad, por amor propio, por orgullo, García Moreno debe esperar la resolución del Senado. Y no ir ahí desde luego, a romper con la concordia, a desterrar la paz y a disturbarlo todo desde el primer día…". Y en otro párrafo agregaba: "… ¡Senadores justos, senadores jueces, oídme! […] No entiendo ni disculpo el terror que algunos tienen a García Moreno; cuando disponía de las armas; cuando todo era mandar él y obedecer los demás; cuando uno no podía ser libre, ni justo, ni digno, sin exponerse al patíbulo, o al calabozo, o al destierro, racional era el temor, el miedo era cordura…".

Reunido el Congreso para zanjar la disputa, resolvió desconocer la pretendida senaduría de García Moreno y ratificar a Manuel Angulo, lo cual significaba una derrota política para el impetuoso expresidente.

En franca rebeldía contra el Poder Legislativo, y con la intención de no disgustar a García Moreno, el presidente Carrión no decretó la amnistía que había dispuesto el Congreso de todos los enemigos que, por decenas, habían sido desterrados durante el gobierno de su antecesor. Como consecuencia de esta medida, que desconocía la autoridad del Congreso y evidenciaba la fortaleza de García Moreno, el ambiente político del país se tornó muy tenso. Soplaban vientos de tormenta.

La relación entre el ejecutivo y el legislativo se deterioró definitivamente cuando el presidente Carrión dispuso la expatriación de cinco senadores. Se agravó todavía más la mañana en que el ministro Bustamante decretó la disolución del Congreso, medida que no fue acatada ni por el gobernador de Pichincha, que por ello renunció a su cargo, ni por el jefe político. La legislatura continuó sus labores en medio de una atmósfera enardecida por los discursos furibundos de su presidente, Pedro Carbo, y del senador Angulo, que llamaban a resistir la amenaza del ejecutivo, y el inminente uso de la fuerza contra los legisladores. Por aquellos días escribía Montalvo: "García Moreno ha corrompido la forma de Gobierno, ha convertido la República en despotismo, porque ha eliminado uno de los Poderes, el Legislativo [...] Señor Carrión, mientras más se diferencie Ud. de García Moreno, más merecerá nuestro aprecio; mientras más impruebe Ud. sus actos, más legales, más humanos, más brillantes serán los suyos".

La situación política se agravó al límite el día en que fue delatado el intento del ejecutivo de "comprar" con cargos públicos a los legisladores de oposición. Cayó entonces todo el gabinete de Carrión y fueron nombrados en su reemplazo los más cercanos amigos y parientes de García Moreno: Rafael Carvajal, Manuel Ascázubi y el general Bernardo Dávalos. Sin embargo de que la renovación del gabinete con los amigos del "hombre fuerte" pretendía salvar la crisis del momento, los flamantes ministros renunciaron al mes, al tiempo que el Congreso declaró al presidente Carrión como "Indigno del alto puesto que le confiaron los pueblos". En medio del naufragio del Gobierno, García Moreno, que había sido nombrado por Carrión como comandante en jefe del Ejército, ordenó al general Julio Sáenz, que a su vez era el ministro de Guerra, que fuese donde el presidente Carrión y le pidiese la renuncia. Y así fue: una noche, el general Sáenz acudió hasta la casa del presidente, y tras conversar escasos minutos, salió con paso firme y decidido... A la mañana siguiente, el presidente Carrión presentó su renuncia (noviembre de 1867) y el vicepresidente Arteta asumió el mando.

Pocos días después, Arteta convocó a elecciones. García Moreno, entonces, presentó como candidato a Javier Espinosa, su amigo de la infancia, de quien había dicho Montalvo: "Inmaculado en su conducta pública, aunque no, por desgracia, fuerte para defender su autoridad a todo trance, ni dotado de aquel temple de alma varonil continente, que han menester los que gobiernan". Espinosa fue electo presidente en diciembre de 1867, "Hemos elegido a un presidente excelente", por el tiempo que restaba del periodo de gobierno, es decir, hasta agosto de 1869. Pero poco tiempo duró la calma. Pese a que García Moreno, como "gran elector", había sugerido su nombre y, prácticamente, lo había instalado en el poder, pronto se distanció del presidente Espinosa, de quien dijo: "Más puede con el señor Espinosa el último de los bandidos urbinistas, que yo o cualquiera de los que trabajamos con tanto desinterés para elevarlo. ¿Es esto ingratitud, perfidia, inconsecuencia o debilidad de carácter?"

García Moreno había firmado la sentencia de muerte de Espinosa. Las cosas debían hacerse a su manera: implacable con cualquier señal de apertura, de cesión de espacios de poder o conciliación con otras facciones políticas —los liberales partidarios de Urbina— que fue el pecado cometido por Espinosa.

Unos meses después, en febrero de 1868, ocurrió una rebelión indígena de grandes proporciones en la localidad de Guano, en la provincia de Chimborazo, a raíz de que el Congreso había expedido una ley que obligaba a los indígenas a integrarse a la Guardia Nacional, lo cual significaba abandonar sus hogares, sus tierras y sus actividades. Reunidos los indígenas, decidieron rechazar la norma que atentaba contra su libertad y auto determinación. Una madrugada, más de mil indios provistos de palos y piedras atacaron la Tenencia Política del pueblo, quemaron el archivo donde se guardaban las listas de los futuros "conscriptos", derribaron las puertas de la iglesia, la saquearon, y luego se encaminaron hacia la cárcel y liberaron a los presos. La revuelta se apaciguó con la intervención del obispo, Ignacio Ordóñez, y del gobernador, Bruno Dávalos, quienes pidieron a los indígenas —hasta tanto eran ya más de seis mil— que regresaran a sus comunidades, tras ofrecerles impunidad a pesar de los daños producidos y de que en la revuelta habían muerto tres personas. Días más tarde fue removido el teniente político de Guano, fueron reducidos algunos impuestos, y fue derogada la ley de trabajo forzado; los indígenas no fueron perseguidos por los desmanes cometidos, tal como lo habían prometido las autoridades celestiales y terrenales.

59

Mientras todos quienes participábamos en la conjura aguardábamos noticias del comandante Sánchez para determinar el día del golpe,

García Moreno se dedicaba a redactar el informe de labores que debía presentar al Congreso el 10 de agosto, día de su posesión como presidente constitucional de la República. Iniciaría su tercer período de gobierno, esta vez por seis años, conforme disponía la nueva Constitución que regía, y cuya modificación en ese sentido había propugnado y logrado aprobar en la Asamblea que también controlaba.

Durante toda la época garciana el país padeció la represión contra toda idea que se opusiera a sus planes y métodos de gobierno. Se persiguió con el látigo y las bayonetas a todos los opositores reales o imaginarios que osaban manifestar su rechazo al régimen teocrático y opresor. Pero el terror no sólo lo sentía la población, sino que también debió sentirlo García Moreno, pues durante todo el período de su último mandato recibió permanentes avisos que le advertían, de una u otra manera, que se tramaba su muerte. A pesar de que siempre desdeñó esas lúgubres advertencias, y quién sabe qué otras sospechas o evidencias, el 4 de agosto de 1875, dos días antes de su muerte, escribió una carta a su amigo, Juan Aguirre, en la que decía: "Voy a ser asesinado. Soy dichoso de morir por la santa fe. Nos veremos en el cielo."

Muchos años después de su muerte, en los días en que escribo este relato en la primera máquina de escribir que llegó a Quito, y que mi hija, Mercedes Borja Mata, maneja con encomiable destreza, me pregunto qué pensamientos le hicieron garrapatear esas desconsoladas palabras. En su corto anuncio García Moreno no expresa la menor duda respecto de su propio destino. Sabe que insalvablemente va a ser asesinado, y lo expone de tal modo que entre líneas afirma *no puedo hacer nada para evitarlo*. Es más, ya está rendido ante el hecho ineludible, y parece aceptarlo con sumo agrado cuando dice ser "dichoso de morir". ¿Es que García Moreno sabía de la conjura? ¿No podía evitarla? ¿Había sido traicionado tan masivamente que ya en nadie, en nadie capaz de salvarlo, podía confiar?

Cuando su amigo Aguirre recibió la carta, ¿acaso no corrió a preguntarle, oye Gabriel, qué podemos hacer para evitarlo? Amigos como Aguirre tenía algunos —los Ascázubi, los Alcázar, Carvajal,

Herrera, León, el general Sáenz, el general Dávalos— en quienes podía confiar para evitar ser asesinado; si la conjura ya era inevitable, y medio Ejército, con su ministro de Guerra, el general Salazar incluido, se le venía encima, podía García Moreno hallar un refugio seguro con alguno de ellos. ¿Por qué no lo hizo? ¿Es que García Moreno escogió la muerte? ¿Quería morir?

En su catolicismo a ultranza, desear su propia muerte significaba contravenir, interponerse a los designios del Creador, único dueño de la vida y de la muerte de sus criaturas. No podía desearla; otra cosa sería si sobreviniese, si ocurriese por causas externas, por cuenta de otros. Por aquellos días también había escrito: "Estoy resignado a la voluntad de Dios, a quien adoro y quien me bendice". Había abandonado su vida en manos de la Providencia. Al aceptar lo que "Dios dispondrá", no hacía nada para evitar ser asesinado.

Me atengo a los hechos cuando afirmo que García Moreno quería morir, pues no impidió su asesinato pese a que podía hacerlo, ya que no sólo era el presidente de la República y tenía el poder suficiente para evitarlo, sino que tenía la libertad para hacerlo. ¿O es que, como mi padre, o como el general Maldonado y tantos otros, estaba su libertad constreñida por la fuerza? ¿Acaso era prisionero de algo o alguien que le impidiese ejercer su voluntad? ¿Tal vez era rehén de su propia conciencia que le recordaba sin tregua todos los asesinatos que cometió? ¿Acaso las veintinueve víctimas de Jambelí ocupaban su cabeza con sus llantos? ¿Acaso todos los innumerables deportados a las selvas amazónicas que encontraron su muerte en medio de las serpientes, gemían a coro por sus vidas? ¿Es que García Moreno no podía vivir en paz pues llevaba esa ensangrentada carga a cuestas, y entonces prefería morir a soportar día a día tan oprobiosa servidumbre? Pienso que no es así, no creo que su conciencia lo hubiese torturado con esos recuerdos. Quien comete actos de esa calaña no puede sino pensar que los realizó con justa razón, por justa causa. El asesino no se mira en el espejo y dice, sí lo maté, qué malo fui. No. El asesino se mira en el espejo y dice, ese desgraciado merecía morir, bien hube de ser yo quien tuvo el valor de hacer justicia por el bien de la patria, por el bien de la religión, por el bien de la humanidad.

Pero entonces, ¿por qué García Moreno aceptó ser asesinado? ¿Quería morir de esa manera, inmolado en defensa de la santa fe, como lo expresa en su carta?

Sí, quería ser sacrificado, no podía perder la oportunidad de ser asesinado para expiar sus pecados y pasar a la historia como un mártir de la patria y de la Iglesia.

60

En la madrugada del 16 de agosto de 1868, ocurrió un devastador terremoto en la provincia de Imbabura. Las ciudades de Cotacachi, Otavalo e Ibarra quedaron sepultadas, al igual que cientos de pueblos y aldeas ignotas. El instante mismo del colapso murieron miles de personas enterradas bajo los escombros de sus rústicas casas de adobe. (Sólo en Otavalo murieron cerca de seis mil). Cientos más sucumbían a cada instante sin recibir ayuda ni consuelo. Pandillas de maleantes comenzaron a saquear las ciudades y pueblos arruinados. La peste y las moscas merodeaban junto al hedor de los cadáveres.

La magnitud de la tragedia indujo al presidente Espinosa a nombrar a García Moreno como jefe civil y militar de esa provincia, con plenos poderes para enfrentar el desastre. En forma simultánea con la catástrofe y los saqueos, los escasos sobrevivientes morían sin que fuese posible evitarlo, pues además de carecer de atención médica, no tenían agua. Hacia allá marchó García Moreno, gustoso de enfrentar el reto. "Esos desgraciados habitantes se veían obligados a beber las aguas salobres e insalubres de las lejanas y profundas quebradas de Pigunchuela y Chuspihuaico", no tenían alimentos ni consuelo de ninguna especie. "Parece que la tierra ha hervido [...] cerca de 500 heridos y contusos que hay en las cercanías de Ibarra, no se han recogido todavía sino ocho, de los cuales dos han muerto hoy, sin que los ocho hayan recibido en todo el día alimento alguno…".

La tarde en que el coronel Salazar se enteró de la misión que emprendería García Moreno, corrió donde el presidente Espinosa a expresarle su afán de contribuir en la tarea. Espinosa aceptó la propuesta y, días después, el coronel marchó a la zona del desastre.

El 23 de agosto, desde las orillas del lago San Pablo, en medio de las ruinas ocasionadas por el terremoto que asoló a la provincia de Imbabura, García Moreno expidió esta proclama: "El horrible terremoto que ha arruinado vuestras antes florecientes poblaciones […] no es la única de las espantosas calamidades que la cólera del Cielo, justamente irritado, ha derramado sobre nosotros […] El Gobierno Supremo […] conociendo que para contener a las hordas criminales, no había jueces, ni cárceles, ni freno legal alguno, me ha encargado la honrosa misión de ir a aliviar vuestro sufrimiento, facultándome plenamente para dictar y ejecutar las medidas que demanda vuestro bien […] Confiad en Dios, siempre paternal y misericordioso, aun en los momentos en que con justicia nos castiga […] ¡Los malvados que tiemblen! Si continúan cometiendo crímenes, serán exterminados".

Al día siguiente, tras echarle un primer vistazo a la catástrofe y luego de haber destituido al gobernador Zaldumbide, informó García Moreno al presidente Espinosa:

"…Los estragos horribles del terremoto del 16 han sido agravados por la conducta de las autoridades principales de esta provincia y por el estado de hostilidad y rebelión de gran parte de la raza indígena, alentada por la debilidad y miedo de los que debieron reprimirla…".

El 26, escribió: "…El orden se va restableciendo a medida que se hace sentir la acción de las autoridades; los robos han cesado del todo […] El hipeclorito de cal ha llegado muy a tiempo para evitar la epidemia que nos amenaza por la putrefacción de millares de cadáveres sepultados bajo los escombros".

El 3 de septiembre, afirmó: "Si me fuera permitido aventurar mi opinión sobre la verdadera causa de la catástrofe que ha destruido esta populosa y adelantada provincia de Imbabura, dejando de 15 a 20 mil cadáveres insepultos, y sumiendo en la miseria a más de 50 mil que sobreviven, yo diría que la conmoción fue producida por una inmensa ola de gases comprimidos, que en las regiones internas del globo estallaron y se abrieron paso por las hendiduras y cavernas subterráneas de los Andes…" . Y el 5 de septiembre:

"Lentamente va reorganizándose esta arruinada provincia; el orden público y la seguridad individual están restablecidas; las vías de comunicación lo están igualmente [...] Los hospitales provisionales en la Esperanza, Calpaquí y Cotacachi, no dejan nada que desear en cuanto a la buena asistencia [...] pero los desgraciados heridos del terremoto carecen de colchones, sábanas y almohadas, y reciben directamente la humedad del suelo en que están acostados…"

En otra nota de esos días, expresó: "… Las víctimas del terremoto las calculo en 15 mil más o menos. La convulsión ha sido tan horrorosa, que es preciso ver sus horrendos estragos para comprenderla…".

61

Los días anteriores a su asesinato lo noté muy intranquilo. Los insistentes rumores de que lo iban a matar habían opacado la dicha de su próximo ascenso al poder, a lo que sería su tercer mandato. En el último período de su gobierno se habían producido algunas conspiraciones: en Guayaquil, en Cuenca, en Quito. Decía que hay intrigas por todo lado, de los militares, de los liberales, de los masones, de los partidarios de Urbina. En los últimos días sospechaba hasta de sus más cercanos colaboradores, incluso me dijo que no confiaba en el general Salazar y que por ello pensaba reemplazarlo con el general Dávalos. Aquellos días, los últimos de su vida, dormía menos que siempre, poquísimas horas, y comía casi nada. Estaba decaído y enfermo, aparte de estar muy cansado y preocupado. Tomaba muchas medicinas pero se lo veía débil, un poco amarillo y muy flaco. Decía que le dolía mucho la cabeza y no aguantaba el dolor de muelas. Además, me lo dijo, estaba triste porque meses antes se había muerto su última hija, la quinta que tuvo con Mariana, y que también había muerto, hace poco, su hermana Rosario, la ciega, su preferida, a quien creo que quiso más que a su madre. Durante esos días pasaba largas horas encerrado en su casa, redactaba el informe al Congreso, pero hacía un esfuerzo sobrehumano en escribir cada palabra porque, además, su vista estaba muy disminuida, no así su inteligencia, cada día más aguda, afilada como cuchillo de pobre. La última noche que fue a visitarme no estuvimos juntos en forma íntima, lo intentó y no pudo, estaba muy preocupado y le dolía la cabeza; sin embargo, se quedó recostado en la cama y me pidió como siempre que lo abrazara como si se estuviera muriendo. Con todas las velas apagadas, como le gustaba, se acurrucó como niño tierno en mi pecho, y se durmió entre mis brazos una media hora; su respiración estaba agitada, aunque su sueño era profundo. Yo me quedé quieta, muy quieta para que no se despertara y así, en silencio y sin moverme, me puse a olisquear su cabeza y sus cuatro pelos, no tanto con el afán de percibir su olorcillo agrio que ya conocía y me gustaba, sino con la intención de absorber de él todo lo que pudiese, como si al hacerlo, al olerlo e inhalar sus efluvios, pudiera conservar dentro de mí algo de su esencia y de algún modo integrarla a mi cuerpo. Recuerdo también haber acariciado su pecho donde tenía unos pocos pelos blancos y tiesos, y unos pequeños granitos que con la yema de mis dedos los palpaba con cuidado de sacárselos. Al recordarse me dijo: acabo de soñar que te buscaba por todo lado y no te encontraba, me ha quedado una sensación muy triste. Pero más triste me quedé yo, no sé...; sus palabras tenían algo de negro presagio. Luego nos levantamos, tomamos una taza de café, conversamos unos minutos y se fue. Esa fue la última noche, los últimos momentos que pasó conmigo. Nunca más lo volví a ver, porque luego de su muerte quise ir a su velatorio en la Catedral, pero llegaron hasta mi casa unos guardias que me llevaron a la cárcel donde estuve encerrada tres días con mi hijo tierno en brazos, y donde llegó el general Salazar a preguntarme cosas. Yo no supe nada de que Faustino lo mataría; mi amiga Juana Terrazas me contó que el mismo día de la muerte del presidente habían ido a contar a mi marido el chisme de los amores conmigo, y que entonces había decidido ir a matarlo. Faustino resolvió destrozarlo sin pensarlo dos veces, porque estoy segura de que le dijeron que nuestros amores eran desde hacía años, que me visitaba con frecuencia, que aprovechaba que él estaba en la selva para ir a la casa por las noches. En Faustino, entonces, habrá resurgido su duda constante y tormentosa de que mi último hijo no era suyo, porque me decía que a él no se le parecía, que a quién habrá salido tan cabezón y ojinegro. La gente es chismosa y dice lo que es y lo que no es. Solo Dios sabe la verdad. Mi marido debió enardecerse como un lobo herido al enterarse de que otro hombre me visitaba, y entonces salió a matarlo desesperado por el odio y sed de venganza. Conocí una carta que el presidente escribió hace años cuando estaba en Chile, en la que pedía el indulto de un criminal con el argumento de que "El delito lo cometió movido por la ardiente pasión de los celos y no por la perversidad de su corazón". ¿Qué tal? ¿Acaso, al decir eso, no justifica a Faustino que hizo lo que hizo no por malvado, sino por marido celoso? ¿Acaso así no justifica el crimen pasional? Inconsolable en su dolor, ciego de cólera, obligado por su furia, mi marido había derramado la sangre de su enemigo para hallar alivio a su inmenso sufrimiento. Seguramente, Faustino encontró el bálsamo para su pena al contemplar su cuerpo ensangrentado que, tendido en el suelo, exhalaba su último aliento. No creo que después de matarlo hubiera querido matarme a mí, ya que en vez de quedarse en la plaza, como lo hizo, ese momento hubiera ido a buscarme. Estoy convencida de que me perdonó. Dios quiera que así haya sido. Faustino era capaz de matar al más avezado. No le tenía miedo a nada ni a nadie, ni a las víboras de la selva. Era muy fuerte, podía atrapar y dominar con sus manos una anaconda antes de que la víbora se le enroscara en su cuerpo. Nunca me maltrató, nunca me amenazó siquiera con pegarme; alguna vez, sí, nos levantamos la voz. La relación en los últimos tiempos no fluía muy bien porque él quería regresar a Colombia y yo no quería. Decía que en el Ecuador se moría de hambre, que quería regresar a su país porque ya no podía trabajar en el Amazonas, y porque tampoco había mucho trabajo para los talabarteros, pues en Quito funcionaban otros tres talleres. El problema de regresar a su tierra era que había luchado contra su patria años atrás, cuando ocurrió la guerra contra Colombia, y por ello le fue retirada su ciudadanía. También era cierto que estaba resentido con el presidente porque lo despojó de sus fuentes de ingresos en la selva. Faustino les vendía cachivaches a los indios, más allá de Papallacta, cerca del río Napo; traía oro, pita y otras cosas que vendía en Quito. Con ese negocio salió de la pobreza, hasta se compró una casa en la calle de la Ronda que después se vino abajo con el terremoto de Imbabura. Para reconstruirla se quedó endeudado y entonces trabajaba sin parar, iba y venía de la selva en forma incansable y admirable. Mi marido conoció las selvas del Amazonas cuando era el jefe de la escolta y llevaba a los enemigos del presidente a dejarlos allá abandonados a que muriesen perdidos en la espesura, mordidos por las culebras o ahogados en los ríos, o locos de tanta soledad y desesperación. Faustino le era muy fiel, hacía lo que mandaba, como todos, sin chistar. Lo acompañaba siempre a sus cacerías de brujas, pues decía que en él podía confiar porque era fuerte a más de leal. Mi marido se entregaba con todo su corazón a las cosas que hacía, por eso la gente confiaba en él. Yo también confiaba en él, nunca me traicionó; conmigo fue muy buen marido y también fue buen padre de mis hijos, sobre todo se llevaba con el mayor, no tanto con el menor al que veía con cara rara, porque aparte de no parecerse a él ni a mí, había nacido cuando nuestra relación no era tan buena y en la época en que, por sus viajes, poco iba por casa. Faustino era un poco rudo, pero me quería. Le gustaba rascarme la espalda y a mí que me la rascara. Era muy católico, iba a misa diaria, se confesaba y comulgaba. Pero era intolerante y muy exigente. A mi hijo mayor no le permitía la menor malacrianza. Odiaba la mentira, si alguien le mentía era capaz de caerle a machetazos. Una vez perdonó a uno de sus empleados de la talabartería por haber llevado sin permiso unas herramientas a su casa; pero poco después, en cuanto se enteró de que le había mentido, lo echó del trabajo aunque a punto estuvo de cortarle la lengua de un machetazo. Yo vivía aterrada de que algún día mi marido se enterara de que el presidente me visitaba, por eso tomábamos tantas precauciones, venía disfrazado y sin guardias, se quedaba unas dos o tres horas y se iba. Nunca se quedó a dormir hasta el otro día. Nunca una carta, nunca un mensaje a través de terceros. Nunca una huella de su paso, un objeto olvidado o un regalo. Nada. Teníamos mucho cuidado. La verdad es que hasta ahora no sé cómo fue que alguien se enteró.

Todavía me siento culpable; pienso que los dos murieron por mi culpa. No puedo soportar ese peso en mi conciencia, me digo que si el presidente no se hubiera metido conmigo, Faustino no lo hubiera matado y tampoco a él lo hubieran asesinado. Además, si mi marido no lo mataba, ¿quién lo hubiese hecho? Porque la autopsia decía que ninguna de las balas que dispararon los conjurados le causó una herida grave. Todavía, a pesar de haber pasado tantos años, no puedo librarme de la culpa. Creo que es el precio que debo pagar por haberle sido infiel. Todo se paga en esta vida.

62

Junto a su infatigable y eficaz labor de atención a los sobrevivientes y reconstrucción de las casas, caminos y puentes destruidos por el terremoto de Imbabura, García Moreno no pudo evitar cometer sus acostumbrados actos desalmados. El cura dominico, Galindo, que estuvo la noche misma del terremoto en Ibarra, escribió:

"En Cotacachi mandó a azotar a un concejero municipal […] porque su mujer había aumentado el precio de la sal. Pasados pocos días de este hecho bárbaro […] vimos un grupo de gente que lo rodeaba, teniendo en su centro un hombre tendido en tierra con los calzones en los talones […] (García Moreno) furioso […] mandó que lo azotaran…".

El periódico *El Joven Liberal*, publicado aquellos días, expresaba respecto de los métodos moralizadores de García

Moreno: "Ha azotado [...] para que los sindicados de ladrones se confiesen de tales con el dolor del látigo. ¡Qué honra para un Gobierno civil, que armó el brazo de un poder intruso, sin otro Código Penal que el látigo! Y añadía: "El látigo, señor Presidente, no es pena de los códigos cristianos... es la dictadura de la caridad cristiana".

García Moreno trabajó incansablemente, día tras día, en atender y solucionar los problemas que se presentaban en cientos de pueblos y aldehuelas. (Los Gobiernos de Chile, Colombia, Perú e Inglaterra enviaron sus contribuciones). Su trajín le tomaba entre dieciséis y dieciocho horas al día; iba de pueblo en pueblo, llevaba ayuda y medicinas, agua y alimentos; y, conforme a su costumbre, muchas noches se acostaba vestido para no perder tiempo en vestirse al despertar. Apenas comía cualquier cosa y al apuro, a veces sin sentarse siquiera. Atendió con dedicación a los sobrevivientes, "Géneros de algodón y de lana hacen inmensa falta: y valdría más comprarlos en Quito que costear la conducción de vestidos completamente inservibles o asquerosamente viejos, como algunos que han venido en la última remesa"; recogió y limpió los escombros; construyó hospitales; reconstruyó casas, caminos, acequias y puentes; recogió ganado, cerdos, gallinas, cuyes, y les dio cobijo y comida. "Volví a esta parroquia (Caranqui), luego de recorrer las de San Antonio, Hatuntaqui, Otavalo, Cotacahi, Imantag, Urcuquí, Tumbabiro y Salinas, inspeccionando los caminos reconstruidos, disponiendo la reedificación de las poblaciones destruidas, ordenando la construcción de barracas para escuelas y distribuyendo socorros en ropa y dinero".

Aquellas faenas de infatigable trabajo las recogió Salazar en un ensayo que escribió con el título de *El hombre de las ruinas*, donde cargó las tintas en alabar a su héroe. El coronel estaba consciente que la lisonja es alimento indispensable para esa clase de seres y que, además, eso le granjearía mayores simpatías, indispensables para sus planes... Luego de estar algunos meses junto a García Moreno, Salazar solicitó su regreso a Quito: "Hoy digo al señor coronel Francisco Javier Salazar lo que sigue: [...] tengo a bien acompañarle su pasaporte, porque conozco la imperiosa necesidad que tiene VS. de ir a atender las necesidades de su familia, después de haberme ayudado con el mayor celo, inteligencia y actividad…".

A pesar de que la salud de García Moreno se quebrantó debido al exceso de trabajo, su prestigio como administrador eficiente y trabajador incansable se ubicó en lo más alto de la opinión nacional. Ya de regreso en Quito, debía aprovechar la buena fama que tenía y echar un poco de tierra a su pasado truculento, pues se avecinaba una nueva elección de presidente para reemplazar a Javier Espinosa y, aunque pretendía disimularlo, quería ser el elegido.

Un grupo de ciudadanos de Cuenca propuso como candidato a la Presidencia de la República a Francisco Javier Aguirre, abogado guayaquileño de limpia trayectoria y notable desempeño en varias funciones públicas. Sin embargo de que Aguirre era concuñado del expresidente Urbina, daba la impresión de que no era su partidario en lo político: en la Convención del año 52 no le dio su voto para elegirlo como presidente de la República. La Sociedad Republicana de Quito también apoyó la candidatura del jurista guayaquileño, pues además de sus méritos personales encarnaba una propuesta de concordia entre las dos posiciones antagónicas, la del liberal Pedro Carbo y la del clerical García Moreno.

Con la intención de lograr un adepto de peso para sus ocultos propósitos, y a fin de restar peso a las otras candidaturas, García Moreno propuso para la Presidencia al general Secundino Darquea. Por su parte, el grupo de amigos de García Moreno, (entre quienes estaban Herrera, Carvajal, los Ascázubi, la Iglesia católica y entre los cuales ya se había infiltrado el coronel Salazar), lanzó como si fuese "cosa de ellos" su candidatura a la Presidencia de la República, aunque en forma soterrada lo hacían con su aquiescencia. En medio de la contienda electoral, sus amigos editaron de manera anónima el periódico *La Estrella de Mayo*, en la que apuntalaban a su postulante y denostaban contra Juan Montalvo, quien no apoyaba a Aguirre, pero combatía en forma decidida a "La candidatura del cadalso", como denominó a la de García Moreno.

Montalvo, cuyo hermano Francisco había sido nombrado gobernador de la provincia de Chimborazo por el presidente

Espinosa, arremetió contra lo que, en forma apócrifa, *La Estrella de Mayo* dijo en su contra. A través de su publicación denominada *El Cosmopolita* expresó: "Yo aconsejo la moderación y la practico: escribo y firmo mis escritos. Si ahora, que es manifiestamente absurdo el insultarme, vuelven los ruines a su acostumbrada persecución, haré tal escarmiento que quedarán curados de su rabia [...] El anónimo es el capirote del bandolero [...] Salazar estás delatado [...] Carvajal, Herrera y los demás nada me deben, sino es la consideración pública...".

Una vez que Montalvo descubrió a los amigos de García Moreno ocultos en el anonimato del pasquín que lo apoyaba, el coronel Salazar le respondió esta vez sí con sus nombres completos, para que no se especulara de que arrojaba la piedra y escondía la mano: "...Las palabras de Montalvo son como ladridos de perro [...] yo sé tomar de la pretina y dar contra el suelo al enemigo..."

A su vez, la "Sociedad Liberal", un grupo de partidarios de esa misma tendencia y seguidores de Montalvo, salió en su defensa a través de un manifiesto que decía: "...El ultraje no será al señor Montalvo; será al campeón de la libertad, al propagador de la civilización [...] Montalvo ha salido: ¿Quién le da el rostro? ¿Quién le acomete? Tener que nombrar aquí a Javier Salazar, es verdaderamente una desgracia: éste es el que ha escandalizado a los sencillos...".

Al coronel Salazar le resultó conveniente que le hubiesen nombrado tanto Montalvo en *El Cosmopolita*, cuanto "La Sociedad Liberal" en su artículo, pues daba la impresión de que estaba al lado de García Moreno y apoyaba su candidatura, cuando la verdad era que ya por aquellos días urdía sus tenebrosos planes... Salazar conocía a su enemigo, sabía que de un modo u otro sería el próximo presidente de la República, pues no solamente su voluntad y ambición lo empujaban a ello, sino que, además, tenía la fuerza y la astucia para lograrlo, y, asimismo, contaba con el apoyo del Ejército, de la Iglesia católica y de un grupo de poderosos terratenientes serranos. Así las cosas, el coronel Salazar se apuntaba astutamente a estar del lado del ganador de la contienda.

En medio de las cenizas del volcán Pichincha, que hizo erupción el 22 de marzo de 1868 y tiñó de blanco grisáceo las calles de Quito, el coronel Salazar tomó nota, para fines ulteriores, de todos aquellos que firmaron el documento escrito por la "Sociedad Liberal" que defendía a Montalvo y despotricaba contra él. Entre ellos estaban algunos que luego de unos años incriminaría por el asesinato de García Moreno: Alejandro Cárdenas, Rafael Portilla, Juan Elías Borja y otros.

Mientras tanto, en el fragor de la lid por las próximas elecciones, Montalvo arrojaba fuego contra el tirano: "García Moreno está fuera de combate: en el campo del honor y la justicia no puede ser presidente de un pueblo regido por leyes emanadas del sufragio popular, porque ha declarado oficialmente que no puede mandar con leyes, y las ha infringido todas [...] no puede ser presidente porque está en juicio criminal con una Nación aliada [...] no puede ser presidente porque las tres cuartas partes de la Nación ven en él su ruina; para unos es la tumba: helado y tétrico, García Moreno se les presenta como un espectro horripilante; para otros es el destierro [...] para otros es la infamia [...] para otros es el martirio...".

Por su parte, García Moreno, ya candidato oficial, escribía respecto de la contienda electoral: "Suceda lo que sucediere, no acepto el poder, a menos que los rojos intenten apoderarse por la fuerza o el fraude de nuestro país". Y agregaba en otra carta: "Si a pesar de todos mis esfuerzos los rojos consiguieren elegir a Carbo, Borrero o Gómez; tendría yo que tomar las armas para salvar el país".

Si acaso tuviera que sacrificarse por la patria, García Moreno esbozaba los "Principios directores de mi conducta, si la Nación me llama a gobernarla", y que eran: "Respeto y protección a la religión Católica, que profesamos; adhesión incontrastable a la Santa Sede; fomento de la educación, basada sólidamente en la moral y la fe [...] libertad para todo y para todos menos para el crimen; represión pronta, justa y enérgica de la demagogia y de la anarquía [...] He aquí lo que me servirá de regla y de guía, en el servicio del Poder Supremo, si el voto popular me designa para ejercerlo".

Montalvo comentó en sus escritos los "principios directores":

"García Moreno, Gabriel os llamáis, nombre dulce y puro, nombre de ángel [...] Gabriel amigo mío ¿no eres mi hermano en Adán? ¿Por qué quieres matarme? ¿Por qué quieres matar a tantos hermanos tuyos? [...] El ángel Gabriel no mata: el ángel Gabriel tiene la espada del Señor, espada que no derrama sangre: el ángel Gabriel no levanta el cadalso y se pone a su lado, simbolizando la muerte, en forma de aterrante espectro...".

García Moreno expresó, por aquellos días, su intención de recurrir a la violencia si llegaba a triunfar uno de los candidatos liberales. ¿Tal vez impulsaría una guerra civil para tomar el poder por las armas, como lo había hecho años atrás contra Franco? Su amenaza crecía a la par que la popularidad de su contrincante, Aguirre. Sumó en favor del terror que infundió a la contienda electoral, el falso rumor que en esos días propalara el periódico *Estrella de Mayo*, en el sentido de que Urbina preparaba una revuelta para tomar el mando supremo.

A ese ambiente de intranquilidad y de intimidación, donde el miedo jugaba también un papel protagónico en la disputa por el poder, "La imprenta demagógica, desenfrenada como nunca, insultando la religión y el pudor, concitaba las pasiones revolucionarias y predicaba la anarquía...y en medio de las libaciones de una orgía señalaban los conjurados el día de la proyectada revolución...", se sumó la renuncia del ministro del Interior, y, pocos días después, el persistente rumor de la inminente dimisión del todavía presidente Espinosa —bola lanzada a propósito para aumentar más el caos—. En esas circunstancias, los amigos de García Moreno crearon, en forma deliberada, el ambiente propicio para el golpe que tramaban: hicieron correr el rumor de que, ante el peligro que corría la democracia, sería conveniente llamar a una Convención para entregar el poder en forma interina. (Su "jugada" apuntaba a que no se realizaran las elecciones, pues sabían que García Moreno perdería frente a la candidatura de los liberales).

Fue en uno de aquellos días, en medio de los rumores arrojados como piedra ladera abajo que arrastra todo a su paso, en que el general Salazar —recién ascendido— recibió un mensaje urgente de García Moreno: lo instaba a acudir ese instante a su casa. Apenas había amanecido cuando el general escuchó los golpes en su puerta: un mensajero llevaba una nota lacrada con el mensaje escrito con su inconfundible letra nerviosa y agitada. Sin perder un solo instante, pues conocía muy bien de los apremios y la vehemencia de su carácter, Salazar llegó hasta la casa de García Moreno. Eran las seis y media de la mañana. Al entrar lo vio flanqueado de Pablo Herrera y Rafael Carvajal, sus más cercanos compinches. Eran tres rostros circunspectos, rígidos y secos, que lo miraban con la inclemencia de una guillotina. Era evidente que algo grave pasaba. En cuanto Salazar terminó de ponerse la máscara apropiada al aire tétrico que se respiraba, y cuando esperaba que le contaran aquel terrible motivo que los reunía, golpearon la puerta de calle. Eran el general Julio Sáenz y Roberto Ascázubi. Era evidente que algo formidable se guisaba en el horno. La importancia de los personajes allí reunidos, la hora y urgencia de la convocatoria, el individuo que los convocaba, los rostros gélidos y cortantes de los presentes, todo ello, era una señal clarísima del inminente seísmo. Salazar pensó —en esas circunstancias se suele cavilar en lo peor— que tal vez la noche anterior algún militar afecto a Urbina habría depuesto a Espinosa y tomado el poder con el apoyo del Ejército y, por lo tanto, estaban derrotados, fuera de la contienda electoral, fuera del poder, y quien sabe, en la antesala del cadalso.

El general Salazar no podía dejar de escrutar a García Moreno: su mirada destellaba como un sol siniestro. Miraba a todos sin observar a ninguno, sus ojos no se posaban en sus retinas sino más adentro, en sus pensamientos. Apretaba sus labios aunque de tanto en tanto dejaba entrever la culebra de su lengua colorada que salía también a escrutarlos. Sus manos huesudas, coloradas, garras de pájaro arpía, se posaban entrelazadas sobre su vientre. Lucía unas bien horadadas ojeras violáceas, huella de que había pasado la noche en vela. Su invariable traje negro completaba su retrato. Sin dejar de mirarlos, sin parpadear siquiera, mientras sujetaba con la fuerza de su mirada las de sus convocados sin permitirles desviar un solo instante sus ojos de los suyos, les dijo que era su deber, el de todos los allí presentes, defender a la patria y a la religión de la amenaza de que los liberales tomasen el mando, y de que Urbina gobernara tras la mascarada de Aguirre; enseguida afirmó que como patriotas, como hombres de bien, como católicos, no podían permitir que los masones, que los Tauras, que los facinerosos e impíos tomaran las riendas del poder para sojuzgar al pueblo imbécil que entonces sería nuevamente vapuleado por la voluntad del demonio, que es la voluntad de Urbina, porque, agregó, Belcebú y Urbina son la misma persona, aunque el uno use trinche y el otro inmerecidas charreteras…

En medio de su ferviente alocución, García Moreno hizo una pausa. Tomó un sorbo del café que un empleado de su casa había servido. Los presentes, sus más cercanos amigos, no dejaban de mirarlo sumidos en el silencio hierático que siguió a sus palabras. Mientras hablaba echaba chispas y gesticulaba con vigor y decisión aterradores. Su voz, levemente aguda, casi chillona, estaba en consonancia con su facha de cuervo enardecido. Retomó la palabra y dijo que ese día, 17 de enero de 1869, escribirían una página gloriosa en la historia de la nación. Este día, continuó, será recordado por siempre como aquel en que un grupo de valientes patriotas evitó la destrucción del Ecuador... Y tras definir con cada uno de los presentes el papel que desempeñarían en defensa de la patria y la religión, se procedió de inmediato a dar el golpe de Estado.

Todos acataron sus órdenes sin chistar y lo hicieron de inmediato y de la manera más eficaz. Sabían, sin decirlo, que cualquiera que se opusiera a su voluntad sería considerado traidor, y por consiguiente, en forma más que merecida, sería enviado a la octava caldera del averno. No tenían la más mínima opción para evitar que tomara el mando. Horas más tarde, el pueblo (el de ellos, el que estaba de su lado, el que azuzaban con ese propósito) salió a las calles, y de inmediato, "ante el clamor popular", con la complicidad y el beneplácito del Ejército ya controlado por los generales Sáenz y Salazar, instalaron una Asamblea con el triple propósito de primero, enviar a Espinosa a su casa; segundo, impedir que hubiese nuevas elecciones y, tercero, proclamar al nuevo presidente que se encargaría del poder.

Tras cortas deliberaciones, la Asamblea emitió una proclama que desconocía la autoridad del presidente Espinosa, pues argüía entre otras razones que: "... El presidente de la República, correspondiendo mal a la confianza que en él depositaron los pueblos, ha llamado y dado colocación en los destinos públicos a algunos enemigos encarnizados del actual orden de cosas [...]; que Urbina ha venido a la frontera de la República a esperar que los traidores le entreguen la plaza de Guayaquil; [...] que en toda la República han estado conspirando los traidores y demagogos, y el Gobierno se ha abstenido de dictar medidas severas, para salvar a la patria de una revolución sangrienta y asoladora [...]. Que sin embargo de que la Constitución declara que la religión cristiana, católica, apostólica y romana es la única del Estado, y que los poderes públicos están obligados a defenderla y hacerla respetar, el presidente, en vez de mandar acusar a los escritores irreligiosos de los liberales, ha mirado con impasibilidad esos escritos, dirigidos a minar los fundamentos del catolicismo;...".

La Asamblea, en consecuencia, resolvió que "Desde esta fecha cesa el actual Gobierno [...]", por lo que "Se encarga del mando de la República, en calidad de presidente interino, a...".

¡A García Moreno, por supuesto!

Luego de que Espinosa fue cesado de su cargo, la Asamblea nombró encargado del poder a García Moreno, "El día más dichoso para mí será aquel en que, reducidos a la impotencia los enemigos interiores, entregue el poder al elegido del pueblo", y vicepresidente de la República a su cuñado, Manuel Ascázubi. Titular de la Asamblea fue electo Rafael Carvajal, muy cercano amigo y exministro de García Moreno.

Entre los "patriotas" que firmaron el Acta de la Asamblea que depuso al presidente Espinosa estuvieron Pablo Herrera; los hermanos José y Manuel Polanco; Antonio Flores Jijón; Manuel Pallares; Francisco Antonio Arboleda (primo de Salazar) y otros más, entre quienes estaba, por supuesto, el propio Salazar y el comandante del Ejército, general Julio Sáenz.

Fue con el pleno respaldo de sus más cercanos amigos, del Ejército y de la Iglesia católica, que García Moreno asumió el gobierno de la República, "Resignado a aceptar el mando por libertar a nuestra Patria de una facción inmoral". De inmediato —conforme a su estilo impetuoso— se encaminó a Guayaquil donde logró el apoyo militar de su amigo, el general Secundino Darquea, a quien pocos días antes había hábilmente prodigado múltiples lisonjas con ese oculto propósito. Acto seguido, expatrió a varios ciudadanos y militares; en el grupo de confinados estaba, nada más y nada menos, que la viuda del expresidente Vicente Rocafuerte, y también el ilustre Pedro Carbo. Horas más tarde, expresaba su proclama: "Después de agotar todos los esfuerzos posibles para que el presidente Espinosa librara a la República del peligro inminente de ser presa otra vez de sus irreconciliables enemigos, he tenido que ponerme a la cabeza del Ejército para evitar que el país sea inundado en sangre, esquilmado por la guerra y devorado por la anarquía [...] Al aceptar el honroso encargo de salvar al país [...] no me mueve sino el más puro y desinteresado patriotismo y en prueba de la sinceridad de mis intenciones prometo ante Dios y ante el pueblo, por mi palabra de honor jamás violada, que una vez asegurado el orden y reformadas las instituciones, me separaré del mando y lo entregaré al que sea designado por la libre voluntad del pueblo, sin aceptarlo para mí, aunque fuere elegido...".

Salazar guardaba en su cuaderno rojo la carta que García Moreno envió a su hermano Luis Antonio Salazar, entonces ministro del Ecuador en Bogotá, y en la que afirmaba que la revuelta que depuso a Espinosa "No costó un centavo ni una gota de sangre", y que fue "Feliz y oportuna y (ha) salvado a nuestra Patria de las infames garras de Urbina y sus satélites". Esta carta constituía el último dato que Salazar guardó en su cuaderno rojo, quizás su tesoro más valioso y mejor protegido, que luego escondió con la ilusa idea de que jamás iba a ser encontrado...

Después de arrasar con sus enemigos en Guayaquil, "El que no os abandonó cuando la República parecía perdida sin remedio en 1860, no podía abandonaros en la presente crisis sin cometer el delito de infidelidad a la Patria", continuó con la persecución y represión de los liberales que se oponían al golpe. En Ambato apresó al gobernador, Francisco Montalvo, hermano de Juan, quien tuvo que buscar refugio en Colombia. Allí también, el joven Juan Benigno Vela logró esconderse un tiempo, y luego fue apresado junto con los curas Sánchez y Ortega. Continuaron los destierros — mucha gente fue deportada pues las cárceles rebosaban de prisioneros—; prosiguieron las persecuciones y también las retaliaciones, como aquella que disponía el cierre del Colegio Nacional de Riobamba, y la clausura de la Universidad de Quito, donde, ¡qué coincidencia!, trabajaba Angulo, el senador que había ganado a García Moreno las elecciones pasadas. Y como no solamente se podía gobernar mediante la persecución a los enemigos, ya que también había que hacerlo en favor de sus aliados, dispuso algunos privilegios para sus amigos y socios los curas: restableció su fuero de corte y exoneró del pago de ciertos impuestos. Gobernaría junto a "los siervos de Dios" bajo su antigua divisa: ¡Religión y Patria!

¿Por qué Salazar apoyó el golpe contra Espinosa y a favor de García Moreno? ¿Por qué ayudó a encaramarse en el poder al hombre que pretendía aniquilar? ¿Por qué hizo todo lo contrario de lo que anhelaba? Salazar sentía un miedo insuperable, un miedo que no podía vencer, que se imponía a su voluntad, y que le producía un estado emocional tan intenso que lo despojaba del normal uso de su capacidad de reflexión y lo llevaba a la anulación de su libre albedrío. El pavor indomable que Salazar sentía era ocasionado por el conocimiento que tenía, gracias a sus espías, de muchas acciones que develaban la forma de ser de García Moreno, y que a él le resultaban una amenaza cierta que en cualquier momento podía abatirse sobre sí. Además, su instinto de conservación le impelía a ser cauto frente a quien podía aniquilarlo tan sólo con un chasquido de los dedos. Salazar no podía oponerse a aquella fuerza que doblegaba su espíritu y vencía su débil voluntad con su gélida mirada. La mañana en que García Moreno ordenó dar el golpe, el general Salazar estaba petrificado, anulado, vencido como si tuviese una daga en su garganta, por eso no pudo siquiera pensar que no apoyaba el golpe, que no quería que García

Moreno volviese a ser presidente, pues lo único que quería era verlo muerto, o simplemente ya ni verlo, sino saberlo bien muerto y enterrado.

Sabía que García Moreno tenía el coraje, el valor y el brío de los triunfadores, de los que bregan y se juegan la vida por lograr su sueño y, por el contrario, sabía que él mismo estaba en la otra orilla, en la de aquellos que ven pasar las aguas del río y fabulan con embarcarse y alcanzar el puerto anhelado, pero se quedan en la ribera sembrados como sauces milenarios sin poder mover una rama, una hoja, un dedo en pos de lograr su sueño, y viven —o mueren— *"Contemplando cómo se pasa la vida, cómo se viene la muerte tan callando…"*.

En una orilla están los vencedores; en la otra, los vencidos, pensaba Salazar abatido; se decía que no era un asunto de voluntad, que quedarse en este borde sin brincar al otro no era cuestión de decisión, de decir *allá voy*, sino que era cuestión de índole, de *ser o no ser*. García Moreno tenía esa índole. Él no la tenía. Y por más que lo intentaba, por más que había exterminado a una caterva de sediciosos cuando fue gobernador de Manabí, no lograba tener su ánimo, su fuerza, sus bríos. No había nacido con ese carácter. Salazar se consolaba con la idea de que tener tal o cual naturaleza era obra del destino, y se repetía, no le pidan peras al olmo; García Moreno es un olmo, y como tal, es de naturaleza recia, dura e invencible; él no puede dar, como yo que soy un peral, frutitas agridulces y aguadas; él da plomo y da látigo; cada quien da lo que tiene, da lo que puede, da lo que es.

63

Una vez en el mando tras el golpe contra Espinosa y la persecución a sus enemigos políticos, García Moreno hilvanaba la lista de los diputados que conformarían la Asamblea Constituyente que pronto se reuniría, a la vez que tejía los artículos de la Constitución que presentaría para su aprobación. Urdiría el lienzo adecuado para ejercer el poder sin límite alguno.

Por aquellos días se produjo una insurrección en Guayaquil que pretendía deponerlo del cargo y reinstalar al depuesto Espinosa. El general José de Veintemilla (quien en 1859 había recibido las armas del presidente peruano Castilla para apoyar la revuelta del Gobierno provisorio de García Moreno) junto con los comandantes de artillería, Rendón y Pareja, tomaron preso al comandante general de esa plaza, general Secundino Darquea. (Darquea había sido uno de los compinches de García Moreno en el golpe contra Espinosa, y todavía pensaba que pronto sería el próximo presidente de la República, pues García Moreno lo propuso como candidato a la Presidencia, sólo para ganar en Guayaquil su apoyo a la revuelta.)

Preso Darquea y en manos de los insurgentes, algunos batallones leales acudieron en su defensa, por lo que de inmediato se trabó la batalla en medio de las calles del puerto. Darquea permanecía retenido en el cuartel de artillería donde estaba atrincherado el general insurrecto, y donde sus tropas cruzaban fuego contra las fuerzas golpistas. El instante mismo en que Veintemilla se disponía a cambiar de lugar a Darquea, pues donde estaba prisionero corría peligro por hallarse rodeado de ventanas hacia la calle, recibió un certero balazo en la cabeza que lo eliminó de contado.

Quien mató al general Veintemilla fue el subteniente Manosalvas, antiguo compañero de armas de Darquea con quien se había conchabado para acabar con el general insurrecto y así liberar a su amigo. Tras la muerte de Veintemilla, fueron apresados los tenientes Nieto, Fernández y Cabrera, acusados de conspiración. Pese a que su abogado era el joven guayaquileño Vicente Piedrahita, amigo de García Moreno, los tres oficiales fueron pasados por las armas sin fórmula de juicio.

El hermano del difunto, el también general Ignacio de Veintemilla, fue apresado al norte de Quito, al considerárselo cómplice del golpe. En la lluviosa tarde en que se preparaba su fusilamiento, García Moreno dispuso su extradición que le permitió salir a Europa. (Muchos años antes, Ignacio de Veintemilla había salvado a García Moreno de su muerte, al prestarle su caballo y facilitar así su fuga en medio de la batalla de Tumbuco. Muchos años después, derrocaría a Borrero, sucesor de García Moreno tras su muerte, e iniciaría una larga y terrible dictadura).

Al referirse a estos hechos, García Moreno escribió: "Los traidores creían en la seguridad del triunfo, olvidando que hay en el cielo una Providencia vengadora [...] Gloria y bendición al Dios de los ejércitos y loor y gratitud al heroísmo de los generales Darquea y Uraga...".

Aprovechó García Moreno la ocasión para también expatriar a una treintena de liberales —los acusó de instigar el golpe fallido—, y para proponer algunas reformas al Código Penal: aumentarían las penas para los rebeldes y sediciosos, y también para los "delitos nefandos". Dispuso, asimismo, sanciones para "El incesto entre parientes, en línea recta de consanguinidad o afinidad", y penalidades también para "El actual concubinato público de personas que puedan casarse".

Una vez aquietadas las aguas —aunque de manera efímera—, la Asamblea Constituyente conoció las reformas a la Constitución que preparó García Moreno: "Dos objetos principales son los que he tenido en mira: el primero, poner en armonía nuestras instituciones políticas con nuestra creencia religiosa; y el segundo, investir a la autoridad pública de la fuerza suficiente para resistir a los embates de la anarquía".

García Moreno no aceptó su designación para el cargo de Presidente interino, pese a que la Asamblea lo ratificó como tal. Conforme a su plan, se nombró Presidente de la República, encargado, a Manuel Ascázubi, su cuñado; y presidente de la Convención, a Rafael Carvajal. (García Moreno no quería dar la impresión a la opinión pública, y sobre todo a sus enemigos políticos, de que el golpe había sido en su favor. "No pudiendo aceptar el poder por el solemne juramento que hice el 17 de enero, no puedo ser acusado de egoísmo ni de designios ambiciosos, cuando os pido que robustezcáis la autoridad que yo no voy a ejercer". Escondía sus verdaderas intenciones para distraer a la

oposición y esperar el momento oportuno para tomar el poder.)
Ascázubi asumió el mando y designó a los ministros de Estado que
su poderoso cuñado había sugerido: el mismo García Moreno fue
nombrado ministro de Hacienda; Pablo Herrera fue designado
ministro del Interior y Relaciones Exteriores, ¡y el general Salazar
fue nombrado ministro de Guerra!

Salazar pensaba que su nombramiento constituía una victoria,
un merecido triunfo, un premio a su audacia. Al ser nombrado
como titular de la Cartera de Guerra del Gobierno provisorio de
Ascázubi (que en realidad era el Gobierno de García Moreno),
sintió la íntima y jactanciosa complacencia de haber sido más audaz
que su enemigo. Si bien el odio que le tenía a García Moreno seguía
intacto y crecía a la par que crecía su poder, había ganado una
batalla donde la astucia y la hipocresía habían sido sus principales
armas. Sabía que para protegerse de la espada de su enemigo debía
estar a su lado para vigilar sus pasos, anticipar sus acciones y
prevenir sus movimientos. Sus fieles lebreles habían sido
fundamentales para conocer la verdadera naturaleza de su
oponente, pues, pensaba Salazar, si bien lo esencial se oculta incluso
a la mirada más perspicaz, un buen cazador puede adivinar la
índole del animal que persigue a través de la minuciosa y detenida
observación de ciertos indicios que lo delatan.

Conocer su temperamento —su avidez, su ferocidad, su
inclemencia— fue su ventaja. A través de fingir afecto y
admiración, Salazar logró que su enemigo confiara en él, que lo
considerara su amigo, su fiel seguidor, y lo tuviese a su lado.
García Moreno confió en Salazar hasta pocos días antes de su
muerte —comenzó a recelar durante las últimas semanas de julio de
1875, poco antes de su asesinato, en que pensaba removerlo de su
cargo—. Al general le llenaba de dicha estar en el grupo íntimo de
García Moreno como su ministro, y pertenecer a la Comisión de la
Asamblea que conocía las reformas a la Constitución. Había
logrado su propósito de llegar al poder, pero tenía metas más altas.
Ahora sí, quiero ser el presidente —se decía— voy a ser el
presidente de la República del Ecuador; después de este período

que comienza este año –1869– y termina en 1875, seré el presidente…

Sabía que para lograr su principal objetivo debía arrimarse al buen árbol de García Moreno, cobijarse bajo su sombra, y seguir en su humillante papel de sanguijuela. Como, además, sabía que el ejercicio del poder era la pasión dominante de García Moreno, podía cautivarlo y dominarlo si contribuía al logro de su codiciada meta. Uno de aquellos días se le ocurrió la brillante idea de que se nombrara a García Moreno, además de que ya era ministro de Hacienda, como general en jefe del Ejército. Ese cargo aumentaría su poder y le daría control sobre el principal sostén del Gobierno —el Ejército—, de modo que habló con Carvajal y Herrera, les contó la idea y estuvieron de acuerdo. Juntos fueron donde el presidente Ascázubi, quien en cuanto fue informado de la idea dio su beneplácito, pues no podía ser de otra manera. Días después, el mismo Salazar, en su calidad de ministro de Guerra, ponía el "ejecútese" en el decreto de su nombramiento "Elevando a Vuestra Excelencia al empleo de general en jefe", que fue expedido por la Asamblea en el mes de mayo de 1869. "He vacilado antes de aceptar. Al fin me he decidido, no por la convicción de un mérito que no tengo ni por confianza en mis propias fuerzas, sino por el deber de seguir defendiendo la Religión y la Patria". (Por supuesto que días más tarde Salazar le dejó saber a García Moreno, por interpuesta persona, que la brillante idea había sido suya). Mientras todo esto ocurría, Salazar mantenía su maquinaria de espionaje con los mismos fieles lebreles que le habían servido en forma eficiente durante varios años. Su principal objeto de investigación era García Moreno, pero también vigilaba a Ascázubi, Herrera, Carvajal, y a los generales Sáenz, Dávalos y Darquea, por ser ellos los más cercanos amigos y colaboradores de su presa. Desconfiar y dudar de todos, pensaba Salazar, es la primera regla que debo seguir para mantenerme a salvo; la segunda es hacer que todos aquellos de quienes uno recela, confíen en uno.

Agazapado tras el poder con su disfraz de ministro de Hacienda y comandante en jefe del Ejército, García Moreno pretendía modificar la Constitución para tener mayores atribuciones y ejercer la Presidencia de la República por seis largos años. La Carta Magna, que rigió durante su primer gobierno, había limitado sus afanes de controlar todo el Estado, municipalidades incluidas, y ejercer el poder a sus anchas: "Yo me arrepentiré hasta el día de mi muerte el haber aceptado la Presidencia bajo la Constitución y estas leyes". En esta nueva oportunidad, García Moreno dictó a sus amigos de la Asamblea los artículos de la Carta Magna que debían ser modificados y que regirían a su nuevo gobierno. Requería disponer de una Constitución a su medida, a la medida de su despotismo, de su afán represivo, de sus deseos de manejar todos los poderes del Estado y así ejercer su próximo mandato sin límite. Amparado en los Evangelios controlaría y regularía las conciencias de los súbditos, de su "Pueblo imbécil".

64

Una tarde en que fui hasta La Loma a visitar a mi amiga Juana Terrazas, me contó, aunque, me advirtió que no se lo dijera a nadie, que un grupo de jóvenes planeaba atentar contra la vida del presidente, y que tenían el apoyo de algunos militares. Me requirió absoluta reserva, y me señaló del riesgo que corría su vida y la de ellos si yo abría el pico. Me quedé muy nerviosa con la noticia, temía que de verdad pudiesen asesinarlo pues Juanita lo dijo con un tono triunfal y entusiasta, como si de verdad el intento pudiera concretarse. Todo ese día pensé en encontrar la forma de comunicar la confidencia al presidente, pero no podía contactarlo de ningún modo; me había advertido mil veces que por la seguridad suya y mía debía evitar cualquier acción que pudiese delatarnos. No podía vivir con ese secreto guardado; si no se lo contaba podía ocurrir que, en efecto, lo mataran.

Los rumores corrían de boca en boca, todos decían que lo iban a matar, incluso el viejo Larrea, el loquito, andaba por la cuesta del Beaterio gritando el cuento a viva voz. Los perros callejeros parecían también anunciarlo con sus aullidos lastimeros y desgarradores, y hasta los burros y las vacas que transitaban por las calles hacían más ruido que de costumbre. En medio de ese estado de nerviosismo se me ocurrió la manera de comunicar la noticia al presidente: iría a la iglesia a confesarme y se lo contaría al sacerdote. El cura, si era de los que estaban con él, porque también había de los otros, iría directo a contárselo. Hice un par de averiguaciones por aquí y por allá hasta que di con el curita adecuado. Entonces fui a la iglesia de San Agustín y entre pecado y pecado, el chisme fue contado. Pero, ¿cómo saber si el clérigo se lo dijo? Imposible. Yo me sentí en parte aliviada pues había cumplido con el deber de mi conciencia. De todos modos temblaba, como el resto de habitantes de Quito, pues el suceso se lo sentía en el aire, como cuando una tormenta está a punto de caer.

La gente no quería al presidente. Reconocían su lucha incansable para limpiar al país de los militares ambiciosos, traidores y golpistas; reconocían lo positivo de su campaña moralizadora; advertían el avance en la educación y la realización de varias obras como los caminos y otros, pero la gente reprobaba su crueldad. Lo que más se criticaba del presidente era el episodio aquel en que había ordenado fusilar a cerca de treinta personas en Jambelí. La gente no olvidaba ni perdonaba tanta barbarie, tanto encono, tanta sangre derramada. Le tenían pánico. Sabían que aquel que por desventura caía en desgracia ante sus ojos, podría ser encarcelado, expatriado o fusilado, sin que nada ni nadie lo pudiese evitar.

Días antes de lo que sería su posesión como presidente de la República, el pueblo estaba desalentado por lo que significarían seis años más de su dominio; yo creo que el rumor de su asesinato era repetido como si fuese un conjuro que de tanto invocarlo produciría el efecto buscado. Se decía que su desaparición constituiría la única fórmula de que florecieran nuevos tiempos, tal vez sin tanto orden, sin tanto progreso, pero sí, más pacíficos, con mayor libertad, sin tanto miedo.

El día anterior a su muerte me encontré en la plaza de San Francisco con Juanita Terrazas. Estaba muy alterada. Le pregunté si había novedades, y sentí en su respuesta evasiva y ambigua que sí las había pero que no me las quería contar. ¿Qué ocurría? Si me lo hubiese negado en forma directa y tranquila mientras miraba mis ojos, yo que la conozco habría concluido que su respuesta era verdadera. Pero cuando comenzó a balbucear, mirar para otro lado y decir incongruencias, me di cuenta de que mentía. Entonces era claro que sí había novedades y que cualesquiera que fuesen, serían terribles. Podría ser que la conspiración hubiese sido descubierta y que los jóvenes y los militares comprometidos, a los que se había referido Juanita días atrás, también hubiesen sido desenmascarados y estuviesen a punto de ser atrapados, y por consiguiente, a punto de ser fusilados. Podría ser también lo contrario, que la conspiración avanzara viento en popa, y que su desenlace estuviese a punto de ocurrir.

El encuentro con Juanita me causó mucha ansiedad. Esa noche no pude dormir un solo minuto, pues sentía que algo terrorífico sucedería. Lo peor era saber que no podía hacer nada, que era una espectadora impotente; me sentía como los animales que presienten la inminencia de una catástrofe y corren y braman desesperados.

65

García Moreno preparó, en esta oportunidad, una Constitución que le permitiría gobernar sin las restricciones que la anterior Carta Política le imponía, y que le "habían obligado" a violarla en forma permanente. Su argumento de que las leyes le resultaban "insuficientes" para ejercer el poder (a su manera teocrática, autoritaria y represora) fue el puntal para impulsar las nuevas reformas a la Constitución que, entre otras disposiciones, establecía que para ser ciudadano se requería ser católico; "Es necesario levantar un muro de división entre los adoradores del verdadero Dios y los de Satanás"; disponía también que la católica fuese la única religión; que el ejercicio de la Presidencia fuese por el periodo de seis años, y que el presidente pudiese ser reelegido en forma indefinida luego de un intervalo entre el segundo y el tercer mandato. También establecía la centralización absoluta del poder público, en desmedro del federalismo y los Gobiernos municipales; concedía amplios atributos al presidente, tales como nombrar gobernadores, jefes y tenientes políticos, y presentar ternas para la designación de magistrados de la Corte Suprema de Justicia, y del Tribunal de Cuentas. Limitaba, además, la libertad de pensamiento al disponer el castigo de quien "Abusare de este derecho", a la par que proclamaba que la libre expresión tenía que "respetar la religión, la moralidad y la decencia". Permitía declarar la República en estado de sitio y allanar moradas, aprehender, y "Juzgar militarmente como en campaña, con las penas de las ordenanzas militares" o expatriar a los sospechosos de amenazar a la República.

Al tiempo que se modificaba la Constitución —que el pueblo aprobó tras un plebiscito, y a la que, una vez promulgada, bautizó con el nombre de "Carta Negra"— García Moreno aceptó, el 10 de agosto de 1869, la nominación que le hizo la Asamblea para el ejercicio de la Presidencia de la República. "… Obediente a la voluntad del pueblo y de la H. Convención Nacional, que negándose nuevamente a admitir mi renuncia, me ha puesto en la forzosa necesidad de aceptar el mando para conjurar los peligros que todavía nos amenazan, he prestado ante el sagrado altar del Dios vivo el juramento constitucional…".

Y luego expresó: "El Excmo. Señor García Moreno acepta, con profundo reconocimiento, la voluntad de los ilustrados representantes del pueblo, y hará el último sacrificio por el bien de la Patria a quien tanto ama y a quien tiene entregada toda su existencia".

Al día siguiente, en la Catedral de Quito, arrodillado y con las manos en los Libros Sagrados, hizo el siguiente juramento: "Juro por Dios nuestro Señor y estos Santos Evangelios, desempeñar fielmente el cargo de presidente de la República, profesar y proteger la religión Católica […] conservar la integridad e independencia del Estado, guardar y hacer guardar la Constitución y las leyes…".

Y luego, al contestar al discurso de Carvajal, presidente de la Asamblea, que permanecía junto al obispo Checa y Barba en la ceremonia de posesión, exclamó: "Mi juramento me obliga sacrificarme por la Religión y por la Patria […] ¡Feliz yo si logro sellar el juramento con mi sangre en defensa de nuestro augusto símbolo: Religión y Patria!".

García Moreno había sido nombrado, por segunda ocasión, presidente de la República. En esta oportunidad, al igual que en la primera, irrumpió al cargo por la ventana y por la fuerza, pues no lo había hecho a través de un proceso libre y democrático en que se expresara la voluntad del pueblo. La primera ocasión que llegó al poder fue cuando dio el golpe contra Robles, y libró una larga y penosa guerra contra Franco; fue a costa de cientos de muertos y heridos; a costa de pactar con los peruanos, de ofrecer el país a los franceses, de aliarse con su enemigo Flores; a costa de pauperizar las arcas fiscales; de dividir el país y casi fragmentar su territorio. La segunda ocasión también alcanzó al poder por la fuerza: cuando García Moreno creyó que el candidato de oposición, Francisco Javier Aguirre, podría tener posibilidades de llegar a la Presidencia, emplazó a sus amigos a dar el golpe contra Espinosa y, tras perseguir a Montalvo, Carbo, Vela y tantos otros republicanos que pugnaban por elecciones libres, mangoneó a la Convención para que lo nombrara presidente.

Una soleada mañana de agosto, recién posesionado como presidente de la República, García Moreno llamó a Salazar a su despacho. Cada vez que lo llamaba, el general entraba en pánico, sin duda era su "mala conciencia" lo que le hacía sufrir en cada una de esas ocasiones. Concurrió a la oficina de García Moreno de inmediato, pues no podía esperar un solo instante con la curiosidad de saber para qué lo llamaba. Mientras caminaba hacia la Presidencia pasaba revista a los últimos sucesos; pensaba que aparte del único pecado de mantener a su jauría en constante vigía, todo lo demás habían sido acciones "buenas", acciones encomiables que le hacían merecedor de aplausos más que de condenas: su apoyo decidido a su candidatura presidencial; su contribución a la campaña política; su participación directa en el golpe de Estado contra Espinosa, y la proclamación de Ascázubi como encargado del poder; su actitud en la Convención al aprobar las reformas a la

Constitución; su contribución al Gobierno de Ascázubi al aceptar el Ministerio de Guerra; su respaldo a la nominación de García Moreno como presidente de la República, en fin, sobraban méritos para el premio más que para el castigo. Sin embargo, pensaba, todo era posible, nunca se podía prever qué pasaba por su cabeza y qué sería capaz de hacer. Su habitual miedo volvía a recrudecer como una vieja dolencia no curada que podía resurgir en cualquier momento.

Al trasponer la puerta de su despacho, vio a García Moreno sentado detrás de su escritorio; escribía una carta (una de las decenas de cartas que escribía todos los días). Se acercó un poco, lo suficiente para hacerse presente, pero no tanto como para que pudiese importunarlo. No pronunció media palabra para respetar su entrega a la tarea. El presidente llevaba puesto unos lentes de lectura; reclinaba su cuerpo y torcía su cuello sobre el papel mientras sostenía una pluma con la que escribía con trazos firmes y rápidos. Su calva brillaba más que de costumbre, como si una luz emanara de su cabeza. En cuanto terminó de escribir se sacó los lentes y los dejó sobre la mesa. Salazar tembló. García Moreno cruzó sus brazos sobre su pecho y se reclinó levemente hacia atrás. Lo miraba de reojo, como acostumbraba, clavaba sus ojos en los suyos. Salazar sabía que debía sostenerle la mirada a toda costa, para no darle el menor indicio de temor o debilidad. Pasaron unos segundos eternos hasta que, sin dejar de mirarse, el presidente extendió su mano y lo invitó a tomar asiento. Salazar respiró aliviado, y sin más preámbulos, sin decir ni preguntar nada, de improviso, el presidente le dijo:

—He considerado adecuado que usted me acompañe en el Gobierno como ministro del Interior y Exteriores. Si no tiene inconvenientes, espero que no los tenga, quisiera que asuma el despacho de inmediato… General Salazar, le agradezco, y le espero mañana a las ocho a una reunión de gabinete. Eso es todo. Muchas gracias, que tenga un buen día.

Salazar hizo un esfuerzo sobrehumano, en medio de su sorpresa, para balbucear unas palabras de agradecimiento, y mentirle sobre su amistad y fidelidad incondicionales. Luego salió apresurado, aunque todavía sentía la resaca del miedo que lo invadió todo momento, antes y durante la entrevista. Su designación como ministro era el resultado anhelado tras meses de empeño en lograr un espacio en su equipo de Gobierno y en su reducidísimo círculo de amigos. Desde cuando lo acompañó al rescate de las víctimas y a la reconstrucción de Imbabura luego del terremoto, había trabajado de sol a sol por darle y mostrarle lo mejor de sí, para que lo considerara no sólo como su amigo de confianza, sino también, como una persona eficiente con la cual podría contar para cualquier emprendimiento. Todo era una farsa para estar a su lado y desde allí propinarle el golpe de gracia.

Por aquellos días García Moreno decidió realizar un proyecto que plasmaba uno de sus abominables sueños y que, a la vez, reflejaba su espíritu represivo: construiría una gran cárcel, un gigantesco y bien dotado centro de reclusión y tortura, provisto de la cantidad suficiente de calabozos tras cuyas rejas se lacerara a los impíos, se torturara a los concubinos, se flagelara a los adúlteros, se asesinara a los traidores. "La compasión por los criminales es la mayor crueldad contra los ciudadanos honrados y pacíficos". La jaula para los pajarracos, descarriados a los ojos del gran inquisidor, sería construida con diseño y estructura panópticos, que posibilitara observar a los bandidos, piratas y traidores desde un solo punto de vigía. (Muchos años después le correspondió a Salazar inaugurar la cárcel; lo hizo el día de la muerte de García Moreno, cuando mandó a guardar a decenas de "sospechosos" del golpe, pues hasta tanto, la prisión "ha permanecido cerrada a fin de que el edificio se seque bien, para que no fuese insalubre").

También García Moreno pidió a la Convención que decretara la creación de la Escuela Politécnica y del Observatorio Astronómico, ambos en Quito. Estos dos proyectos, igualmente, reflejaban el pensamiento de su promotor —aunque esta vez hacia la luz en vez de hacia las sombras—, ya que abrían el país a la ciencia y al desarrollo tecnológico, pues la universidad ecuatoriana sólo formaba abogados y médicos, teólogos y filósofos, en una época en que grandes obras en marcha, tales como el ferrocarril o los caminos, demandaban el concurso de profesionales técnicos, ingenieros, geólogos, arquitectos.   Varios científicos alemanes, algunos de ellos jesuitas expatriados por Bismarck, como Juan Menten, Teodoro Wolf o José Kolberg,   participaron en estos emprendimientos. Un gran impulso dio también a la Facultad de Medicina, al traer varios expertos extranjeros, instrumentos, equipos y laboratorios.

Al inicio de su segundo gobierno se impulsaron estas obras, a la par que se retomó con mayores bríos el castigo y la represión, pues, "gracias a la Providencia", ya disponía de una Constitución que lo permitía. Así, una docena de curas dominicos y agustinos, (unos contrarios al régimen de García Moreno, otros, degenerados, ya fuese por el alcohol o por necesidades carnales) fueron desterrados a las selvas del nunca jamás, guiados por el pulso firme del capitán Faustino Rayo. Esos días llegaron a las manos de Salazar dos documentos que sus espías obtuvieron del Ministerio de Guerra:

"Noviembre 16 de 1869.- De orden de S. E. el Presidente de la República, mandará Vs. que se ponga a disposición del Capitán Faustino Rayo, los presos constantes en la adjunta lista, para que […] los conduzca a la Provincia de Oriente…".

Y esta otra: "Noviembre 20 de 1869.- S.E. el Presidente de la República ha dispuesto que los presos Ubidia, Mora, Cuesta, Mites, Sotambo, Loor, Carrera, Villota, Caamaño, Barroterán y Otamendi […] sean trasladados al Perú, por la vía del Napo. Por orden de la autoridad eclesiástica, salen igual destino los religiosos García, Rivera, Durán, Garzón… y Avilés".

Fue en aquellos días que un hermano del general Salazar, el abogado Luis Antonio Salazar, que era un juez honesto y apegado a ley, dictó una sentencia absolutoria a favor del coronel Diego Pimentel, comandante del regimiento de la Merced. El dictamen del juez no fue del agrado de García Moreno, que consideraba a Pimentel un conspirador y como tal buscaba condenarlo. El fallo a favor de Pimentel fue la causa por la cual el juez Salazar fue destituido de su cargo. El general Salazar juzgó el hecho como una impulsiva e injusta retaliación, por lo que una mañana acudió al despacho del presidente a interceder por su hermano. En medio de la conversación que subía de tono, tuvo el desgraciado atrevimiento de decirle en tono de reclamo:

—Considero inapropiado la destitución de mi hermano, toda vez que los Salazar hemos sostenido siempre a su Gobierno.

Al escuchar esas palabras García Moreno le gritó con los ojos inflamados de furia:

–¡El que los ha sostenido a todos ustedes he sido yo, carajo, no sea majadero, y si no está de acuerdo con mis decisiones presente usted su renuncia!

Salazar sintió, esos instantes, que era el ser más humillado del universo. Todo el odio que guardaba desde hacía tantos años hacia García Moreno afloró ese preciso momento, y lo que era peor, sintió ganas de matarlo, de golpearlo y patearlo hasta matarlo. ¡Pero matarlo de verdad, se decía, de una vez por todas, pero hacerlo de modo que sufra, que le duela, que se arrepienta de ser tan perverso! A pesar de que estaba completamente enardecido y furioso, y antes de hacer una barbaridad, prefirió salir del despacho del presidente. Le pidió su permiso, se despidió y comenzó a salir sin darle un segundo las espaldas, pues caminaba para atrás como cangrejo y, para colmo, al llegar a la puerta le hizo una respetuosa y sumisa venia, que al recordarla años más tarde, todavía lo llenaba de ignominia.

Mientras salía del palacio pensaba que se había ido al basurero todo el buen trabajo hecho durante años para lograr estar al lado de García Moreno; había sido un idiota, se decía, había perdido todo en un instante de ofuscación, y para colmo, a su antiguo rencor se agregaba ahora una ofensa personal que avivaba su herida. Estaba resentido, las palabras de García Moreno habían herido su orgullo. Pensaba que no debía olvidar ni perdonar lo que consideraba que había sido una afrenta deshonrosa, más vergonzosa todavía cuando la puteada había sido proferida en presencia del ministro peruano, Mariano Electro Corzo, que estaba en el despacho esos momentos, y que, pensaba Salazar con mayor irritación, ¡ese viejo de mierda se lo va a contar a todo el mundo!

Debía renunciar por dignidad, pensaba, aunque no quería dejar el poder que tanto le gustaba. Seguía en el Ministerio, pero había perdido terreno. Pensaba que al haber salido del despacho sin responderle y tras hacerle una venia, había aceptado tácitamente sus palabras, por lo que, además, sentía que se había sometido, que había agachado la cabeza una vez más ante su verdugo. Lo odiaba más que antes. Se sentía pésimo, maldecía el momento en que no pudo controlar sus palabras.

Ese mismo año -1869- se produjeron varias tentativas de deponer al recién instalado Gobierno: una de ellas fue la conjura de Casares, Cárdenas y Cevallos y Luis Felipe Borja, reunidos en la barranca de Jerusalén, y que terminó antes siquiera de comenzar, porque Casares se emborrachó, preso de euforia revolucionaria, y comenzó a echar tiros con su revólver a diestro y siniestro, ante lo cual sus colegas abandonaron la empresa.

Otra rebelión fue la que encabezó el comandante Pimentel junto con Manuel María Maldonado, hijo del general fusilado, y con Juan Elías Borja, hermano de Luis Felipe e hijo de Juan Borja, también muerto por órdenes del tirano. Todos ellos, con otros muchos más, incluso con militares como el coronel Dalgo (aquel a quien García Moreno había dicho "Pagarás con tu vida si a las cinco en punto de la tarde Maldonado no ha sido pasado por las armas"), y también Gregorio Campusano, compadre y amigo de Faustino Rayo, tramaban asesinar a García Moreno en el atrio de la iglesia de La Compañía. Pocas horas antes del golpe, fue descubierta la trama, y muchos de los confabulados fueron tomados presos, entre ellos Pimentel, quien pese al fallo exculpatorio del juez, fue condenado por García Moreno a 18 años de "obras públicas", y Manuel Cornejo Cevallos, quien fue sentenciado a ocho años de destierro.

Por aquellos días hubo otra conspiración para derrocar a García Moreno, esta vez en Cuenca: varios jóvenes liberales se tomaron la Gobernación, apresaron al gobernador y también a otros funcionarios con la intención de iniciar una revuelta que se extendiera por todo el país. "Algunos revoltosos se apoderaron fácilmente de Cuenca por un día, pues no había más guarnición que el reducido piquete de la Guardia Nacional que custodiaba la cárcel y fue sorprendido y desarmado sin resistencia".

Luego de que los insurrectos fueran sometidos por el Ejército, sus tres cabecillas, Manuel Aguilar, Cayetano Moreno y Vicente Heredia, fueron apresados y fusilados, pese a que, conforme a la nueva Constitución, no había sido declarado el estado de sitio para poder juzgar militarmente a los sediciosos. Otros cómplices de esta revuelta fueron apresados: unos, condenados a realizar "obras públicas"; otros, a podrirse entre las tarántulas y las serpientes en las selvas del río Napo. En cuanto aplastó la revuelta, García Moreno expidió la siguiente proclama: "¡ECUATORIANOS! La obcecación de un puñado de hombres perdidos, quiso preparar a la República desórdenes sangrientos; pero la Providencia Divina, la adhesión del pueblo a la Constitución y al Gobierno [...] hicieron imposible el asesinato con que la noche del 14 al 15 de este mes, iba a comenzar una serie de crímenes horrendos [...] Descansad tranquilos: Dios nos protege visiblemente, y el Gobierno, confiado en su protección invencible, responde de la paz y la prosperidad de nuestra Patria adorada".

Se sentía en todo el país el descontento contra el Gobierno, al que se lo calificaba de "espurio" por haber nacido de un golpe de Estado y de una Convención amañada. Las revueltas golpeaban la orilla del poder —sin descanso, una tras otra— pues intentaban socavar sus cimientos, como las olas contra los muelles. García Moreno sostenía su mandato en el miedo, en la fe religiosa y en las hordas de burócratas que su administración centralista había creado. Durante su gobierno creció de manera exponencial el número de militares, de educadores (la mayoría eran hermanos cristianos y jesuitas, y monjas del Sagrado Corazón), y de trabajadores de las obras públicas en marcha. En menor cantidad aumentó el personal de salud, médicos, curanderos, inspectores hospitalarios, enfermeras (la gran mayoría pertenecientes a órdenes religiosas), personal de orfanatos, de atención a expósitos y casas de asistencia (a las niñas se les enseñaba a coser, planchar, cocinar y confeccionar prendas de vestir), por cuanto García Moreno privilegiaba la educación sobre la salud. Las casas correccionales, como la del Buen Pastor dirigida por hermanas francesas, y las prisiones del país, también dieron ocupación a cientos de allegados al gobierno centralista.

En marzo de 1870, había regresado a Guayaquil Ruperto Suárez -quien meses atrás había sido expatriado por conspirador, "Emisario del ex general Urbina"- ciudad donde se dedicó a buscar adeptos entre oficiales del Ejército para su causa contra el régimen. "En este proyecto criminal compite la ferocidad de los designios con la impotencia de los medios y con la abyección e insensatez de sus autores". Descubierto en sus intentos, Ruperto Suárez fue apresado y condenado a muerte. Faltaba poco para fusilarlo cuando García Moreno conmutó su sentencia en estos términos: "Solicito de la generosidad del Gobierno, la conmutación de la pena de muerte a que ha sido condenado Ruperto Suárez, y creo que un tiempo de reclusión en una cárcel, o mejor, en una casa de locos, bastaría para curarlo de la manía, antigua en él, de servir de agente de trastornos".

Por aquellos días ocurrió el crimen del negro Juan Salaza, sirviente de García Moreno desde su matrimonio con Rosa Ascázubi. Al ser empleado de la casa, Salaza conocía los recovecos familiares, los humores y manías, los mal genios y caprichos, las travesuras e infortunios, las noblezas y miserias de sus amos. Una noche se excedió de tragos y, como hacía con frecuencia en la euforia del alcohol, soltó su lengua colorada más de lo debido, al descubrir en público algunos asuntos íntimos de su señor. Esa misma noche, para colmo, se fue de golpes con un par de oficiales del Ejército, quienes lo encarcelaron hasta que se curara de sus malas maneras. La tarde en que García Moreno se enteró del incidente y de que, además, el disoluto criado acostumbraba a revelar asuntos intestinos de familia, ordenó a los oficiales agraviados encausarlo. Horas más tarde, privado de su pequeña aunque preciosísima libertad, el negro Salaza descubría con estupefacción como una borrachera y una gresca derivaban en su inapelable acusación de "conspirador". No creyó que era cierto cuando la mañana del 7 de diciembre fue llevado al paredón, y a la voz de apunten, disparen, fuego, escuchó el estruendo mientras sentía que el cuerpo le quemaba, se le iba la vida y todo terminaba…

66

Los rumores de que lo iban a matar recrudecieron durante los últimos días previos a su muerte. En las esquinas la gente se reunía en pequeños grupos a murmurar en voz baja. Todos sospechaban de todos. El ambiente en Quito era tenso; la gente andaba desconfiada, con gesto adusto y esquivo; las viejas beatas envueltas en sus negras mantas escondían su rostro de las miradas inquisidoras de los transeúntes; los guardias armados que rondaban las calles miraban todo con inusual recelo; los curas caminaban mientras musitaban avemarías, rosario en mano. De los conventos de claustro brotaba el canto conmovedor de las monjas. El repicar de las campanas sonaba más lúgubre, y parecía que hasta las palomas sentían que algo estaba por ocurrir, pues no se las veía volar por ningún lado, ni en la plaza de San Francisco ni en la de Santo Domingo donde acostumbraban acuartelarse. Entre susurros se comentaba sobre la insurrección desencadenada en Guayaquil meses atrás, en la que el coronel José Antonio Polanco tramaba un golpe a favor del liberal Antonio Borrero. Para evitar que se consolidase la intentona, el presidente había decretado el estado de sitio en esa ciudad, y también en Cuenca. Se decía que en las dos ciudades se sentía la presencia de los militares que, con su actitud intimidante y sus armas al ristre, habían tornado a Guayaquil y a Cuenca en mazmorras al aire libre.

El viernes 6 de agosto de 1875 amaneció más temprano que otros días. Los gallos cantaron antes de la aurora y también los pájaros trinaron antes del alba. En Quito se escuchaba un movimiento inusitado pese a que todavía no se vislumbraban las primeras luces del crepúsculo. La ciudad estaba en pie mucho tiempo antes de lo habitual, como el viajero anhelante que desespera y olvida que no por mucho madrugar amanece más temprano.

Andrade y Cornejo también estuvieron listos antes de la aurora, querían apurar el día y que llegara el momento esperado. El golpe sería ese 6 de agosto. La noche anterior no habían podido dormir bien con tanto pájaro en la cabeza que revoloteaba sin dar tregua. Uno y otro habían dado vueltas en la cama en el intento desesperado de dormir para que pronto llegara la hora de levantarse, y concluyera la tortura del insomnio. Una vez que tomaron su desayuno —Cornejo acudió hasta la panadería de la "Cuesta del Suspiro" a comprar pan fresco y un litro de leche recién ordeñada, con nata— decidieron hacer prolijamente sus deberes: lo primero era comprar los revólveres. Cada cual lo haría por su lado a fin de no levantar sospechas; se separaron con la consigna de volver a reunirse a las ocho y media de la mañana en casa de Moncayo.

Andrade acudió a sus escasos ahorros, y con un cóndor de oro en sus manos concurrió, nervioso aunque decidido, hasta el almacén del señor Gachet, cerca de Santa Bárbara, y salió con un revólver de seis tiros, cuya munición era del tamaño de un garbanzo. Cornejo, por su parte, fue a paso presuroso y despreocupado hasta el almacén de Cevallos, a la vuelta de San Roque, y compró el único que había, un revólver Collier, manufacturado en Londres en 1822. Con el arma guardada en el cinto, fue feliz hasta la casa del abogado Andrés Villalba a redactar su testamento. Le confesó al jurisconsulto que pronto sería padre y que a su próximo hijo quería dejarle sus exiguas pertenencias.

Andrade y Cornejo se reunieron a la hora convenida en la casa de Moncayo. Allí el "Colorado" les confesó que iría desarmado al lugar convenido para dar el golpe, ya que su misión —sujetar al edecán del presidente— no entrañaba mayor peligro. Antes de salir a ocupar los sitios previstos en el plan, Moncayo declaró entusiasmado a sus amigos que luego de que pasara la tormenta se casaría, pues esa mañana se había comprometido con Dolores Andrade, hermana del "Largirucho", que escuchaba boquiabierto la confesión de su amigo y futuro cuñado. (Moncayo desbordaba de dicha, sin duda y con toda razón, en esos momentos le preocupaba más la luna de miel que el crimen, le importaba más la vida y el amor, que el odio y la muerte). Se abrazaron los amigos y futuros parientes, y las sentidas lágrimas que corrieron por sus ojos contagiaron a Cornejo que también soltó unos sollozos.

Luego salieron con paso inseguro; llevaban calladamente en sus pechos la inquietante incertidumbre de no saber en qué terminaría todo ello. -¿Cómo desentrañar qué nos depara el destino, hasta qué punto nuestras acciones u omisiones lo determinan?- Cornejo se separó de sus dos amigos, pues debía tomar su camino hacia el lugar que, conforme al plan, le correspondía ubicarse. Andrade y Moncayo, por su parte, caminaron hacia el Arco de la Reina, donde debían situarse en espera de que García Moreno saliese de su casa.

El momento en que Andrade y Moncayo llegaron al Arco de la Reina observaron, con sorpresa, que un hijo del general Salazar merodeaba el lugar; vieron también que en cuanto el sujeto cayó en cuenta de que había sido descubierto, se escabulló de manera presurosa. Esta actitud del hijo del general despertó sus dudas y acrecentó sus temores. Pocos días después, cuando los acontecimientos develaron la pérfida urdimbre del general Salazar, entenderían perfectamente qué hacía por allí aquel personaje.

Andrade y Moncayo permanecieron en su sitio por cerca de media hora; la incertidumbre los torturaba en esa terrible espera, pese que muchos de nosotros, compañeros en el golpe, pasamos por allí, como estaba previsto que lo hiciéramos, y les avisamos que García Moreno todavía no salía de su casa. El estado creciente de nerviosismo e inseguridad que les produjo la larga espera y el hecho de haber visto transitar por allí al hijo del ministro de Guerra en actitud sospechosa, les impulsó a dejar su puesto de vigía, y dirigirse hacia la casa de García Moreno, en la plaza de Santo Domingo. Al llegar les pareció ver que había más gente de la acostumbrada. Esta nueva percepción aumentó su inquietud, pues pensaron que la plaza estaba repleta de agentes encubiertos, de espías camuflados que los vigilaban y que cualquier momento podrían interceptarlos, apresarlos, o quién sabe qué. Entonces simularon que paseaban por el sitio, conversaron de cualquier cosa con aire despreocupado y se dirigieron hacia el extremo sur de la plaza donde se encontraron con Cornejo, quien les dijo que en el Colegio del Sagrado Corazón se daba una fiesta, que por eso había tanta gente, música y ruido, pero que el problema era que cerca de la puerta de la casa de García Moreno estaban cuatro soldados armados. Su charla fue interrumpida cuando comenzó a sonar el himno nacional que atrapó por instantes su atención. Cornejo retomó el diálogo y les dijo a sus colegas que sería conveniente avisar al comandante Sánchez de la presencia de los guardias para que ordenara se retirasen del lugar. Así lo hicieron. Pronto regresó quien había llevado el mensaje y les dijo que Sánchez había dicho que la presencia de los guardias allí era para protegerlos.

Dudaron.

Las palabras de Sánchez les sonaron absurdas. La duda aumentó su inquietud. Durante la mañana, en pocos minutos, se habían producido algunas sorpresas; las cosas no ocurrían como imaginaron; Moncayo advirtió en ello una señal de que podía haber una mano siniestra. A pesar de ello, no compartió su duda y su incipiente temor; no dijo nada y prosiguieron con el plan trazado. Caminaron unos pasos hacia el arco de Santo Domingo y allí permanecieron en espera de ver salir a García Moreno de su casa.

67

Fue el viernes 6 de agosto. Ese día me levanté antes del alba, cansada de dar vueltas en la cama sin poder dormir. Faustino no estaba en casa; días atrás había salido hacia Ambato; yo no sabía cuándo regresaría. Así ocurría muchas veces, se iba sin decir cuándo volvería. Recuerdo que yo estaba recién despierta y mal dormida y así, medio aturdida, fui hasta la cocina a avivar el fuego de la hoguera para hervir agua y prepararme un buen café cargado, y terminar de despertarme. Toda la noche había pasado con la misma idea en la cabeza: lo van a matar al presidente y no puedo hacer nada para advertírselo, menos aún para evitarlo. El tono de Juanita Terrazas y sus palabras ambiguas, ahora lo tenía claro, habían sido una evidente señal de que el plan para matarlo avanzaba sin obstáculos. En el duermevela también había entrevisto otra certeza: algo tenía que ver Juanita en el asunto, ella era parte de la conspiración, también quería su muerte, pues no hablaba de buscar la forma de impedirlo; no hablaba de revelar los planes para evitar que ocurriese el crimen; por el contrario, su actitud pasiva y hasta exaltada quería decir callemos y dejemos que ocurra.

Yo me sentía desesperada. Había llegado a quererlo de algún modo. No sabría cómo explicar este sentimiento, pero así era, lo quería. Pese a toda su dureza, el presidente me generaba cierta ternura, tal vez me daba un poco de pena su alma solitaria, su búsqueda incansable, su tristeza… Recordaba todas las veces en que había ido a visitarme y me había abierto su corazón en sus largas charlas; en ellas me entregaba lo que podía dar, su pensamiento, sus preocupaciones, sus sueños y sus penas, todo eso tan suyo, tan íntimo, que para mí significó el mayor de los obsequios que pudiera recibir.

Tan pronto tomé mi café con un par de panes con nata de leche, me dispuse a partir a la casa de Juanita para que me contara todo de una buena vez. Pensé que tal vez ella obraba a espaldas de su hermano, el cura, pues si hubiese conocido de los planes del crimen se los habría contado al presidente, tal como yo esperaba que lo hiciera el fraile aquel con el que me confesé con la intención de que le llevara el chisme. Con todos esos pensamientos, nerviosa y agitada, me fui donde Juanita para que me contara la verdad. Por más que sacudí la puerta de su casa, no me abrió. O no estaba ahí, o rehuía hablar conmigo. Decidí caminar por las calles y encontrarla. Quito mostraba un cielo absolutamente despejado; el sol inclemente, bochornoso, brillaba con todo su furor, no había una sola nube en la bóveda celeste. Los fuertes vientos levantaban el polvo y formaban remolinos juguetones que corrían por todo lado y acarreaban pelusitas y hojarasca. Pensé que tal vez Juanita habría ido a misa, así que recorrí algunas iglesias donde ella solía ir.

Caminé siquiera un par de horas. Subí hasta la Basílica y luego por la calle de las Siete Cruces avancé hasta Santa Bárbara; de allí fui a la Concepción, luego subí hasta la Merced y después retomé hacia la Catedral, El Sagrario y La Compañía. Nada. Luego fui hasta San Francisco y hasta el Carmen Alto. Nada. Llegué a Santo Domingo, fui hasta San Marcos y luego fui a San Agustín. Nada. ¡Por Dios!, me dije exasperada, ¿dónde se ha metido esta mujer?

Me dirigí por la calle de la Sábana Santa hacia el norte; pasé San Blas y caminé hasta el parque de La Alameda, o "Chuquiguada", como le llaman los indios, y fui hasta la iglesia del Belén, pero nada, no la vi por ningún lado. Mientras caminaba de regreso a mi casa, vi a muchas personas deambular con recelo, miraban a todas partes, buscaban alguna pista en los ojos de los otros, tal vez alguna señal, algún indicio de aquello que todos sabían y pocos, como el loquito Larrea que lo anunciaba por las calles, confesaban abiertamente. Se sentía que algo estaba por ocurrir. El usual repicar de las campanas sonaba triste y apagado, no era el ruido animoso de otras veces; la gente caminaba al mismo paso lento y desganado de siempre, pero era evidente que no iban a ningún lado, simplemente estaban en la calle, vagaban en espera de lo que cualquier momento ocurriría. En las plazas, a la salida de las iglesias, había más personas que de costumbre; conversaban reunidas en pequeños grupos, esperaban a ver en qué momento ocurrirían los hechos.

Era más de media mañana, había caminado algunas horas, estaba cansada. Al pasar por el Arco de la Reina vi a Moncayo junto a un joven alto, pero Juanita no estaba con ellos. Me dirigí hasta la plaza de Santo Domingo donde vivía el presidente; escuché la música de una banda que tocaba en el colegio del Sagrado Corazón, entré, y como había un montón de gente y Juanita no estaba, salí por las mismas. Cuando me dirigía de regreso hacia mi casa, volví a ver a Moncayo y al muchacho alto que caminaban por la calle de las Siete Cruces hacia la Plaza Grande. Sospeché que algo tramaban porque iban con paso nervioso y no por media vía, sino pegados a la vereda; sin duda, evitaban ser vistos. Hacía calor, el sol quemaba la cabeza, el viento de verano corría por las calles.

Llegué a mi casa, lavé mis pies cansados y me quedé descalza, como acostumbro; recalenté un locro de acelgas que tenía del día anterior, le puse un medio aguacate, comí apresurada, lavé los platos y salí otra vez. Mis hijos estaban con mi mamá, por suerte ella me ayudaba a criarlos. Por la tarde debía pasar a recogerlos. Yo seguía desesperada, temblaba y sudaba frío, no sabía cómo advertir al presidente que su vida corría peligro. Sentía que no debía estar en la casa, debía salir a ver qué ocurría porque cada minuto que pasaba aumentaba mi certeza de que ese día se produciría el atentado.

Salí, el sol golpeaba con fuerza. Era medio día, cerca de la una. Antes de llegar a la iglesia de El Sagrario pude divisar, bajo la cruz de piedra, a Juanita. Conversaba con el comandante Sánchez. Algo le decía el militar, algo que parecía ser un reclamo, porque levantaba su brazo y movía su mano con cierta energía. Esperé el momento oportuno de abordarla. Mientras tanto, pasó por mi lado uno de los Borja, creo que era Juan Elías, que caminaba junto con aquel muchacho alto que yo no sabía quién era. Seguro que andaban en algo, lo noté por la lividez de sus rostros y su inusual paso apresurado. Enseguida vi a Juanita alejarse hacia la iglesia de los jesuitas, en tanto el comandante Sánchez dobló la esquina por la calle del Cuartel. Entonces apuré el paso para alcanzarla, lo logré frente a la Universidad. ¡Por Dios Mercedes Carpio!, me dijo, ¿qué haces tú por aquí? Cuéntame qué pasa, le dije. Primero me dijo que nada, luego me dijo que había un poco de rumores, luego volvió a decirme que nada, y, ante mi insistencia, me tomó del brazo y me dijo, ya te cuento. Caminamos a paso acelerado; conversábamos de cualquier cosa menos de lo que yo quería; fuimos hacia la plaza de San Francisco, luego tomamos la calle Angosta hacia el norte, hasta la calle del Cuartel, por donde nos encaminamos hacia el oriente, hasta la Plaza Grande y allí, bajo los soportales, nos detuvimos ante el puesto de venta de chucherías de la Dorotea. La "Cajonera Dorotea" era prima del dueño del puterío de la quebrada Jerusalén. Dicen las malas lenguas, porque no es cierto, pero eso dicen, que con frecuencia le proveía al presidente de muchachitas. Incluso dicen que la Dorotea era bien pagada por cada doncella que le llevaba. Y hasta dicen que una de las niñas, que la muy sátrapa le había llevado alguna vez, era su propia hija, por quien obtuvo buena paga y su eterno agradecimiento.

Todavía no tañían las campanas que anunciaban la segunda hora de la tarde. El sol pegaba fuerte. Varios mirlos se disputaban un mendrugo de pan caído entre los matorrales de la Plaza. Algunos perros correteaban entre la muchedumbre. El movimiento era intenso, mucha gente caminaba y grupos de personas conversaban en voz baja por todo el lugar y en sus cuatro esquinas. No se veía a los guardias que usualmente caminan con sus bayonetas y resguardan el orden por allí, y por las vías adyacentes al palacio presidencial. Juanita charlaba con la Dorotea de cualquier cosa, del clima, del solazo que hacía, todavía no me contaba lo que yo quería saber. De repente vi pasar a Faustino al otro lado la calle, por el pasaje de Espejo, al pie de la Catedral, hacia el palacio. Caminaba muy apurado, sin duda andaba muy nervioso, pues su paso también suele ser pausado. Entonces comprendí que andaba en algo raro. Quise ir tras él, quería alcanzarlo y que me contara qué pasaba, interrumpí la charla de Juanita para decirle que ya regresaba, pero Juanita me sostuvo del brazo con firmeza y me dijo, espera aquí, no te muevas, yo sé por qué te digo.

68

García Moreno removió a Salazar de su cargo de ministro del Interior y de Relaciones Exteriores, en febrero de 1870, pocos meses después de aquella desventurada verborrea que tanta aflicción le causó —cuando intercedió por su hermano defenestrado—, y fue reemplazado por Francisco Javier León, un antiguo amigo de su infancia. León permaneció en el cargo largos años, hasta el fin del segundo mandato e, incluso, unos días después del 6 de agosto de 1875, día en que se consumó el crimen y comenzó la persecución a los ilusos y confiados muchachos que obraron bajo el impulso sigiloso de las manos traidoras de Salazar.

De ser el señor ministro, Salazar sería el comandante en jefe del regimiento de Guayaquil. Consternado, resentido y amargado, preparó sus bártulos y se trasladó al puerto a cumplir sus nuevas funciones.

A inicios de 1870, cuando ya llevaba algún tiempo instalado en el puerto, Salazar viajó a Quito a visitar a García Moreno, porque su hijo varón cumplía un año de edad. Ese año, en el mismo mes de enero en que había nacido el retoño del presidente, había muerto la segunda esposa de Salazar, a quien escribió su poesía "Plegaria", que en una de sus estrofas dice:

Al fin, Señor, me oíste; humilde y bella
pidiendo está por mí;
no es nube, ni arrebol, ángel ni estrella
ni lindo colibrí

Es la hermosa virtud recompensada,
el amor celestial;
la heroica virtud por Vos premiada,
la paz angelical.

Por esos días, en Europa las fuerzas de Víctor Manuel II ocupaban Roma para lograr la unión de Italia, por entonces fragmentada. En esa gesta bizarra, el papa Pío IX fue privado de su libertad. Fanático como era García Moreno de los asuntos pontificios, y fiel seguidor de todos sus postulados, inclusive de las restricciones a la libertad de pensamiento que imponía el *Syllabus*, le pidió a Francisco Javier León que escribiese, en su calidad de ministro de Relaciones Exteriores, una nota de protesta oficial del Gobierno ecuatoriano dirigida al canciller del rey Víctor Manuel II, que decía entre otras cosas:

"… Atacada la existencia del catolicismo en el representante de la unidad católica, en la persona sagrada de su augusto jefe, a quien se le ha privado de su dominio temporal […] es innegable que todo católico, y con mayor razón todo Gobierno que rige a una porción considerable de católicos, tiene no sólo el derecho, sino el deber de protestar contra aquel odioso y sacrílego atentado [...] el Gobierno del Ecuador, a pesar de su debilidad y de la distancia en que se halla colocado [...] protesta ante Dios y ante el mundo [...] contra la inicua invasión de Roma [...] hace votos al cielo a fin de que S.M. el rey Víctor Manuel repare noblemente el efecto deplorable de una ceguedad pasajera, antes que el trono de sus ilustres antepasados sea tal vez reducido a cenizas por el fuego vengador de revoluciones sangrientas".

El vicario de Cristo, conmovido por la ridícula nota, pero, sin duda, arrebatado por la demostración de tropical afecto, condecoró al presidente ecuatoriano y lo nombró Caballero de Primera Clase de la Orden de Pío IX, y, además, envió al Ecuador una muestra de su agradecimiento: el esqueleto de San Ursicino, un niño exhumado de las catacumbas romanas cuya historia nadie conocía, pero que era mártir de la Iglesia católica y como tal, venerable su sagrada osamenta. Su cuerpo embalsamado y encerado, que llegó a Quito en un pequeño cofre con la inscripción *Corpus S Urcisini Martyris Nom Pro*, envuelto con la bandera vaticana, causó un descomunal revuelo místico, desmayos incluidos, tanto que Salazar, que en aquellos días era el comandante de Armas en Guayaquil, solicitó al arzobispo que estipulara algunas plegarias específicas para que rezaran sus devotos soldados en conmemoración de tan bendita ocasión. Accedió el arzobispo al singular pedido y piadosamente decretó el rezo de "Tres avemarías; tres glorias y la *gratiam tuam* o bendita sea tu pureza" a favor de Ursicino. (Días más tarde, el 13 de diciembre de 1872, el diario oficial *El Nacional* publicó la decisión del arzobispo. Salazar se había anotado un gran punto a su favor).

Otro hecho que también ocurrió durante aquellos días fue que los hermanos Alfaro se tomaron Montecristi, capturaron a su gobernador —como años atrás lo hicieron con Salazar—, y proclamaron a Urbina como jefe supremo de la República. La toma de Montecristi fue sofocada por las fuerzas del Gobierno, aunque los Alfaro lograron fugar y se escondieron, unos en las selvas de Manabí y otros, en Panamá.

García Moreno llevaba adelante su segundo mandato de la mano de la Iglesia católica y sus huestes de curas y monjas, "Sin religión no hay moral ni costumbres". La Iglesia conservaba su influencia en todo el estamento social, no sólo por su "maridaje" con el señor presidente, sino por el dominio y control que ejercía sobre la educación, y a través de ella, sobre el espíritu y pensamiento de la población. (En 1873, García Moreno siguió una "exhortación" del papa Pío IX, y decretó que el Ecuador se consagraba al Corazón de Jesús, lo cual implicaba, simbólicamente, su combate al liberalismo que había guillotinado en Francia al monarca Luis XVI. El Congreso ecuatoriano tramitó la ley tras expresar que es "La manera más eficaz de preservar la fe y de extender el progreso y el bienestar temporal del Estado".)

Las manifestaciones de descontento contra el gobierno teocrático se expresaban por todos los rincones del país: en Guayaquil, un joven llamado Eduardo Tama, en su periódico *El Espejo*, criticó a García Moreno por haber faltado a su juramento de no aceptar la Presidencia. La reacción del mandatario contra Tama no demoró. Su ministro Francisco Javier León comunicó al gobernador de Guayaquil: "… El presidente de la República, deseoso de prevenir los males que pudiera resultar de idénticas publicaciones, y en uso de las facultades que le conceden los incisos […] de la Constitución, tiene a bien ordenar que VS. prohíba continúe publicándose el antedicho periódico, que sean reducidos a prisión los editores, trasladados a esta capital…".

Las continuas sublevaciones no provenían únicamente de facciones liberales opuestas a su Gobierno, sino también de otros grupos de la población. Ese fue el caso de los indígenas de la provincia de Chimborazo quienes, tras rebelarse contra el Gobierno a través de múltiples y encendidas protestas, fueron masacrados por docenas incalculables. El periódico oficialista *Los Andes*, de mayo 12 de 1872, informaba que: "El indígena Fernando Daquilema, coronado rey por los indios de Cacha, en los días de la última sublevación ocurrida en la provincia de Riobamba, fue condenado a la pena capital, y ejecutado en la parroquia de Yaruquíes, el 8 del pasado abril. Dícese que Daquilema sólo contaba 25 años de edad y poseía notable talento natural y simpática figura".

El problema se había originado cuando los indios de Yaruquí, indignados por los cobros de los impuestos y el trabajo obligatorio para las obras públicas, mataron a palos al cobrador de diezmos, Rudecindo Rivera, y a la persona que quería reclutarlos para el trabajo obligatorio —y sin paga— para las obras públicas. Amenazados por las autoridades, los campesinos, entre quienes se destacaba la indígena Manuela León, consiguieron el apoyo de las comunidades indígenas de Punín, Cajabamba, Sicalpa y Licto, todas de la provincia del Chimborazo y lideradas por Fernando Daquilema, descendiente de la dinastía Duchicela y Puruhá, a quien nombraron "Rey de Cacha". Más de diez mil indios, armados con palos y piedras, marcharon hasta Yaruquí a solidarizarse con sus "hermanos". El Ejército los reprimió a sangre y fuego; hubo varios muertos y decenas de heridos. Daquilema se entregó en forma voluntaria a las autoridades para evitar una mayor masacre, pero, pese a su rendición, fue ajusticiado por orden del Gobierno.

Sobre esta nueva matanza, el informe al Congreso que García Moreno presentó en agosto de 1873, decía: "El levantamiento de una parte de la raza indígena contra los blancos en la Provincia de Chimborazo a fines de 1871, producido por la embriaguez y la venganza, y manchado con varios actos de salvaje ferocidad, fue contenido fácilmente por la fuerza armada, castigado severamente por la justicia en algunos de los más culpables, y completamente apaciguado y extinguido por el perdón concedido a los otros delincuentes."

69

El tiempo pasaba y García Moreno no salía de su casa. Nosotros nos hallábamos en las inmediaciones, cada cual en el sitio previsto, listos para dar el golpe. Los nervios nos consumían. Las cosas no se daban como lo habíamos pensado, pues contábamos con que el tirano saldría de su casa a la hora acostumbrada, pasadas las nueve y media de la mañana, después de su almuerzo —hora en que entonces se tomaba ese alimento—, y que caminaría hacia el occidente, como siempre lo hacía, por la vía que va de la plaza de Santo Domingo, conocida como la calle de los Agachados, hacia la calle de las Siete Cruces; al llegar allí se dirigiría a la esquina sur occidental, donde quedaba la casa de sus suegros, y donde luego de permanecer una media hora, como siempre lo hacía, retomaría su caminata por la misma senda hacia el palacio. ¡Pero era las once y media de la mañana y García Moreno no salía!

Cornejo, entonces, fue hasta la casa de García Moreno a preguntar a su edecán por la hora en que saldría. Le informaron que el presidente no lo haría hasta la tarde pues se hallaba ocupado escribiendo el informe que, pocos días después, debía presentar al Congreso.

Cornejo informó de esta noticia a Andrade y a Moncayo. Sin embargo, decidieron permanecer en sus puestos, no alterar los planes, simplemente retrasarlos, y pese a que ya estaba muy divulgado el rumor de que el golpe se produciría ese día, pues así nos lo dijeron varios amigos, se resolvió seguir adelante. Moncayo mandó varios emisarios a informar la novedad a Sánchez, a Polanco y a los otros grupos de complotados, con la consigna de permanecer atentos y esperar el momento que, estimaron, se daría pasado el mediodía, a primera hora de la tarde.

Durante la mañana de ese día, mientras en el Arco de la Reina y en la plaza de Santo Domingo ocurrían los hechos relatados, el "Querubín" Polanco fue a la talabartería de Faustino Rayo a conversar con él y persuadirle de participar en el golpe que pocos minutos después se daría contra García Moreno. Fue enorme su sorpresa al entrar y ver a Rayo consternado y que, sentado al fondo del taller con la cabeza entre sus manos, profería lastimeros alaridos. A su lado, de pie y con una mano en su hombro, estaba Gregorio Campusano, íntimo amigo y compadre de Rayo, que también mostraba su enorme tribulación, perceptible en su cuerpo reclinado hacia su amigo y en su serio semblante.

Al ver entrar a Polanco, Campusano se dirigió a su encuentro y le dijo que su amigo estaba indispuesto, que había recibido una mala noticia y que lo mejor sería dejarlos solos. Polanco le dijo que necesitaba hablar con Rayo, que era un asunto de vida o muerte. Al escuchar su tono serio y decidido, Campusano fue hasta donde el granadino y habló con él. Polanco vio que Rayo asentía con la cabeza y lo llamaba con un gesto de su mano.

Entonces hablaron.

Habrá pasado una hora y más cuando, en medio de la conversación, llegó un emisario de Moncayo hasta la tienda de Rayo. Quería hablar de urgencia con Polanco. El "Querubín" salió un momento, habló con el mensajero, y volvió a entrar.

Conversaron unos momentos más y luego salieron los tres. Cada cual por su lado. Polanco se fue hacia la Plaza Grande. El granadino Rayo caminó hacia el sur por la calle de Solanda. Campusano se fue a su casa, por detrás de Santa Bárbara.

Hacía un calor endemoniado, un sol abrasador refulgía en todo lo alto del azul cielo de Quito. No se divisaba una sola nube. Soplaba enardecido el viento. Las campanas anunciaron las doce horas.

Andrade, Cornejo y Moncayo, al igual que quienes apoyábamos el golpe, nos fuimos a comer, por turnos, sin descuidar la guardia, sin dejar de vigilar la casa de García Moreno, y estar atentos a su salida.

Pocos minutos después, desde la casa de Francisco Andrade Marín, cuya ventana daba a la plaza de Santo Domingo, Andrade escuchó un rumor de voces que venían de la calle. Se acercó a la ventana y vio que García Moreno ya había salido y caminaba flanqueado de su edecán y de una corta comitiva. Andrade, desesperado, salió apresurado hacia la plaza, buscó a alguno de nosotros, pero no vio a ninguno. Corrió entonces tras los pasos de García Moreno y, ya en la calle, se encontró con mi hermano Juan Elías, quien permanecía de vigía en la esquina noroccidental de la plaza.

—¡Esto es un fracaso —dijo Juan Elías, consternado—; no hay nadie!

—¡Vamos a la Plaza Grande —dijo Andrade—; ahí deben estar los otros!

El plan inicial de acometer contra el tirano al salir de su casa fracasó por el inusual retraso que nos obligó a abandonar los lugares previstos, y a improvisar sobre la marcha el nuevo plan para realizar nuestro propósito. Andrade y mi hermano, Juan Elías, siguieron a García Moreno y sus acompañantes; caminaban con sigilo detrás de ellos a una distancia de varios metros. El tirano caminó hasta la calle de la iglesia de la Compañía, y allí se encaminó hasta la casa esquinera donde vivía su suegra, Rosario Ascázubi, lugar en que golpeó la puerta y entró. Su séquito permaneció afuera.

Andrade y Juan Elías, mientras tanto, veían estupefactos que no aparecíamos por ningún lado. Entonces decidieron que mi hermano se quedase allí, mientras Andrade corrió hasta la plaza de Santo Domingo a buscarnos, pues pensó que tal vez todavía estuviésemos en aquel lugar. Andrade anduvo como loco por toda la plaza   —sus largas piernas le permitían dar esas enormes zancadas— y no encontró a nadie. Desesperado, como último recurso, se le ocurrió entrar al colegio de niñas, por si acaso Cornejo y Moncayo estuvieran allí. La música y el canto de las chiquillas resonaban en medio de cientos de personas que atestaban el patio del colegio. Andrade los buscaba entre los padres y familiares de las chicas hasta que, gracias a su altura, al fin distinguió el pelo colorado de Moncayo que resaltaba entre el resto de pelambres oscuras. Moncayo y Cornejo todavía reían de las gracias de las niñas cuando Andrade les puso al tanto del asunto. Sin perder un solo instante, caminaron a paso acelerado hacia la iglesia de La Compañía; en el trayecto buscaron y recogieron a otros complotados que de inmediato se juntaron al grupo.

En la esquina de la iglesia de los jesuitas, bajo la centenaria cruz de piedra, resolvimos esperar a que saliera García Moreno de la casa de sus suegros, para atacarlo antes de que llegara al palacio, pues seguro se dirigiría hacia allá, tal como era su costumbre. A fin de no levantar más sospechas de las que ya habíamos causado con tanto trote de ida y vuelta, tanto cuchicheo y tanto ruido, decidimos separarnos en grupos. Andrade y Cornejo permanecerían juntos bajo la cruz de la iglesia, mientras Moncayo y otros, por separado, sin hacer muchedumbre, esperaríamos en la esquina norte, cerca del palacio de Gobierno, a los pies de la iglesia de El Sagrario, e incluso otros más, cerca de la Catedral. Mientras tanto, Polanco permanecía al noroccidente de la Plaza Grande, hacia la calle de La Merced, y Rayo estaba en la esquina de la Catedral, en el pasaje de Espejo, oculto detrás de unos indios que vendían ponchos de lana.

70

García Moreno inauguró la Escuela de Artes y Oficios y, en la línea de apoyar a la Escuela de Bellas Artes, también recién establecida, envió a estudiar a Italia a los pintores Juan Manosalvas y Rafael Salas. Otra medida del Gobierno fue disponer la obligatoriedad y gratuidad de la educación primaria, a través de la nueva Ley de Instrucción Pública "Escuelas y más escuelas por sobre todo lo demás". (El número de estudiantes servidos se duplicó entre los años 1867 y 1875, a la par que se quintuplicó el presupuesto educativo). También decretó eliminar el gravamen a favor de quienes eran dueños de los esclavos emancipados en época de Urbina "Os ruego suprimáis el (impuesto) que tenía por objeto el indemnizar a los propietarios de esclavos cuando éstos fueron manumitidos".

Acerca del ferrocarril, afirmaba: "Su extensión será de 140 kilómetros, la mayor parte en llanura; y de la porción más difícil, que es la que atraviesa las últimas colinas y quiebras de los Andes, hay ya preparados para recibir los durmientes y rieles cerca de 25 kilómetros". Por otra parte, los caminos y el telégrafo continuaban su lenta y dificultosa marcha por la pobreza de las arcas fiscales, todavía resentidas por las campañas militares de años pasados. A pesar de ello, fue concluido el camino desde Aloag, cerca de Quito, hasta Latacunga, en la provincia de León, como parte de la vía que uniría Quito con Guayaquil. "Nuestra obra principal, la carretera del Sur, concluida hasta Sibambe el año pasado (1872) tiene más de 260 kilómetros de extensión, 101 sólidos puentes de cal y canto, y cerca de 400 acueductos de la misma clase; y para unirla con las playas de Guayaquil, se trabaja en un ferrocarril de Sibambe al Milagro desde principios de este año. Siguiendo en general la orilla derecha del río Chanchán".

Al sur de Quito se abrió el cementerio de San Diego. (Este cementerio, como los que existían en las Iglesias, era para uso exclusivo de los católicos. Algunos extranjeros protestantes, muertos en el Ecuador, no tenían dónde ser enterrados). Otras obras, como la cárcel panóptica y el Observatorio Astronómico, continuaban su marcha también pausada, junto con la creación de escuelas especializadas, tales como la de Agricultura, la de Obstetricia (para ingresar a esta escuela, las candidatas debían cumplir, entre otros requisitos, el de "tener buen carácter y poseer un modesto ajuar"), la de Comercio, en la cual se enseñaba "albañilería, ebanistería, carpintería, zapatería, cerrajería, elaboración de carretas y conducción de coches", y colegios que se construían en varias ciudades del país. En Guayaquil comenzó a funcionar el alumbrado público con lámparas de gas — reemplazaban a las lámparas de kerosene o aceite de ballena— y se dio luz a algunas zonas costeras, "Tres faros y dos luces de puerto alumbran ya nuestras costas, en las cuales se han colocado cuatro boyas de campana para indicar los bajos peligros de Mala y Atacames". En Cuenca continuó con la construcción del camino hacia Naranjal, "La de Cuenca sigue adelantando con la lentitud debida a la escasez de trabajadores [...] en el de Aloag a la Bahía de Caraques, se ha vencido la parte difícil, el descenso de la cordillera. Y se extiende a más de 50 kilómetros, siendo muy probable que a fines de este año llegue hasta el pueblo de Santo Domingo...".

Y a la par de las obras civiles, "Dos dragas destruirán los obstáculos acumulados en el río Guayas por la acción de la corriente y la incuria de los hombres", continuaba también la persecución a las prostitutas y a sus clientes, a los "Ebrios de profesión, faltos de probidad, francmasones y los concubinarios que se nieguen a cortar el escándalo". Inclusive, a las jovencitas obsequiosas, de "costumbres licenciosas", las perseguía y encerraba en aquella cárcel de ovejas descarriadas que llamó El Buen Pastor, similar al

"Beaterio" de la época colonial, que Rocafuerte en forma visionaria transformó de "fábrica de beatas" —de allí el término "beaterio"—, en escuela de niñas y refugio de huérfanas.

A inicios de 1874, García Moreno dirigió a Juan León Mera, su gobernador en Ambato, una carta que decía: "Le encargo en reserva me informe de la conducta pública y privada de todos los empleados de esa provincia para que corrija con suavidad al principio y con energía después si la suavidad es inútil".

En esos días Montalvo escribía: "Ha enviado (García Moreno) a Europa un ministro Plenipotenciario a celebrar con Francia, Gran Bretaña y el Imperio alemán un tratado de extradición de terceras en concordia y mozas del partido; cuyo tratado se propone cumplir con toda religiosidad enviándoles algunas hasta de las suyas propias. ¡Un presidente ocupado de día y de noche en coger niñas alegres y viejas tristes, persiguiéndolas hasta más allá de la frontera!"

Unos meses después, a finales de 1874, Montalvo escribió una carta a Eloy Alfaro que decía: "En varias naciones del Nuevo Mundo se ha declarado benemérito de América al que derroque a García Moreno. Este tiranuelo ha llegado a superar en mala fama a Rosas mismo [...] Ahora que García Moreno ha puesto de manifiesto su ánimo de reinar mientras le dura la vida, en cada carta me preguntan: ¿Hasta cuándo? [...] Sea que usted y un grupo de manabitas nos presten su vida para iniciar la revuelta, sea que se nieguen a nuestro empeño, la ruina de la tiranía es cuestión de tiempo, de poco tiempo...".

A inicios de 1875, pocos meses antes de concluir su segundo mandato y ya cuando García Moreno mangoneaba para ser reelecto por tercera ocasión, nombró ministro de Guerra a Salazar. (Meses antes Salazar había sido enviado por García Moreno a Inglaterra a negociar la compra de algunos buques. Mientras estaba en Europa aprovechó para pasar por París y contraer sus terceras nupcias con una joven guayaquileña, e ir hasta Italia a visitar al papa Pío IX y, de paso, comprar un escapulario que llevaría de regalo al presidente García Moreno). Al ser otra vez ministro, Salazar retornaba a los primeros niveles del Gobierno, al círculo íntimo donde se tomaban las grandes decisiones, donde se escribía la historia, donde ambicionaba, le placía y envanecía permanecer y, ahora sí, pensaba, este Ministerio será el último trampolín hacia mi más codiciada meta...

En su plan de figurar entre los "presidenciables" para las futuras elecciones, Salazar consideraba muy importante acrecentar su prestigio de hombre de letras, por lo que le resultó providencial ser, y sobre todo figurar, como uno de los miembros fundadores de la Academia Ecuatoriana de la Lengua. Salazar pensaba que tenía muchos méritos que lo calificaban como futuro aspirante al mando supremo, de manera que, se decía, es no sólo lícito aspirar a la Presidencia, sino que, además, es una bien merecida recompensa por los patrióticos servicios prestados al país. Pero, se lamentaba, mientras continúe García Moreno en el poder, será imposible... Faltaba poco menos de un año para que terminara el segundo mandato, pero García Moreno quería ser reelegido por seis años más.

Pocos meses más tarde apareció en Guayaquil un periódico denominado *La Nueva Era,* en el cual se criticaba la pretendida reelección de García Moreno a lo que sería su tercer período presidencial. Los editores eran los jóvenes Federico Proaño y Miguel Valverde. El Gobierno, al saber de las críticas, ordenó su inmediata captura y traslado a Quito, junto con José Rafael Arízaga, de quien se sospechaba que era el autor de uno de los escritos (su autor, en realidad, era Antonio Borrero, quien meses más tarde sería electo presidente de la República). Una vez apresados, los dos jóvenes fueron enviados a la selva amazónica a morirse del espanto, la desesperación y la tristeza. Sin embargo, después de unos meses salieron con vida, pues, de milagro, tropezaron con un canoero que los condujo por el río hasta Iquitos donde, tras descansar y recuperarse de las enfermedades contraídas en la jungla, continuaron su camino hasta Lima.

71

En los años del segundo mandato de García Moreno el Ecuador vivió una época de menor violencia y represión, comparada con lo que fueron los sangrientos y desalmados años de su primer período, donde además de dos guerras contra Colombia, el país presenció los crímenes de Ayarza, Maldonado, Borja y muchos otros más. También en esa etapa, el Gobierno padeció la constante amenaza de Urbina, Franco y Robles que, finalmente, fue aplacada con la matanza de Jambelí. Si bien estas acciones cruentas pretendían acabar con el cáncer del militarismo, García Moreno, en su combate contra sus opositores, ya fuese que hubiesen conspirado o no, cometió abominables excesos que, además, pisotearon las leyes vigentes (la Constitución en esos años prohibía la pena de muerte), de manera que el pueblo conservaba el sabor amargo de años de represión en nombre de la moral y la religión.

Durante su gobierno se emprendieron algunas obras importantes; unas fueron concluidas, otras marchaban lentamente, pero nadie quería el progreso a costa de tanta y tan despiadada represión. Nadie quería ni aceptaba la Constitución vigente, motejada por el pueblo como la "coyunda clerical", que le daba al presidente "licencia para matar" a sus enemigos. Pocos querían a García Moreno. Todos le temían. Muchos lo detestaban.

Como una sanguijuela que chupa la sangre, permanecía Salazar prendido del presidente para obtener su favor mientras tramaba su crimen. Quería ser el sucesor. Por ello y para ello se doblegaba, se humillaba; no le importaba ser indigno, no le importaba incurrir en las más repulsivas bajezas a que puede llegar el ser humano. Fingía lealtad a su amo al tiempo que afilaba su daga. La traición ocurriría en cuanto comprobara que sus expectativas no se cumplirían. Salazar tenía la esperanza de que, al terminar García Moreno su mandato, en 1875, lo ungiera como su sucesor o, al menos, diera curso a elecciones libres. Pero nada de eso ocurrió; el tirano se eligió a sí mismo para continuar en el poder seis años más. Entonces, se preguntaba Salazar, ¿para qué sirvió tanta adulación? ¿Para qué sirvió ser un perro servil? Odiaba a García Moreno y se odiaba a sí mismo por tener que humillarse. Porque si de algo es consciente el adulador es de que besa al otro para conseguir sus favores. Y si bien esa actitud servil lo destroza espiritualmente y aplasta su autoestima, adula y besa pues no pierde la esperanza de lograr su cometido. Cuando el general Salazar cayó en cuenta de que todo había sido en vano pues García Moreno quería perpetuarse en el gobierno, concluyó que el paso siguiente tenía que ser despacharlo. Estaba el general doblemente resentido: por haberlo adulado y porque no había servido para nada tener ese comportamiento rastrero.

Si bien ocurre que nadie que tiene algo de poder está libre de encontrarse con un "chupa medias", también es cierto que son los soberbios los más proclives al falso halago. Aquellos que creen ser el mismo Dios, como era el caso de García Moreno, aman tener a su alrededor una corte de aduladores —el coro celestial— presurosa por satisfacer su inagotable sed de admiración. Pero, cosas del ser humano, estos mismos endiosados detestan a los hombres sinceros y generosos; odian a aquellos que pueden prescindir de su divinidad y vivir felices y despreocupados.

La votación para elegir nuevo presidente de la República se realizaría en mayo de 1875. El camino a su reelección estaba despejado por cuanto no había oposición organizada ya que la mayoría de potenciales candidatos a la Presidencia habían sido expatriados. Otros contrincantes, como Antonio Borrero, consideraban imposible ser elegidos en una eventual disputa democrática, por cuanto los hilos del sufragio los controlaba el propio Gobierno. Otros, como Antonio Flores, también juzgaban no tener mayor chance de competir contra el aparato electoral oficial.

Un factor adicional que favorecía la reelección de García Morena era el estado de sitio que fue declarado, en enero de ese año, en Guayaquil y Cuenca, so pretexto de una conspiración aupada por el coronel José Antonio Polanco a favor del cuencano Antonio Borrero. La estricta militarización de las dos ciudades tuvo el efecto de intimidar a la gente. El mensaje implícito amenazaba reprimirlos: "A mis enemigos tengo el deber de exterminarlos".

A las puertas de su tercer período comenzó a circular una palabra dicha con cautela, con recelo y en voz baja: tiranicidio. Parecía ser la única solución a quince años de García Moreno. La gente decía, aquí y allá, que el tiranicidio se justificaba. Los más letrados citaban las palabras de Santo Tomás: "Cuando la tiranía es en exceso intolerable, algunos piensan que es virtud de fortaleza el matar al tirano". Los enemigos ilustrados recordaban que Santo Tomás también expresaba: "La preservación del bien común de la sociedad exige colocar al agresor en estado de no poder causar perjuicio". Los liberales repetían la historia romana de Bruto y Casio, asesinos de Julio César, el dictador perpetuo que concentraba el poder en sus manos. El tiranicidio era la consecuencia natural de la sangre derramada, del llanto inconsolable de quienes habían perdido a sus seres queridos. El asesinato sería laudable. Sus actores, desinteresados, héroes. Los otros, los que movidos por el odio, el resentimiento y la envidia tramaban a sus espaldas su muerte para su propio beneficio, serían tachados de traidores.

Juan Montalvo escribió, por aquellos días, una carta a Eloy Alfaro que decía: "Mío sería el volver glorioso el nombre de Ud. y el de los que le acompañan por el tiranicidio".

Llegado el día de las elecciones y como era de esperarse, triunfó García Moreno. En el palacio se vivió un jubiloso ambiente de victoria; sus más cercanos amigos y colaboradores lo acompañaban cuando se conocieron los resultados de la votación; la silueta de García Moreno parecía agigantada y su mirada, más iluminada: era el reflejo del poder omnímodo que ejerció durante los últimos seis años, y que ahora desplegaría durante el mismo período. El ambiente en la ciudad y en el país no era de fiesta; por el contrario, era de miedo y angustia por el futuro ensombrecido por las imágenes vividas en el pasado, y que todavía latían en la conciencia del pueblo.

Pocos días después del triunfo de Gabriel García Moreno, su acérrimo enemigo el expresidente, general José María Urbina, expatriado en el Perú, escribió a Alfaro: "Ya sabrá usted el resultado de las elecciones en Guayaquil, y que, esperado como era, a nadie ha sorprendido. Sabrá también las nuevas prisiones que han tenido lugar allí [...] Dicen, sin embargo, que es tan general, universal, mejor dicho, tan intenso el descontento que ha producido la reelección de García, que es casi imposible que no surja alguna ocurrencia. Yo lo dudo, porque juzgo que el terror y el fanatismo han hecho de ese pueblo un cadáver...".

El 6 de agosto de 1875, García Moreno salió de su casa de la plaza de Santo Domingo y caminó hasta el hogar de sus suegros, los Del Alcázar. Esa mañana, como todos los días, había escuchado misa, junto a su esposa, en la Catedral. Al llegar dejó su sombrero negro de fieltro sobre un mueble francés. A recibirlo salió enseguida su cuñada y suegra Rosario Ascázubi, hermana de la difunta Rosita, su ex mujer y madre de Mariana su esposa, "... Después de Dios y la Virgen, tú eres la primera en mis pensamientos y la única en mi corazón".

El presidente tomó asiento en el sofá de siempre. Con un vaso de chicha en la mano, la charla comenzó con un tema recurrente: la salud de su hijo y sus últimas travesuras. Minutos más tarde, Rosario le pidió que le disculpara dos minutos pues algo urgente la requería. Al verse solo, sacó del bolsillo interior de su levita un fajo de papeles. Era el informe sobre el ejercicio de su gobierno, que presentaría al Congreso el próximo martes 10 de agosto. Se puso sus anteojos de lectura y, con el legajo en sus manos, buscó un párrafo escrito esa mañana que todavía no le convencía del todo: "... Si he cometido faltas, os pido perdón mil y mil veces, y lo pido con lágrimas sincerísimas a todos mis compatriotas, seguro de que mi voluntad no ha tenido parte en ellas. Si al contrario creéis que en algo he acertado, atribuidlo primero a Dios y a la Inmaculada Dispensadora de los tesoros inagotables de su misericordia...".

Cuando se disponía a hacerle un par de cambios al texto, interrumpió su propósito la llegada de la dueña de casa. Guardó los papeles, miró el cielo azul por la ventana, y en cuanto Rosario estuvo sentada le contó que el dolor de muelas con el que había amanecido esa mañana no le daba tregua. Ella le habló de una infusión de llantén con sábila que había escuchado que aliviaba esos males, si con ella —con la infusión— hacía gárgaras tres veces al día.

Cerca de las dos de la tarde se despidió, como si nada, y se dirigió hacia el palacio. Mientras caminaba advirtió que ni una sola nube recorría la bóveda celeste. Pensó que por la noche iría al Observatorio a contemplar las estrellas.

72

El momento se acercaba. Estábamos a punto de entrar en un torbellino de cuyo impredecible arrebato no podíamos tener la certeza de si saldríamos vivos o muertos. Hasta allí nos habían llevado sus brazos turbulentos, y de ahí en adelante el devenir era absolutamente incierto. Habíamos observado algunas señales de que la fortuna nos podría ser adversa, pues la ambición de los hombres, la traición y la maldad, conspiraban contra nuestros sueños. Una vez más se verificaba la lucha de la luz contra las tinieblas, aunque en este caso, como en la mayoría, cada bando creía estar en lo cierto.

Las campanas de las iglesias repicaron la primera hora de la tarde. Cientos de palomas espantadas y enloquecidas revolotearon por los aires. El sol reanimaba el percudido hedor a orinas que aún hoy envuelve toda la ciudad.

Mientras Andrade y Cornejo, bajo la cruz de la iglesia de los jesuitas, esperaban el momento en que saliera el tirano de casa de sus suegros, vieron que Juana Terrazas caminaba por esa misma vereda, y que unos pasos más atrás le seguía el comandante Sánchez, con aire meditabundo y cabizbajo. Atónitos ante la presencia del este, se preguntaron qué hacía por ahí, si debía estar en el cuartel presto a sacar a sus hombres. El momento en que Juana Terrazas vio que Cornejo y Andrade esperaban en la esquina, se dio la vuelta e hizo con su mano extendida y su palma levantada una señal a Sánchez de que esperase en el lugar donde estaba. Sánchez se quedó parado a media cuadra —simulaba limpiar una bosta adherida a su bota—, en tanto Juana caminó hasta la cruz donde se encontró con Andrade que en tono de reclamo le preguntó:

—¿Qué carajo pasa con Sánchez, se retira del cuartel?

—Sánchez dice —replicó Juanita— que no ve a nadie, que esto no es más que un cuento de muchachos, que no cree en nada y que mejor se va a comer.

—¡Todos estamos en nuestros puestos, el tirano está al frente, donde sus suegros, ya mismo sale y atacamos. Dile a Sánchez que regrese de inmediato al cuartel, que no es sino cosa de minutos! ¡Anda, corre! —exclamo, iracundo, Andrade.

Juanita fue hasta donde Sánchez y conversaron. Regresó luego donde Andrade y le dijo:

—Dice Sánchez que no ve a nadie, que quiere ver a alguien más, que Polanco debería estar con él en el cuartel.

Cornejo se quedó vigilando desde el sitio donde estaba, mientras Andrade corrió hacia la Plaza a buscar a Polanco. En cuanto lo encontró —conversaba con un amigo, el capitán Jarré—, les interrumpió y dijo:

—Sánchez quiere que le acompañen en el cuartel.

—Temo que Sánchez resulte un cobarde o un traidor. Le acompañaremos los dos —Polanco se refería también a Jarré—. Habrá que ponerle un revólver en las sienes, si acaso el comandante se resiste a sacar al batallón.

Polanco y Jarré debieron caminar hacia el regimiento, que quedaba a 50 pasos de donde estaban, mientras Andrade regresaba a su lugar de vigía bajo la cruz de piedra de La Compañía.

Ya en su sitio, Andrade se encontró con que allí también se hallaba Moncayo, quien había dejado su puesto de vigía al verlo conversar con Polanco, y había decidido juntarse con él y con Cornejo, quien también allí se encontraba. No pasaron ni diez segundos cuando García Moreno salió de su casa y tras él, su séquito.

Se estremecieron. Había llegado el momento de jugarse la vida. Ya nada podría detenerlos. Tenían escasos segundos para actuar pues el tirano caminaba con su usual paso acelerado hacia el palacio, y si lograba entrar, el plan se vería otra vez frustrado. Dudaron en atacarlo ese momento pues desde el lugar donde se encontraban no podían ver al resto de grupos de complotados que ayudarían en el golpe. García Moreno caminaba; a cada paso se alejaba un poco más cada vez; ya pronto llegaría a la esquina del palacio. Cornejo dejó su puesto bajo la cruz, cruzó la calle y miró hacia el sur, en busca de alguno de los grupos de apoyo. Logró ver a mi hermano Juan Elías y a Portilla cerca del Arco de la Reina; desesperado, les hizo señas para que se juntaran a ellos, cosa que hicieron. Moncayo, mientras tanto, logró divisar a Bermeo, Montalvo y Gonzalo —yo estaba con ellos— junto al portón de la Universidad, es decir, unos pasos hacia el norte del lugar en que ellos estaban, muy cerca de donde esos instantes pasaba García Moreno.

73

Andrade, Cornejo y Moncayo caminaron a paso acelerado hacia el palacio por la vereda occidental, varios pasos detrás de García Moreno; ya casi al llegar a la esquina, donde había una botica, lo vieron encaminarse hacia las gradas de entrada del palacio. Un poco más atrás estábamos nosotros, en la misma vereda que nuestros amigos.

Antes de acceder al palacio de Gobierno, hacia el occidente, se extiende una callejuela, llamada del Cuartel, donde queda, a cuarenta pasos, el regimiento número uno. Frente al cuartel y adyacente al palacio, hay una puerta que da acceso a las oficinas de los ministros de Estado. Para acceder por la entrada sur al corredor de la casa presidencial se debe subir ocho escalinatas de piedra, luego hay un corto descanso, y luego ocho escalones más. La puerta principal de acceso queda a 50 pasos del inicio de esta escalinata. El corredor del palacio tiene, por un lado, sus propios muros, y por el otro, hacia la plaza, una balaustrada que en ese entonces se hallaba en construcción, por lo que no tenía barandas. La altura desde el corredor de la casa presidencial hasta la Plaza (recordemos que se deben subir un total de dieciséis peldaños) es de un poco más de tres metros en su parte más alta. Frente al palacio se extiende la plazoleta principal, o "Plaza Grande" que está sembrada de árboles, arbustos y flores, y en cuyo centro se levanta una fuente de piedra.

A pocos metros de la escalinata que lleva al palacio, en la esquina de la Plaza, se encontraba Rayo. Horas antes había conversado con Campusano —quien fue el que le dio la terrible noticia de las aventuras de su bella mujer con García Moreno—, y luego, con Polanco —quien fue el que le contó e involucró en la conjura—. El capitán Rayo, después de escucharlos, juró y re juró que mataría al tirano, y que estaba dispuesto a hacerlo minutos más tarde, de acuerdo con nuestro plan.

Antes de subir las gradas, Andrade echó una mirada hacia el cuartel: todo estaba en calma. El comandante Sánchez, jefe de ese regimiento, debía estar alerta para sublevar a las tropas una vez consumados los hechos.

García Moreno ya había subido los escalones y avanzado unos metros por el corredor del palacio, cuando, entre Andrade, Cornejo y Moncayo, que iban unos pocos pasos detrás, se abrió paso el capitán Faustino Rayo y gritó:

—¡Tirano!

García Moreno regresó a ver espantado. Sus ojos encendidos, su ceño fruncido, su boca entreabierta eran señales inequívocas de su gran asombro: veía a Rayo que se le venía encima con el machete levantado en su mano. Enseguida, Rayo lo tomó por la solapa con su mano izquierda, y mientras lo miraba a los ojos con todo el dolor y la rabia acumulados en su alma le gritó:

—¡Al fin te llegó el día, hijo de la gran puta!

Y sin más, le descargó un primer machetazo que le voló el sombrero y le abrió un gran tajo en el cuello, debajo de su oreja izquierda, que le ocasionó una herida sangrante. (Por la escaza fuerza que Rayo le imprimió a su primer machetazo siempre me pregunté si su intención, más que degollarlo, sería prolongar el sufrimiento de su víctima, pues no sólo que el granadino era muy diestro en el uso de esa enorme cuchilla, sino que tenía una fuerza descomunal por todos reconocida. ¿Rayo jugaba como el gato con el ratón antes de engullírselo?) García Moreno se defendía, golpeaba la cabeza de su atacante con un pequeño y débil bastón de bejuco que el mismo Rayo había confeccionado y le había regalado años atrás, y con unos papeles que portaba en su mano izquierda (eran el borrador del discurso que días después debía presentar al Congreso). Tras el primer machetazo se armó un tumulto y un forcejeo en el cual se veía a Moncayo sujetar al edecán, a un transeúnte sostener a Rayo por sus espaldas, a Cornejo disparar su revólver contra el tirano y a éste, aprovechar el enredo y correr hacia la puerta del palacio, hasta donde también corrió Andrade, que le cerró el paso y le dio con el revólver un porrazo en su pecho.

En ese momento pudo haberse decidido su destino y el nuestro, ya que García Moreno estuvo muy cerca de alcanzar la puerta del edificio y allí refugiarse. Si Andrade no lo detenía y evitaba que entrara al palacio, hubiera fracasado el golpe, se hubiera perseguido y aniquilado a medio mundo, y hubiera continuado el tirano en el poder.

Rayo y Cornejo, apurados, llegaron hasta la puerta por la que García Moreno todavía intentaba entrar al palacio. Forcejeaba con Andrade que impedía su paso y que le disparó un tiro que apenas rozó su cuerpo. El tirano soltó su bastón para sacar su revólver, pero no logró hacerlo, pues ese momento Rayo le propinó otro machetazo y otro más que el presidente recibió en sus manos y brazos con los que se protegía.

El corredor del palacio estaba atiborrado de gente que gritaba, que corría, que iba, que venía, y, sobre todo, que miraba. Pero nadie, aparte de un transeúnte anónimo que pretendió detener a Rayo, defendía a García Moreno de sus atacantes. En la Plaza la gente se había detenido a observar, a escuchar, a tratar de entender qué ocurría. Ya habían sonado algunos tiros, ya se habían escuchado algunos gritos, algunas voces angustiadas, algunas carreras y pasos apurados. El ataque seguía mientras en el palacio los ministros, y en el cuartel los soldados, no hacían nada de nada, con lo cual permitían que lográramos nuestro propósito, de acuerdo con el plan acordado con el comandante Sánchez.

García Moreno trataba de contener los machetazos con sus manos y brazos: su mano derecha fue cortada casi en dos, al recibir una cuchillada que le abrió un tajo desde donde nace el meñique hasta casi su muñeca. Los otros conjurados, Portilla, Bermeo, Gonzalo, Cárdenas, Montalvo, mi hermano, yo y otros más, acompañábamos las acciones: unos inmovilizábamos al edecán —que gritaba como loco—; otros abrían campo para que Rayo pudiese actuar; otros más vigilaban y obstruían la puerta del palacio para evitar que allí se refugiara, y mientras ayudábamos de esa manera, azuzábamos a nuestros compañeros y proferíamos gritos contra el tirano que recibía el ataque furibundo de su Rayo vengador.

Ya extenuado, desesperado y agónico, García Moreno retrocedió unos pasos hacia el borde del corredor del palacio donde cayó, y al hacerlo, dio una voltereta en el aire y se desplomó hasta la Plaza, boca abajo, con su cabeza hacia el murete de la balaustrada, al pie de la tienda de Margarita Carrera, vendedora de chicha de quinua. De su cabeza, de su cuello, de sus brazos y de sus manos manaba sangre de varias heridas abiertas.

Montalvo había escrito en *La dictadura perpetua*: "García Moreno no se va todavía, el esfinge no se mueve: su castigo está madurando en el seno de la Providencia; mas yo pienso que se ha de ir cuando menos acordemos, y sin ruido: ha de dar dos piruetas en el aire, y se ha de desvanecer, dejando un fuerte olor a azufre en torno suyo".

En su caída de aproximadamente tres metros de altura, desde el corredor del palacio hasta la Plaza, había hecho una cabriola circense que vencía la ley de la gravedad. Como también lo dijera Montalvo, se percibía en el aire un fuerte olor a azufre que, sin duda, provenía de los disparos realizados. La pólvora se hace con carbón, salitre y azufre, nuestras narices sentían ese característico tufillo a huevos podridos con el que se asocia al diablo en los relatos...

García Moreno yacía sobre las grises piedras de la Plaza. Un charco de sangre coronaba su cabeza. Estaba todavía con vida.

74

Ese momento sucedió lo que todo el mundo esperaba. Yo conversaba con Juanita y la "Cajonera Dorotea" bajo la sombra de uno de los soportales de la casona que queda al extremo norte de la Plaza Grande, cuando de repente escuché unos gritos que venían del palacio. Vi a varias personas que forcejeaban en el extremo sur del pasillo. Me llené de terror al comprobar que en ese grupo estaban Faustino y el presidente. Intuí lo peor. Escuché voces y alaridos, y luego vi unas personas que corrían hacia la entrada del palacio. Vi que el presidente forcejeaba con el muchacho alto; escuché algunos gritos, también unos disparos, luego, un cortísimo silencio, y, en seguida, vi al presidente correr hacia el extremo sur del edificio donde fue interceptado por algunas personas entre las cuales estaba Faustino. Yo no podía hacer nada, estaba paralizada, no podía ni gritar. Vi a mi marido blandir varias veces su machete, en tanto el presidente se defendía con sus brazos levantados. Unos instantes después advertí que alguien ¿el presidente? caía y daba una voltereta desde el pasillo del palacio hacia la calle, y pocos segundos después vi a Faustino aparecer por un costado de la vía y encaramarse sobre el caído a quien reconocí en seguida —su cabeza cana, su calva, su traje negro—. El presidente yacía en el suelo mientras Faustino le daba y le daba machetazos. Me quedé helada, paralizada. Sentí que yo era la culpable de lo que había pasado. Yo había sido la causante de que mi marido lo matara por haberme involucrado con el presidente, por aceptar sus visitas, por entregarme en sus brazos. Me sentía cochina, asquerosa, despreciable, me quería morir, a mí debían matarme y no a él. En cuanto vi a Faustino que dejaba de darle machetazos, tuve la espantosa certeza de que ya lo había matado. Había ocurrido lo que más temía, lo que lamentablemente, y Dios me perdone, por mi culpa tenía que suceder. Aterrada, abrazaba a Juanita y gritaba mientras veía a mi marido contemplar a su víctima, sacarse el sombrero y secarse el sudor de su frente. No podía moverme. Mis piernas flaquearon y temí desmayarme. Se oían gritos por todo lado, pronto la Plaza se llenó de gente.

Luego del griterío general se escuchó un silencio aterrador, un silencio impuesto por la muerte, y después, un tímido murmullo. La gente se arremolinó en torno al presidente caído; Faustino caminó lentamente con su machete ensangrentado hacia el medio de la Plaza. Hacia allá quise dirigirme para estar al lado de mi marido, quería abrazarlo, quería llevarlo conmigo a la casa, quería decirle cuánto lo quería y que me perdonara, pero Juanita me sostuvo de los brazos. De lejos podía mirar su rostro quebrado por una mueca de desolación; yo quería únicamente estar a su lado, protegerlo, que supiera que no estaba solo. Faustino detuvo sus pasos y regresó a ver hacia el palacio cuando dos o tres soldados lo llamaron, ¡capitán Rayo, capitán Rayo!; los guardias se le acercaron, lo rodearon, y dos de ellos le clavaron sus espadines por la espalda. Herido, se dobló sobre sus rodillas; entonces los soldados lo levantaron de los brazos, y el momento en que lo llevaban hacia el cuartel, se detuvieron en la esquina de la botica pues un grupo de soldados impedía su paso. Ese instante se escuchó el trueno pavoroso de un disparo. Temí lo peor. No me lo quise decir.

Tras el estruendo de la descarga se escuchó un silencio espeluznante seguido de una quietud absoluta, sólida, como si el tiempo se hubiese detenido. Luego de unos instantes en que nada ni nadie se movía, corrí hacia donde estaba Faustino caído, y antes de llegar donde él, dos pasos antes, me detuve al verlo con la cara y la frente destrozadas. Me disponía a abrazarlo, a reanimarlo, a levantarlo, pero ese instante sentí por detrás un par de brazos que me detenían, me jalaban y me retiraban en forma apresurada del lugar. Era Juanita con Moncayo que me sacaban de la Plaza, y me obligaban a correr junto a ellos. Corrimos los tres en medio de mucha gente que también avanzaba apresurada por la calle de los Plateros hacia el sur. En una esquina me quedé un rato con Juanita, a ver qué pasaba, mientras vimos que Moncayo corría calle abajo.

Estaba absolutamente conmocionada, absorta; no terminaba de entender, menos todavía de aceptar, lo ocurrido. Todo había pasado muy rápido, tan rápido que solamente fue al llegar a la plazoleta donde hacían las corridas de toros que me di cabal cuenta de lo ocurrido. No lo podía creer, no lo quería creer; repetía a gritos ¡no puede ser, no puede ser! Mi marido lo había matado, y un soldado —luego me enteré que había sido el negro López— había asesinado a Faustino. Lloré horas enteras, un mar de lágrimas y de mocos y de hipos brotaba incontrolablemente del fondo de mi corazón destrozado. Juanita me abrazaba, me consolaba con sus palabras, pero yo no encontraba paz ni consuelo alguno; me sentía culpable, absoluta y totalmente culpable de lo ocurrido; pensaba que si no me hubiera metido con el presidente, Faustino no lo hubiera matado, y el negro López no hubiera destrozado la cabeza de mi marido. Por mi debilidad, por no rechazarlo, por acceder a sus apremios ocurrieron esas dos muertes. La culpa me produjo una punzante sensación de repugnancia de mí misma; me odié, me detesté, me aborrecí, sentí que era una persona despreciable, que merecía el castigo, el sufrimiento, el infierno eterno. Sentí que no merecía la muerte con la cual hubiera calmado mi tormento, sino que merecía vivir el suplicio, expiar la culpa por haber ocasionado esas dos muertes.

Quise ir por el cuerpo de Faustino; estaría todavía tirado en la plaza; debía recogerlo y darle cristiana sepultura. Me aprestaba a salir pero Juanita me detuvo; alguien le había contado que mientras los restos de Faustino estaban en medio de la Plaza, había llegado el cuñado del presidente, Ignacio del Alcázar, junto con otros familiares y sus empleados, y habían arrastrado a mi pobre marido hasta arrojarlo a la quebrada del Machángara. Yo no paraba de llorar; Juanita me persuadió de esperar a que los ánimos se tranquilizaran, pues había soldados por todas partes que buscaban y apresaban a tirios y troyanos; me dijo que no sería raro que a mí también me arrestaran. Ella pediría a su hermano, el cura, que fuese por el cadáver y lo enterrase.

Mientras tomábamos una infusión de valeriana, escuchamos unos golpes en la puerta. Nuestro súbito silencio y nuestras miradas nerviosas expresaron al unísono el mismo pensamiento: ¡vienen por nosotras! Juanita me escondió en el sobre techo de su casa y luego fue a abrir la puerta. Escuché una voz que no reconocí, y después, a Juanita que decía, hola Alfonso, pasa, ¿cómo van las cosas? Era Alfonso Terrazas, primo de Juanita. Alfonso le contó, yo escuchaba desde mi escondite, que el presidente había agonizado durante varios minutos hasta que finalmente había muerto. Que llevaron su cadáver a la Catedral donde serían las honras fúnebres. Que un soldado había matado a Faustino, y que mi marido había muerto antes que el presidente. Que el vicepresidente Francisco Javier León, junto con el general Salazar, habían tomado el mando y perseguían a todo el mundo, pues buscaban a un grupo de sediciosos que había tramado el crimen. Juanita le preguntó si sabía los nombres de quiénes eran buscados. Su primo le dijo que no, y agregó que mejor permaneciera en casa, que cerrara la puerta y no abriese a nadie. En cuanto se fue salí de mi guarida, aunque por un momento sentí que mejor hubiera sido quedarme allí para siempre. Me quería morir, no soportaba estar viva, el dolor y la tristeza eran mucho más fuertes que yo.

75

Rayo había bajado a la Plaza en busca de propinarle el puntillazo final. Mientras tanto, desde el cuartel, que queda a 50 pasos del lugar donde el tirano yacía moribundo, se veía a unos soldados que, impávidos, miraban hacia la Plaza, que veían el tumulto y las carreras de la gente, que escuchaban los gritos y los disparos que anunciaban que algo grave ocurría. Pero, conforme a los planes, conforme a la promesa del comandante Sánchez, los soldados no saldrían a la Plaza hasta que hiciéramos lo nuestro, para entonces y sólo entonces, cuando estuviese bien muerto, salir a proclamar la revolución. Tampoco salían a la calle ni a la Plaza los ministros de Estado ni sus colaboradores, quienes permanecían en el edificio adyacente al palacio, frente al cuartel, a treinta pasos de la Plaza, y que, con toda seguridad, habrían escuchado los disparos, los gritos, el ruido de lo que sucedía esos momentos. El plan de Salazar, de acuerdo con Sánchez, era ese: dejar que lo maten, no ver nada, no escuchar nada, no saber nada.

Una vez en la Plaza, Rayo se encaramó sobre el cuerpo agonizante de García Moreno y le descargó algunos machetazos más, esta vez directos a la cabeza, sin obstáculo alguno. ¡Zas! Sin clemencia ¡Zas! Con inmensa rabia. En cada machetazo saciaba su sed de venganza, su odio insoportable, el inmenso sufrimiento y la pena que lo agobiaban. El momento en que lo creyó sin vida dio un paso al costado para observar a su víctima destrozada. Allí parado, con el machete todavía en su mano, Rayo reflejaba en su mirada una luz inflamada y cárdena.

Parados a escasos tres metros del lugar donde habían sucedido los hechos, mi hermano Juan Elías y yo observábamos ya no a García Moreno que caía asesinado; ya no al tirano cruel y despiadado que había asesinado a nuestro padre; ya no al hombre fuerte e indómito que tantas muertes causó. Tal vez con otros ojos, pero nuestros al fin, contemplábamos con cierta lástima a un pobre hombre desguarnecido, indefenso, frágil y maltrecho, que ya no le quedaba ánimo ni fuerza alguna para defender las últimas briznas de vida que se desvanecían para siempre. Sentimos pena del hombre que cayó asesinado; sentimos también alivio de saber que al fin había muerto el tirano, pero, a la vez, sentimos remordimiento por su muerte porque Juan Elías y yo habíamos participado e instigado a su crimen.

Recién ese momento, al verlo morir de esa manera, con su cráneo destrozado a machetazos, comprendí a cabalidad lo que significó haber incitado esa muerte que había deseado con toda mi alma que ocurriese desde el día en que ese hombre desgarró la vida de nuestra familia. Al contemplar cómo Rayo lo mataba no pude decir de corazón: "bien hecho, carajo, te lo merecías, asesino". No, no pude. Algo dentro de mí despertó ese mismo instante, algo que me decía que aunque García Moreno había sido cruel e implacable y por sus crímenes debía expiar su culpa, ese no era el fin que merecía.

Tras ese despertar en mí de una conciencia más "civilizada", que mascullaba sobre la conveniencia de llevarlo a los tribunales en vez de hacer justicia por mano propia, comprendí que el crimen no debe pagarse con el crimen; que la justicia no puede ser la institución que, camuflada en las leyes, encarne la venganza humana. Por supuesto que tampoco debe quedar impune una falta, más todavía una falta grave. Pero no creo que el ser humano, en su lentísimo y arduo camino hacia dejar de ser una bestia primitiva, deba utilizar el garrote para arreglar las cuentas, pues la venganza nos acerca más a lo salvaje que al hombre que el Creador debió imaginar. Confieso que lo comprendí cuando ya era muy tarde, pero también confieso que, a fin de cuentas, no me arrepiento de haber instado a su muerte, pues hubiera traicionado a una parte de mi naturaleza todavía arcaica que durante años me arrastró a cobrar venganza.

Luego del estremecimiento inevitable que produce contemplar un hecho de sangre, y tal vez con la indeliberada intención de despojarnos del trauma, de sacudirnos de la sangre que nos salpicaba, saltamos y arrojamos nuestros sombreros por los aires y gritamos ¡libertad!, ¡libertad! ¡Ha muerto el tirano, viva la patria! Todavía conmocionados por lo ocurrido, esperábamos que los militares consumaran la revolución, no sólo para que la democracia derrotase a la tiranía, sino para que la muerte del tirano alcanzara el sentido pleno que buscaba nuestra conjura. En esa expectativa nos hallábamos cuando de repente alguien exclamó:

—¡Cuidado que ahí vienen los soldados!

Nos quedamos paralizados donde estábamos, a pocos pasos del cuartel. Tratábamos de entender por qué venían los soldados hacia nosotros, bayoneta en ristre, pues si eran nuestros enemigos ¿por qué no salieron antes a defender a su presidente? ¿Acaso no escucharon los tiros y los gritos, acaso no tuvieron tiempo suficiente para intervenir? La duda nos tomó unos segundos, luego nos miramos a los ojos y nos dijimos ¡vámonos, que nos han traicionado!

Cornejo gritó ¡vamos, corramos!, y al ver que los soldados buscaban contra quién arremeter, gritó otra vez:

—¡Van a encaramarse en el poder los infames Salazares!

Minutos antes, Rayo se había sentado en el suelo, al lado de García Moreno que yacía exánime y ensangrentado, aunque todavía respiraba. A su costado había dejado su machete. Con una mano sostenía su sombrero; con la otra secaba su frente. Estaba atónito, la luz de sus ojos mostraba un fulgor velado, parecido al que tienen los gatos cuando contemplan una fogata. Luego de unos instantes se levantó y, con su machete en la mano, caminó hacia el medio de la Plaza; en su trayecto fue interceptado por dos soldados que comenzaron a acosarle con sus espadines. Sangraba por un pie, o tal vez su zapato se había manchado con la sangre de su víctima. Cuatro o cinco soldados más lo rodearon en actitud amenazante.

Todavía incrédulos, observábamos desde la pileta en medio de la Plaza lo que a 50 pasos de donde estábamos ocurría con Rayo. Al resultarnos evidente que lo iban a prender y que, además, un destacamento iría tras de nosotros —pues el Teniente Buitrón, hombre de confianza de Sánchez, nos buscaba con su mirada mientras apresaba a todo el que se cruzaba por su paso—, comprendimos ya sin ninguna duda que habíamos sido traicionados. De inmediato corrimos hacia la esquina nororiental de la Plaza, hacia la calle de los Plateros, donde encontramos a Polanco zambullido en medio del gentío de curiosos.

—¡Qué fue contigo, hombre, por qué no fuiste al cuartel? —Le increpó en tono severo Moncayo.

—Sí fui al cuartel —dijo Polanco— y hablé con Sánchez; me aseguró que sublevaría las tropas luego de muerto García Moreno. Lo vi todo desde la Plaza y después, cuando vi salir a los soldados, me vine hasta la esquina.

Ese mismo momento retumbó un tiro de rifle, estrepitoso, horrendo. Luego imperó un silencio aterrador y sombrío que instantes después fue quebrado por el aletear desaforado de mil tórtolas que levantaron su vuelo. Rayo había sido apresado tras ser herido por los soldados que clavaron sus espadines en su cuerpo. Después, cuando tomado de sus brazos por los soldados era llevado hacia el regimiento, irrumpió el cabo Manuel López, apuntó con su arma, gritó ¡abran paso!, y descargó un tiro que le perforó la cabeza. Rayo cayó muerto de contado.

76

Esa tarde pasé en casa de Juanita Terrazas. Me había insistido una y otra vez que me quedara con ella, que no pasara sola, que ella me cuidaría. Acepté para que mis dos hijos, que ese día estaban con mi madre, no me viesen en ese estado lamentable; lloraba sin poder controlarme, me sentía culpable y apenada por lo ocurrido, además, no sabía cómo contarles de la muerte de su padre. Horas después, ya un poco más tranquila y con una taza de agua de valeriana en mis manos, pregunté a Juanita sobre la conjura, y le di a entender de mis sospechas sobre su participación. Dudó, se dio las vueltas, que sí, que no, hasta que poco a poco me contó del plan que tenían los conjurados, con el apoyo de Sánchez, para matar al presidente.

Cuando Juanita me lo contó, entendí por qué había mostrado esa actitud evasiva los días anteriores en que conversamos. Sabía del complot; había participado en entablar los contactos entre los jóvenes y el comandante; estaba de acuerdo en la conjura y callaba para ocultar su participación y la de su amigo Sánchez. Lo que no nos quedaba claro era la forma en que Faustino entraba en el asunto; era evidente que se había puesto de acuerdo con los conjurados en las circunstancias del crimen, pues no por casualidad habían acudido al mismo lugar y a la misma hora. Juanita me dijo, y le creí, que no sabía nada de la participación de mi marido.

Luego de pasar la noche del 6 de agosto con Juanita, fui por la madrugada a la casa de mi madre a recoger a mis hijos. Lloramos abrazadas; mi madre ya estaba al tanto de los sucesos, pero, sin embargo, no entendía por qué Faustino lo había matado. No le quise decir nada, la culpa y la vergüenza me estrangulaban. Mi madre me contó que unos soldados habían ido por la noche a preguntar por mí. Era probable que regresaran a buscarme. Debía esconderme para evitar que me apresaran. Decidimos con mi madre salir lo antes posible hacia Latacunga, donde teníamos algunos familiares. A fin de despistar a eventuales pesquisas, nos disfrazamos de aguateras, con botijuela a la espalda y todo, y resolvimos separarnos: ella partiría primero con mi hijo mayor, Manuel Antonio, y yo, en seguida, con mi hijo menor, José María. Así lo hicimos. Luego de que salió mi madre y en cuanto me aprestaba a salir, tres soldados nos sorprendieron justo el momento de abrir la puerta. Nos llevaron a mi tierno hijo José María, y a mí a la capacha.

En la cárcel me sentí desesperada, lamenté haberme separado de mi madre y de mi hijo mayor, pensé que tal vez hubiese sido mejor que todos hubiésemos permanecido juntos, así, al momento de atraparme hubiera podido encargar mis dos hijos a mi madre. No me importaba lo que harían conmigo, que me torturaran, que me violaran, que me mataran, pero no quería que le pasara nada a mi hijo que estaba conmigo en prisión. Lloraba desconsolada, no tenía a quién recurrir; mi pena era más grande que mi miedo, pero debía estar fuerte para proteger a mi hijo. De repente escuché que un guardia me llamaba, la señora Mercedes Carpio de Rayo. Yo soy, dije, mientras miraba a sus ojos. Venga conmigo, me dijo y abrió la puerta de la celda, y me condujo hacia otro cuarto, donde había una mesa y dos sillas. Esperé unos momentos. Estaba sola con mi hijo en brazos, desesperada. De repente entró el general Francisco Javier Salazar. Lo había conocido como conoce el pueblo a los personajes públicos; lo había visto varias veces junto al presidente, la última, en la procesión de viernes santo: el presidente cargaba la cruz y Salazar lo acompañaba mientras rezaba, canturreaba y tornaba los ojos al cielo, en medio de las risas ocultas de la gente. El general era un poco gordo, de estatura mediana, tenía la frente amplia, la cabeza calva, era bastante cachetón y tenía los ojos grandes como de ternero, y un grueso y largo bigote. De verdad parecía cura, el "Padre Salazar" le decían, aunque su mirada turbia de buey libidinoso delataba su vileza. Me miró de arriba abajo, paseó sin empacho su mirada sobre mis senos. Me preguntó a bocajarro dónde había estado la noche anterior. Le dije que había ido a buscar el cadáver de mi marido a la quebrada. No sé si me creyó, pero en seguida me preguntó cuándo fue la última vez que había visto al capitán Faustino Rayo. Le dije que hace algunas semanas no lo veía, que él viajaba todo el tiempo. Me preguntó cuándo fue la última vez que había visto al capitán Gregorio Campusano. Le dije que a él tampoco lo veía hace muchos meses, que era más amigo de mi marido. Luego me preguntó si conocía a Juana Terrazas. Le dije que sí. Me preguntó cuándo fue la última vez que la había visto. Le dije que hace dos o tres días. Me preguntó de qué hablamos. Le dije que la había notado muy nerviosa y esquiva, y que por eso no habíamos hablado de nada en especial. Me miró algunos segundos en silencio con sus ojos nublados de párpados caídos. Yo le retiré mi mirada pues debía atender a mi hijo que comenzó a llorar. Entonces el general se levantó y se fue.

Pasé tres días en la cárcel; esperaba lo peor, que me despojaran de mi hijo, que no lo volviese a ver nunca más, que lo maltrataran. No pude dormir esos días, apenas cabeceaba y volvía a despertarme, no quería descuidarme de mi hijo, temía quedarme dormida y al despertar no encontrarlo. Sentía que la culpa habitaba en mi cuerpo y crecía dentro de mí como si fuera un monstruo que devoraba mis entrañas. Una y otra vez me repetía que había sido infiel, débil, ambiciosa, que merecía el castigo más doloroso e infamante que podía concebirse pues habían ocurrido esas desgracias por codiciar más de lo que tenía. Apenas comía, apenas tomaba agua. Entrecerraba los ojos y veía una y otra vez las escenas del crimen, sobre todo era reiterativa la imagen de Faustino encaramado sobre el presidente y dándole una y otra vez a machetazos hasta matarlo. Me horrorizaba pensar que yo había provocado todo. Durante la mañana de lo que sería el cuarto día en prisión, abrieron la puerta y el guardia —¡yo no dejaría que me arrebaten a mi hijo de ninguna manera, lucharía, pelearía, daría la vida si fuera necesario!— me dijo en forma seca y ruda, váyase, ya puede irse.

¿Quién planeó el complot? ¿Quién en forma oculta y astuta coordinó las acciones de los conjurados y Faustino? ¿Quién se benefició del crimen? Ahora que ha pasado tanto tiempo, todo se aclaró. Se sabe que fue el general Salazar el que tramó todo, el que movió los hilos de unos y otros, el que ordenó a los soldados, que estaban a 50 pasos de la escena del crimen, no salir a defender al presidente mientras lo mataban. También fue Salazar quien luego, ya cuando estuvo seguro de que estaba muerto, ordenó a las tropas salir a capturar a los conjurados, detener a Faustino y matarlo por mano del negro López. Así mismo, fue el general el que mandó apresar y fusilar a Campusano y a Cornejo, y el que muy probablemente, un par de años después, estuvo detrás de la muerte de Polanco. Otro que estuvo con el grupo de conjurados fue Roberto Andrade, el muchacho alto, que todavía anda escondido, dicen que en Colombia. Otro que participó, el "Colorado" Abelardo Moncayo, también sigue oculto, dicen que por el norte, en El Carchi o en Imbabura.

Si Faustino, ya no por vía de Salazar sino por vía del chismorreo, se hubiera enterado de mi relación con el presidente, igual hubiese buscado la manera de matarlo, pero no lo hubiera hecho ese día en medio de esas circunstancias. Conocí bien a Faustino y por ello puedo decir que, astuto como era, hubiera planeado hacerlo y lo hubiera hecho sin fallar el golpe, tal como lo hizo, pero luego hubiera escapado a la selva o a Colombia para salvar su vida. Pero como creía que Sánchez daría el apoyo a la conjura, lo que hizo Faustino después de matar al presidente fue quedarse en medio de la Plaza en espera de que el Ejército saliera a consumar la revolución. Mi marido, confiado, no corrió amparado entre la multitud a tomar su caballo para huir y ponerse a buen recaudo, sino que se quedó parado en media Plaza. Pero ocurrió que el Ejército salió, pero no a cumplir la revolución prometida, sino a prenderlo en espera de la llegada de su verdugo —el negro López— que le descargaría un balazo en la cabeza para matarlo de contado, y así borrar para siempre las huellas de la mano siniestra del general Salazar.

El tiro de rifle y el silencio espantoso que enseguida se produjo eran la señal irrecusable de que habíamos sido traicionados y de que la persecución, a sangre y fuego, sería despiadada. Corrimos lejos de la Plaza. Moncayo, que se había encontrado en medio del gentío con Juana Terrazas, fue con ella a rescatar a Mercedes Carpio, la viuda de Rayo, que estaba paralizada contemplando el cadáver de su marido tirado en el piso. Tomada Mercedes de sus brazos, "El Colorado" por un costado y Juana por el otro, corrieron en medio de la gente hacia la plazoleta de los toros. Mercedes Carpio se refugió con Juanita. Moncayo se encontró con Andrade y juntos se refugiaron en casa de los Gortaire.

La Plaza Grande mostraba una escena patética: al pie del palacio yacía el cuerpo de García Moreno y a pocos pasos, no más de diez, el de Rayo. Los dos envueltos en un charco de sangre y rodeados de soldados. Completaba el drama un hecho paradójico: el verdugo había muerto antes que su víctima. El granadino era ya un cadáver cuando García Moreno, todavía con una hebra de aliento, fue llevado a la Catedral. De su cuello colgaban dos escapularios y una cruz de oro. En cuanto su cuerpo moribundo fue colocado sobre una mesa detrás del altar mayor y bajo la imagen de Nuestra Señora de los Dolores, expiró. (Días después, una vez que Montalvo conociera la noticia, expresó: "El tirano murió, el monstruo se desvaneció, gloria a Dios, ya somos libres").

El cuerpo de Rayo todavía estaba tirado en la Plaza. Las campanas repicaron la segunda hora de la tarde. Una bandada de tórtolas surcó el cielo sin nubes. Hasta el cadáver se acercó Ignacio del Alcázar, cuñado del presidente asesinado. Luego de mirarlo con desprecio e insultarlo a viva voz, le dio un par de patadas y le pegó tres tiros. Desde entonces a Alcázar lo llaman el "Mata Muertos". El cuerpo del granadino fue arrastrado por la servidumbre de algunos familiares y allegados de García Moreno, y arrojado al río Machángara. Allí permaneció hasta el siguiente día en que fue rescatado y enterrado calladamente en el cementerio de San Diego bajo una cripta sin nombre.

Una vez muerto, Gabriel García Moreno fue cuidadosamente vestido de gran gala, con el elegante uniforme de general en jefe del

Ejército, con charreteras, guantes blancos, sombrero con cimera de plumas, banda presidencial bordada a mano con hilo de oro que le cruzaba el pecho y que decía "Mi poder en la Constitución", varias condecoraciones y entre ellas la Pontificia, botas militares y espadín al cinto. Así ataviado fue sentado en un sillón de corte arzobispal, de madera tallada, bordada de terciopelo rojo con hilo de plata, que fue colocado al pie del altar mayor de la Catedral, donde, regiamente sentado, aunque a ratos se inclinaba casi hasta caerse de la silla, fue velado durante tres días y tres noches rodeado de una numerosa guardia de honor, decenas de ramos de flores y efluvios permanentes de incienso, hasta el mediodía en que sus restos fueron retirados por sus familiares.

Mientras el crimen ocurría, el general Francisco Javier Salazar, ministro de Guerra de García Moreno, permanecía en su despacho, al lado del palacio de Gobierno, a pocos pasos de la Plaza, desde donde escuchaba el inquietante e inconfundible alboroto que revela que sucede algo grave. Había convenido con el comandante Sánchez en que ese sería el día. Estaba todo preparado para que el suceso ocurriese en la plaza de Santo Domingo, durante la mañana, en el momento en que el presidente saliera de su casa. Sus espías vigilaban los pasos de los conjurados y los de Rayo, de modo que Salazar era informado en forma minuciosa de todo lo que ocurría mediante un sistema de correo de voz que pasaba primero por el filtro del comandante Sánchez.

A media mañana llegó hasta su despacho uno de sus hijos a contarle que había visto a dos de los conjurados merodear por el Arco de la Reina. Después de escucharlo le ordenó que se fuera a su casa y que no saliera en todo el día. Más tarde fue informado de que el presidente había cambiado de rutina, pues, para sorpresa de todos, tardaba en salir de su casa. Luego supo que los complotados se habían replegado de la plaza de Santo Domingo y apostado en torno a la iglesia de La Compañía y a la Plaza Grande. Coligió, entonces, que los hechos ocurrirían en torno al palacio, situación que le resultaba compleja por la cercanía a su despacho. Pasado el mediodía fue informado de que el presidente finalmente había salido de su casa y que, como acostumbraba, se había detenido a visitar a su familia política en su camino hacia la casa de Gobierno. Supuso entonces que en cuanto de allí saliera, se produciría el atentado. Afiló el oído y esperó. Estaba muy nervioso; tenía calor pero resolvió no sacarse la chaqueta para no tener luego que ponérsela al apuro si algo imprevisto ocurría. Debía estar preparado para todo. Guardaba en el pecho su revólver cargado. Al alcance de su mano, sobre su escritorio, reposaba su bastón de estoque.

De repente escuchó los ruidos que tanto esperaba: primero, unos gritos, y luego, un disparo. Esperó atento. Contuvo la respiración para escuchar mejor. Volvieron las voces y tras un par de segundos, un par de tiros más. Seguían los alaridos, ahora por todo lado, ya no sólo en lo que sería el corredor del palacio, sino también en la Plaza. Siguió muy atento, trataba de convertir los ruidos en imágenes. Se preguntaba si acaso ya estaría bien muerto. Esperó. La gente gritaba en la Plaza. Había, sin embargo, un sonido que esperaba, un sonido que, conforme a sus órdenes, se produciría en cualquier momento. El plan era que una vez que hubiese muerto el presidente, se matase a Rayo, y luego se apresara y condenara a muerte a todos quienes supiesen algo de la participación del comandante Sánchez en la trama: Campusano y Polanco serían los primeros; Andrade, Cornejo y Moncayo, los segundos. El resto, mi hermano Juan Elías, yo y todos quienes apoyamos el golpe, los terceros. Una vez "sofocada" la rebelión y masacrados los criminales, nada lo detendría para encaramarse en la cima del poder.

Esperó unos segundos más, que le parecieron eternos, hasta que ¡pum!, por fin se produjo el tiro de fusil que esperaba. Entonces respiró de manera profunda, tomó su bastón, salió lentamente de su despacho, llegó hasta la puerta de calle, vio que al frente en el regimiento se conservaba la calma, caminó unos pasos hacia la Plaza, a su izquierda vio a unos guardias en torno al cuerpo ensangrentado del presidente, y un poco más allá vio al teniente Buitrón, al cabo López y, a sus pies, a Rayo tirado en el suelo. ¡Todo estaba consumado! Caminó unos pasos de regreso hasta el cuartel. Allí estaba el comandante Sánchez; llamó al resto de capitanes que se pusieran al frente de sus compañías, ordenó que se formaran; les anunció del crimen cometido contra el presidente de la República, y dio una arenga en que exhortaba a sostener el orden constitucional, respetar la legítima sucesión presidencial, acatar la voluntad del pueblo expresada en las elecciones, y mantener la lealtad y disciplina a la jerarquía y al mando de sus superiores militares, (él y el comandante Sánchez, claro está).

Tras haber logrado lo que tanto anheló durante años, caminó hasta la Plaza en compañía de un fuerte batallón armado, y una vez allí, tras fingir sorpresa y consternación, constató la inminente muerte de García Moreno y la expiración del granadino Faustino Rayo. Habló con el teniente Buitrón y con el capitán Barragán. Les ordenó la captura de Gregorio Campusano, Roberto Andrade, Manuel Cornejo, Abelardo Moncayo, Manuel Polanco, y de decenas más de personas que participamos en la conjura. Tras de nosotros fueron de inmediato algunas tropas. (Mi hermano Juan Elías y yo fuimos directamente a pedir asilo en la Legación de Colombia; allí permanecimos varias semanas. Luego hallamos otro refugio donde estuvimos largos meses. Juan Elías fue incriminado aunque no se hallaron pruebas en su contra. Yo también fui encausado, fui llamado a declarar en varias oportunidades y finalmente, tras un largo proceso, fui absuelto de todo cargo). Luego de afirmar que una inminente revolución amenazaba al régimen, Salazar dispuso que varios piquetes se ubicaran en defensa del palacio, bloquearan el ingreso a la Plaza por todos sus costados y se colocaran cañones en las esquinas estratégicas. Finalmente, ordenó disipar con fuego cualquier manifestación contra el Gobierno, y apresar a todo sospechoso.

Minutos más tarde Salazar volvió a su despacho y se reunió con Francisco Javier León, ministro del Interior y, como tal, vicepresidente de la República (quien, conforme a la Constitución, debía encargarse del mando tras la muerte del tirano), y con su primo Francisco Arboleda, ministro de Hacienda. Tras dialogar unos pocos minutos, Francisco Javier León asumió la Presidencia de la República, y decretó de inmediato la conformación de un Consejo de Guerra que juzgaría y, si fuere el caso, ordenaría la pena capital de los complotados.

78

Después de todo lo ocurrido pasé acongojada mucho tiempo, sentía una gran culpa que no me daba un solo instante de tregua. La tristeza y mi propio reproche me mordían sin clemencia. Lloraba y lloraba, no paraba de llorar. Sentía una pena enorme por la muerte de mi marido y del presidente, y una culpa más grande todavía por saberme la causante de ambas muertes. En el transcurso de mi vida he conocido gente que no obstante ser responsable de haber hecho algo malo, no experimenta el menor sentimiento de culpa. Incluso creen que lo hecho no es malo y encuentran mil razones o excusas para justificarse. Y no es que se mientan, sino que están convencidos de su plena inocencia y, por eso mismo, están tranquilos con sus conciencias. Felices ellos en su ceguera, en su necedad, en su desvergüenza; lamentablemente no era ese mi caso pues me digo, aunque sólo fuese para mi consuelo, que mientras lo hacía no me daba cuenta de que era algo malo que, además, podría ocasionar graves consecuencias a otras personas. Fue después, cuando la leche estaba derramada, que me di cuenta. Esto no me exime de culpa pero tal vez la atenúa; al hacerlo no tenía conocimiento de que hacía algo malo, esa conciencia me sobrevino después. Tenía claro que yo había transgredido un precepto, incumplido el compromiso de fidelidad con mi marido; ese fue mi pecado. Puedo tratar de encontrar muchas razones para explicarme por qué lo hice, decir, por ejemplo, que estaba separada de mi marido; que no tuve la fuerza de rechazar al presidente; que mi naturaleza es así; que no es fácil dominar los instintos. Para abonar en mi consuelo, para salir del pantano, para tener la fuerza de vivir, para poder criar a mis hijos con algo de sol, puedo decir que lo que hice no fue por mala, sino por idiota. Porque al hacerlo no me daba cuenta de los alcances que sin duda el acto acarrearía. Porque era evidente que en cuanto Faustino se enterara de mis andanzas lo mataría. Fui una perfecta idiota. Saberme culpable de la idiotez cometida y tener la certeza de ser responsable de todo lo sucedido, me hace sentir mucho pesar y mucha vergüenza.

Viví mucho tiempo amargada. Juré y re juré no volver nunca jamás en mi vida a no meditar en las consecuencias que mis acciones o la ausencia de ellas pudiesen ocasionar. Me arrepentí de todo corazón e hice propósito de enmienda con el fin de alcanzar el perdón de Dios. De todas maneras me sentía pésimo, "no me hallaba", no quería encontrar ni enfrentarme con mi alma pecadora, prefería no ver esa parte mía tan sucia y perversa; no podía cargar con mi atribulada existencia. Perdí el apetito y perdí algunas libras de peso. No tenía ganas de nada, me pasaba día y noche en la cama. Mis hijos no paraban de preguntar por su padre a quien no veían y extrañaban. Fue muy doloroso decirles que había muerto, pero que estaba en el cielo y cuidaba de nosotros.

Mi hijo menor se enfermó, se puso muy mal, no le bajaba la fiebre, parecía contagiado de tercianas; el médico que lo vio, el doctor Ruiz, con quien después de algunos años me casé, iba todos los días a cuidarlo y a velar por su salud. La fiebre no bajaba, al atardecer le subía muchísimo, el pobre deliraba, decía palabras melosas que nadie entendía. Así pasó como cinco días; yo vivía a su lado, le ponía día y noche paños fríos de agua de manzanilla mientras miraba sus ojos luminosos que me recordaban a los del presidente. Una mañana amaneció sin fiebre y, aunque pálido y débil, salió al jardín a jugar con su hermano bajo los brazos del magnolio. Él ya estaba bien, pero yo seguía mal, no mejoraba de ánimo; pasé así muchos meses, no salía a la calle para nada, no quería encontrarme con nadie; mi vida no tenía sentido, no decía quiero morirme sólo porque pensaba en mis hijos. Por suerte que mi mamá vino esos días a vivir con nosotros, y mientras yo pasaba en la cama llora y llora, ella, tan buena, atendía a mis hijos, lavaba la ropa, hacía la comida.

Al observarme en ese estado deplorable, mi mamá decidió llevarnos a Latacunga. Un día cogimos nuestras pocas cosas, las cargamos en las mulas y nos fuimos. Allá pasamos cerca de dos años. Debía superar mi sentimiento de culpa y aprender a vivir con ese peso en mi conciencia. No podía dejarme vencer por la tristeza, ya con la culpa y el arrepentimiento tenía suficiente. Poco a poco salí del pantano. Ya podía estar con mis hijos, ya no pasaba todo el día en cama, ya tenía un poco de apetito. Daniel, el doctor Daniel Ruiz, iba todos las semanas a visitarnos. Cuidaba por nuestra salud. Siempre fue bueno con mis hijos. Le contaba mis penas, le decía que amé a Faustino y que me sentía culpable de haberle dado motivo para matar al presidente y que por vengar su honor hubiese entregado su vida.

Ahora se sabe que había un complot que manejaba el general Salazar; se sabe que no solamente el general traicionero y ambicioso planificó la muerte del presidente, sino que también mandó a matar a Faustino para que no contara nada, porque si mi marido hubiese hablado se hubiera descubierto toda la tramoya. El general también mandó a matar a mi compadre Gregorio Campusano, porque fue mi compadre el que le contó a mi marido que el presidente tenía amores conmigo para provocar sus celos y lo matara, porque el mismo Salazar encargó a uno de sus espías, al ahora difunto Luis Tenesaca, que se lo contara a mi compadre y así provocar la furia de Faustino. Lo supe porque mi prima Mariana, que vivía en la calle del Chorro de Santa Catalina, tenía amores con el Tenesaca y, entre beso y beso, le contó el secreto.

También se supo que el general Salazar se valió del comandante Sánchez para infiltrarse entre los conjurados y que a ellos les prometió que nada les pasaría porque tenían el respaldo del Ejército. Esto lo supe porque mi amiga Juana Terrazas tenía una amistad muy cercana con Sánchez. Todo resultó ser una mentira. Una vez que hubo muerto el presidente, lo mataron a Faustino y persiguieron a los conjurados quienes fueron engañados y traicionados por Sánchez y por Salazar. Al primero que atraparon fue a Cornejo, pobre, en seguida lo fusilaron. También apresaron a Polanco que fue condenado a diez años de cárcel, pero como temía que lo fueran a matar en prisión, meses despúes pidió permiso para salir a las calles a combatir a favor del general Ignacio de Veintemilla. Un día en que Polanco se hallaba en medio de un combate, una bala le perforó la cabeza y lo mató en el acto, al pie de la iglesia de la Merced. Juana Terrazas era su amiga, ella recogió su cadáver tirado en medio de la vía. Juanita no dudaba de que lo mandaron a matar a Polanco porque sabía mucho de la participación del general Salazar y del comandante Sánchez en la conspiración. En cambio, Andrade y Moncayo lograron escapar junto con muchos otros muchachos que participaron en la conjura y que consiguieron esconderse a tiempo.

¡Qué terribles fueron esos días después de la muerte del presidente! El general metió en la cárcel a todo el mundo. Se perseguía a todos porque todos eran sospechosos; ahora se sabe que el general Salazar buscaba averiguar si había más gente que conocía sus planes. Si yo hubiese sabido algo ya estaría muerta. Pero todo este asunto es un secreto que sólo corre de boca en boca, porque el general todavía tiene sus espías; y como, además, es uno de los hombres más poderosos del país, puede tomar represalias contra quien hable más de lo debido. Pero algún día se sabrá todo porque todo se sabe en esta vida.

Ahora mis hijos han crecido. El mayor, Manuel Antonio Faustino, se parece a su padre y quiere ser abogado. El menor, José María, flaco y cabezón, pendenciero y testarudo, quiere ser ingeniero. Mi vida es cuidarlos y darles todo el amor posible; más allá de mis hijos no tengo vida, ellos son todo para mí.

79

El día del crimen, el comandante Sánchez permaneció toda la mañana en el cuartel. Las noticias que a cada momento le daban sus soplones sobre los movimientos de los conjurados se las transmitía al general Salazar; para ello, le bastaba cruzar la estrecha callejuela que separa al regimiento del despacho de los ministros de Estado, hablar con el general, y retornar a su puesto.

En horas de la mañana recibió un mensaje cifrado: era Polanco que quería hablar con él. Salió entonces del cuartel y caminó hacia la calle Angosta; allí se encontró con Polanco y conversaron; le ratificó el apoyo de sus soldados al golpe. Al medio día, en una de las ocasiones en que cruzaba el callejón para conversar con el general, se encontró con Juana Terrazas con quien conversó.

Más tarde, uno de sus hombres le anunció que García Moreno ya había salido de su casa y que los conjurados iban tras él. Cruzó el callejón y se lo contó a Salazar. Luego fue informado de que el tirano había entrado a la casa de sus suegros. Otra vez atravesó la callejuela y se lo informó al general. De regreso en el regimiento ordenó a las tropas realizar ejercicios de trote por el patio interno del cuartel. Allí permaneció, cerca de la puerta; supervisaba que los soldados continuaran en el ejercicio, mientras esperaba lo que debía de ocurrir.

Minutos más tarde escuchó un tiro y unos gritos y, luego, más gritos y otros disparos. Simuló no haber escuchado nada, continuó con el correteo de las tropas, un, dos, tres, cua… un, dos tres, cua…, en tanto esperaba con ansiedad que los hechos previstos sucedieran.

Pocos minutos después retumbó un tiro de fusil. El ruido se lo escuchó con toda claridad, era imposible simular no haberlo escuchado. Enseguida ordenó a sus tropas detenerse, formar filas y presentar armas. Poco tiempo después llegó al cuartel el general Salazar quien luego de arengar a las tropas para salvaguardar la Constitución, ordenó al batallón que lo acompañara a la Plaza.

80

Ese 6 de agosto de 1875, pocas horas después del complot, Francisco Arboleda, ministro de Hacienda y primo del general Salazar, firmó la orden dirigida a los gobernadores de las provincias, de capturar a Andrade, Cornejo y Campusano.

El primero en ser apresado y llevado a la cárcel, la misma tarde de los sucesos, fue Gregorio Campusano. Cuando el veterano militar retirado estaba en su casa tomando una taza de café junto a su esposa, irrumpió un piquete de soldados. Sin darle explicación alguna, exhibir orden de juez o autoridad competente, fue llevado al presidio recién inaugurado que ya denominaban panóptico.

(Campusano había estado preso hasta el día anterior al crimen, en que fue liberado tras pagar una fianza. Su cárcel se debía a que, presumiblemente, había participado en una de tantas conspiraciones contra García Moreno que, casi a diario, brotaban por el descontento popular. La tarde en que salió de prisión y la mañana del día siguiente había estado junto a Rayo. Esa era su culpa). Campusano permaneció engrillado e incomunicado mientras se recababan las pruebas dispuestas por el Consejo de Guerra por su hipotética participación en el crimen. Dos días después de su captura, el tribunal absolvió a Campusano por falta de evidencias; no obstante, dispuso que permaneciera en prisión hasta recabar otras declaraciones.

En cuanto Salazar se enteró de que el Consejo de Guerra había encontrado inocente a Campusano, fue de inmediato a la prisión a hablar con él. (Para el general era imprescindible encontrarlo culpable y fusilarlo lo antes posible, antes de que confesara quién le había requerido días atrás que fuera con el chisme donde Rayo, y a su vez, se descubriese que el mismo general lo había ordenado). Tras hablar con Campusano, Salazar fue donde el presidente Francisco Javier León y le convenció de la culpabilidad de Campusano.

Francisco Javier León, entonces, dispuso al Consejo de Guerra que ese mismo día volviese a considerar el caso de Campusano. Horas más tarde el tribunal declaró: "…Que Gregorio Campusano es responsable del alevoso asesinato [...] que como la alevosía no deja rastros es difícil conseguir pruebas claras como la luz del día para comprobar los asesinatos, pero la Divina Providencia, que no quiere permitir que los honrados e ilustres jefes que componen el Consejo autoricen la impunidad, ha hecho que, con respecto a Campusano, se tengan pruebas irrecusables...".

Una de las pruebas fue la declaración del mismo Francisco Javier León que decía: "Haberse encontrado a Campusano pocos momentos antes del asesinato en la tienda de Rayo, su amistad con éste…".

Al día siguiente, 9 de agosto, con ejemplar premura, el Consejo resolvió: "Vistos, la exposición del testigo subteniente José

María Solís, que no ha sido tachada legalmente, constituye por sí sola semiplena prueba contra el acusado Gregorio Campusano, quien trataba de llevar a cabo una conspiración, y [...] las visitas consecutivas hechas al asesino Rayo, las conversaciones secretas mantenidas con Rayo; la salida del taller de Rayo en su unión una hora antes de que se consumara (el crimen) y hasta su recogimiento anticipado hasta la casa que habita [...] se condena a Gregorio Campusano a la pena de ser pasado por las armas...".

El presidente Francisco Javier León, presionado por Salazar para que dé su veredicto en contra de Campusano, afirmó tener el "Convencimiento moral de que Gregorio Campusano es responsable del alevoso asesinato...".

El 11 de agosto, tan sólo dos días después de ser declarado culpable, Campusano fue fusilado. Salazar respiró aliviado, había logrado deshacerse del primer testigo de su felonía.

81

El segundo en ser aprehendido fue Polanco. Tras presenciar los acontecimientos desde la Plaza Grande, comprobar que García Moreno y Rayo habían muerto, ver salir a los soldados, intercambiar algunas palabras con Moncayo, ampararse unos momentos en la casa de unos amigos y tomarse una copa de vino, se encaminó hasta su casa y ahí se quedó el resto de la tarde, confiado en que no sería perseguido y menos aún apresado.

Polanco estaba sorprendido de que hubiesen matado a Rayo; pensaba que tal vez el negro López, que le pegó el tiro de fusil, no era parte de la tropa leal a Sánchez y que tal vez disparó, como algunos soldados lo hacen, idiotizados por ver correr sangre y erigirse en héroes a costa de matar a cualquiera. Pensó que tal vez un grupo de soldados que no formaba parte de los hombres de Sánchez habían salido a la Plaza a capturar a los sospechosos. Esperaba confiado mientras fumaba un pitillo, aunque estas cavilaciones comenzaban a generarle cierta inquietud.

Desde su casa, ubicada en la calle Angosta, detrás del palacio de Gobierno, Polanco escuchaba los incesantes rumores provenientes de la Plaza Grande, donde a esas horas de la tarde todavía yacía tirado el cuerpo inerte de Rayo, quien era escrutado por la mirada fisgona de cientos de personas. Esperaba que la revolución se consolidara en todos los cuarteles y se extendiese a Guayaquil, tal como habían sido los planes, para que una vez depuesto el Gobierno se convocara a elecciones en las que su amigo Borrero tendría las mejores opciones de triunfo. En su cabeza revoloteaba la imagen del granadino encaramado sobre García Moreno y partiéndole el cráneo a machetazos. Trepidaba todavía en sus oídos el estruendo del tiro de fusil que mató a Rayo. Confiaba en que todo saldría conforme a los planes, pero su intranquilidad crecía minuto a minuto. Le preocupaba también no haber visto a Sánchez salir del cuartel y dirigirse hacia el palacio, junto con sus hombres, a capturar a León y a los generales Salazar y Sáenz para deponer al Gobierno y proclamar la revolución. Hasta esa hora no escuchaba desde su casa, tan cercana a la Presidencia, la noticia de que el Gobierno había sido depuesto; le alarmó lo dicho por su vecina: ¡los militares han salido a apresar a los conspiradores, rebuscan en todas las casas! Tal vez habría algún inconveniente de última hora, pensó; tal vez algo habría salido mal, ¿pero qué? Recordaba las palabras dichas por Sánchez días atrás: Déjese usted prender, que a cualquiera de los cuarteles que vaya preso, allí será proclamada la revolución y de allí saldrá usted victorioso. Se aferraba a esas palabras como a un madero en medio del océano.

Las campanas tocaron las cuatro de la tarde. Salió hasta la puerta de calle y miró a lado y lado. ¡No había un alma! Esa imagen lo perturbó más, y más se alarmó cuando luego de pocos instantes vio a un piquete de soldados que doblaba la esquina y se encaminaba calle abajo. Volvió a entrar y cerró la puerta tras de sí. Decidió prepararse un café y liarse otro cigarrillo. Pensó en Borrero. No había recibido respuesta del mensaje cifrado que le había enviado y en el cual le comunicaba que pronto se daría el golpe. Hasta ese día no tenía noticias de sus amigos guayaquileños que, una vez enterados de la muerte de García Moreno, se manifestarían frente a la Gobernación y ante los cuarteles para exigir el apoyo a la revuelta y a la convocatoria a nuevas elecciones. Tres golpes toscos y secos en su puerta interrumpieron sus pensamientos al tiempo que le causaron pánico.

Un piquete de soldados llevó preso a Polanco al regimiento número uno, justo aquel en que Sánchez era el jefe. Fue puesto en un calabozo húmedo, frío y apestoso. Horas más tarde, todavía estupefacto, preguntó a un soldado por el comandante Sánchez y exigió hablar con él. El uniformado simplemente respondió con un movimiento de la mano en el aire como si exprimiera una toronja, que significaba que no había nadie.

Polanco permanecía recluido, engrillado e incomunicado. En su angustioso encierro todavía confiaba en Sánchez, todavía esperaba que lo sacara de la cárcel. Pero cuando poco a poco se enteró, por los rumores que escuchaba en su celda, de cómo se habían dado los sucesos posteriores al crimen, de que Salazar ejercía el mando ante la pusilanimidad del vicepresidente León, de que se perseguía a Cornejo, a Andrade, a Moncayo y a decenas más, de que se había fusilado a Campusano y de que se había instalado un Consejo de Guerra para juzgar a los conjurados, comprendió que había sido engañado no sólo por Sánchez, sino también por Salazar, pues el general, encaramado en el poder, resultaba ser el gran beneficiario de la muerte de García Moreno.

Polanco, atribulado e indignado, comprendió que el general Salazar había manejado, en forma artera y perversa, todos los hilos de la conjura al valerse de Sánchez y de él mismo, para que ellos a su vez, movieran los otros hilos, los de Andrade, Cornejo, Moncayo y los del mismísimo Rayo. Salazar lo había engañado al simular su apoyo a la conjura, y al darle su beneplácito a la idea de llamar a nuevas elecciones.

Ahogado en el doloroso y bochornoso sentimiento de haber sido traicionado, Polanco se enfrentaba, además, a la tenebrosa posibilidad de ser pasado por las armas, pues Salazar lo acusaría de haber participado en el complot para excusar de ese modo su propia participación en el crimen. Encerrado en su celda sombría y pestilente, se devanaba los sesos no tanto ya en lamentar la traición, en comprender la urdimbre siniestra tejida por Salazar, sino en encontrar la forma de salvar su pellejo. Polanco quería vivir. Pensaba que él, en su defensa, podría acusar a Salazar y a Sánchez de haber participado en el complot, y que esa sería su arma de resguardo, su palanca de presión que utilizaría si lo quisieran enviar al cadalso.

A primera hora de la mañana del 8 de agosto fue sacado de su celda y, todavía con los grillos, fue llevado por un oscuro corredor hasta un cuarto sombrío y sin ventilación que tenía una mesa y dos sillas, una frente a otra. Allí lo dejó el guardia sin darle más explicación. Polanco comprendió que sería interrogado —como avezado abogado conocía de esos procedimientos tormentosos—. Clamaba al cielo que fuera Salazar quien lo interrogase pues, al ser el general el amo y señor de los destinos humanos y el único que podía condenarlo o salvarlo, podría intentar llegar a un acuerdo con él. Habían sido amigos; de alguna manera tramaron juntos el golpe, al menos estaba informado y dio su aquiescencia; también Salazar era militar como su hermano, el coronel José Antonio Polanco, en fin… El "Querubín" Polanco creía que tendría una oportunidad.

Sabía que había cometido el delito de conspirar y que, inevitablemente, sería delatado por cualquiera de nosotros una vez que nos atraparan, ya que nadie puede contener la lengua cuando es torturado. Había muchos testigos que podrían declarar contra él e inculparlo de su participación. De repente escuchó los pasos. Era Salazar. Entró y se sentó frente a él. Polanco sabía que no cabía hacerle reproche alguno, pues indisponerlo podría resultarle contraproducente. Tras un gélido saludo mutuo, el general se limitó a recordarle que el Consejo de Guerra que lo juzgaría tenía la facultad de llevarlo al paredón, pero que sin embargo, salvar su vida dependía de él, de su comportamiento caballeroso, pues no sería bien visto que implicara a militar alguno en la conjura. Agregó que él, como ministro, debía de cumplir sus funciones, que no podía dejar de perseguir a todos los involucrados en el crimen, y que de los testimonios de los otros testigos dependería su suerte. Polanco le dijo que podría tener una actitud considerada pero que esperaba reciprocidad. Sin más, el general se retiró y Polanco fue llevado de vuelta a su celda.

El 8 de agosto por la tarde Polanco fue llevado ante el Consejo de Guerra. En su confesión se declaró libre de toda participación en el hecho y no incriminó a persona alguna: no dijo nada de Sánchez, no dijo nada de Rayo, inclusive, negó haber tenido reuniones con los imputados. Tras su sagaz declaración —era abogado— Polanco fue —solamente— condenado a 10 años de presidio.

Una mañana en que Polanco permanecía en el patio del cuartel número uno mientras cumplía los primeros días de su condena, una "bala perdida", disparada por un guardia que limpiaba su arma, rozó su cabeza y le arrancó un mechón de pelos. A partir de ese momento optó por permanecer en su celda la mayor parte del tiempo, y se abstuvo de salir al patio; también decidió inhibirse de comer y beber con excepción de lo que le llevaban sus familiares.

Pocos días después supo que Cornejo había sido apresado y que Salazar lo había presionado para que lo inculpara, cosa que en efecto hizo, por cuanto Salazar le ofreció librarlo del paredón si así lo hacía. Pero Cornejo, sin duda menos astuto que él, inculpó también a Sánchez —cosa que Polanco no hizo y por el contrario, negó la participación del comandante— por lo que días después Cornejo fue pasado por las armas.

La Comandancia General del Ejército (bajo las órdenes de Salazar), sobre la base de las declaraciones emitidas por Cornejo y otras consideraciones, apeló la sentencia emitida contra Polanco, y pidió la pena de muerte. (Salazar quería eliminar a Polanco, como ya lo había hecho con Campusano, con Rayo y con Cornejo, porque Polanco sabía mucho más que los otros, y porque sobre todo, sabía hechos muy inconvenientes para el general). Semanas después, la Corte Suprema Marcial denegó el pedido de la autoridad militar —Salazar en esos días ya había perdido fuerza en el Gobierno— y ratificó la sentencia inicial, con lo cual Polanco podía, de momento, respirar en paz.

Días más tarde, y ya cuando la participación del general en el crimen era *vox populi*, Polanco arremetió contra Salazar: "El verdadero autor del asesinato es él, que había dirigido toda la estratagema detrás de bastidores".

Los hechos ocurridos los días posteriores determinaron, el 2 de octubre, la caída de Salazar y, pocos meses después, el advenimiento de Antonio Borrero a la Presidencia de la República. Uno de los primeros actos del flamante presidente fue visitar a su amigo Polanco en la cárcel. Si bien no conmutó su sentencia —no quería enemistarse con los godos por razones políticas—, otorgó a Polanco mejores condiciones para su confinamiento: además de ocupar una celda más amplia y luminosa, con vista a las colinas de San Diego, podía salir por las noches, y lo hacía lleno de dicha, pues, cosas de la vida, había logrado intimar nada más y nada menos que con la bella Juanita Terrazas. Sin embargo de sus placenteros recreos nocturnos, Polanco tomaba muchas precauciones en sus salidas, pues vivía atemorizado de otra bala que, aunque "perdida", encontrara su destinatario.

Juan Montalvo y Eloy Alfaro, cada cual por su lado y en diversas ocasiones, también visitaron a Polanco en la cárcel durante el año de 1877. Ese año, en el mes de noviembre, cuando Ignacio de Veintemilla estaba en el poder, Polanco solicitó permiso al comandante Vernaza, de las fuerzas gobiernistas, para salir a la calle a combatir junto a sus tropas, pues prefería arriesgar su vida en la batalla, a caer en las manos de sus enemigos que lo acechaban en la cárcel. Vernaza accedió al pedido y autorizó que Polanco saliera de su celda a luchar contra las fuerzas del general Salazar que reñían contra las de Veintemilla. Atrincherado en la esquina de la iglesia de la Merced, Polanco disparaba contra las tropas enemigas cuando un francotirador, apostado en una torre vecina, disparó un balazo certero que le perforó la frente y lo mató al instante.

Muchos años después, en junio de 1891, Eloy Alfaro escribió a Roberto Andrade una carta en la que decía: "Desgraciadamente Polanco salió de prisión para morir en las calles de Quito, combatiendo a favor de su enemigo personal Veintemilla, para evitar la venganza de sus otros enemigos en armas". Antes de su trágica muerte, Polanco escribió desde la cárcel una carta en la que decía: "No son capaces de comprender toda la parte que les corresponde en la muerte del tirano a los dos traidores confabulados, Salazar y Sánchez, promotores únicos, conductores diestros, autores principales de dicha muerte, asesinos verdaderos, corrompidos y cobardes, pérfidos y dolosos...". Más adelante agregaba: "Pronto se demostrará para que vean los ciegos y crean los escépticos que Sánchez era el brazo con que hería Salazar, y los conjurados eran el brazo de Sánchez; no mío"

82

"Van a encaramarse en el poder los infames Salazares" fue el grito angustioso proferido por Cornejo en cuanto comprendió la traición de que habían sido víctimas. Desesperado, corrió hacia la esquina de la Plaza y se aunó a la muchedumbre. No sabía qué hacer, no sabía a dónde ir; esperaba, confiado, que se produjera la revolución prometida por Sánchez, por lo que nunca pensó en un plan de fuga. Confundido, abatido y furioso, caminó hacia su casa en Santa Bárbara, pero al ver que por allí merodeaba un soldado se dirigió hasta la casa de su madre que, ya enterada de lo ocurrido y al ser católica fanática, lo reprendió por sus hechos lo cual ocasionó que discutieran, y que Cornejo se viese en la necesidad de buscar refugio en la casa de su hermana. Allí pasó el resto de la tarde mientras escuchaba las voces alarmadas que daban cuenta de la persecución contra los complotados. Esa noche durmió vestido y con un ojo abierto.

De madrugada salió disfrazado de indio; iba descalzo y con un largo poncho; cargaba un saco a la espalda, y estaba embarrado la cara y las manos con lodo. Logró evadir varios piquetes de soldados mientras caminaba hacia la casa de otra de sus hermanas donde buscó asilo, pero le fue denegado. Su hermana, sin embargo, luego de curarle sus pies heridos, le facilitó un caballo con el que continuó su fuga. Llegó hasta el valle de Chillo y luego se encaminó hasta el cerro Pasochoa, donde su familia tenía una hacienda. Allí permaneció escondido unos días, pero la desesperación, la soledad, la incomunicación pudieron más que él; entonces mandó un emisario a Quito a buscar dinero y algunas ropas pues quería emprender viaje a Colombia para allí refugiarse.

En cuanto el emisario de Cornejo llegó a Quito fue aprehendido; al ser torturado confesó dónde se hallaba su amo y declaró todo lo que él le había narrado sobre la conspiración, inclusive la participación del comandante Sánchez. La declaración del emisario sobre el papel jugado por Sánchez se esparció por toda la ciudad: pronto todo el país supo la noticia, y aunque Salazar no había ordenado la captura del comandante, en cuanto se conoció la noticia se vio obligado a hacerlo en atención al clamor popular que, además, señalaba que al haber sido apresadas ochenta personas era muy sospechoso que no lo hubiese sido uno de los principales implicados.

Tras conocerse el paradero de Cornejo, un piquete de soldados marchó enseguida a buscarlo; poco antes de llegar fueron avistados por los trabajadores de la hacienda, por lo que Cornejo, alertado, tuvo poco tiempo de correr por barrancas y chaparros hasta que, exhausto, se detuvo en la cresta de un páramo y allí se escondió confiado de estar a buen recaudo. Pronto los soldados forzaron a los trabajadores de la hacienda por información sobre el lugar por dónde había fugado. Obtenido el dato, fueron por él. Rodearon el páramo, prendieron fuego a los pajonales que envolvían su escondrijo; al rato Cornejo salió de su madriguera mientras tosía ahogado por el humo acumulado en sus pulmones. Lo encontraron desarmado, más despeinado que siempre y con un poco de queso y pan duro en sus bolsillos.

Una vez atrapado, Cornejo fue engrillado y llevado a prisión. En el camino desde el Pasochoa hasta la cárcel de Quito, habló con muchos de los soldados que lo escoltaron: contó todo lo que sabía sobre la conspiración y sobre el comandante Sánchez. En cuanto llegó a la capital, fue llevado ante Salazar con quien se entrevistó, a solas, por largas horas. El general, investido de autoridad y de poder, lo amedrentó cuando le dijo que él era el hombre fuerte del Gobierno, y, prevalido de que era el mismísimo dueño de la vida de los conjurados, lo presionó para que inculpase a Polanco y a Campusano, y para que no dijera nada de Sánchez. Inclusive, le ofreció perdonar la vida si lo hacía. Cornejo, atemorizado por Salazar, pero confiado en su promesa, en su primera declaración inculpó a Rayo, a Campusano y a Polanco sin decir nada de Sánchez. Pero días después, al dudar de la promesa hecha por el general, declaró nuevamente e incriminó también a Sánchez al afirmar que Polanco había hablado con el comandante.

El 24 de agosto se instaló el Consejo de Guerra que lo juzgaría. El 26 fue sentenciado a muerte. Al día siguiente, al alba, fue fusilado en la Plaza Grande, en el mismo lugar donde había caído García Moreno.

83

Andrade estaba en la esquina de la Plaza Grande cuando escuchó el tiro de fusil que mató a Rayo. Sorprendido, corrió junto a un gentío en el que se encontraba Moncayo, con quien finalmente se refugió en casa de Ramón Gortaire. El "Larguirucho" Andrade no podía creer lo ocurrido, no se explicaba todavía qué había pasado, si había sido traicionado de manera infame por el comandante Sánchez o qué había pasado. Resonaba todavía en sus oídos el grito que dio Cornejo al ver salir a los soldados tras ellos, ¡se van a encaramar en el poder los Salazares!, pero se resistía a creer que todo hubiese sido una jugarreta en la que el único triunfador resultaba ser el general Salazar. Todavía creía que tal vez alguien había delatado a Sánchez y que, a último momento, había sido apresado y por ello no pudo sublevar al cuartel como lo prometió. Sin embargo, dudaba, pues había visto al hombre de confianza de Sánchez, al teniente Buitrón, salir hacia la Plaza al frente de las tropas. Pero, al no haber visto a Sánchez por ningún lado, se preguntaba si tal vez se escondía de ellos para que no fuese desenmascarada su traición, o si, acaso, el mismo Sánchez había sido descubierto.

En medio de sus cavilaciones, se interrogaba si quizás ellos habían sido unas marionetas movidas por una mano invisible que manejaba todos los hilos del suceso. Ese astuto titiritero sería quien se beneficiaría de lo sucedido. ¿Quién o quiénes podrían ser? Alguien tramó el crimen, pensaba, alguien los usó —y tal vez a Sánchez también— para perversos fines ulteriores. Al no haberse producido la prometida revuelta del cuartel contra el Gobierno, era evidente que luego de la muerte de García Moreno, sus sucesores legales quedarían al mando. Ellos eran Francisco Javier León y Francisco Javier Salazar, los dos ministros más fuertes del régimen. Era conocida la debilidad de carácter de León, por lo que concluyó que, quien realmente ejercería el poder, sería Salazar.

Junto con Moncayo, permanecía Andrade oculto bajo el piso, en un hueco disimulado por los tablones de madera del suelo, y que quedaba en medio de un corredor de la casa de Gortaire. El escondite era perfecto, a pesar de las arañas y otros bichejos que por allí anidaban, pues además de ser lo suficientemente amplio como para que cupiesen dos personas —pese al gigantesco tamaño de Andrade—, se camuflaba maravillosamente entre las demás tablas del piso. Allí se disponían a pasar la noche —cosa muy diferente que dormir— cuando sintieron los cuatro golpes que indicaban que alguien de confianza quería hablar con ellos. Levantaron la portezuela de su ratonera y vieron que era Gortaire: les contó que habían visto al comandante Sánchez entrar, mondo y lirondo, al palacio, que allí se había parapetado el general Salazar como nuevo dueño del poder; que el general había dispuesto la persecución de medio mundo; que allí permanecieron por cerca de cuatro horas y que luego salieron juntos mientras conversaban como dos viejos amigos.

Tardaron poquísimos segundos en comprender que, entonces, no había sido apresado el comandante Sánchez; que, entonces, no había sido descubierta la participación de este en la conjura; que, entonces, era cómplice del general; que, entonces, no cumplió con su palabra de soliviantar a las tropas; que, entonces, no cabía duda de que habían sido traicionados, y que, entonces, ¡era Salazar quien manejó toda la tramoya al manipular a Sánchez, a Rayo y a todos ellos!

No salían de su indignación y de su asombro al remachar una y otra vez sus conclusiones. El general Salazar había utilizado el aparato de espionaje del Gobierno para conocer todo lo que ocurría en torno a la conspiración, y se había aprovechado de esa información para mover las piezas a su antojo y obtener el provecho anhelado: quedarse con en el poder. Salazar fue el perverso artífice del asesinato de García Moreno, traicionó a quien había confiado en él tras nombrarle su ministro, y traicionó a ellos y a Rayo al hacerles creer, por medio del comandante Sánchez, el cuento de que "cuando esté bien muerto será sublevado el cuartel" para deponer a los herederos del trono vacante y llamar a elecciones. ¡Todo había sido una engañifa! El hecho concreto era que Salazar asumió el mando tras la muerte de García Moreno, pues el vicepresidente León era una figura decorativa, y, para colmo, ¡Sánchez entraba al palacio como Pedro por su casa!

Andrade y Moncayo tuvieron, entonces, la certeza de que todos serían perseguidos por las fuerzas de Salazar ¡y de Sánchez!, no sólo porque su participación en el suceso había sido pública y notoria —frente a decenas de testigos— sino y sobre todo, porque Salazar necesitaba borrar toda huella de su participación.

Sus vidas estaban en riesgo; si fuesen atrapados serían fusilados. Debían encontrar un refugio más seguro. Andrade decidió que la mañana siguiente iría a casa de los Villacreses, para posteriormente partir hacia el norte, donde su familia tenía unas tierras.

Acurrucados en la fosa que les sirvió de efímero cobijo, Andrade y Moncayo apenas pudieron dormir unos minutos en medio de la duermevela de sus temores y dudas. Al rayar el día, cuando Andrade se disponía a cambiar de refugio, supieron la noticia de que Polanco había sido tomado preso, al igual que una treintena de personas. La crónica matutina que corría por toda la ciudad daba cuenta de que decenas de soldados buscaban a todos los que participaron en el suceso. Decían que los guardias entraban a las casas y rebuscaban por todo lado; que los presos eran llevados al nuevo penal construido por García Moreno, y que allí los torturaban para arrancar sus declaraciones.

Andrade salió disfrazado de mujer hasta la casa de Villacreses. Allí permaneció oculto en el entretecho de un desván por cerca de un mes, mientras esperaba el momento propicio para partir hacia el norte. Desde ese gatero presenció, aterrado y paralizado, la forma minuciosa en que los guardias registraron la casa en dos ocasiones. Allí también se enteró de que Campusano había sido fusilado —no se explicaba bien por qué, pues no tuvo participación en la conjura—, y de que Cornejo había sido apresado, sometido a Consejo de Guerra y fusilado. También se enteró de que Sánchez fue apresado tras las declaraciones que en su contra hiciera Cornejo, pero que tras las rejas gozaba de buen trato, que no era el caso de Polanco que también preso era sometido a vejámenes.

A las siete de la noche de un viernes de fines de septiembre, una mujer inusualmente alta caminaba con paso largo y apresurado por la calle. Parecía ser una beata que, ceñida en su negro manto, concurría a dejar unos paquetes al cura de la iglesia de San Blas. Al llegar a la esquina de la iglesia se encaminó presurosa —sí, ella— hacia el oriente, donde esperaban unos familiares con unos caballos listos para emprender el viaje nocturno hacia Cayambe, al norte de Quito.

Algunos retenes de soldados fueron traspasados sin ningún contratiempo pues, conforme al plan, la astuta y espigada dama sabía que los viernes el aguardiente y el fandango serían más importantes que la vigilancia. De Cayambe pasó a Otavalo, siempre envuelta en su negro manto, y de allí cruzó la frontera hasta la población de Cumbal, cercana a Pasto, en Colombia. Al día siguiente, ya despojado de su atavío y con la ayuda del coronel Arellano —cacique de Tulcán y opositor al tirano—, Roberto Andrade llegó a Ipiales donde residía Montalvo y donde permaneció a buen recaudo.

Moncayo permaneció oculto en casa de Gortaire casi dos meses. Luego de ese tiempo —que le pareció larguísimo y aterrador pues no hubo día en que no creyera que sería descubierto— salió a las doce de la noche de un domingo, ataviado con una vieja sotana que todavía conservaba y que le sentaba muy bien. Pintadas sus rojas barbas de negro y con la biblia en la mano, viajó a lomo de mula hacia Otavalo, al norte de Quito, donde se refugió en la hacienda de quienes después de unos meses serían sus suegros, los padres de Roberto Andrade, su amigo y compinche en el golpe.

En el predio llamado "La Quinta" encontró generoso y apacible amparo. Se casó con Dolores, la hermana de Andrade, con quien tuvo varios hijos.

A fines de ese año de 1875, Moncayo le escribió una carta a su amigo Quintiliano Sánchez, en la que afirmaba: "Sólo la traición de un infame y la cobardía de cuatro encopetados que debían acompañar a Sánchez en la puerta del cuartel, pudieron dar en tierra con la revolución más justa, más santa y gloriosa que se tramara en el Ecuador [...] Te confieso con sinceridad, el plan era atarlo [...] y probablemente fusilarlo después [...] ¿qué hacíamos con ese tigre enjaulado? Pero la presencia de Rayo lo turbó todo; y a buen tiempo [...] ¡Oh Si ese traidor de Sánchez, si ese infame de Polanco no se hubieran portado tan ruines!"

El comandante Sánchez fue apresado el 20 de agosto por las declaraciones que hiciera Cornejo; no le quedó más remedio al general Salazar, dado el clamor popular, que mandar apresarlo y llevarlo a la cárcel donde recibió buen trato y consideración. El 27 de ese mes fue dado de baja y a los pocos días, al aducir que estaba enfermo, fue trasladado a un hospital del cual se fugó el 6 de octubre.

Semanas más tarde se lo vio al norte de Quito, en una población llamada Cotacache, donde conversó con un hermano de Andrade y preguntó si su nombre había sido mencionado en las investigaciones para hallar a los conjurados.

Días más tarde se refugió en la población de Bodegas donde vivía su madre, y muchos años después, en 1882, cuando apoyaba a las fuerzas de Veintemilla, fue aprehendido en Esmeraldas por el teniente Vargas Torres, oficial de las huestes liberales de Alfaro.

Los alfaristas lo llevaron preso a Montecristi donde sublevó a la tropa contra sus captores y logró fugar. Días después fue recapturado por los liberales, juzgado, sentenciado a muerte y fusilado.

86

El general Salazar continuaba en el Gobierno luego de haberse posesionado Francisco Javier León como presidente de la República, tras la muerte de García Moreno. León fue buen amigo de García Moreno a quien había conocido en casa del cura Betancourt cuando tenía quince años; era buen hombre aunque conocido por su débil carácter.

Establecidos los Consejos de Guerra, atrapado y fusilado Campusano, atrapado y encarcelado Polanco, atrapado y fusilado Cornejo, continuaba la persecución de todos los implicados. Cerca de cien personas fueron encerradas y muchos, desterradas.

La lucha por el control del mando se acentuó cuando Francisco Javier León comenzó a presentar serios desórdenes mentales. No podía ejercer el poder en medio de sus desvaríos. Pocos días después, el 6 de octubre, fue forzado a dejar el cargo. Entonces se refugió en su casa donde todo el tiempo mascullaba palabras sin sentido alguno, y corría espantado de su propia sombra. Cinco años después, ya totalmente enloquecido, León se arrojó desde la terraza para destrozar su cráneo y así despojarse para siempre de sus exasperantes cuervos. Tras su caída, murió de inmediato.

Mientras Francisco Javier León todavía ejercía el encargo de la Presidencia, Manuel Ascázubi, cuñado de García Moreno, que había sido nombrado ministro del Interior, pugnaba por asumir el mando. En contraposición, los amigos y correligionarios de Salazar promovían el nombre de este general. En esa disputa se hallaban cuando las incesantes denuncias de que Salazar había tenido participación en el suceso echaron por la borda sus aspiraciones. ¿De qué, entonces, le sirvió el crimen? El general se vio forzado, muy a su pesar, a desistir de su postulación, pero como todavía quería salirse con la suya, pretendió imponer el nombre de su hermano Luis Antonio (abogado, ministro de la Corte Suprema), quien no tenía la aceptación de los garcianos que pugnaban por hallar un personaje de consenso. Mientras tanto el pueblo, a través del grito cada vez más estridente de "abajo los Salazares", comenzaba a manifestar su oposición al codiciado dominio del general. (Salazar, por aquellos días, mantenía a varios familiares en el Gobierno: su hermano Luis Antonio, en la Suprema Corte; su hermano Manuel, en la comandancia de Armas de la provincia de Imbabura; su hermano Ángel María, en la jefatura de un batallón en Guayaquil; su primo Francisco Arboleda era el ministro de Hacienda, su primo Vicente Salazar, era comandante de Armas en Cuenca y, del mismo modo, otros más).

Los motines callejeros contra los Salazar recrudecieron a fines del mes de septiembre, hasta que el 2 de octubre una enorme manifestación popular llegó hasta el palacio de Gobierno. Salazar, todavía ministro de Guerra, con el ánimo de dispersar la manifestación, dispuso el asiento de varios cañones en la Plaza Grande, y ordenó a las tropas disolver por la fuerza la revuelta popular. Los soldados se negaron a obedecer sus instrucciones, por lo que Salazar, ya sin mando ni autoridad en la tropa, fue informado por el general Julio Sáenz que había sido destituido.

Salazar permaneció refugiado en el palacio a fin de evitar la ira del pueblo enardecido por la presencia intimidante de los cañones en la Plaza. Ya cuando la violencia popular parecía desbordarse fue sacado por un piquete de soldados que simuló llevarlo preso. Salazar se exiló un tiempo en la casa del ministro de Colombia. Días después fue visto junto con Sánchez en Bodegas. Desapareció un tiempo de la escena hasta 1876, en que salió prófugo al Perú. Tras la caída de Borrero, el dictador Veintemilla negó sus prebendas, por lo que Salazar fue a ofrecer sus servicios a Alfaro que planeaba combatir al dictador, pero Alfaro lo rechazó. En 1882 Salazar entró al Ecuador por Loja, a combatir infructuosamente contra Veintemilla. Su vida terminó en septiembre de 1891, el día en que en medio del fragor de su campaña política para acceder a la Presidencia de la República, murió en Guayaquil afectado de fiebre amarilla.

Con fecha noviembre 2 de 1875 Juan Montalvo escribió una carta a Eloy Alfaro en que decía: "¿Sabe usted quién empieza a presentarse como el verdadero autor de la muerte de García Moreno? Salazar [...] El tal comandante Sánchez estaba haciendo traición a los jóvenes, de acuerdo con Salazar. Lo que éste quiso hacer es matar al tiranuelo por mano de los jóvenes liberales, y ponerse él en lugar de su amo. Acusados por Cornejo, Sánchez y Polanco, éste es juzgado y condenado, el otro puesto en libertad. Cae Salazar, empieza a difundirse el dicho rumor, y Sánchez fuga y desaparece...".

87

El presidente León permaneció poco tiempo encargado del poder y su sucesor Ascázubi —que finalmente le ganó la partida a Salazar— también dimitió, después de perdurar pocos días en el mando. Tras ellos, José Javier Eguiguren fue nombrado Presidente interino. Pocos días después, luego de la pronta renuncia de este último, Rafael Pólit fue designado Presidente   —era el cuarto encargado del poder en menos de dos meses—.

La crisis, la inestabilidad política que vivía el país, y la presión popular que pugnaba por el fin de Gobiernos afines a García Moreno determinaron que Pólit llamase a nuevas elecciones que se realizaron el 17 de octubre: triunfó Antonio Borrero, liberal, republicano demócrata y enemigo de García Moreno, a cuyo régimen había juzgado como "La arbitraria y opresora administración de un mandatario extraviado". Borrero se posesionó como presidente Constitucional en diciembre de ese año del Señor de 1875.

Fuentes bibliográficas

1. Roberto Agramonte, *Biografía del dictador García Moreno: estudio psicopatológico e histórico*, Cultural, La Habana, 1935.

2. Roberto Andrade, *6 de agosto*, Tipografía Olmedo, Portoviejo, 1896.

3. Roberto Andrade, *Montalvo y García Moreno*, Cajica, México, 1970.

4. Antonio Borrero Cortázar, *Refutación del libro del Rvdo. Padre A. Berthe titulado "García Moreno, Presidente del Ecuador, vengador y mártir del derecho cristiano"*, CCE, Cuenca, 1968.

5. Ramón Borrero Cortázar, *Defensa del doctor Manuel Polanco*, Imprenta Don Bosco, Quito, 1975.

6. Benjamín Carrión, *El santo del patíbulo*, Editorial El Conejo, Quito, 1987.

7. Severo Gomezjurado, S.J, *Vida de García Moreno*, Editorial Don Bosco, Quito, 1967.

8. Peter V. N. Henderson, *Gabriel García Moreno y la formación de un Estado conservador en los Andes*, CODEU, Quito, 2010.

9. Wilfrido Loor, *García Moreno y sus asesinos*, La Prensa Católica, Quito, 1955.

10. Pedro Moncayo, *El Ecuador de 1825 a 1875*, CCE, Quito, 1979.

11. J. Gonzalo Orellana, *Resumen histórico del Ecuador*, Editorial Fr. Jodoco Ricke, Quito, 1948.

12. Ricardo Pattee, *Gabriel García Moreno y el Ecuador de su tiempo*, Editorial JUS, México, 1944.

13. Rodolfo Pérez Pimentel, *Diccionario biográfico del Ecuador*, Imp. Universidad de Guayaquil, Guayaquil, 1987-2000.

14. Oscar Efrén Reyes, *Breve historia general del Ecuador*, Talleres Gráficos Nacionales, Quito, 1949.

15. Luis Robalino Dávila, *García Moreno*, Talleres Gráficos Nacionales, Quito, 1949.

16. Gonzalo Rubio Orbe, *Luis Felipe Borja (Biografía)*, Talleres Gráficos Nacionales, Quito, 1947.

17. Grecia Vasco de Escudero (transcripción realizada por), *Proceso judicial seguido para descubrir autores cómplices y encubridores del asesinato del Presidente Gabriel García Moreno*, Talleres Gráficos del IGM, Quito, 2008.

18. Gustavo Vásconez Hurtado, *Pluma de acero o la vida novelesca de Juan Montalvo*, Biblioteca Continental, México, 1944.